社会 5年

日本文教版
小学社会

教科書ぴったりトレーニング

▶ 3分でまとめ動画

巻末	夏のチャレンジテスト／冬のチャレンジテスト／春のチャレンジテスト／学力診断テスト	とりはずしてお使いください
別冊	丸つけラクラク解答	

せんたく がついているところでは、教科書の選択教材を扱っています。学校での学習状況に応じて、ご利用ください。

【写真提供】
PIXITA／海津市歴史民俗資料館／河合孝／国営沖縄記念公園（首里城公園）：瑞泉門／時事通信フォト

1 世界から見た日本①

学習日　　月　　日

めあて
世界の国々の位置や国旗《こっき》がわかるようになろう。

教科書　8～15ページ　答え　2ページ

次の（　　）に入る言葉を、下から選びましょう。

1 地球のすがたを見てみると

教科書　10～11ページ

三大洋と六大陸

地球全体では海の部分が広く、全体の約70％をしめるよ！

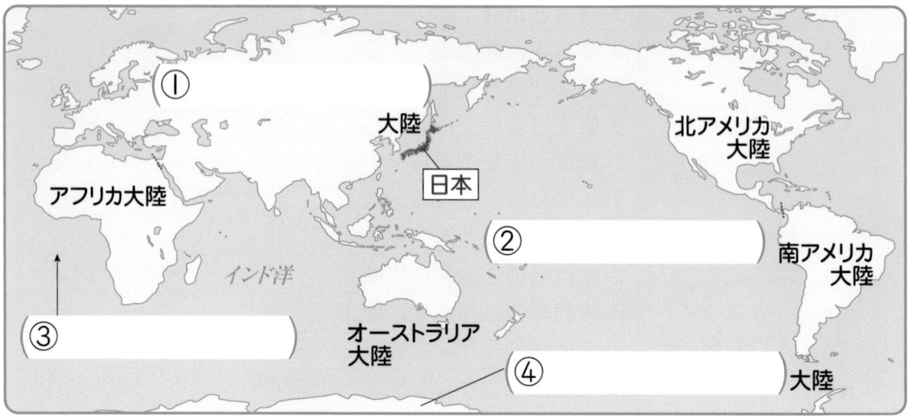

2 地球のすがたを知る／世界のさまざまな国々

教科書　12～15ページ

ワンポイント　地球儀《ちきゅうぎ》と地図

- （⑤　　　　）…赤道《せきどう》を0度とする。**北緯《ほくい》**と**南緯《なんい》**はそれぞれ90度まである。
- （⑥　　　　）…イギリスの旧《きゅう》グリニッジ天文台を通る線を0度とする。東経《とうけい》と西経《せいけい》はそれぞれ180度まである。

さまざまな国々と国旗

- **国旗**は、その国の象《しょう》ちょうとして使われ、その国のなり立ちや理想がこめられている。

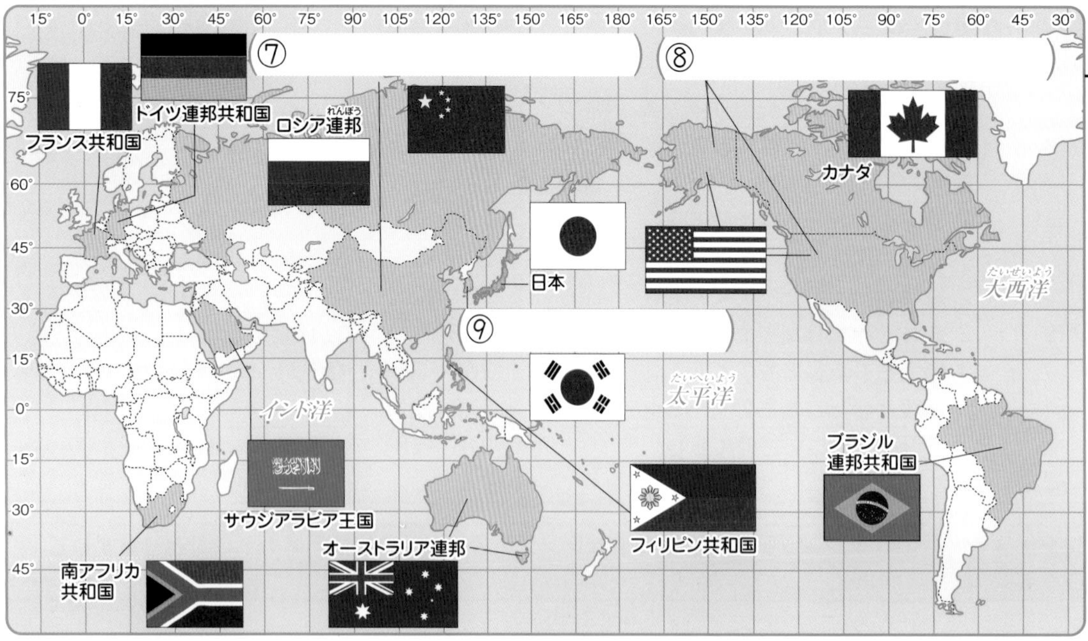

地図は、持ち運びしやすい。

選んだ言葉に✔
- □中華《ちゅうか》人民共和国
- □太平洋《たいへいよう》
- □緯線《いせん》
- □ユーラシア
- □南極
- □アメリカ合衆国《がっしゅうこく》
- □大西洋《たいせいよう》
- □経線《けいせん》
- □大韓民国《だいかんみんこく》

ぴたトリビア

三大洋…広くて深い海のことを大洋といいます。太平洋、大西洋、インド洋の順に面積が広いです。

1 右の世界地図を見て、答えましょう。

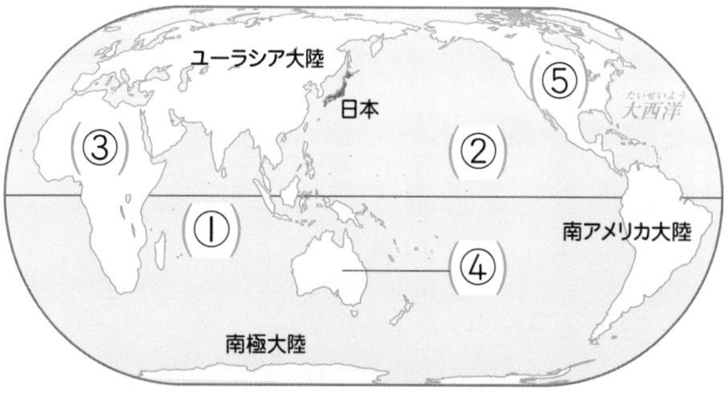

(1) 図中の①、②の大洋を何といいますか。

①(　　　　　)　②(　　　　　)

(2) 図中の③～⑤の大陸を何といいますか。

③(　　　　　)大陸
④(　　　　　)大陸
⑤(　　　　　)大陸

(3) 三大洋と六大陸の説明について、正しいものには○を、まちがっているものには×をつけましょう。

①(　　)地球全体では、海の方が陸地よりも広い。
②(　　)六大陸の中で最も面積が広いのは、南極大陸である。

2 右の世界地図を見て、答えましょう。

(1) 次の①、②の説明にあう国を、図中から１つずつ選びましょう。

① 面積が世界最大の国。
② 南アメリカ大陸にある国。

①(　　　　　)
②(　　　　　)

(2) 次の①～③の国旗は、図中のどの国のものですか。国名を書きましょう。

①(　　　　　)　②(　　　　　)　③(　　　　　)

3 右の地球儀の図を見て、答えましょう。

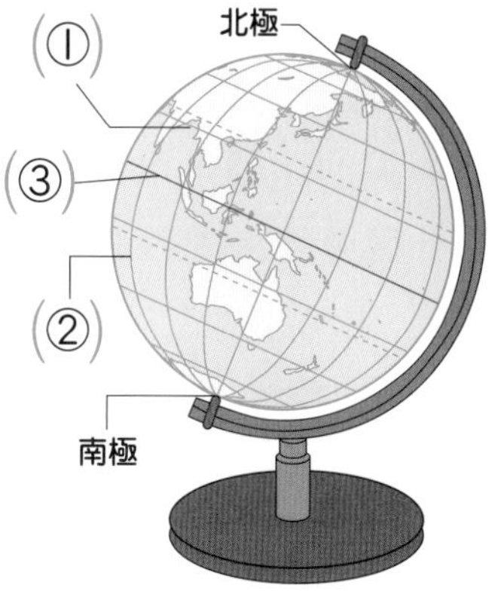

(1) 図中の①、②の線は、地球上の位置を示《しめ》すための線です。それぞれ何といいますか。

①(　　　　　)　②(　　　　　)

(2) 図中の③の線を特に何といいますか。

(　　　　　)

(3) 地球儀の特ちょうを、㋐、㋑から選びましょう。(　　)

㋐ きょり・面積・方位をほぼ正確《せいかく》にあらわすことができる。
㋑ 持ち運びしやすく、いつでもどこでも見ることができる。

ヒント 3 (1) ①は横の線、②はたての線です。

1 世界から見た日本②

学習日　　月　　日

めあて
日本の位置やはんいを確認《かくにん》しよう。

教科書 16〜19ページ　答え 3ページ

次の（　　）に入る言葉を、下から選びましょう。

1 日本の位置とはんい

教科書 16〜17ページ

日本の位置

- 日本は、北海道《ほっかいどう》・本州《ほんしゅう》・四国《しこく》・九州《きゅうしゅう》の四つの大きな島と、沖縄《おきなわ》島などの約1万4000の島々からなる。北のはしから西のはしまでのきょりは約3300*km*。

国のはんい

- **領土《りょうど》**…国のはんいのうち陸地の部分。
- （⑤　　　　）…領土の海岸線から12海里（約22*km*）までの海。
- **領海《りょうかい》**の外側で、海岸線から200海里（約370*km*）までの海を（⑥　　　　）といい、沿岸《えんがん》国が水産資源《しげん》や鉱産《こうさん》資源を利用する権利《けんり》をもつ。
- （⑦　　　　）…領土・領海の上空。

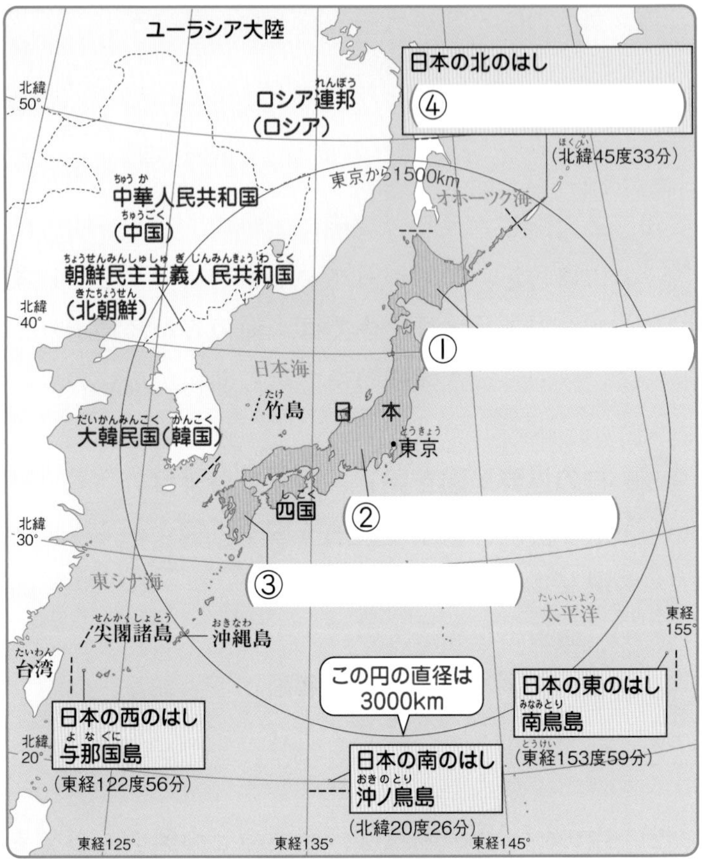
ユーラシア大陸
北緯50°
ロシア連邦《れんぽう》
（ロシア）
日本の北のはし
（④　　　　）
（北緯《ほくい》45度33分）
東京から1500km
オホーツク海
中華《ちゅうか》人民共和国
（中国《ちゅうごく》）
朝鮮民主主義人民共和国《ちょうせんみんしゅしゅぎじんみんきょうわこく》
（北朝鮮《きたちょうせん》）
北緯40°
①
日本海
竹《たけ》島
日本
大韓民国《だいかんみんこく》（韓国《かんこく》）
東京《とうきょう》
四国《しこく》
②
北緯30°
③
東シナ海
太平洋《たいへいよう》
東経155°
尖閣諸島《せんかくしょとう》
沖縄《おきなわ》島
台湾《たいわん》
この円の直径は3000km
日本の東のはし
南鳥島《みなみとりしま》
日本の西のはし
与那国島《よなぐにじま》
北緯20°
（東経122度56分）
日本の南のはし
沖ノ鳥島《おきのとりしま》
（東経《とうけい》153度59分）
（北緯20度26分）
東経125°
東経135°
東経145°

2 領土をめぐる問題

教科書 18〜19ページ

ワンポイント　日本固有の領土をめぐる問題

- **北方領土《ほっぽうりょうど》**…第二次世界大戦後、ソビエト連邦《れんぽう》が占領《せんりょう》した択捉《えとろふ》島、国後《くなしり》島、色丹《しこたん》島、歯舞群島《はぼまいぐんとう》のこと。現在《げんざい》は、ソビエト連邦を引きついだ（⑧　　　　）が不法に占拠《せんきょ》している。
- **竹《たけ》島**…日本海にある島。日本固有の領土だが、現在、（⑨　　　　）が不法に占拠している。
- **尖閣諸島《せんかくしょとう》**…東シナ海にある島。中華人民共和国《ちゅうかじんみんきょうわこく》（中国《ちゅうごく》）が自国の領土であると主張《しゅちょう》している。

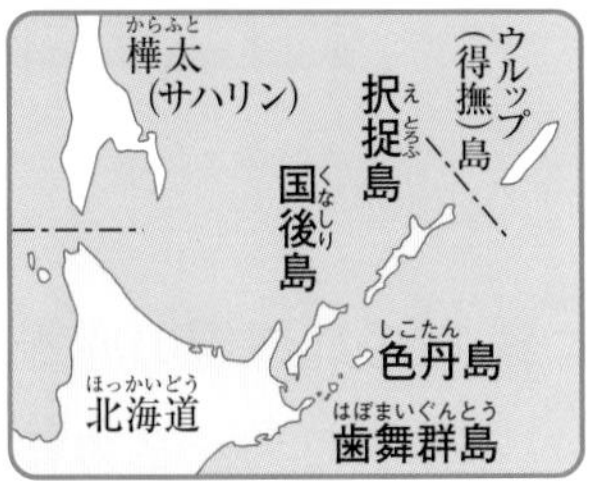
樺太《からふと》
（サハリン）
択捉《えとろふ》島
ウルップ（得撫）島
国後《くなしり》島
色丹《しこたん》島
北海道《ほっかいどう》
歯舞群島《はぼまいぐんとう》

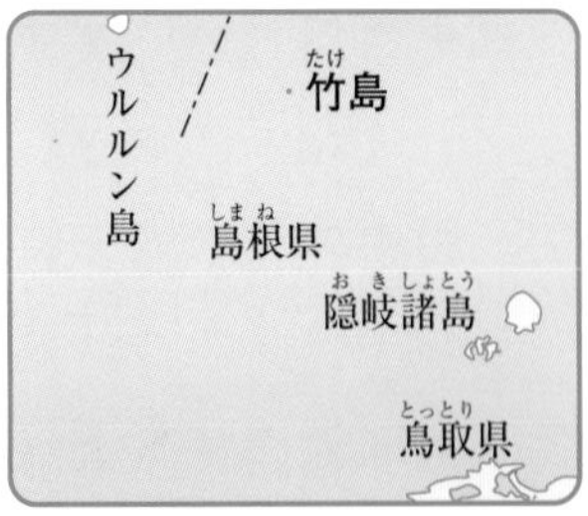
ウルルン島
竹《たけ》島
島根《しまね》県
隠岐諸島《おきしょとう》
鳥取《とっとり》県

日本政府《せいふ》は、北方領土の島々を返すように求めて、ロシア連邦と話し合いを続けているよ。

選んだ言葉に✔

□排他的経済水域《はいたてきけいざいすいいき》	□択捉島	□領空《りょうくう》	□領海	□北海道
□ロシア連邦《れんぽう》	□大韓民国《だいかんみんこく》	□本州	□九州	

ぴったり2

練習

学習日　　月　　日

ぴたトリビア

沖ノ鳥島《おきのとり》…日本の南のはしの島で、東京《とうきょう》都に属《ぞく》し、東京都庁《とちょう》からの直線きょりは約1740kmあります。島の水没《すいぼつ》を防《ふせ》ぐために護岸《ごがん》工事がおこなわれました。

教科書　16～19ページ　答え　3ページ

1 日本の位置とはんいについて、答えましょう。

(1) 次の文中の①～④にあう数字を［　　］から選びましょう。

日本は約（①）の島々からなる。島々は北東から南西の方向に弓のような形にならび、北のはしから西のはしまでのきょりは約（②）kmにもなる。南北はおよそ北緯《ほくい》（③）度から北緯46度まで、東西はおよそ東経《とうけい》123度から東経（④）度までのはんいに広がる。

［ 20　154　3300　1万4000 ］

①（　　）②（　　）
③（　　）④（　　）

(2) 右の図は、国のはんいをあらわしています。図中の①～③にあう言葉を書きましょう。

①（　　）②（　　）
③（　　）

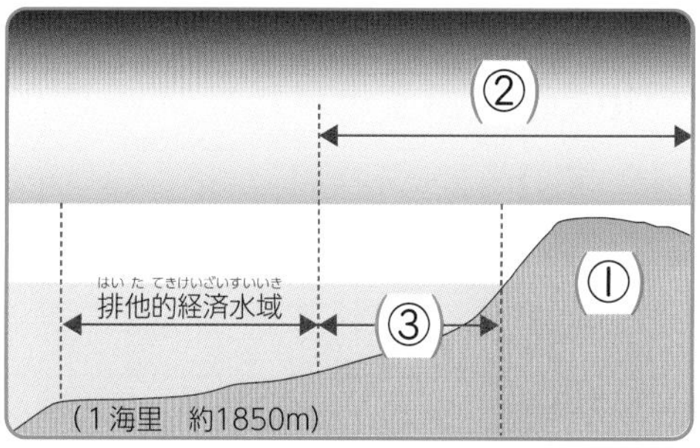

(3) 排他的経済水域のはんいは、海岸線から何海里までですか。㋐～㋒から選びましょう。（　　）

㋐　12海里　　㋑　50海里　　㋒　200海里

2 右の地図を見て、答えましょう。

(1) 図中の①、②の海を何といいますか。

①（　　）
②（　　）

(2) 図中の③～⑤の島を何といいますか。

③（　　）
④（　　）
⑤（　　）

(3) 韓国《かんこく》に不法に占拠されている図中の⑥の島を何といいますか。

（　　）

(4) 北方領土の説明について、正しいものには○を、まちがっているものには×をつけましょう。

①（　　）択捉島、国後島、色丹島、歯舞群島からなる。
②（　　）現在、中国が不法に占拠している。

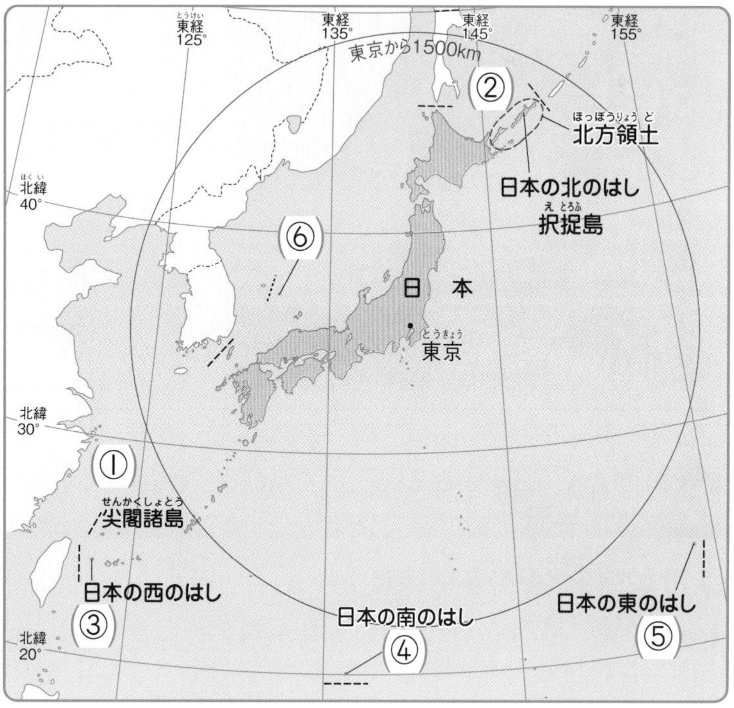

ヒント　2 (1) ①の海にはすぐれた漁場のほか、石油などの鉱産資源が存在《そんざい》します。

ぴったり1
準備

3分でまとめ

2 日本の地形や気候①

学習日　　月　　日

めあて
日本の地形や気候の特色を理解《りかい》しよう。

教科書 20～25ページ　答え 4ページ

次の（　　）に入る言葉を、下から選びましょう。

1 四季のある日本の気候と地形／日本の地形の特色

教科書 20～23ページ

日本の気候の特色

- 春・夏・秋・冬の四つの季節があり、（①　　　　　）の変化がはっきりしている。

ワンポイント 日本の地形

- 日本の国土の約４分の３は**山地《さんち》**で、残り約４分の１の**平地《へいち》**に多くの人が住んでいる。
- 日本の川は、短くて流れが急である。
- 日本には、多くの（②　　　　　）があり、噴火《ふんか》すると大きな被害《ひがい》が出る。いっぽう、火山のある地域《ちいき》には湖や（③　　　　　）などがあり、人々のいこいの場所となっている。

山地	山脈《さんみゃく》	山のみねがつながっている
	高地《こうち》	表面がなだらかになっている
	高原《こうげん》	表面が平らになっている
平地	平野《へいや》	海に面し広く開けている
	盆地《ぼんち》	まわりを山に囲《かこ》まれている
	台地《だいち》	まわりより高くて平ら

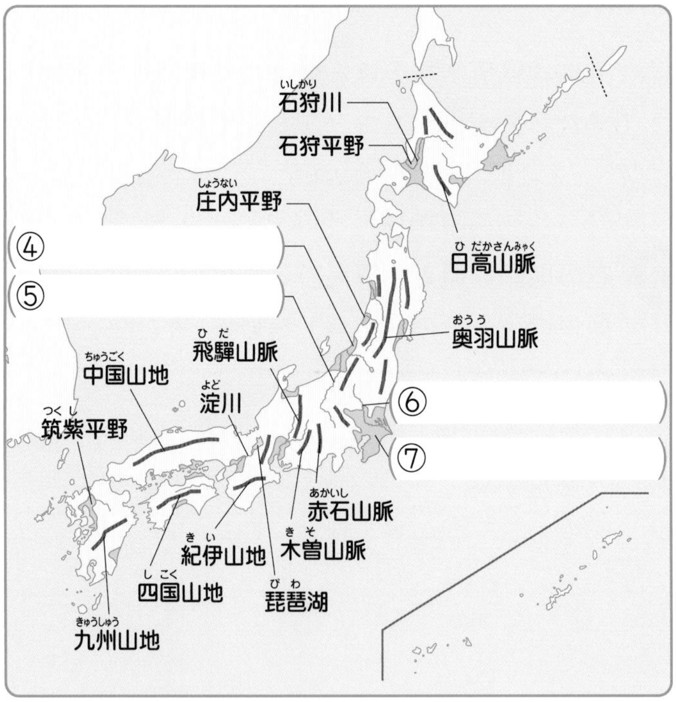

2 つゆと台風

教科書 24～25ページ

日本で降水量《こうすいりょう》の多い時期

- （⑧　　　　　）…５月から７月にかけて、北海道《ほっかいどう》をのぞくほとんどの地域でくもりや雨のふる日が続く。
- （⑨　　　　　）…夏から秋にかけて日本にやってくる。

つゆや台風は、大雨による洪水《こうずい》や山くずれなどの自然災害《しぜんさいがい》を引きおこすことがある。

日本は、特に夏の降水量が多いね。

選んだ言葉に✓

□関東平野《かんとう》　□信濃川《しなの》　□四季　□台風　□つゆ
□越後平野《えちご》　□利根川《とね》　□火山　□温泉《おんせん》

ぴったり2

練習

学習日　　月　　日

ぴたトリビア

本州《ほんしゅう》の中央部にある飛騨《ひだ》山脈・木曽《きそ》山脈・赤石《あかいし》山脈を合わせて日本アルプスとよびます。高さ3000mぐらいのけわしい山々がそびえています。

教科書 20〜25ページ　答え 4ページ

1 右の地図を見て、答えましょう。

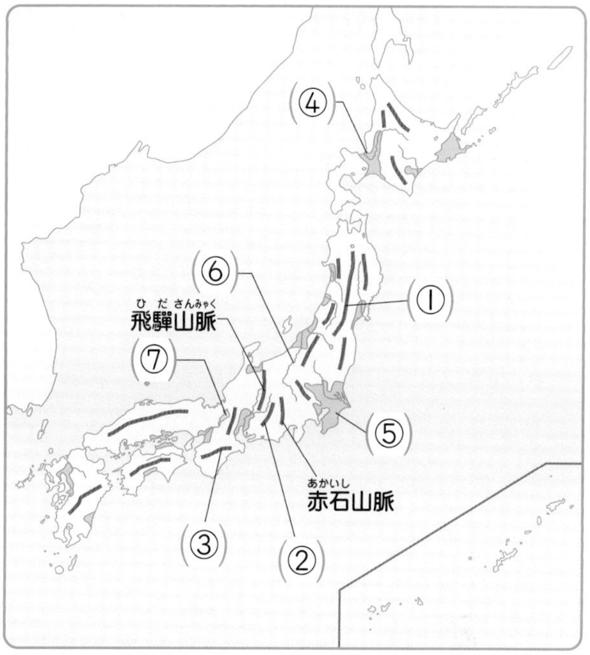

(1) 図中の①〜③の山脈・山地を何といいますか。

①(　　　　　　)
②(　　　　　　)
③(　　　　　　)

(2) 図中の④、⑤の平野を何といいますか。

④(　　　　　　)
⑤(　　　　　　)

(3) 図中の⑥の川、⑦の湖を何といいますか。

⑥(　　　　　　)
⑦(　　　　　　)

(4) 日本の気候と地形の説明について、正しいものには○を、まちがっているものには×をつけましょう。

①(　　　)日本の気候は、四季の変化がはっきりしている。
②(　　　)日本は、国土の約４分の３が平地である。
③(　　　)平地のうち、まわりを山に囲まれている土地を台地という。
④(　　　)日本の川は、外国の川に比《くら》べて短く流れが急である。

(5) 火山に関する次の文中の①〜③にあう言葉を　　から選びましょう。

①(　　　　　)　②(　　　　　)　③(　　　　　)

日本には多くの火山がある。火山が(①)すると大きな(②)が出る。しかし、火山のある地域には(③)や温泉があり、人々のいこいの場所となっている。

湖　　噴火　　被害

2 日本の気候について、答えましょう。

(1) つゆにあてはまるものには㋐を、台風にあてはまるものには㋑を書きましょう。

①(　　　)

夏から秋にかけて日本にやってきて、大雨による被害をもたらすこともあるよ。

②(　　　)

5月から7月にかけて、北海道をのぞくほとんどの地域でくもりや雨のふる日が続くよ。

(2) 日本では、夏と冬のどちらの降水量が多いですか。　(　　　　　)

ヒント
1 (2)⑤　日本で最も広い平野です。
1 (3)⑥　日本で最も長い川です。

ぴったり1
準備

1．日本の国土と人々のくらし

2 日本の地形や気候②

学習日　　月　　日

めあて
日本の気候と季節風《きせつふう》の関わりを理解《りかい》しよう。

教科書 26〜29ページ　答え 5ページ

次の（　　）に入る言葉を、下から選びましょう。

1 地域《ちいき》によってちがう気候
教科書 26〜27ページ

ワンポイント 日本各地でことなる気候

- 日本の国土は（①　　　　　）に長く、地形が山がちであるため、地域によって気温や降《こう》水量《すいりょう》にちがいが見られる。
- （②　　　　　）の気候…１年を通して雨が少なく、冬の寒さがきびしい。
- 日本海側の気候…冬に雪が多い。
- 太平洋《たいへいよう》側の気候…夏は雨が多くむし暑い。冬は雨が少ない。
- 本州《ほんしゅう》中央部の気候…１年を通して雨が少なく、夏と冬の気温の差が（③　　　　　）。
- 瀬戸内《せとうち》の気候…１年を通して雨が少ない。
- （④　　　　　）の気候…１年を通して雨が多く、あたたかい。

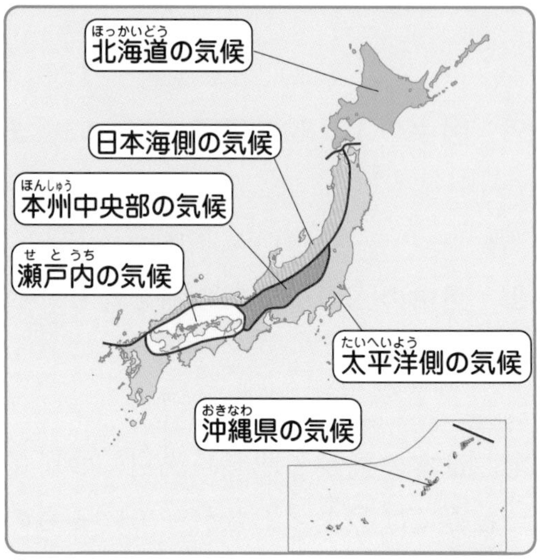

日本の気候区分

海からはなれた内陸部は、空気がかんそうして雨が少ないよ。

2 季節風とくらし
教科書 28〜29ページ

季節風が気候にあたえるえいきょう

- **季節風**…夏と冬で風向きが反対になる風。
- 冬…（⑤　　　　　）大陸から冷たくかわいた（⑥　　　　　）季節風がふく。風は日本海をわたるうちに水分をふくんでしめった風となり、山地にぶつかって日本海側に多くの雪をふらせる。太平洋側では（⑦　　　　　）の日が続く。
- 夏…太平洋から高温でしめった（⑧　　　　　）季節風がふき、太平洋側に多くの雨をふらせる。

選んだ言葉に✔

□ユーラシア	□南北	□南東	□北海道《ほっかいどう》
□大きい	□北西	□晴れ	□沖縄《おきなわ》県

ぴったり2

練習

学習日　　月　　日

ぴたトリビア

日本海側では、夏に、風が山をこえてふきおりる風下側のふもとで、かんそうして気温が高くなるフェーン現象《げんしょう》が発生することがあります。

教科書　26～29ページ　　答え　5ページ

1 右の地図を見て、答えましょう。

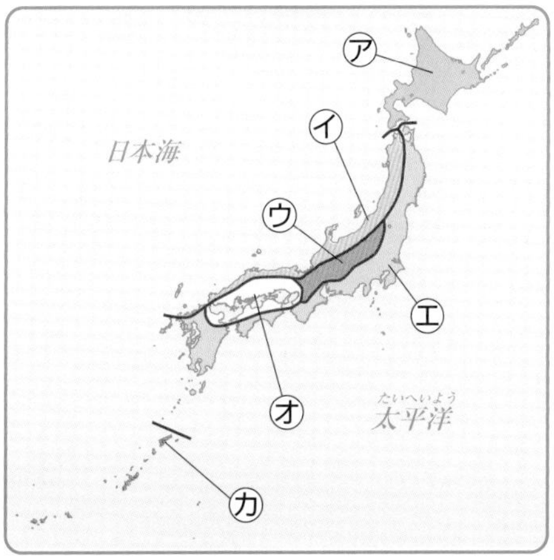

(1)　次の①～⑤にあう気候の地域を、図中の㋐～㋕から１つずつ選びましょう。

①（　　　）１年を通して雨が少なく、夏と冬の気温の差が大きい。

②（　　　）夏は雨が多くむし暑い。冬は雨が少ない。

③（　　　）冬に雪が多い。

④（　　　）１年を通して雨が多く、あたたかい。

⑤（　　　）１年を通して雨が少ない。

(2)　冬の気温が日本で最も低くなる気候の地域を、図中の㋐～㋕から選びましょう。

（　　　）

2 次のグラフは、上越《じょうえつ》市と静岡《しずおか》市の月別平均《へいきん》気温と月別降水量をあらわしています。これを見て、答えましょう。

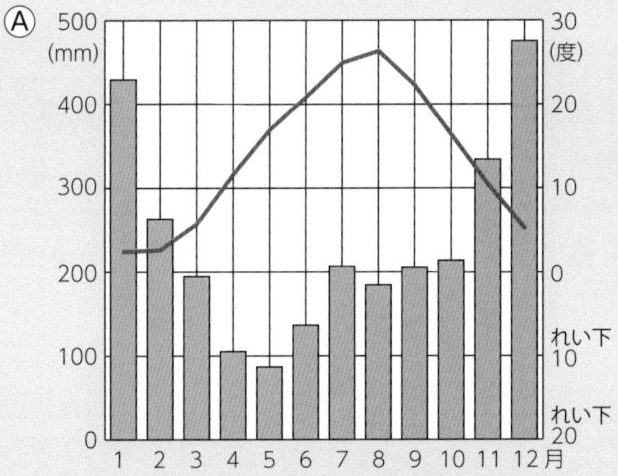

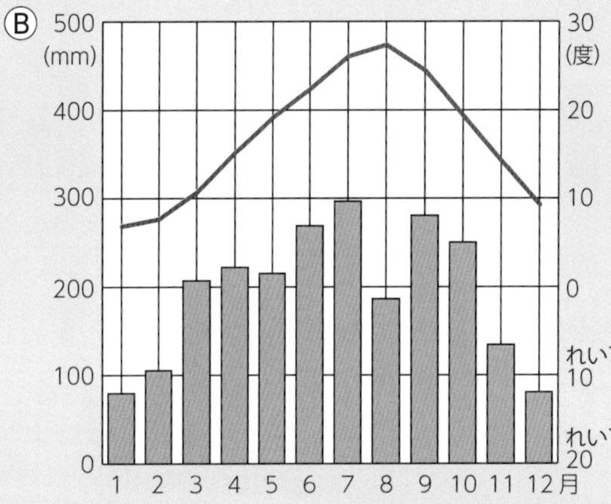

(1991年～2020年までの平均《へいきん》)(気象庁資料《きしょうちょうしりょう》)

(1)　次の文の①～③にあう言葉を、㋐～㋓から１つずつ選びましょう。

（①）グラフから読み取ると、Ⓐは冬の降水量が（②）なっており、Ⓑは（③）なっている。

㋐　折れ線　　㋑　ぼう　　㋒　多く　　㋓　少なく

①（　　　）　②（　　　）　③（　　　）

(2)　ⒶとⒷは、太平洋側と日本海側のどちらの気候の特色をあらわしていますか。それぞれ書きましょう。

Ⓐ（　　　　）　Ⓑ（　　　　）

(3)　Ⓐの冬の降水量にえいきょうをあたえる季節風の風向きを書きましょう。

（　　　　）

ヒント

2 (1)①　折れ線グラフは気温、ぼうグラフは降水量をあらわしています。

2 (3)　季節風は、夏は南東から、冬は北西からふきます。

ぴったり3

確かめのテスト

1．日本の国土と人々のくらし

1 世界から見た日本
2 日本の地形や気候

時間 30 分

／100

合格 80 点

教科書 8～29ページ　答え 6ページ

1 右の地図を見て、答えましょう。

1つ4点（40点）

(1) 図中にはえがかれていない大陸の名前を書きましょう。

（　　　　　　）

(2) よく出る 図中の①～④の国の名前を書きましょう。

①（　　　　　　）

②（　　　　　　）

③（　　　　　　）

④（　　　　　　）

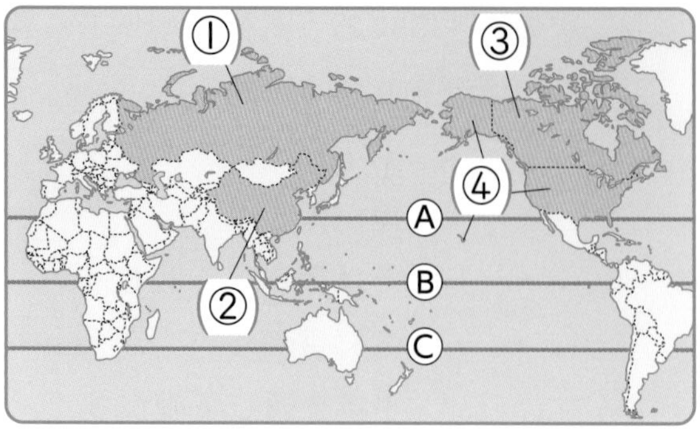

(3) 図中の①～④の国の国旗《こっき》を、㋐～㋓から選びましょう。

①（　　　）②（　　　）③（　　　）④（　　　）

㋐ 
㋑ 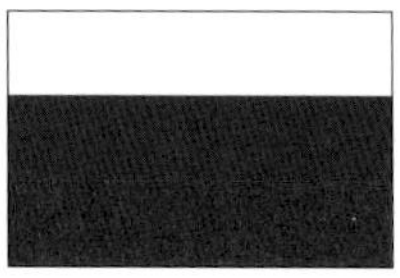
㋒ 
㋓ 

(4) 作図 図中のⒶ～Ⓒの線のうち、赤道《せきどう》にあてはまる線をなぞりましょう。　技能

2 次の文は、経線《けいせん》と緯線《いせん》の説明です。文中の下線部①～③について、正しいものには○をつけ、まちがっているものには正しい言葉を書きましょう。

1つ4点（12点）

経線は、①フランスの旧《きゅう》グリニッジ天文台を通る線を0度として、東経《とうけい》・西経《せいけい》それぞれ180度まである。緯線は、赤道を0度として、北緯《ほくい》・南緯《なんい》それぞれ②90度まである。赤道上の実際《じっさい》のきょりは、約③2万kmである。

①（　　　　　）②（　　　　　）③（　　　　　）

3 日本の位置とはんいについて、答えましょう。

(1)4点、(2)1つ2点（12点）

(1) 次の㋐～㋓について、面積の大きい順に並《なら》べかえましょう。　思考・判断・表現

㋐ 北海道《ほっかいどう》　㋑ 本州《ほんしゅう》　㋒ 四国《しこく》　㋓ 九州《きゅうしゅう》

（　　→　　→　　→　　）

(2) できたらスゴイ! 領土《りょうど》、領海《りょうかい》、領空《りょうくう》について、正しいものには○を、まちがっているものには×をつけましょう。

①（　　）領土には、その国の陸地に囲《かこ》まれた湖や川もふくまれる。

②（　　）海岸から20海里までの海は、領海とよばれる。

③（　　）領海の上空は、領空にはふくまれない。

④（　　）許可《きょか》なく他国の領土や領空に入ってはいけない。

4 次の地図とグラフを見て、答えましょう。

1つ4点（16点）

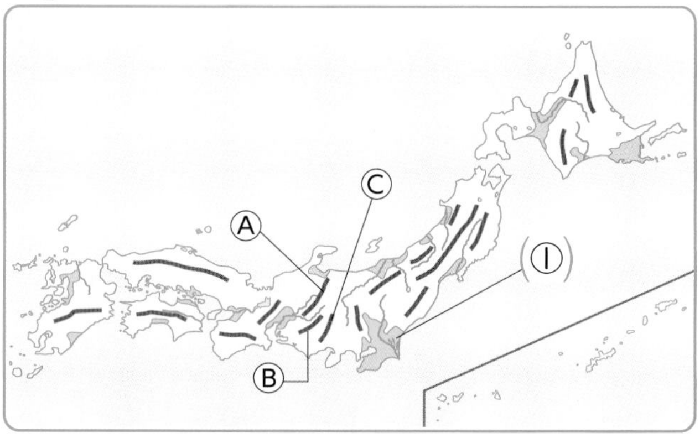

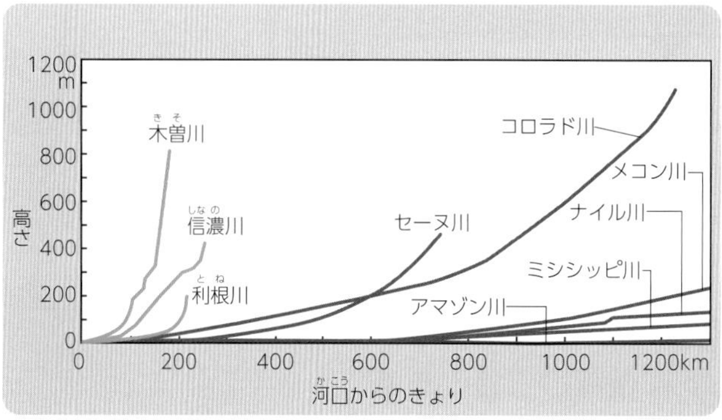

日本の川と外国の川

(1) よく出る 日本で最も広い、図中の①の平野を何といいますか。（　　　　）

(2) 図中のⒶ～Ⓒにあう山脈《さんみゃく》の組み合わせとして正しいものを、㋐、㋑から選びましょう。

㋐　Ⓐ飛驒《ひだ》山脈　　Ⓑ木曽《きそ》山脈　　Ⓒ赤石《あかいし》山脈　（　　）

㋑　Ⓐ赤石山脈　　Ⓑ飛驒山脈　　Ⓒ木曽山脈

(3) 日本の国土のうち、山地はどのくらいをしめますか。㋐～㋒から選びましょう。

㋐　2分の1　　㋑　3分の2　　㋒　4分の3　（　　）

記述 (4) 右上のグラフは、日本の川と外国の川をあらわしています。グラフから日本の川の特ちょうを読み取り、かんたんに書きましょう。 技能

（　　　　　　　　　　　　　　　　　　　　）

5 火山・台風の説明について、あうものを線で結びましょう。

思考・判断・表現　1つ4点（8点）

① 火　山　・　　・ ㋐夏から秋にかけて日本に近づき、大雨による洪水《こうずい》などの自然災害《しぜんさいがい》を引きおこすことがある。

② 台　風　・　　・ ㋑噴火《ふんか》すると溶岩《ようがん》がふき出し、住宅《じゅうたく》などに大きな被害《ひがい》をあたえることがある。

6 右の図を見て、答えましょう。

1つ4点（12点）

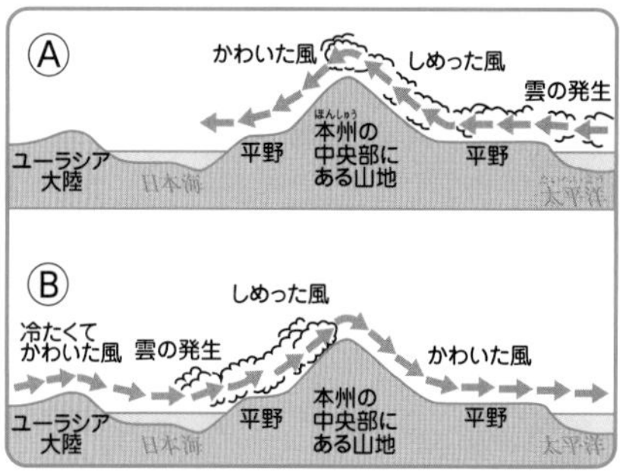

(1) よく出る 図のように、季節によって風向きが反対になる風を何といいますか。（　　　　）

(2) 冬のようすをあらわしているものは、Ⓐ、Ⓑのどちらですか。 思考・判断・表現（　　）

(3) 冬の太平洋《たいへいよう》側の天気は、晴れと雨のどちらが多いですか。（　　）

ふりかえり　4(4)がわからないときは、6ページの1にもどって確認してみよう。

ぴったり1 準備

せんたく

1. 日本の国土と人々のくらし

3 さまざまな土地のくらし①

【1】あたたかい沖縄県《おきなわ》に住む人々のくらし

3分でまとめ

学習日　月　日

めあて
沖縄県の気候や人々のくらしを理解《りかい》しよう。

教科書 30〜39ページ　答え 7ページ

次の（　　）に入る言葉を、下から選びましょう。

1 わたしたちの住む地域《ちいき》と比《くら》べて／沖縄県の位置と気候／気候に合わせたくらし　教科書 30〜35ページ

沖縄県の位置と気候

- 沖縄県は日本の南西に位置し、沖縄島、石垣《いしがき》島、与那国《よなぐに》島など約700もの島々からなる。
- 本州《ほんしゅう》よりも台湾《たいわん》の方が近い。
- 1年を通して（①　　　　）が高く、降水量《こうすいりょう》が多い。特につゆや（②　　　　）の時期に雨が多い。
- 台風の進路にあたることが多く、大きな被害《ひがい》を受けることもある。

気候に合わせた家のつくり

- 夏の暑さや強い風を防《ふせ》ぐくふうがある。
- （③　　　　）づくりの家が多い。
- 屋根の上に（④　　　　）を置く。

→沖縄県は山が少なく川が短いため、雨水がすぐに海に流れ、水不足になりやすいため。

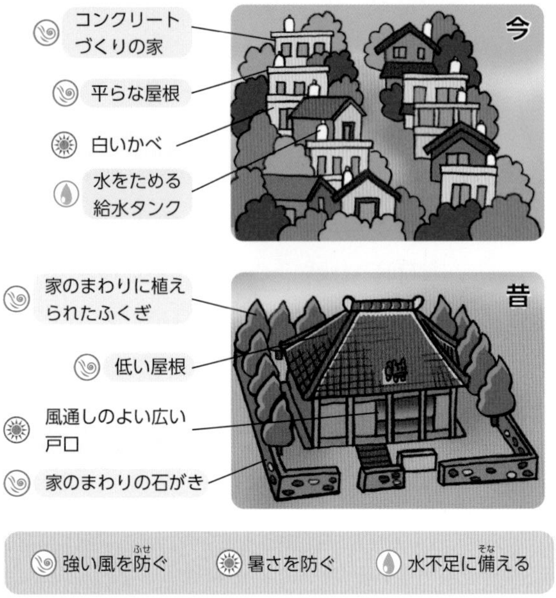

沖縄県の家のくふう

2 あたたかい気候を生かした農業／沖縄県のみりょくとは　教科書 36〜39ページ

沖縄県の農業

- あたたかい気候を生かして、（⑤　　　　）・野菜・くだもの・花をさいばいする。
- **さとうきび**…さとうの原料となる、強風や日照りに強い農作物。
- あたたかい気候を生かし、だんぼうを使わないで（⑥　　　　）をさいばいする。
- ほとんどのマンゴーは、温度調整や、強い日差し、台風の被害、害虫などから実を守るため、（⑦　　　　）で育てられる。
- マンゴーを出荷するための輸送《ゆそう》はおもに（⑧　　　　）だが、出荷先へのきょりが遠く、時間と費用《ひよう》がかかってしまう。

ワンポイント　沖縄県の自然・文化と基地《きち》問題

- 2021年には、沖縄島の北部および西表《いりおもて》島が世界自然遺産《いさん》に登録された。
- 自然や組踊《くみおどり》など独自《どくじ》の伝統《でんとう》的な文化を生かし、「世界から選ばれる持続可能《じぞくかのう》な（⑨　　　　）」をめざす。
- 第二次世界大戦後、（⑩　　　　）軍に占領《せんりょう》されたが、1972年に日本に返された。現在《げんざい》も、日本のアメリカ軍基地の約70%が沖縄県にある。

首里《しゅり》城の中にある瑞泉門《ずいせんもん》

選んだ言葉に✔					
	□コンクリート	□アメリカ	□気温	□さとうきび	□観光地
	□給水タンク	□マンゴー	□台風	□ビニールハウス	□航空機《こうくうき》

ぴたトリビア

沖縄県の伝統的な家には、魔《ま》よけとして屋根の上にシーサーとよばれる獅子《しし》に似《に》た獣《けもの》の像《ぞう》が置かれています。

教科書 30～39ページ　答え 7ページ

1 沖縄県のようすについて、答えましょう。

(1) 沖縄県について、正しいものには○を、まちがっているものには×をつけましょう。

①（　　　）沖縄県は日本の南西にあり、本州よりも台湾の方が近い。

②（　　　）沖縄県には日本の南のはしの沖ノ鳥島《おきのとり》がある。

(2) 右のグラフは、那覇《なは》市と東京《とうきょう》の月別平均《へいきん》気温と月別降水量をあらわしています。那覇市の気温のグラフは、㋐、㋑のどちらですか。（　　　）

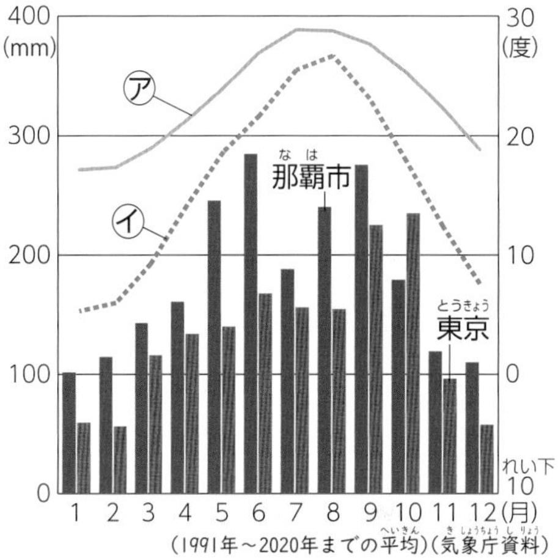

(1991年～2020年までの平均《へいきん》)(気象庁資料《きしょうちょうしりょう》)

那覇市と東京の月別平均気温と月別降水量

(3) 次の文中の①、②にあう言葉を書きましょう。

①（　　　　　）　②（　　　　　）

> 沖縄県は、降水量は多いが、山が少なく川が（①）ため、雨水がすぐに海に流れてしまう。そのため、（②）に備《そな》えて屋根の上に給水タンクを置く家が見られる。

(4) 7月から10月に沖縄県に多くやってくる、強い風や雨をもたらし、ときには大きな被害を受けることもある自然現象《げんしょう》は何ですか。

（　　　　　）

2 沖縄県の農業と歴史《れきし》について、答えましょう。

(1) 沖縄県で最も多くさいばいされている農作物は何ですか。（　　　）

(2) 右のグラフは、ある農作物の都道府県別の収《しゅう》穫量《かくりょう》をあらわしています。この農作物は何ですか。（　　　）

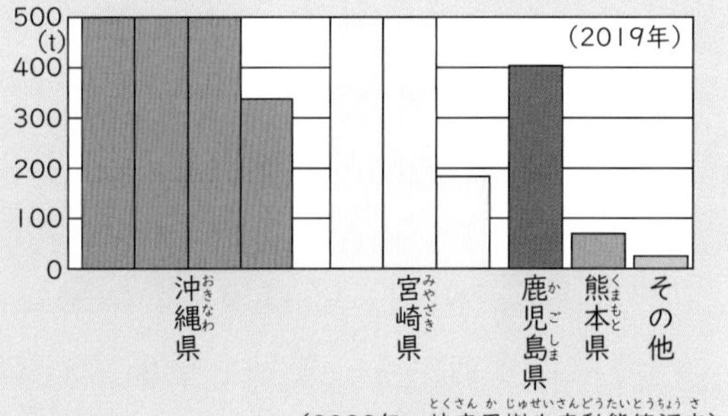

(2022年 特産果樹生産動態等調査《とくさんかじゅせいさんどうたいとうちょうさ》)

ある農作物の都道府県別の収穫量

(3) 独自の文化や美しい自然を利用した、沖縄県でさかんな産業を何といいますか。

（　　　　　）業

(4) 沖縄県について、正しいものには○を、まちがっているものには×をつけましょう。

①（　　　）80年ほど前の第二次世界大戦では、沖縄県にアメリカ軍が上陸し、はげしい戦場になった。

②（　　　）第二次世界大戦後はアメリカ軍に占領されたが、1972年に日本に返された。

③（　　　）沖縄県では、現在も広大な土地がアメリカ軍の軍用地として使われており、沖縄本島の面積の約70%を基地がしめている。

ヒント ❶ (3)② 必要な水の量が足りないことです。

1. 日本の国土と人々のくらし

3 さまざまな土地のくらし②

【2】低地に住む岐阜県海津市《ぎふけんかいづし》の人々のくらし

学習日　月　日

めあて
岐阜県の低地に住む人々のくらしを理解《りかい》しよう。

教科書 40〜49ページ　答え 8ページ

次の（　　）に入る言葉を、下から選びましょう。

1 川に囲《かこ》まれた土地／水害とむき合う人々

教科書 40〜43ページ

ワンポイント 岐阜県海津市の土地のようす

- （①　　　　）、**長良《ながら》川**、**木曽《きそ》川**の三つの川に囲まれており、昔は土やすなが積もってできた島のような土地（州《す》）がたくさんあった。
- 州は川と土地の高さがあまり（②　　　　）ため、洪水《こうずい》のたびに、家や田畑が水につかっていた。そのため、人々は州のまわりを堤防《ていぼう》で囲んで**輪中《わじゅう》**をつくった。

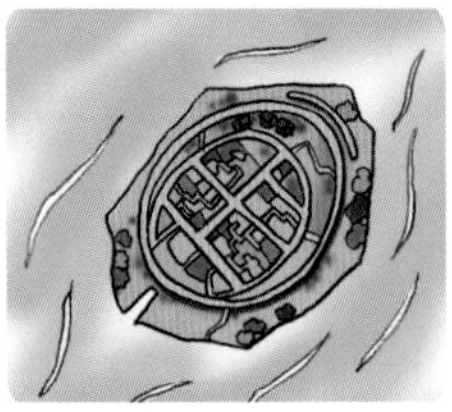

昔の輪中

輪中の断面図《だんめんず》

水害からくらしを守るためのくふう

- （③　　　　）をおこない、堤防を築《きず》いたり、川の流れを真っすぐに変えたりしたことで水害が大きく減《へ》った。
- 石がきを高く積み上げてその上に家を建て、さらに高い石がきの上にはひなん場所となる（④　　　　）を建てた。のき下にひなん用の舟《ふね》を備《そな》えておくところもあった。

2 輪中での農業／今も続く水害への備え／豊《ゆた》かな自然とともに／気候や地形を生かした人々のくらし

教科書 44〜49ページ

水はけの悪い土地での農業

- 昔は（⑤　　　　）をつくって米作りをしていた。
  →土をほったところは田舟《たぶね》の水路として利用していた。
- 65年ほど前から、農地を整備《せいび》する工事をおこなった。
  →農地が長方形に区切られ、大型《おおがた》の（⑥　　　　）を使った大規模《だいきぼ》な米作りができるようになった。現在《げんざい》は、ビニールハウスでトマト、きゅうり、いちごなどのさいばいもおこなわれている。
- （⑦　　　　）…はい水ポンプで堤防の中の水をはい水する。

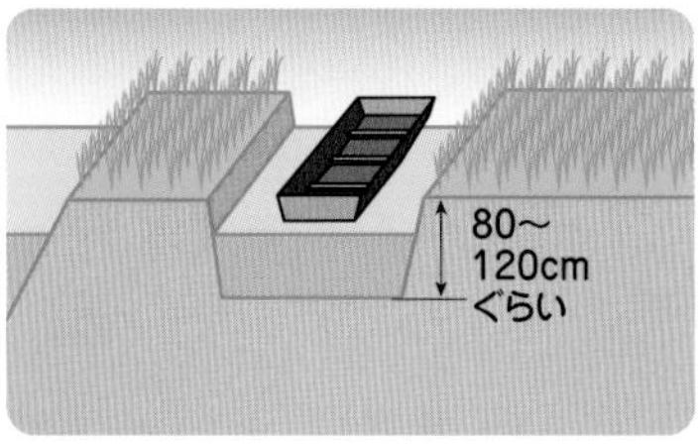

ほり田

水害への備えと自然とのふれ合い

- （⑧　　　　）に洪水を防《ふせ》ぐための材料や道具を保管《ほかん》している。
- 洪水に備えて（⑨　　　　）やひなん訓練をおこなっている。
- 木曽三川《さんせん》公園では環境《かんきょう》学習や自然とのふれ合いなどができる。

選んだ言葉に✔				
□はい水機場	□水防《すいぼう》倉庫	□治水工事	□ほり田	□水屋
□農業機械	□水防訓練	□揖斐《いび》川	□変わらない	

学習日　　月　　日

ぴたトリビア

はい水機場…大雨などのえいきょうで堤防の中で水があふれるのを防ぐため、堤防の中にたまった水をはい水ポンプで堤防の外の川に流すしせつです。

教科書　40〜49ページ　　答え　8ページ

1 右の図は、岐阜県海津市に見られる、堤防に囲まれた低地の断面図です。これを見て、答えましょう。

(1) このような低地を何といいますか。
（　　　　）

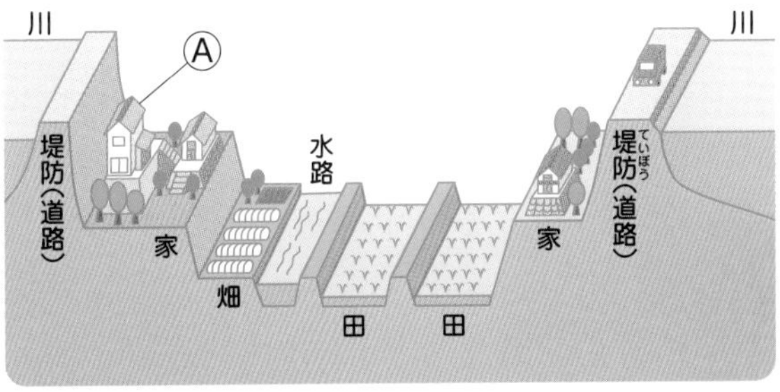

(2) この地域《ちいき》には、木曽三川とよばれる三つの大きな川が流れています。揖斐川・木曽川ともう一つの川の名前を書きましょう。
（　　　　）

(3) 図中のⒶは、水害のときのひなん場所として建てられたものです。このような建物を何といいますか。（　　　　）

(4) 図中のⒶに備えてあるものを、㋐～㋓から2つ選びましょう。（　　）（　　）

㋐ ひなん用の舟　㋑ 衣類　㋒ はい水ポンプ　㋓ 給水タンク

2 海津市の農業と水害への備えについて、答えましょう。

(1) 海津市では、昔は右の写真のような田が広がっていました。このような田を何といいますか。（　　　　）

（撮影：河合　孝）

(2) (1)での米作りの説明について、正しいものには○を、まちがっているものには×をつけましょう。

①（　　）両どなりの土をほって積み上げ、土地を高くしたところを田とした。

②（　　）大型の農業機械を使って米作りをおこなった。

③（　　）田舟を使って収穫《しゅうかく》したいねや農具を運んだ。

(3) 農地を整備する工事後の変化として正しいものを、㋐～㋒から選びましょう。（　　）

㋐ 大規模な米作りがさかんになり、それ以外の農業は見られない。

㋑ 農地が長方形に区切られ、農道も広げられた。

㋒ はい水機場がつくられ、水不足になりやすくなった。

(4) 次の文中の①～③にあう言葉を□から選びましょう。

①（　　　　）②（　　　　）③（　　　　）

海津市では、堤防ぞいの35か所に(①)を建て、(②)を防ぐための材料や道具を保管している。また、大規模な水害の発生に備えて広域《こういき》での(③)をおこなっている。

ひなん訓練　　水防倉庫　　洪水

(5) 水害のさいに堤防などに積んで用いる、土を入れたふくろのことを何といいますか。
（　　　　）

ヒント
1 (3) 堤防が切れても水につからないように、石がきの上に建てられていました。
2 (5) (4)①の中に(5)をつくるふくろやむしろなどが備えられています。

学習日　　月　　日

時間 15 分　　／50　合格 40 点

3 さまざまな土地のくらし

【1】あたたかい沖縄《おきなわ》県に住む人々のくらし

教科書 30～39ページ　答え 9ページ

1 右のグラフは、那覇《なは》市の月別平均《へいきん》気温と月別降水量《こうすいりょう》をあらわしています。これを見て、答えましょう。

1つ4点（12点）

(1) よく出る 那覇市の降水量が㋐の時期と㋑の時期に多くなる原因《げんいん》をそれぞれ書きましょう。

㋐（　　　　）　㋑（　　　　）

(2) 作図 グラフ中の●をつなげて、気温のグラフを完成させましょう。　技能

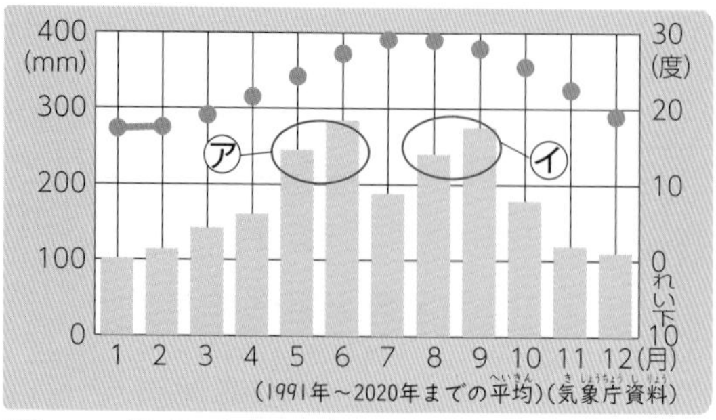

（1991年～2020年までの平均）（気象庁資料）

2 右の絵は、沖縄県の今の家と昔の家です。これを見て、答えましょう。

1つ3点、(2)5点（23点）

(1) 沖縄県の家は、気候に合わせてくふうしたつくりになっています。㋐～㋕はどのくふうにあてはまるか選びましょう。

思考・判断・表現

強い風を防《ふせ》ぐ（　　）（　　）（　　）
暑さを防ぐ（　　）（　　）
水不足に備《そな》える（　　）

㋐ 風通しのよい広い戸口　㋑ 家のまわりの木
㋒ コンクリートづくり　㋓ 屋上の給水タンク
㋔ 家のまわりの石がき　㋕ 白いかべ

(2) 安定して水を得《え》るため、森林や川が多い沖縄県の北部につくられたしせつを書きましょう。（　　　　）

3 沖縄県の産業について、答えましょう。　1つ5点（15点）

(1) 右のグラフは、沖縄県のおもな農作物の作付面積をあらわしています。グラフ中のⒶにあう農作物の名前を書きましょう。

（　　　　）

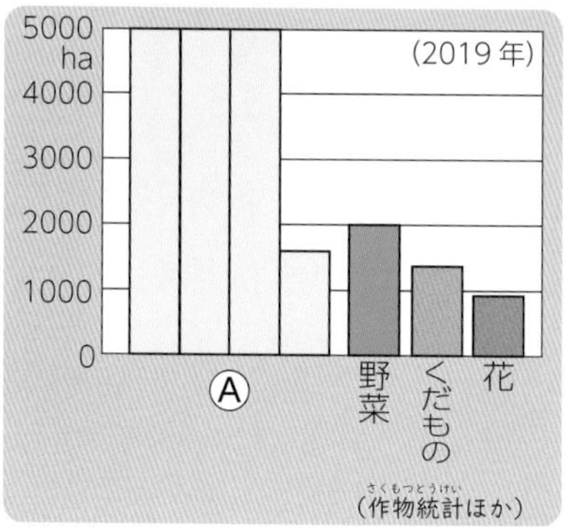

記述 (2) 沖縄県で作られた農作物は東京《とうきょう》や大阪《おおさか》などに出荷されますが、このときにどのような問題点がありますか。かんたんに書きましょう。　思考・判断・表現

（　　　　　　　　　　　　）

(3) 現在《げんざい》、日本のアメリカ軍基地《きち》のうち、どのくらいが沖縄県にありますか。㋐～㋒から選びましょう。（　　）

㋐ 約10%　㋑ 約40%　㋒ 約70%

ふりかえり ③(2)がわからないときは、12ページの②にもどって確認してみよう。

ぴったり3
確かめのテスト

せんたく

1. 日本の国土と人々のくらし

3 さまざまな土地のくらし

【2】低地に住む岐阜《ぎふ》県海津《かいづ》市の人々のくらし

学習日　　月　　日

時間 15分　　／50　　合格 40点

教科書 40〜49ページ　　答え 9ページ

4 岐阜県海津市の土地のようすについて、答えましょう。

1つ5点（35点）

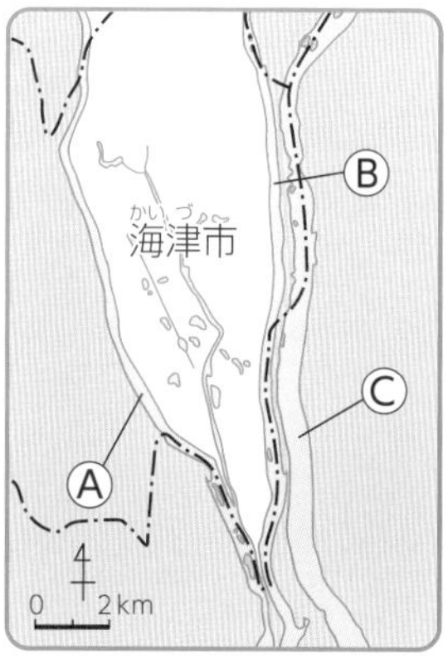

(1) 右の図中のⒶ～Ⓒにあう川の組み合わせとして正しいものを、㋐、㋑から選びましょう。（　　）

㋐ Ⓐ長良《ながら》川 Ⓑ木曽《きそ》川 Ⓒ揖斐《いび》川

㋑ Ⓐ揖斐川 Ⓑ長良川 Ⓒ木曽川

(2) よく出る 次の文中の下線部①～③について、正しいものには○をつけ、まちがっているものには正しい言葉を書きましょう。

> この地域《ちいき》は、川よりも土地の高さが①高いため、大雨や台風で川の水が増《ふ》えると洪水《こうずい》の被害《ひがい》がおこりやすかった。人々は洪水から身を守るため、家や田畑のまわりを②堤防《ていぼう》で囲《かこ》んだ③ダムをつくった。

①（　　）　②（　　）
③（　　）

(3) 右の絵は、海津市に古くからあり、水害時にひなん場所とされた建物です。この建物を何といいますか。（　　）

(4) 水害に備えて国、県、市町がおこなっていることを、㋐～㋓から2つ選びましょう。　思考・判断・表現

㋐ 川の水位をかんしする。

㋑ 堤防を低くしたり、うすくしたりする。

㋒ 広域《こういき》でのひなん訓練をおこなう。

㋓ 真っすぐな川の流れを曲げる工事をおこなう。

（　　）（　　）

5 海津市の農業に関する次の文を読んで、答えましょう。

1つ5点（15点）

> 海津市は、昔は水はけの悪い土地が多く、人々は（①）で米作りをし、土をほった部分は（②）が通る水路になっていた。65年ほど前から農地を整備《せいび》する工事がおこなわれた。

(1) 文中の①、②にあう言葉を書きましょう。①（　　）　②（　　）

記述 (2) できたらスゴイ！ 下線部について、農地が長方形に区切られた結果、田はどうなりましたか。また、それによって農業はどのように変化しましたか。「農業機械」「大規模《だいきぼ》」という言葉を使って、かんたんに書きましょう。　思考・判断・表現

（　　）

ふりかえり　5(2)がわからないときは、14ページの2にもどって確認してみよう。

ぴったり1 準備

3分でまとめ

せんたく

1. 日本の国土と人々のくらし

3 さまざまな土地のくらし③

寒い土地のくらし―北海道旭川市《ほっかいどうあさひかわ》―

学習日　　月　　日

めあて
北海道の気候や人々のくらしを理解《りかい》しよう。

教科書 50～57ページ　答え 10ページ

次の(　　)に入る言葉を、下から選びましょう。

1 北海道旭川市の位置と気候／寒さや雪に対応《たいおう》したくらし　教科書 50～53ページ

ワンポイント 北海道の位置と気候

- 日本の北に位置し、本州《ほんしゅう》とは(①　　　　)でへだてられている。
- 北海道の東には**北方領土《ほっぽうりょうど》**がある。
- 旭川市は北海道のほぼ中央の**上川盆地《かみかわぼんち》**にある。
- 旭川市は冬の寒さがきびしく、平均《へいきん》気温が(②　　　　)を下まわる月が4か月もあり、れい下10度以下の日には(③　　　　　　)が発生することもある。

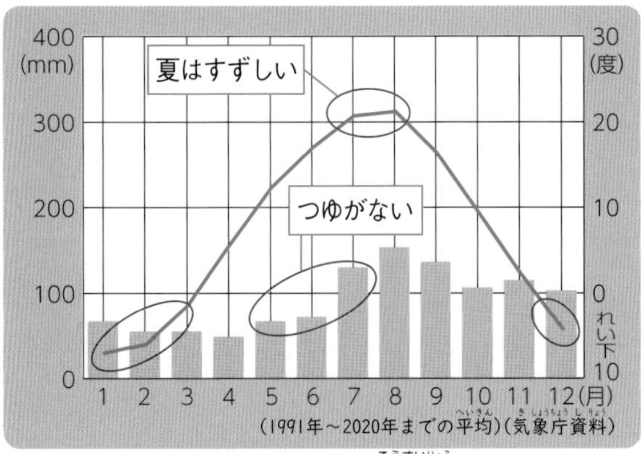

旭川市の月別平均気温と月別降水量《こうすいりょう》

寒さや雪を防《ふせ》ぐくふうをした家

- かべや天じょうに入れる**断熱材《だんねつざい》**を厚《あつ》くし、(④　　　　)のよいまどにする。
- 雪が落ちないように、屋根に(⑤　　　　)をつけたり、雪の重さにたえられる屋根にしたり、雪をとかす装置《そうち》をつけたりしている。

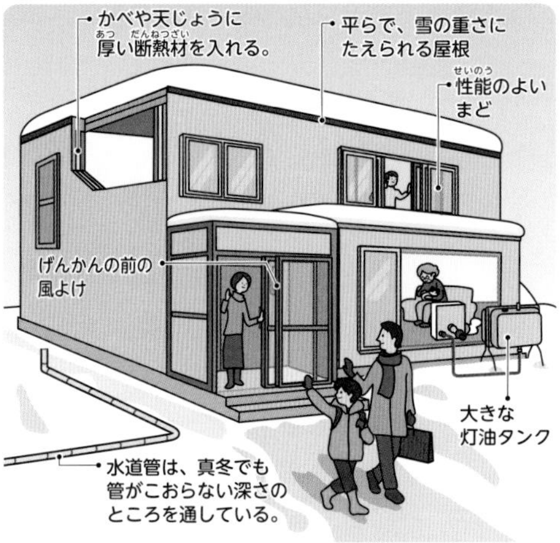

寒さや雪に対応した家のつくり

道路の雪への対応

- 道路の(⑥　　　　)は、雪を道路のわきにかき分ける方法で、おもに夜におこなわれる。
- 道はばがせまくならないように、(⑦　　　　)もおこなわれる。
- 流雪溝《りゅうせつこう》…道路の下にうめた水路で、雪をすてて川に流す。

2 気候を生かした農業／寒さや雪を生かした観光業　教科書 54～57ページ

気候を生かした農業

- 種まきから収穫《しゅうかく》まで、短い期間でできる(⑧　　　　)がさいばいされている。
- 旭川市のそばの作付面積は全国3位である。
- **品種改良**やさいばいのくふうにより、米作りもできるようになった。

品種改良
性質《せいしつ》のことなる品種どうしをかけ合わせ、新しい品種をつくること。

雪を生かした観光業

- (⑨　　　　)…冬も開園し、冬には「雪あかりの動物園」がおこなわれる。
- 「旭川冬まつり」…雪や氷でつくった雪像《せつぞう》や氷像《ひょうぞう》の展示《てんじ》、雪像づくり体験などが楽しめる祭り。

選んだ言葉に✓

□ダイヤモンドダスト　□旭山動物園《あさひやまどうぶつえん》　□そば　□はい雪作業　□0度
□除雪《じょせつ》作業　□津軽海峡《つがるかいきょう》　□性能《せいのう》　□雪どめ

ぴったり2

練習

学習日　　月　　日

ぴたトリビア

北海道の面積は約8.3万km^2で、47の都道府県の中で最も面積が広いです。これは日本全体の面積（約37.8万km^2）の約5分の1にあたります。

教科書　50〜57ページ　答え　10ページ

1 北海道旭川市のようすについて、答えましょう。

(1)　次の文中の①〜③にあう言葉を［　　］から選びましょう。

①(　　　　)　②(　　　　)　③(　　　　)

北海道は、本州とは（①）でへだてられ、東には択捉《えとろふ》島などの（②）がある。旭川市は、北海道のほぼ中央にあり、大雪《たいせつ》山などの山々に囲《かこ》まれた（③）に位置している。

北方領土　　上川盆地　　津軽海峡

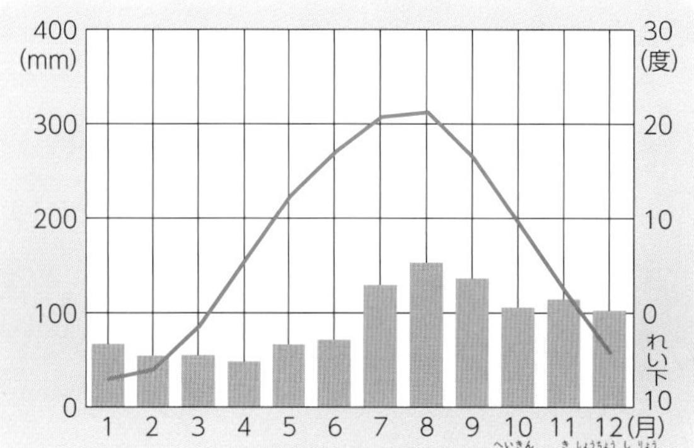

（1991年〜2020年までの平均《へいきん》）（気象庁資料《きしょうちょうしりょう》）

(2)　右のグラフは、旭川市の月別平均気温と月別降水量をあらわしています。グラフから読み取れることとして正しいものには○を、まちがっているものには×をつけましょう。

①(　　　)　月別平均気温が0度を下まわる月が4か月もあるね。

②(　　　)　最も気温が高い8月と最も気温が低い1月の差は20度近くあるね。

③(　　　)　5・6月に雨が少ないのは、北海道にはつゆがないからだね。

(3)　旭川市の家のくふうを、㋐〜㋓から2つ選びましょう。(　　　)(　　　)

㋐　かべや天じょうに厚い断熱材が入っている。

㋑　風通しのよい広い戸口がある。

㋒　屋根の上に給水タンクがついている。

㋓　屋根に雪どめがついている。

2 北海道旭川市の産業について、答えましょう。

(1)　旭川市のそば作りについて、正しいものには○を、まちがっているものには×をつけましょう。

①(　　　)旭川市は雪どけがおそいため、種まきから収穫まで約90日間でできるそばのさいばいがさかんである。

②(　　　)旭川市のそばの作付面積は全国1位である。

(2)　旭川市にある、「雪あかりの動物園」というイベントがおこなわれる動物園の名前を書きましょう。(　　　　)

ヒント

1 (2)①　折れ線グラフで、0度の目盛《めも》り線を下まわっている月を数えましょう。

1 (2)②　1月の平均気温はおよそれい下7度、8月の平均気温はおよそ21度です。

せんたく

1. 日本の国土と人々のくらし

3 さまざまな土地のくらし④ 高い土地のくらし—群馬《ぐんま》県嬬恋村《つまごい》—

学習日　　月　　日

めあて
群馬県嬬恋村の高い土地の人々のくらしを理解《りかい》しよう。

教科書 58〜67ページ　答え 11ページ

次の(　　)に入る言葉を、下から選びましょう。

1 嬬恋村の地形や土地利用／森林を開たくする人々／高原でのキャベツ作り　教科書 58〜61ページ

ワンポイント 群馬県嬬恋村の位置と気候

- 群馬県の西部に位置し、北・南・西が**長野《ながの》県**と接《せっ》する。
- 北の白根《しらね》山、本白根《もとしらね》山、西に四阿《あずまや》山、南に**浅間《あさま》山**など、高さ2000mをこえる山々に囲《かこ》まれている。
- 嬬恋村の耕地《こうち》面積の約98%は**畑**である。
- 嬬恋村には、山々の噴火《ふんか》による溶岩《ようがん》や(①　　　　)が積もってできた高原が広がり、(②　　　　)畑になっている。
- 夏はすずしく、冬は寒く雪がふる。
- 昼と夜の(③　　　　)の差が大きい。

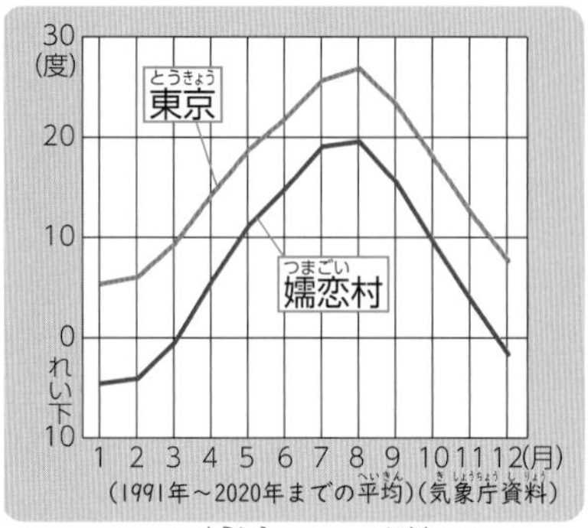

嬬恋村と東京《とうきょう》の月別平均《へいきん》気温

森林の開たく

- およそ140年前に嬬恋村でキャベツ作りがはじまる。
- 夏のすずしい気候がキャベツ作りに適《てき》していることがわかり、少しずつ生産が増《ふ》えてきた。
- 第二次世界大戦後、森林を開たくし、(④　　　　)が整備《せいび》されたことで、東京方面への出荷量が増えた。その後、大規模《だいきぼ》な農地開発により耕地面積が増え、**交通網《もう》**も発達した。
- 天気が変わりやすいため、**品質《ひんしつ》**が安定しない。また、(⑤　　　　)が安定しないのも家のなやみである。

2 気候を生かした出荷／気候や自然環境《かんきょう》を生かした観光業　教科書 62〜65ページ

気候を生かした農業

- 気温が高いとキャベツがよく育たない。→嬬恋村では、暑い地域《ちいき》からの出荷量が減《へ》る時期に合わせてキャベツを収穫《しゅうかく》し、大都市の多い関東《かんとう》地方や(⑥　　　　)に出荷している。
- 7月から10月ごろの嬬恋村のキャベツの出荷量は、全国の半分近くをしめている。

気候や自然を生かした観光業

- 夏→暑さをさけ、すずしく過《す》ごしやすい気候のもと、豊《ゆた》かな自然を求めておとずれる観光客が多い。
- 冬→(⑦　　　　)やスキー場をおとずれる観光客が多い。
- 火山の被害《ひがい》とめぐみ…1783年の浅間山の噴火では、(⑧　　　　)が発生し、嬬恋村に大きな被害が出た。2016年には嬬恋村をふくむ地域が浅間山北麓《ほくろく》ジオパークに認定《にんてい》された。

ジオパークは大地の公園という意味だよ。

選んだ言葉に✓				
	□キャベツ	□近畿《きんき》地方	□気温	□土石なだれ
	□火山ばい	□ねだん	□温泉《おんせん》	□道路

ぴたトリビア

1783年の浅間山の噴火のときに溶岩が流れ出てできた地形を鬼押出《おにおしだ》しといいます。まるで鬼が暴《あば》れて溶岩を押《お》し出したように見えたそうです。

教科書　58～67ページ　答え　11ページ

1 嬬恋村のようすと農業について、答えましょう。

(1)　嬬恋村の南にある火山を何といいますか。

（　　　　　）

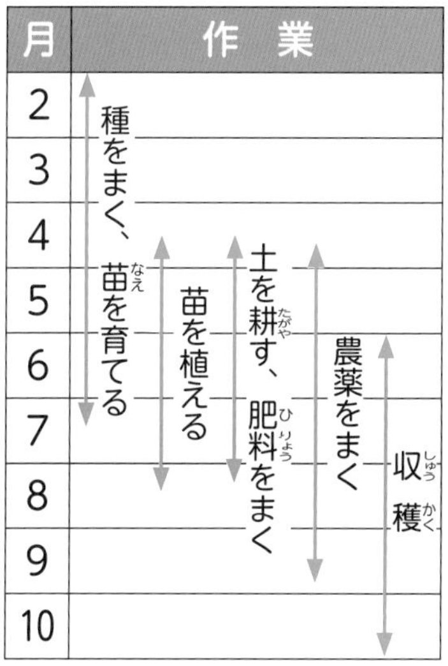

(2)　嬬恋村の説明について、正しいものには○を、まちがっているものには×をつけましょう。

①（　　　）群馬県の西部にあり、北・南・西が長野県と接している。

②（　　　）高さ2000mをこえる山の頂上《ちょうじょう》に位置する。

③（　　　）昼と夜の気温の差が小さい気候である。

(3)　右の図は、キャベツ作りの農事ごよみをあらわしています。嬬恋村でキャベツが6月から10月に収穫される理由について説明した次の文の、｛　｝の中の正しい言葉を◯で囲みましょう。

低地の夏は①｛　暑い　・　すずしい　｝ため、キャベツがよく育たず、出荷量が②｛　増える　・　減る　｝。いっぽう、高原に位置する嬬恋村の夏は③｛　暑い　・　すずしい　｝ため、その時期に合わせてキャベツを収穫し、出荷している。

(4)　右のグラフは、嬬恋村のキャベツの出荷先の内わけをあらわしています。グラフ中のⒶにあう地方名を書きましょう。（　　　　　）

(5)　嬬恋村のキャベツがグラフ中のⒶの地方に多く出荷される理由を、㋐～㋒から選びましょう。（　　　）

㋐　ほかの地方に住む人はキャベツを食べないため。

㋑　輸送費《ゆそうひ》の安い船で大量に輸送できるため。

㋒　Ⓐの地方は大都市が多く人口が多いため。

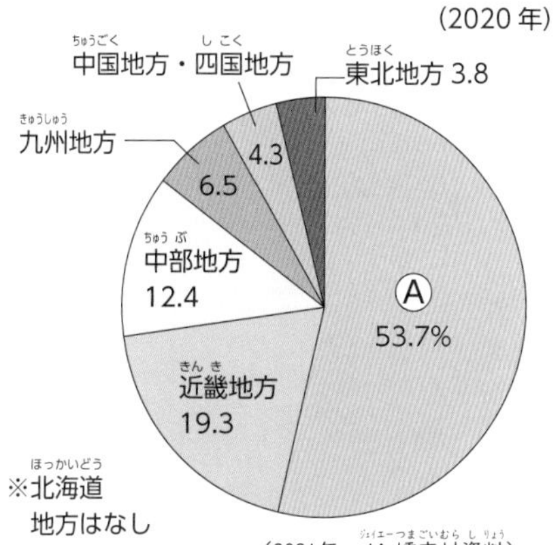

（2021年　JA嬬恋村資料《ジェイエーつまごいむらしりょう》）

2 右のグラフは、嬬恋村をおとずれる観光客数をあらわしています。これを見て、答えましょう。

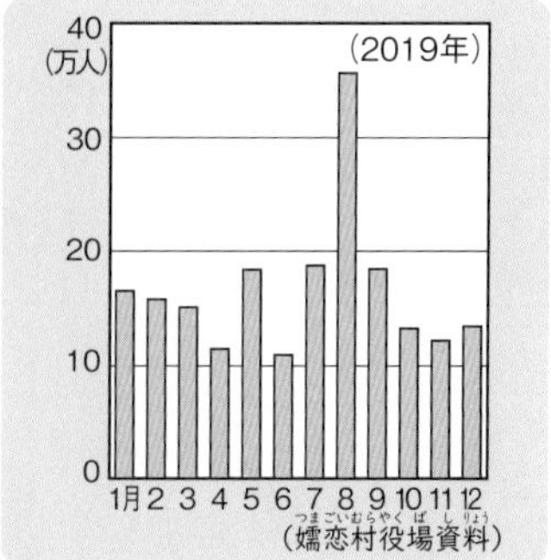

（嬬恋村役場資料《つまごいむらやくばしりょう》）

(1)　観光客数が最も多いのは何月ですか。（　　　　　）

(2)　(1)の月の観光客数はどれくらいですか。㋐～㋒から選びましょう。（　　　）

㋐　約15万人　　㋑　約20万人　　㋒　約35万人

(3)　嬬恋村では、周辺にある火山がもたらしためぐみが観光資源《しげん》となっています。その例として正しいものを、㋐～㋒から選びましょう。（　　　）

㋐　温泉　　㋑　首里《しゅり》城　　㋒　スキー場

ヒント　2 (1)　ぼうグラフが一番長い月はどこかを読み取りましょう。

学習日 月 日

時間 15分
／50
合格 40点

3 さまざまな土地のくらし
寒い土地のくらし―北海道《ほっかいどう》旭川《あさひかわ》市―

教科書 50〜57ページ　答え 12ページ

1 北海道の位置と気候について、答えましょう。
1つ5点（15点）

(1) よく出る 北方領土《ほっぽうりょうど》にふくまれないものを、㋐〜㋓から選びましょう。（　　　）

㋐ 択捉島《えとろふ》　㋑ 石垣島《いしがき》　㋒ 国後島《くなしり》　㋓ 歯舞群島《はぼまいぐんとう》

(2) 北海道の面積は、日本全体の面積の約何分の１ですか。

約（　　　　　）分の１

記述 (3) 右のグラフは、旭川市と東京《とうきょう》の月別平均《へいきん》気温をあらわしています。旭川市の気温の特ちょうをグラフから読み取り、かんたんに書きましょう。 思考・判断・表現

（　　　　　　　　　　　　　　　　　　　　）

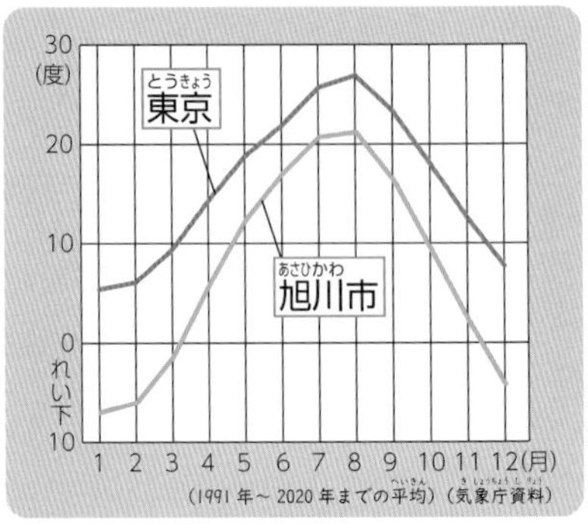

旭川市と東京の月別平均気温

2 寒さや雪を防《ふせ》ぐくふうについて、答えましょう。
1つ5点（20点）

(1) 旭川市の家に見られる寒さや雪に対するくふうについて、正しいものには○を、まちがっているものには×をつけましょう。

①（　　　）真冬でもこおらないように、水道管はできるだけ地表から浅いところを通している。

②（　　　）性能《せいのう》のよいまどにしたり、かべや天じょうに厚《あつ》い断熱材《だんねつざい》を入れたりして、家の中の熱を外ににがすようにしている。

③（　　　）雪が落ちないように屋根を平らにし、たくさん雪が積もっても重さにたえられる屋根にしている。

(2) 旭川市の中心部には、雪を流して川に運ぶために、道路の下に川の水を流した水路がうめられています。この水路を何といいますか。

（　　　　　）

3 旭川市の農業に関する次の文を読んで、答えましょう。
1つ5点（15点）

大雪山《たいせつ》などの山々に囲《かこ》まれた（①）盆地《ぼんち》に位置する旭川市では、種まきから収穫《しゅうかく》までが約90日間でおこなえる（②）作りがさかんである。また、寒さに弱いいねを、品種改良やさいばいのくふうなどにより安定して作れるようになった。

(1) 文中の①、②にあう言葉を書きましょう。

①（　　　　　）　②（　　　　　）

記述 (2) 下線部について、品種改良とはどのようなことですか。「性質《せいしつ》」という言葉を使って、かんたんに書きましょう。 思考・判断・表現

（　　　　　　　　　　　　　　　　　　　　）

ふりかえり ３(2)がわからないときは、18ページの２にもどって確認してみよう。

3 さまざまな土地のくらし
高い土地のくらし―群馬《ぐんま》県嬬恋《つまごい》村―

教科書 58～67ページ　答え 12ページ

4 右のグラフは、東京都の市場でのキャベツの月別取りあつかい量をあらわしています。これを見て、答えましょう。　1つ5点（25点）

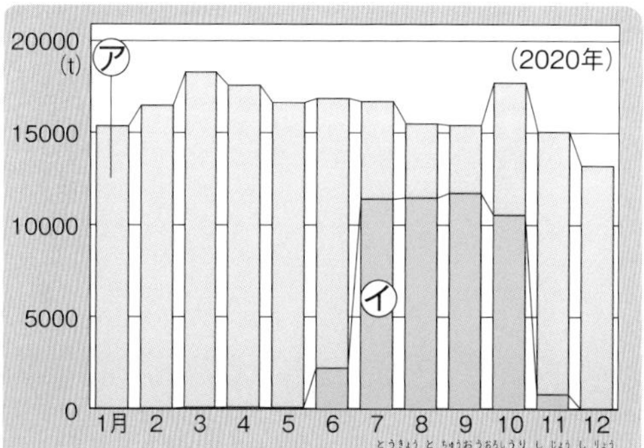

（2021年 東京都中央卸売市場資料《とうきょうとちゅうおうおろしうりしじょうしりょう》）

(1) 群馬県でキャベツが作られるようになったのは今から何年前ですか。㋐～㋓から選びましょう。
（　　　）

㋐ およそ40年前　㋑ およそ140年前
㋒ およそ240年前　㋓ およそ340年前

(2) よく出る グラフ中の㋐、㋑は、群馬県産またはそのほかの産地のいずれかです。群馬県産はどちらですか。　技能
（　　　）

記述 (3) できたらスゴイ！ 7月から10月は㋑のキャベツが取りあつかい量の半分以上をしめています。その理由を、「気候」という言葉を使って、かんたんに書きましょう。　思考・判断・表現
（　　　　　　　　　　　　　　　　）

(4) 嬬恋村のキャベツが全国へ出荷できるようになった理由として正しいものを、㋐～㋒から2つ選びましょう。　（　　）（　　）
㋐ 天気が安定して、同じ品質《ひんしつ》のキャベツを1年中作れるようになったため。
㋑ 農地開発により、広い耕地《こうち》でキャベツを大量に作れるようになったため。
㋒ 道路が整備《せいび》され、キャベツを新鮮《しんせん》なまま輸送《ゆそう》できるようになったため。

5 嬬恋村の観光業について、答えましょう。　1つ5点（25点）

(1) 次の文中の①～③にあう言葉を書きましょう。

> 嬬恋村には、豊《ゆた》かな自然を求めて、1年を通して多くの観光客がおとずれる。また、1783年の浅間《あさま》山の噴火《ふんか》のときに（①）が流れ出てできた地形が見られる鬼押出《おにおしだ》し岩のほか、多くの温泉《おんせん》など、周辺にある（②）がもたらしためぐみが観光資源《しげん》となっている。2016年には、嬬恋村をふくむ地域《ちいき》が浅間山北麓《ほくろく》（③）として認定《にんてい》された。

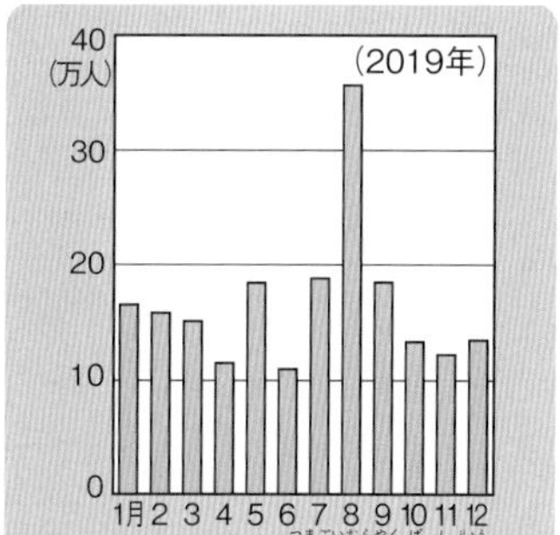

（嬬恋村役場資料《つまごいむらやくばしりょう》）

①（　　　）　②（　　　）　③（　　　）

(2) 右上のグラフは、嬬恋村をおとずれる月別観光客数をあらわしています。グラフから読み取れることとして正しいものには○を、まちがっているものには×をつけましょう。　技能
①（　　）観光客数が最も多い月は冬の時期にあたる。
②（　　）最も多い月の観光客数は、最も少ない月の観光客数の３倍以上もある。

ふりかえり　4(3)がわからないときは、20ページの1にもどって確認してみよう。

ぴったり1 準備

3分でまとめ

学習日　　月　　日

2．わたしたちの食生活を支《ささ》える食料生産

1 食生活を支える食料の産地

めあて

日本のおもな食料の産地の広がりについて理解《りかい》しよう。

教科書 68〜75ページ　答え 13ページ

次の（　　）に入る言葉を、下から選びましょう。

1 給食で使われている食料品／産地マップをつくってみると

教科書 68〜71ページ

食料品の分類とおもな食材

- **農作物《のうさくぶつ》**…田畑で作られる（①　　　　　）や小麦などのこく類、野菜、くだものなど。
- （②　　　　　）…魚、わかめなどの海そう、貝などと、それらを加工したもの。
- **畜産物《ちくさんぶつ》**…肉や（③　　　　　）、牛乳《ぎゅうにゅう》、乳製品《にゅうせいひん》など。

日本のまわりは、暖流《だんりゅう》と寒流がぶつかるため、魚が多く集まるよ。世界三大漁場の1つとも言われているんだ。

ワンポイント　食料のおもな産地

- **産地《さんち》**…農作物などがとれる土地。
- 米…全国各地の平野など。
- りんご…青森《あおもり》県、長野《ながの》県など。
- （④　　　　　）…静岡《しずおか》県、和歌山《わかやま》県、愛媛《えひめ》県など。
- 茶…静岡県、鹿児島《かごしま》県など。
- （⑤　　　　　）…北海道《ほっかいどう》、鹿児島県、宮崎《みやざき》県など。

（2019年）

米	野菜	くだもの	魚かい類
776.4万t	1340.7万t	235.0万t	419.7万t
肉牛	**乳牛**	**ぶた**	**にわとり**
250.3万頭	133.2万頭	915.6万頭	1億3822.8万羽

（作物統計《さくもつとうけい》ほか）

おもな食料の国内における生産量と飼育《しいく》頭数

2 農作物などの産地の広がり／食料の生産

教科書 72〜75ページ

農産物などの産地の広がり

- 米は全国で作られており、北海道や（⑥　　　　　）などすずしい地域《ちいき》が多い。
- 野菜は全国で作られており、北海道や関東《かんとう》地方で多い。
- 水産物は、北海道、宮城《みやぎ》県、千葉《ちば》県など、（⑦　　　　　）側で多い。
- 畜産物は、北海道や（⑧　　　　　）で多い。

日本の食料生産

- 40年ほど前は、米や畜産物の生産額《がく》が多かった。米や魚かい類の生産額は減《へ》ってきている。
- 野菜や畜産物の生産額は20年ほど前から増《ふ》えている。
- くだものの生産額は30年ほど前からあまり変化していない。
- 日本の**食料自給率《しょくりょうじきゅうりつ》**は60年間で半分ほどになった。

食料自給率

国内で消費《しょうひ》した食料のうち、国内で生産された食料をわりあいであらわしたもの。

選んだ言葉に✓

□太平洋《たいへいよう》　□たまご　□肉牛　□九州《きゅうしゅう》地方
□米　□水産物《すいさんぶつ》　□みかん　□東北《とうほく》地方

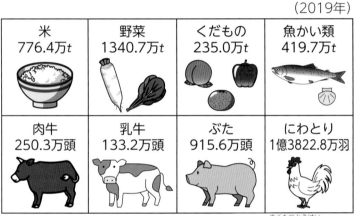

ぴたトリビア

わたしたちが食べている食料のうち、半分以上は、アメリカ合衆国《がっしゅうこく》や中《ちゅう》国《ごく》、オーストラリアなど、外国で生産されたものです。

教科書 68〜75ページ　答え 13ページ

1 次の図は、産地マップをあらわしています。これを見て、答えましょう。

おもな食料の国内における生産量と飼育頭数

食料	米	野菜	くだもの	魚かい類
生産量	776.4万t	1340.7万t	235.0万t	419.7万t
食料	(④)	乳牛《にゅうぎゅう》	ぶた	にわとり
飼育頭数	250.3万頭	133.2万頭	915.6万頭	1億3822.8万羽

(2019年)(作物統計《さくもつとうけい》ほか)

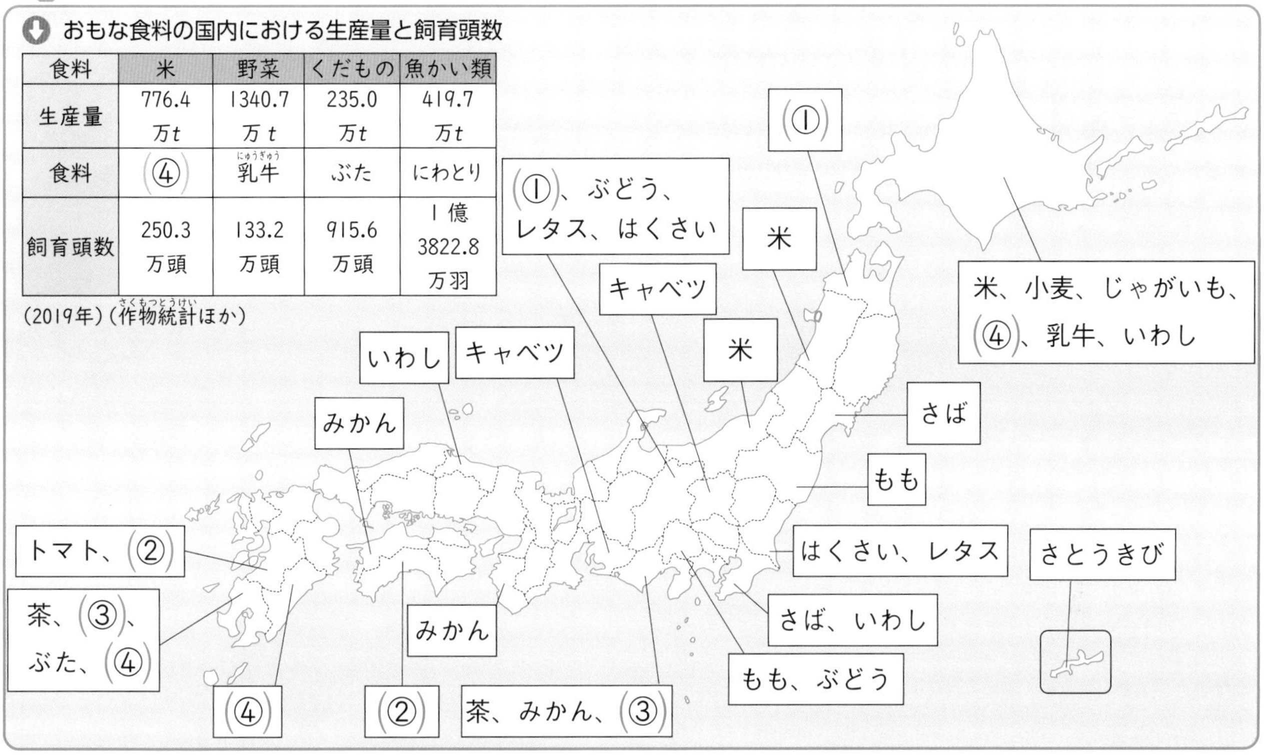

(1) 図中の①〜④にあう言葉を から選びましょう。

なす　りんご　肉牛　かつお

①(　　)　②(　　)
③(　　)　④(　　)

(2) 左上の表は、おもな食料の国内における生産量と飼育頭数をあらわしています。表の説明について、正しいものには○を、まちがっているものには×をつけましょう。

①(　　)米の生産量は約800万tで、野菜の生産量より多い。
②(　　)乳牛《にゅうぎゅう》とぶたを比《くら》べると、ぶたの方が飼育頭数が多い。

2 日本の食料生産について、答えましょう。

(1) 右のグラフは、日本の食料の生産額のわりあいをあらわしています。グラフ中の①〜④にあう言葉を から選びましょう。

くだもの　畜産物　米　野菜

①(　　)　②(　　)
③(　　)　④(　　)

(2) 国内で消費した食料のうち、国内で生産された食料のわりあいを何といいますか。(　　)

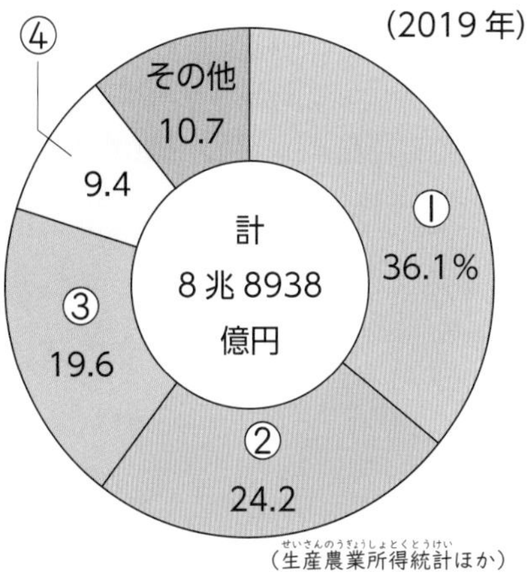

日本の食料の生産額のわりあい

ヒント 1 (1) りんごはすずしい気候、なすはあたたかい気候がさいばいに適《てき》しています。肉牛は牧場や牧草のある地域で育てられます。かつおは海に面した港がある地域で生産されます。

学習日　　月　　日

2. わたしたちの食生活を支《ささ》える食料生産

2 米作りのさかんな地域《ちいき》①

めあて
米作りのさかんな庄内《しょうない》平野の地形や気候を理解《りかい》しよう。

教科書 76〜83ページ　答え 14ページ

次の（　　）に入る言葉を、下から選びましょう。

1 わたしたちの食生活と米／米の生産地はどこ

教科書 76〜79ページ

ワンポイント わたしたちの食生活と米

- いねはもともと、赤道《せきどう》近くの1年中気温が高く、水が豊《ゆた》かな土地でよく育つ植物である。
- 日本では米を（①　　　　）としてきたほか、おかし、調味料など、さまざまな食品に加工して食べている。

日本には2400年ほど前に米作りが伝わったよ。

米の生産量と作付面積

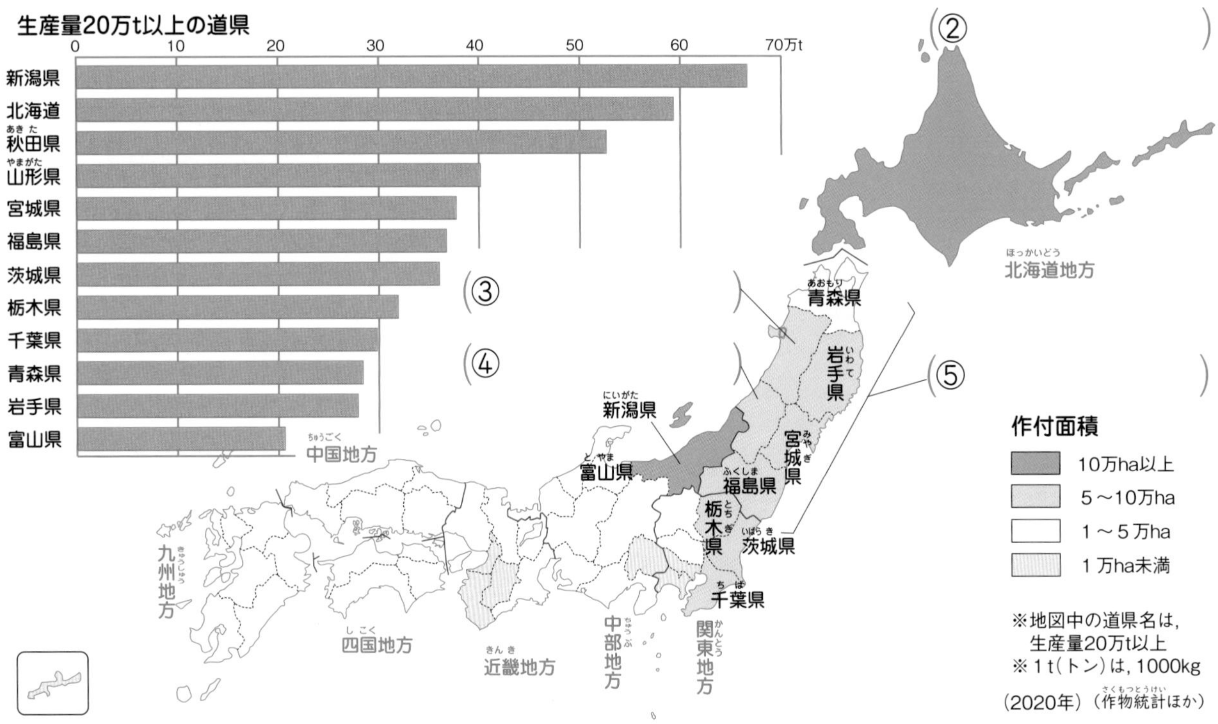
生産量20万t以上の道県
0
10
20
30
40
50
60
70万t
新潟県
北海道
秋田《あきた》県
山形《やまがた》県
宮城県
福島県
茨城県
栃木県
千葉県
青森県
岩手県
富山県
（②　　　　）
（③　　　　）
（④　　　　）
（⑤　　　　）
北海道《ほっかいどう》地方
青森《あおもり》県
岩手《いわて》県
新潟《にいがた》県
宮城《みやぎ》県
富山《とやま》県
福島《ふくしま》県
栃木《とちぎ》県
茨城《いばらき》県
千葉《ちば》県
中国《ちゅうごく》地方
九州《きゅうしゅう》地方
四国《しこく》地方
近畿《きんき》地方
中部《ちゅうぶ》地方
関東《かんとう》地方
作付面積
10万ha以上
5〜10万ha
1〜5万ha
1万ha未満
※地図中の道県名は，生産量20万t以上
※1t（トン）は，1000kg
（2020年）（作物統計《さくもつとうけい》ほか）

2 庄内平野のようす

教科書 80〜83ページ

庄内平野の地形と気候

- **庄内平野**…山形《やまがた》県の北西部にあり、日本海に面した平野で、耕地《こうち》の約87％が田である。
- （⑥　　　　）などの大きな川があり、鳥海山《ちょうかいさん》などの高い山をふくむ出羽《でわ》山地から栄養分をふくんだ水が豊富《ほうふ》に流れてくる。
- 夏にはあたたかくかわいた（⑦　　　　）がふく→晴れた日が多く日照時間が長くなり、いねが大きく生長する。
- 冬には（⑧　　　　）がふき、雪が多い→春に雪どけ水となって流れてくる。

選んだ言葉に✔

□北西季節風	□北海道《ほっかいどう》	□秋田県《あきた》	□東北地方《とうほく》
□南東季節風	□山形県	□最上川《もがみ》	□主食《しゅしょく》

ぴたトリビア

世界では、アジアの国々で米作りがさかんです。中国《ちゅうごく》、インド、インドネシア、バングラデシュなど、人口の多い国で生産量が多くなっています。

教科書　76〜83ページ　答え　14ページ

1 わたしたちの食生活と米について、答えましょう。

(1) わたしたちの食事の中心となる食べ物のことを何といいますか。（　　　）

(2) 米は、ごはんとして食べる以外に、いろいろな食品に加工されて食べられています。米の加工品にあてはまるものを、㋐〜㋕から３つ選びましょう。（　　）（　　）（　　）

㋐ とうふ　㋑ おから　㋒ もち　㋓ きな粉《こ》　㋔ せんべい　㋕ みりん

(3) 秋田県に昔から伝わる、ごはんをつぶして木のぼうにまきつけて焼いたものを何といいますか。㋐、㋑から選びましょう。（　　）

㋐ きりたんぽ　㋑ ピラフ

(4) 右の図は、米の生産量と作付面積をあらわしています。米の生産量が最も多い都道府県はどこですか。（　　　）

(5) 米作りは、どの地方でさかんにおこなわれていますか。生産量の多い地方名を２つ書きましょう。

（　　　）
（　　　）

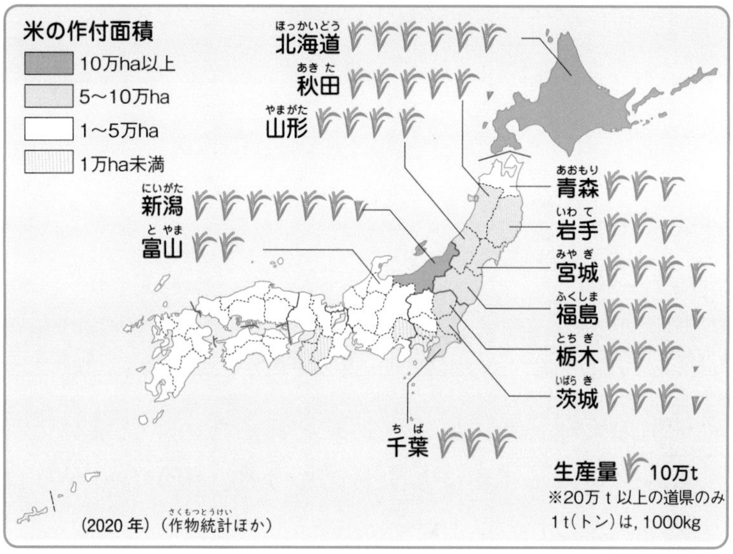

2 山形県について、答えましょう。

(1) 右の図中のⒶの平野、Ⓑの山地の名前を書きましょう。

Ⓐ（　　　）　Ⓑ（　　　）

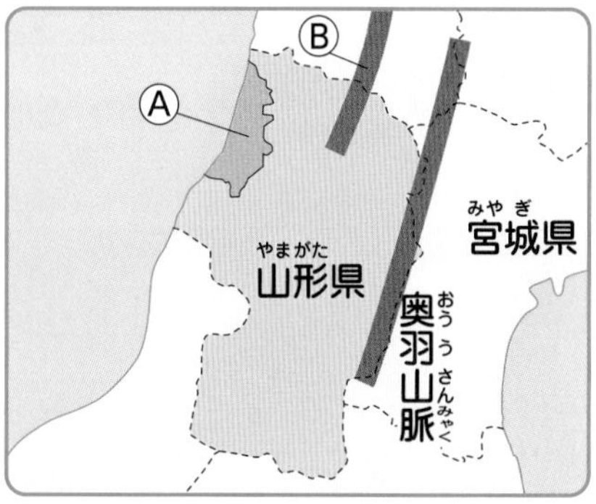

(2) 図中のⒶの平野を流れる川を、㋐〜㋒から選びましょう。（　　）

㋐ 信濃《しなの》川　㋑ 最上川　㋒ 利根《とね》川

(3) 次の文中の①〜④にあう言葉を、㋐〜㋗から選びましょう。

①（　　）②（　　）
③（　　）④（　　）

Ⓐの平野の気候を見ると、夏は(①)季節風が(②)風となってふき、晴れた日が続く。昼と夜の気温の差が(③)ため、おいしい米を作ることができる。冬は(④)の季節風がふき、多くの雪をふらせる。

㋐ 大きい　㋑ 小さい　㋒ しめった　㋓ かわいた
㋔ 北東　㋕ 北西　㋖ 南東　㋗ 南西

ヒント　❶ (1) 米のほか、パン、めん類などがあります。

2．わたしたちの食生活を支《ささ》える食料生産

2 米作りのさかんな地域《ちいき》②

学習日　　月　　日

めあて
米を作るための農家の人の作業を理解《りかい》しよう。

教科書 84～87ページ　答え 15ページ

次の（　　）に入る言葉を、下から選びましょう。

1 米作りのようす

教科書 84～85ページ

✪ 米作りの農事ごよみ

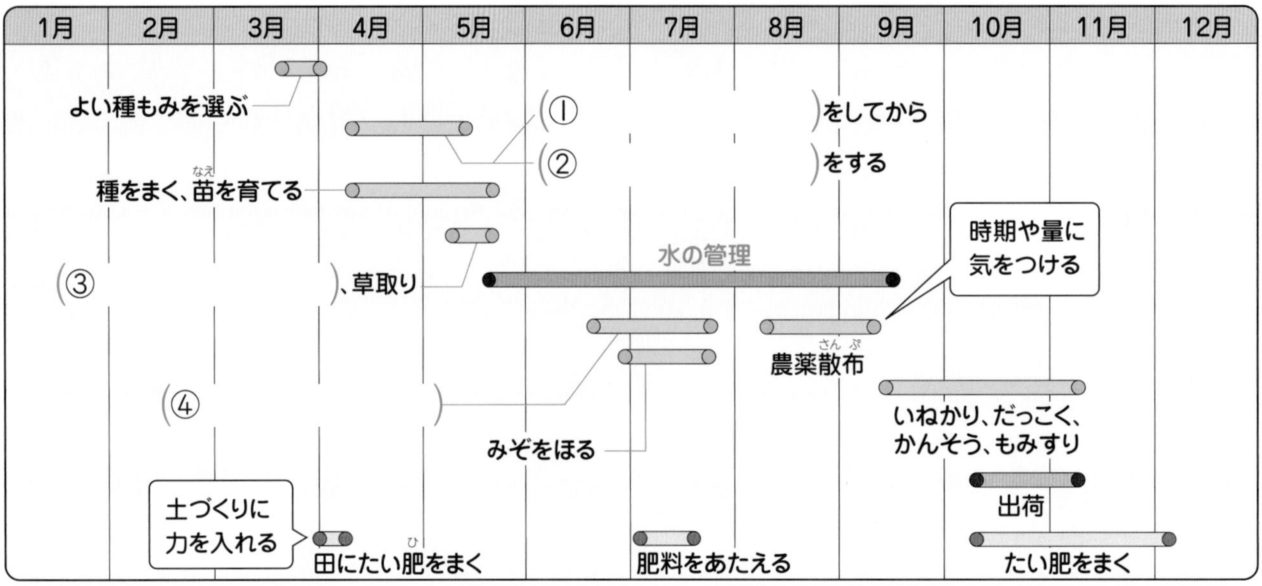

- 水の管理…水には保温効果《ほおんこうか》があるため、気温が下がるときは水の量を（⑤　　　　　　　）。
- みぞをほって中ぼしをおこなうと、根がしっかりはり、土の中の養分を吸収《きゅうしゅう》しやすくなる。

2 機械化とほ場整備《じょうせいび》

教科書 86～87ページ

ワンポイント　米作りの変化

- 農作業の（⑥　　　　　　）が進んでいる。
- 田おこしには（⑦　　　　　　）、田植えには田植え機、いねかりやだっこくには（⑧　　　　　　）などを使用している。

よい面	●農作業にかかる時間が（⑨　　　　　　）なった。
悪い面	●農業機械のねだんが高く、燃料《ねんりょう》代や修理《しゅうり》代にもお金がかかる。 →共同で機械を買ったり、作業をおこなったりすることで費用《ひよう》を節約している。

- **ほ場整備**…いろいろな形をした小さな田を広い長方形の田につくりかえたり、（⑩　　　　　　）やはい水路などをととのえたりすること。

ほ場整備による変化	●田や農道が広くなり、大型《おおがた》の機械が使いやすくなった。 →農作業の時間を減《へ》らすことができた。 ●川から遠くはなれた場所でも、水が使いやすくなった。

選んだ言葉に✓

□田おこし	□中ぼし	□コンバイン	□用水路	□短く
□しろかき	□田植え	□トラクター	□機械化	□増《ふ》やす

ぴったり2

練習

学習日　　月　　日

ぴたトリビア

だっこくとは、いねの穂先《ほさき》からもみを落とす作業のことです。コンバインを使うと、いねかりとだっこくが同時にできます。

教科書　84～87ページ　答え　15ページ

1 右の図は、米作りの農事ごよみをあらわしています。これを見て、答えましょう。

(1) 図中の①～④にあう言葉を［　　　］から選びましょう。

①(　　　　　　)
②(　　　　　　)
③(　　　　　　)
④(　　　　　　)

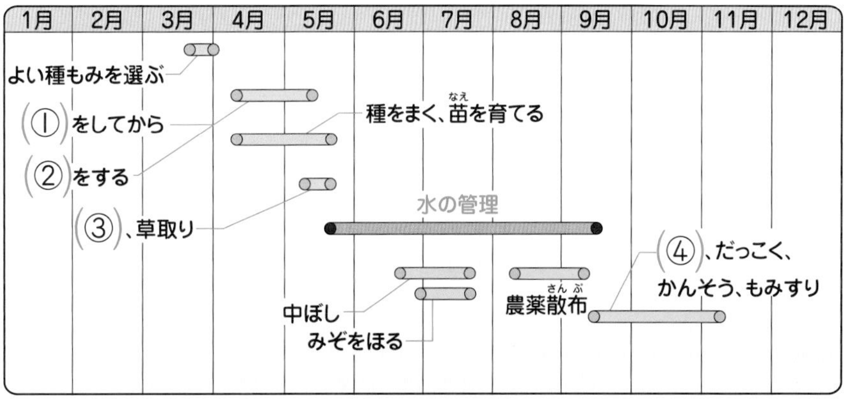

いねかり　　しろかき　　田おこし　　田植え

(2) 中ぼしは何のためにおこなわれますか。㋐、㋑から選びましょう。　(　　　)

㋐ 雨が多い時期に、根がくさらないようにするため。
㋑ 土の中の養分を吸収できるじょうぶな根にするため。

(3) しろかきとはどのような作業ですか。㋐～㋒から選びましょう。　(　　　)

㋐ 田に水を入れて土をかきまぜ、平らにする。
㋑ もみからもみがらを取りのぞいて玄米《げんまい》にする。
㋒ いねの穂先からもみを落とす。

2 米作りの変化について、答えましょう。

(1) 右の絵は、農作業に用いる機械です。①～③の機械の名前を書きましょう。

①(　　　　　　)　②(　　　　　　)　③(　　　　　　)

(2) 機械化による米作りの変化の説明について、正しいものには○を、まちがっているものには×をつけましょう。

①(　　　)農作業にかかる時間が短くなった。
②(　　　)農作業にかかる費用の面で農家の負担《ふたん》が小さくなった。

(3) 次の文中の①～③にあう言葉を書きましょう。

①(　　　　　　)　②(　　　　　　)　③(　　　　　　)

山形県《やまがたけん》では、小さい田を広い(①)の田につくりかえたり、用水路やはい水路をととのえたりする(②)が進められてきた。(②)によって田や(③)が広くなり、大型の機械が使いやすくなった。

ヒント 2 (1) ①は田おこし、②は田植え、③はいねかりのようすです。

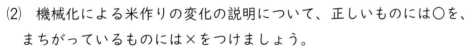

2 米作りのさかんな地域《ちいき》③

学習日　　月　　日

めあて
米作りを支える人たちの取り組みを理解《りかい》しよう。

教科書 88～91ページ　答え 16ページ

次の（　　）に入る言葉を、下から選びましょう。

1 米作りを支える人たち

教科書 88～89ページ

水田農業試験場での取り組み

- （①　　　　　）…夏の気温が十分高くならないため、いねなどの生長が悪くなったり、米がみのらなかったりすること。
- 東北《とうほく》地方ではたびたび**冷害《れいがい》**が発生してきたため、寒さや病気に強い、山形《やまがた》県を代表するいねの**品種《ひんしゅ》**が求められ、**品種改良**が重ねられた。

ワンポイント　おいしく環境《かんきょう》にやさしい米を作るための取り組み

- 日本では、せまい農地で（②　　　　　）を増《ふ》やすために、多くの農薬や（③　　　　　）を使ってきたが、自然や人体への悪いえいきょうを心配し、農薬や化学肥料《ひりょう》の使用量を減《へ》らす取り組みをしている。
- （④　　　　　）…農作物を農薬や化学肥料を使わずにさいばいすること。
- （⑤　　　　　）…アイガモが雑草《ざっそう》や害虫を食べるため、（⑥　　　　　）をなるべく使わずに米を作ることができる。また、アイガモのふんが肥料となり、化学肥料の量を減らすことができる。

	化学肥料	たい肥《ひ》
原料	●農作物の生長に必要な成分を、鉱物《こうぶつ》などから加工してつくる	●落ち葉やわら、牛やぶたなどの家畜《かちく》のふんなどからつくる
特ちょう	●ききめが早い ●使い過《す》ぎると土の力が低下する ●使う量や回数を調節できる	●ききめがゆっくりだが、持続する ●いちどにたくさんの量を使えない ●まくのに手間がかかる

2 おいしい米をとどける

教科書 90～91ページ

米の出荷

- （⑦　　　　　）…米の味が落ちないように適温《てきおん》で保管《ほかん》する場所。
- JA《ジェイエー》の計画にしたがい、トラック、鉄道、フェリーなどで全国各地に出荷する。
- 最近では（⑧　　　　　）を利用して、全国の消費者《しょうひしゃ》に米を直接販売《ちょくせつはんばい》する農家もある。

庄内《しょうない》平野で生産された米は、人口の多い関東《かんとう》地方へ最も多く出荷されているよ。

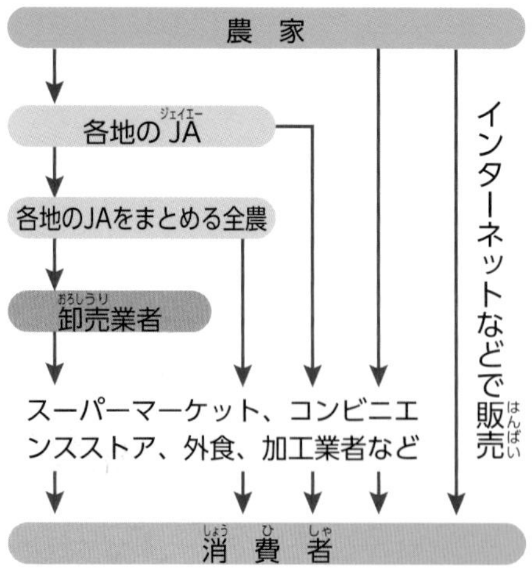

米がわたしたちのもとにとどくまで

選んだ言葉に✔				
	□有機さいばい	□アイガモ農法	□化学肥料	□カントリーエレベーター
	□インターネット	□農薬	□冷害	□収穫量《しゅうかくりょう》

ぴったり2

練習

学習日　　月　　日

ぴたトリビア

カントリーエレベーターでは、米をもみのまま保管します。出荷する分だけもみすりをし、玄米《げんまい》にして袋《ふくろ》につめて出荷します。

教科書　88～91ページ　答え　16ページ

1 安全でおいしい米を作るための取り組みについて、答えましょう。

(1) 東北地方では、夏の気温が高くならないことによって、いねの生長が悪くなったり、米がみのらなかったりする被害《ひがい》になやまされてきました。この被害を何といいますか。

（　　　　）

(2) いろいろな品種を組み合わせるなどして、よりすぐれた新しい品種をつくることを何といいますか。

（　　　　）

(3) 右のグラフは、庄内平野のおもないねの品種別作付面積のわりあいをあらわしています。グラフ中のⒶにあう品種を、㋐～㋒から選びましょう。（　　）

㋐ コシヒカリ　㋑ ササニシキ

㋒ はえぬき

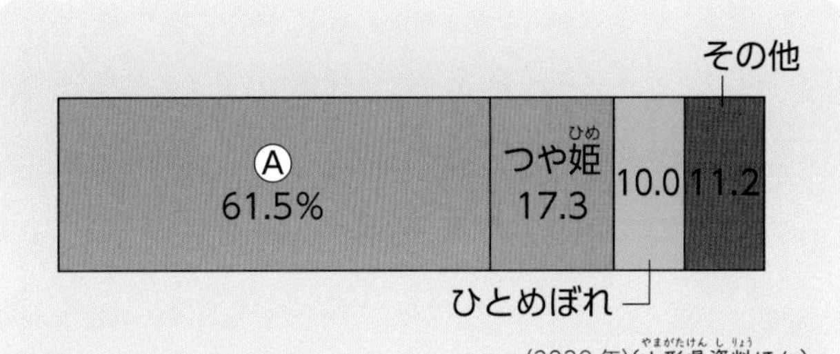

(2020年)(山形県《やまがたけん》資料《しりょう》ほか)

(4) 安全でおいしい米を作るために、化学肥料やたい肥が使われています。㋐～㋕はどちらの特ちょうにあてはまるか選びましょう。

化学肥料（　　）（　　）（　　）

たい肥（　　）（　　）（　　）

㋐ ききめが早いが、持続しない。　㋑ ききめがゆっくりだが、持続する。

㋒ 使い過ぎると土の力が低下する。　㋓ いちどにたくさんの量を使えない。

㋔ まくのに手間がかかる。　㋕ 量や回数を調節できる。

2 右の図は、米がわたしたちのもとにとどくまでの流れをあらわしています。これを見て、答えましょう。

(1) 図中の①～④にあう言葉を［　　］から選びましょう。

①（　　　　）

②（　　　　）

③（　　　　）

④（　　　　）

スーパーマーケット	卸売業者《おろしうり》
インターネット	ＪＡ

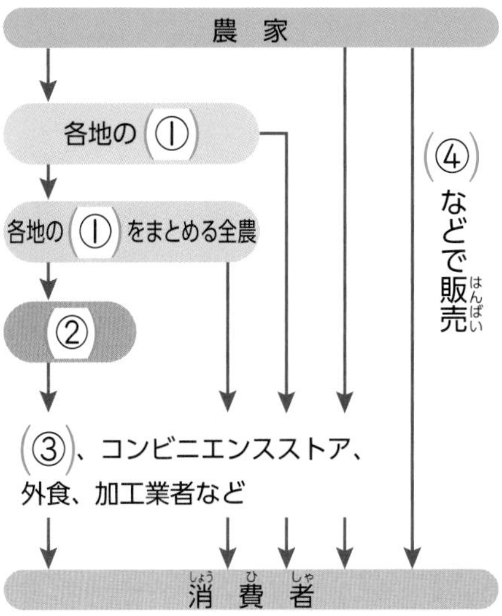

(2) 2020年現在《げんざい》、庄内平野で生産された米が最も多く出荷されている地方名を書きましょう。

（　　　　）

ヒント

1 (2) 品種とは、性質《せいしつ》にちがいがある同じ種類の作物を、区別するときに使う名前です。

2 (2) 人口の多い地方への出荷量が多くなります。

ぴったり3
確かめのテスト

2．わたしたちの食生活を支《ささ》える食料生産
1 食生活を支える食料の産地
2 米作りのさかんな地域《ちいき》

時間 30分　／100　合格 80点

教科書 68～91ページ　答え 17ページ

1 わたしたちの食生活を支える食料品について、答えましょう。
1つ5点（25点）

(1) 次の表中の①～③にあう言葉を書いて、食料品の分類を完成させましょう。

分類	(①)	(②)	(③)
品目	とり肉、たまご、チーズ	かつお、わかめ、かまぼこ	レタス、ぶどう、茶

(2) 日本の食料生産について、正しいものには○を、まちがっているものには×をつけましょう。

①(　　)野菜は、気候のえいきょうを受けやすく、さいばいされる地域が限《かぎ》られている。
②(　　)日本のまわりは、寒流と暖流《だんりゅう》がぶつかり、魚がたくさん集まるため、世界の三大漁場の一つとされている。

2 次の絵は、米作りの作業のようすをあらわしています。これを見て、答えましょう。
1つ4点、(4)8点（40点）

①

②

③

(1) よく出る ①～③の絵にあう作業を、㋐～㋔から選びましょう。

①(　　) ②(　　) ③(　　)

㋐ いねかり　㋑ しろかき　㋒ 田植え　㋓ 農薬散布《さんぷ》　㋔ もみすり

(2) しろかきに備《そな》えて、トラクターで田を耕《たがや》す作業を何といいますか。

(　　)

(3) 水の管理において、気温の低下からいねを守るためには、水の量をどうしますか。

(　　)

(4) (1)の①～③の作業と(2)の作業を、作業がおこなわれる順に並《なら》べかえましょう。なお、(2)の作業は④として書きましょう。
思考・判断・表現

(　　→　　→　　→　　)

(5) 次の文中の①～③にあう言葉を書きましょう。

①(　　) ②(　　) ③(　　)

6月から7月ごろには、田の水をいったんぬく(①)という作業をする。この作業をおこなうことで、土の中から古いガスがぬけ、新しい空気が入る。その結果、いねの(②)がしっかりとはり、土の中の(③)を吸収《きゅうしゅう》しやすくなる。

3 右のグラフは、山形県《やまがた》の10a《アール》あたりの年間耕作《こうさく》時間のうつり変わりをあらわしています。これを見て、答えましょう。

1つ5点（15点）

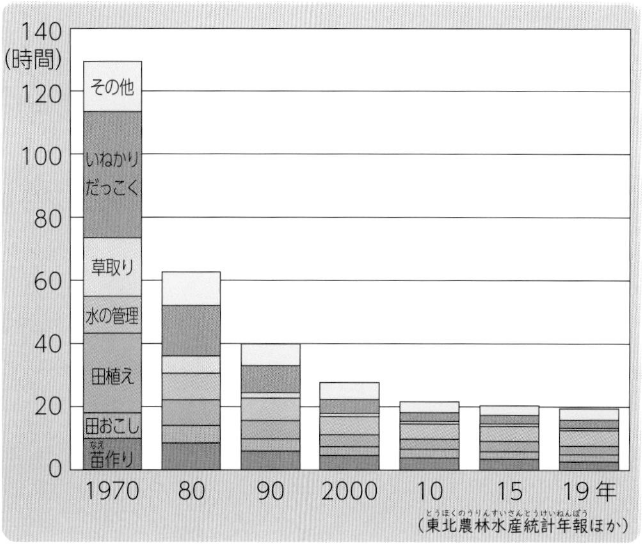

(1) 2019年の耕作時間は、1970年と比《くら》べておよそ何時間減《へ》っていますか。㋐～㋓から選びましょう。　技能

（　　　　）

㋐ 70時間　㋑ 90時間

㋒ 110時間　㋓ 130時間

(2) 1970年と2019年を比べて、作業時間が最も減った作業を書きましょう。　技能

（　　　　）

記述 (3) グラフのように耕作時間が減ってきた理由を、かんたんに書きましょう。

思考・判断・表現

（　　　　）

4 米作りのための取り組みについて、答えましょう。

1つ5点（20点）

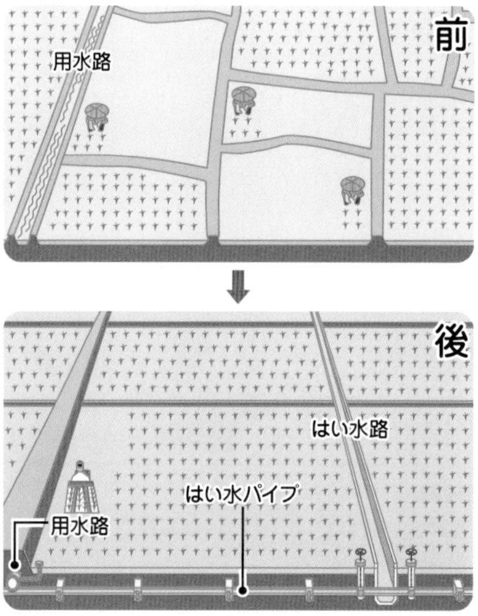

(1) 右の２つの絵は、何のようすをあらわしていますか。

（　　　　）

(2) 安全でおいしい米を作るために農家がおこなっている取り組みとして正しいものを、㋐、㋑から選びましょう。

（　　　　）

㋐ 田にアイガモを放して雑草《ざっそう》や害虫を食べさせるアイガモ農法。

㋑ 農薬と化学肥料《ひりょう》を大量に使用して米を大量生産する有機さいばい。

(3) 多くの農家は、各地の農業協同組合（農協）を通して、全国に米を出荷しています。農業協同組合の略称《りゃくしょう》を、アルファベット２文字で書きましょう。

（　　　　）

記述 (4) できたらスゴイ！ いねはもともとあたたかいところでよく育ちますが、日本では寒い地域で生産がさかんです。その理由を、「品種《ひんしゅ》」という言葉を使って、かんたんに書きましょう。

思考・判断・表現

（　　　　）

ふりかえり　❸(3)がわからないときは、28ページの❷にもどって確認してみよう。

2．わたしたちの食生活を支《ささ》える食料生産

3 水産業のさかんな地域《ちいき》①

学習日　　月　　日

めあて
日本の漁業《ぎょぎょう》の種類を理解《りかい》しよう。

教科書 92〜95ページ　答え 18ページ

次の（　　）に入る言葉を、下から選びましょう。

1 わたしたちの食生活と水産物

教科書 92〜93ページ

✪ わたしたちの食生活と水産物

- 水産物…魚、海そう、貝、（①　　　）のほか、魚を加工したかまぼこなど。

ワンポイント　日本近海のようす

- 暖流《だんりゅう》と寒流《かんりゅう》がぶつかる（②　　　）には、魚のえさとなるプランクトンが多いため、たくさんの魚が集まる。
- 水深200mくらいまでのけいしゃがゆるやかな（③　　　）が広がる。

→魚の種類が豊《ほう》富《ふ》で数が多く、水《みず》あげ量《りょう》が多い。

（④　　　）

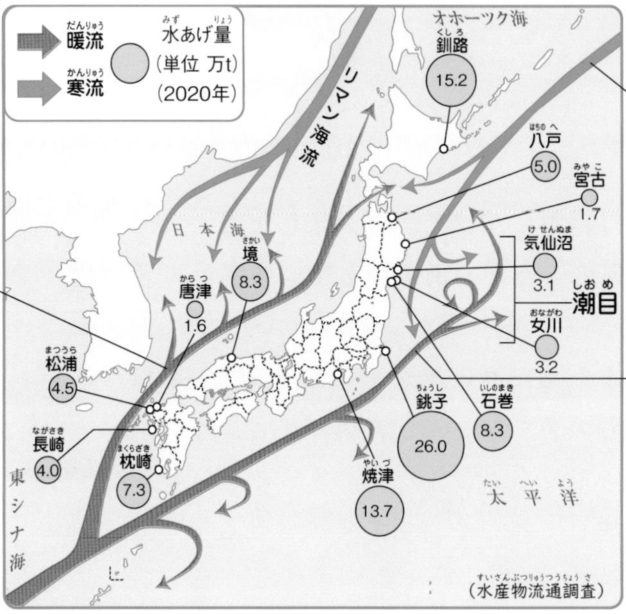

おもな漁港の水あげ量と海流のようす

（⑤　　　）
（千島《ちしま》海流）

（⑥　　　）
（日本海流）

4つの海流を覚えよう。

2 まきあみ漁のようす

教科書 94〜95ページ

✪ 漁業の種類

- （⑦　　　）…遠くの海で長期間おこなう。
- （⑧　　　）…日本近海でおこなう。
- （⑨　　　）…海岸やその近くでおこなう。
- 養《よう》しょく業《ぎょう》…魚や貝などを人の手で育てる。

✪ まきあみ漁のようす

- スキャニングソナーや（⑩　　　）…音波を出して魚の群れをさがす装置《そうち》。
- 魚の群れをあみで囲《かこ》み、あみの底をとじて引きあげるまきあみ漁で、サバやイワシなどをとっている。

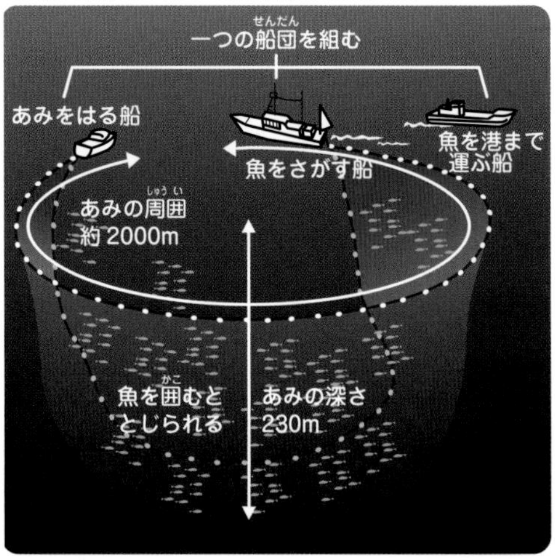

まきあみ漁のしくみ

選んだ言葉に✔

□大陸《たいりく》だな	□沿岸《えんがん》漁業	□遠洋《えんよう》漁業	□沖合《おきあい》漁業	□魚群探知機《ぎょぐんたんちき》
□のり	□対馬《つしま》海流	□潮目《しおめ》	□黒潮《くろしお》	□親潮《おやしお》

ぴったり2

練習

学習日　　月　　日

ぴたトリビア

ソナーとは、音波によって物体を探知する装置です。漁業では、船の周囲《しゅうい》を探知するものをソナー、船の真下を探知するものを魚群探知機とよびます。

教科書 92～95ページ　答え 18ページ

1 右の地図を見て、答えましょう。

(1) 図中のⒶ、Ⓑの海流は、暖流・寒流のどちらですか。それぞれ書きましょう。

Ⓐ（　　　）

Ⓑ（　　　）

(2) 図中のⒸの海を何といいますか。

（　　　）

(3) 日本の近海がよい漁場となっている理由を、㋐、㋑から選びましょう。

（　　　）

㋐ 暖流と寒流がすれちがう潮目にあたるため。

㋑ プランクトンが多い大陸だながが広がるため。

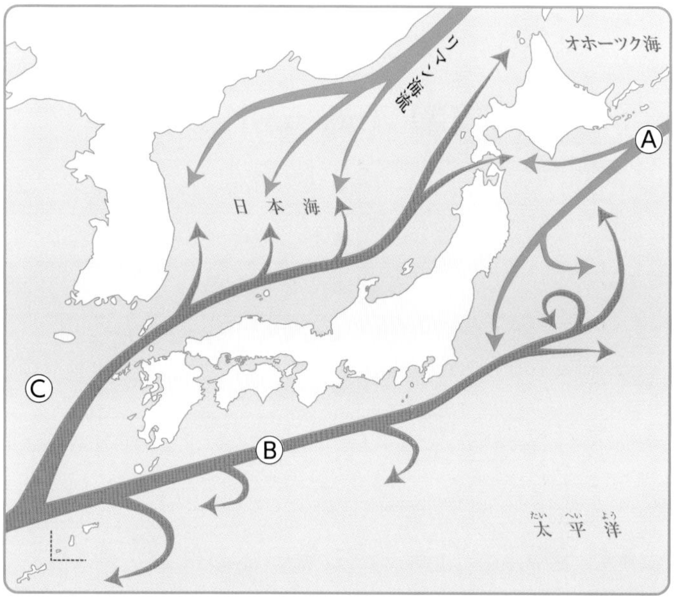

(4) 日本の水産業の説明について、正しいものには○を、まちがっているものには×をつけましょう。

①（　　　）日本近海には、あたたかい海にすむ魚と冷たい海にすむ魚が集まるため、魚の種類や数が多い。

②（　　　）太平洋側《たいへいよう》と日本海側を比《くら》べると、水あげ量の多い漁港は日本海側に多い。

2 漁業の種類について、答えましょう。

(1) 漁業の種類とその説明について、あうものを線で結びましょう。

① 沿岸漁業 ・　　・ ㋐大型《おおがた》の船で遠くの海まで出かけ、長期間おこなう漁業。

② 遠洋漁業 ・　　・ ㋑日本近海で数日かけておこなう漁業。

③ 沖合漁業 ・　　・ ㋒小型船《こがたせん》で、海岸やその近くでおこなう漁業。

(2) まきあみ漁の方法でまちがっているものを、㋐～㋒から選びましょう。（　　　）

㋐ スキャニングソナーや魚群探知機で魚の群れをさがす。

㋑ 群れを見つけるとあみを海へ投げ入れ、あみを引っぱって群れを囲む。

㋒ 魚や貝、海そうなどを人の手で育てて出荷する。

ヒント 1 (1) Ⓐは親潮（千島《ちしま》海流）、Ⓑは黒潮（日本海流）です。

ぴったり1 準備　せんたく

2．わたしたちの食生活を支《ささ》える食料生産

3　水産業のさかんな地域《ちいき》②

学習日　　月　　日

めあて　水あげされた魚がわたしたちのもとにとどくまでの流れを理解《りかい》しよう。

教科書　96〜99ページ　　答え　19ページ

次の（　　）に入る言葉を、下から選びましょう。

1　銚子《ちょうし》漁港のようす　　教科書　96〜97ページ

ワンポイント　銚子漁港のしせつ

①	●魚を水あげして選別し、（②　　　　　）がおこなわれるしせつ。
製氷《せいひょう》工場	●とった魚がいたまないように冷やすための氷をつくる工場。
③	●魚を冷とうして保存《ほぞん》する倉庫。
水産加工しせつ	●魚を加工するしせつ。
④	●漁船の燃料《ねんりょう》となる油が入っている。ここから燃料を補給《ほきゅう》する。

- 銚子漁港の沖は（⑤　　　　　）にあたり、魚が多く集まるよい漁場となっている。
- 銚子漁港は日本で最も魚の水あげ量が多い。
- 銚子漁港には、三つの**卸売市場《おろしうり》**があり、魚の種類により水あげされる卸売市場がちがう。
- 水あげされた魚は、種類や大きさによって選別、計量され、箱につめられる。
- **入札**…札にねだんを書いて入札箱に入れ、最も高いねだんをつけた買い手に売るしくみ。

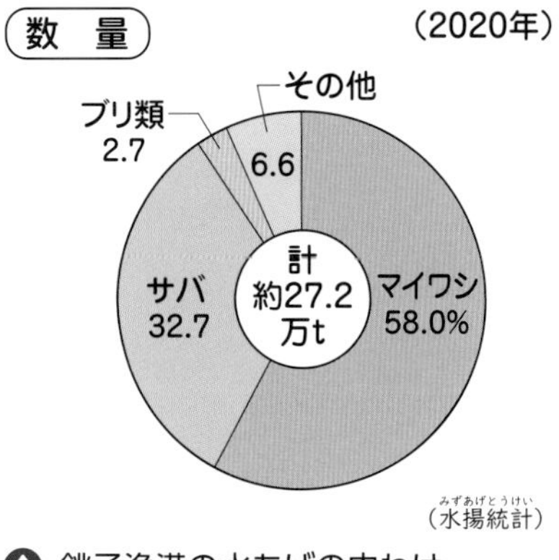

銚子漁港の水あげの内わけ

- 銚子漁港では、マイワシや（⑥　　　　　）の水あげ量が多い。

魚を安全に保《たも》つくふう

- 銚子漁港では、漁港と水産加工しせつが連携《れんけい》し、１日で約4000tの魚が処理《しょり》できる。
- 魚をより衛生的《えいせいてき》に、（⑦　　　　　）がよい状態《じょうたい》で保存できるよう、さっきんした冷たい海水をつくる装置《そうち》や、その水をためておく水そうなどが備《そな》えられている。

2　魚がわたしたちのもとへとどくまで　　教科書　98〜99ページ

魚がわたしたちのもとへとどくまで

- 冷とうされた魚…冷とう倉庫に保存され、注文に応《おう》じて出荷されたり、ひものやかんづめ、養しょく用のえさなどの材料として水産加工しせつに運ばれたりする。
- 冷とうされた魚の一部は、（⑧　　　　　）などの外国へ船で輸出《ゆしゅつ》される。
- 新鮮《しんせん》な状態のまま東京《とうきょう》などの消費地《しょうひち》へ出荷される魚もある。

品質《ひんしつ》を保つための温度管理が重要なんだ。

選んだ言葉に✔				
	□鮮度《せんど》	□サバ	□アジア	□冷とう倉庫
	□入札	□潮目《しおめ》	□卸売市場	□給油タンク

ぴったり2
練習

学習日　　月　　日

ぴたトリビア

各国の海岸線から200海里（約370km）までの排他的経済水域《はいたてきけいざいすいいき》の中では、外国の船は勝手に漁をしてはいけない決まりになっています。

教科書　96～99ページ　答え　19ページ

1 銚子漁港のようすについて、答えましょう。

(1) 次の①～③の説明にあうしせつを、㋐～㋓から選びましょう。

①(　　　)魚を冷とうして保存する。

②(　　　)魚の鮮度を保つために、海水から氷をつくる。

③(　　　)水あげされた魚を選別・計量したり、箱づめしたりする。

㋐ 卸売市場　㋑ 製氷工場　㋒ 水産加工しせつ　㋓ 冷とう倉庫

(2) 魚を買いたい人が札にねだんを書いて箱に入れ、最も高いねだんをつけた買い手に売る取り引きのしくみを何といいますか。

(　　　　　)

(3) 右のグラフは、銚子漁港の水あげの内わけをあらわしています。グラフ中のⒶにあう魚を、㋐～㋒から選びましょう。

(　　　)

㋐ カツオ　㋑ マイワシ　㋒ マグロ

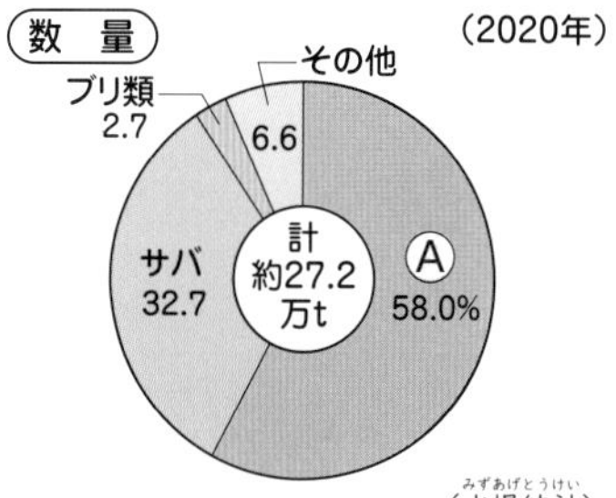

(水揚統計《みずあげとうけい》)

(4) 銚子漁港について、正しいものには○を、まちがっているものには×をつけましょう。

①(　　　)銚子漁港の沖は潮目にあたり、多くの種類の魚が集まるよい漁場となっている。

②(　　　)銚子漁港は、魚の水あげ量が日本で三番目に多い。

2 銚子漁港で水あげされた魚がわたしたちのもとへとどくまでの流れに関する次の会話を読んで、正しいものには○を、まちがっているものには×をつけましょう。

①(　　　) 銚子漁港に水あげされた魚は、全て冷とうされているね。

②(　　　) 冷とう倉庫に保存された魚は、注文に応じて出荷されたり、水産加工しせつに運ばれたりしているわ。

③(　　　) 冷とうされた魚の一部は、アジアなどの外国にも輸出されているよ。

④(　　　) どんな輸送の方法であっても、魚の品質を保つためには温度管理が重要ね。

ヒント　1 (3) 水あげされる魚の数量と金額《きんがく》では、順位がちがうことに注意しましょう。

3 水産業のさかんな地域《ちいき》③

学習日　　月　　日

めあて

日本の養しょく業とその問題点を理解《りかい》しよう。

教科書 100〜105ページ　答え 20ページ

次の(　　)に入る言葉を、下から選びましょう。

1 のりの養しょくがさかんな佐賀《さが》県／有明《ありあけ》海での養しょく

教科書 100〜103ページ

ワンポイント　**のりの養しょくがさかんな佐賀県**

- 佐賀県ののりの収穫量《しゅうかくりょう》は日本で最も多い。
- **有明海**は、佐賀県、(①　　　　　　　)、熊本《くまもと》県に面し、のりの養しょくがさかんである。
- 有明海は、流れこむ川の栄養分が豊富《ほうふ》で、(②　　　　　　　)の差が大きい。
- **干《かん》ちょう**のとき…のりのあみが水面から出る。
- **満ちょう**のとき…のりのあみが海水にもぐる。
  →のりが海水中の栄養と(③　　　　　　　)をかわるがわる取りこむことができ、やわらかくおいしいのりができる。

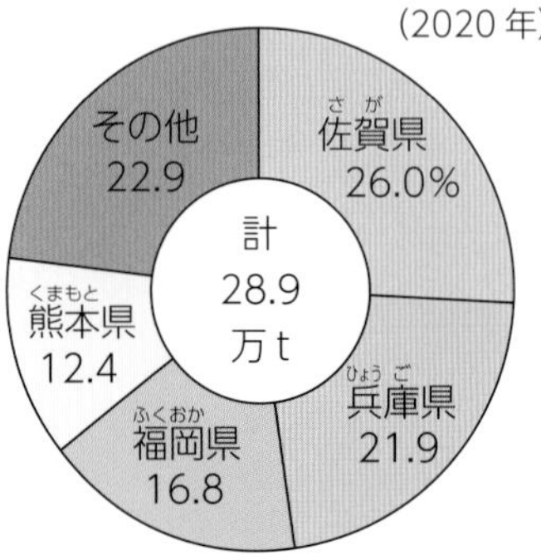

(海面漁業生産統計調査《かいめんぎょぎょうせいさんとうけいちょうさ》)

のりの収穫量の内わけ

有明海でののりの養しょく

- 有明海漁業協同組合では、のりの生産者にアドバイスをしたり、(④　　　　　　　)と連《れん》携《けい》したりして、有明海ののりの収穫量が増《ふ》えるよう努力してきた。
  →2003年からは、18年連続でのりの収穫量が日本で1番多い。
- 近年では、有明海の(⑤　　　　　　　)が上がったことから、あみをはる時期がおくれ、かり取りの時期が短くなり、収穫量が減《へ》っている。

2 養しょく業の問題

教科書 104〜105ページ

養しょく業のよい点と問題点

- よい点
  →計画的に安定した収入《しゅうにゅう》を得《え》ることができる。
- 悪い点
  →海の中のプランクトンが異常《いじょう》に増える(⑥　　　　　　　)が発生したり、油などの流出で海がよごれたりして、育てた魚などが死んでしまうことがある。
  →えさの原料となる(⑦　　　　　　　)の多くを輸入《ゆにゅう》しているため、えさ代にかかる(⑧　　　　　　　)が高くなり、養しょく業者の負担《ふたん》が大きい。

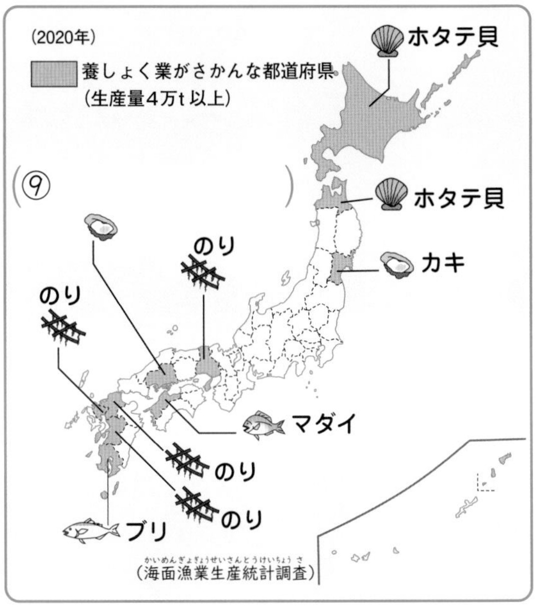

養しょく業のさかんな地域と養しょくされているもの

選んだ言葉に✓

□水温	□魚粉《ぎょふん》	□研究機関	□福岡《ふくおか》県	□カキ
□費用《ひよう》	□赤潮《あかしお》	□太陽の光	□干満《かんまん》	

ぴったり2

練習

学習日　　月　　日

ぴたトリビア

養しょく業には、ある程度《ていど》の大きさになるまで育てた魚や貝を放流し、成長したものをとるさいばい漁業もあります。

教科書　100~105ページ　　答え　20ページ

1 有明海ののりの養しょくについて、答えましょう。

(1) 次の文中の①~③にあう言葉を書きましょう。

①(　　　　)　②(　　　　)　③(　　　　)

> 有明海は、流れこむ川の栄養分が豊富なことや、(①)の差が大きいことなどから、のりの養しょくがさかんである。のりのあみが、(②)のときには海水にもぐり、(③)のときには水面から出ることをくり返すことで、のりが海水の養分と太陽の光を両方取りこむことができる。

(2) 有明海ののりの養しょくについて、正しいものには○を、まちがっているものには×をつけましょう。

①(　　　)有明海ののりの収穫量は、30年以上前からずっと日本一である。

②(　　　)のりの胞子《ほうし》を育てるとき、温度の管理にはスマートフォンも利用されている。

③(　　　)近年、有明海の海水の温度が上がり、かり取りの期間が短くなったことで、収穫量が減少《げんしょう》している。

2 養しょく業について、答えましょう。

(1) 右の図は、養しょく業のさかんな地域をあらわしています。図中のⒶ~Ⓒにあう水産物を□から選びましょう。

カキ　　ホタテ貝　　マダイ

Ⓐ(　　　　)

Ⓑ(　　　　)

Ⓒ(　　　　)

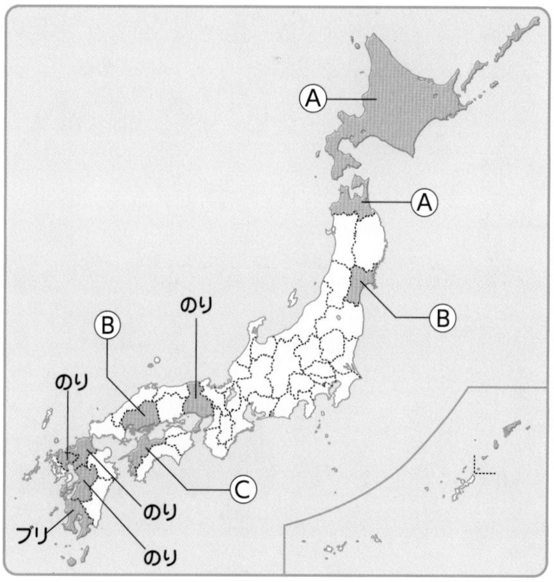

(2) 養しょく業の説明として正しいものを、㋐~㋒から選びましょう。　(　　　)

㋐ 大型船《おおがたせん》で遠くの海まで出かけておこなう。

㋑ えさの原料の魚粉はおもに国内でつくられている。

㋒ 魚をとる漁業に比《くら》べて安定した収入が得られる。

(3) 次の文中の①、②にあう言葉を書きましょう。

①(　　　　)　②(　　　　)

> 海の中の(①)が異常に増える(②)が発生したり、油などの流出で海がよごれたりすると、養しょくの魚などが大量に死んでしまうことがある。

ヒント 2 (3) 海の中の小さな生き物が異常に増え、海が赤く見える現象《げんしょう》です。

ぴったり3
確かめのテスト

せんたく

2. わたしたちの食生活を支《ささ》える食料生産

3 水産業のさかんな地域《ちいき》

時間 30 分

／100

合格 80 点

教科書 92〜105ページ　答え 21ページ

1 **日本のまわりの海に関する次の文を読んで、答えましょう。**　1つ6点（30点）

日本のまわりの海には、４つの海流が流れている。暖流《だんりゅう》には、太平洋《たいへいよう》を北上する（①）と、日本海を北上する（②）があり、寒流《かんりゅう》には、太平洋を南下する（③）と、日本海を南下する（④）がある。暖流と寒流のぶつかるところを潮目《しおめ》といい、よい漁場となっている。

(1) よく出る 文中の①〜④にあう言葉を書きましょう。

①（　　　　）②（　　　　）

③（　　　　）④（　　　　）

記述 (2) 下線部について、潮目がよい漁場となる理由を、「えさ」という言葉を使って、かんたんに書きましょう。

思考・判断・表現

（　　　　　　　　　　　　　　　　　　　　）

2 **次のグラフは、銚子《ちょうし》漁港の水あげの数量と金額《きんがく》の内わけをあらわしています。グラフから読み取れることとして、正しいものには○を、まちがっているものには×をつけましょう。**

技能 1つ5点（15点）

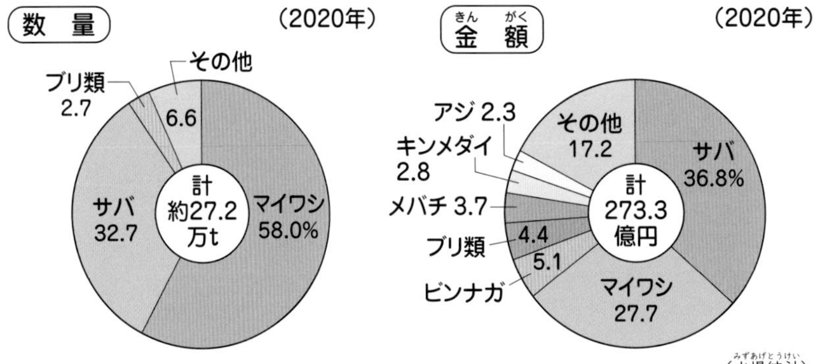

（水揚統計《みずあげとうけい》）

①（　　　）

水あげの数量では、マイワシとサバだけで90%以上をしめているね。

②（　　　）

サバの水あげの金額を計算すると、約100億円だね。

③（　　　）

水あげの数量と金額を見ると、どちらもサバが第１位になっているね。

3 銚子市の漁業に関する次の文を読んで、答えましょう。　1つ5点（20点）

　銚子漁港の沖は、栄養分の多い（①）川の水が混《ま》じることと潮目にあたることから、よい漁場となっており、（②）漁という漁法でサバやイワシなどをとっている。漁業は天候に大きく左右されるものの、1回の漁で大量の魚をとることができることもあり、2020年現在《げんざい》、銚子漁港は水あげ量が日本一多い漁港となっている。

(1) 文中の①、②にあう言葉を書きましょう。

①（　　　　）　②（　　　　）

(2) 下線部について、2020年時点で、日本で3番目に水あげ量が多い、静岡《しずおか》県にある漁港はどこですか。㋐～㋓から選びましょう。（　　）

㋐ 釧路《くしろ》　㋑ 境《さかい》　㋒ 八戸《はちのへ》　㋓ 焼津《やいづ》

(3) できたらスゴイ! 日本で遠洋《えんよう》漁業がさかんでなくなった理由を、㋐、㋑から選びましょう。

思考・判断・表現

（　　）

㋐ 外国が排他的経済水域《はいたてきけいざいすいいき》を設定《せってい》し、外国のまわりの海で自由に漁ができなくなったため。

㋑ 日本のまわりの海で魚をとりすぎたことで、魚の数が減《へ》ったため。

4 養しょく業について、答えましょう。　1つ5点（35点）

(1) 水産物とその養しょくがさかんな都道府県について、あうものを線で結びましょう。

① 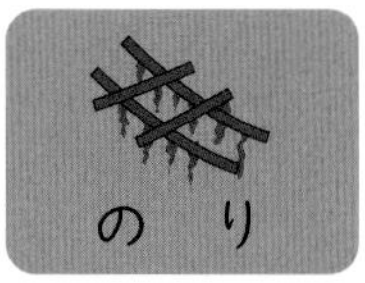

・　・　㋐佐賀《さが》県、兵庫《ひょうご》県、福岡《ふくおか》県、熊本《くまもと》県

② 

・　・　㋑広島《ひろしま》県、宮城《みやぎ》県

③ 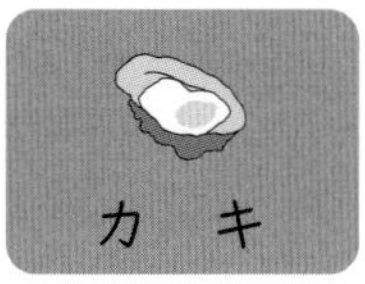

・　・　㋒北海道《ほっかいどう》、青森《あおもり》県

(2) のりの養しょくの条件《じょうけん》の一つに、海の干満《かんまん》の差が大きいことがあります。干《かん》ちょうのときと満ちょうのときに、のりのあみはどうなりますか。㋐、㋑から選びましょう。

㋐ のりのあみが海水にもぐる。　干ちょう（　　）　満ちょう（　　）

㋑ のりのあみが水面から出る。

(3) よく出る 海水の栄養分が増《ふ》え、海の中のプランクトンが異常《いじょう》に発生して水面が赤く見えることを何といいますか。（　　　）

記述 (4) 養しょく業の問題点の一つに、魚のえさ代にかかる費用《ひよう》が高いことがあります。その理由を、「魚粉《ぎょふん》」という言葉を使って、かんたんに書きましょう。　思考・判断・表現

（　　　　　　　　　　）

ふりかえり　4(4)がわからないときは、38ページの2にもどって確認してみよう。

学習日　月　日

2．わたしたちの食生活を支《ささ》える食料生産

畜産業《ちくさんぎょう》のさかんな宮崎《みやざき》県

めあて
宮崎県の畜産業の特ちょうを理解《りかい》しよう。

教科書 106〜111ページ　答え 22ページ

次の（　）に入る言葉を、下から選びましょう。

1 世界にみとめられた宮崎牛／はんしょく農家の仕事／肥育《ひいく》農家の仕事

教科書 106〜108ページ

宮崎県で畜産業がさかんな理由

- あたたかい気候で牛の（①　　　　　）がよく育つ。
- 畜産業は農業などに比《くら》べて台風のえいきょうが少ない。

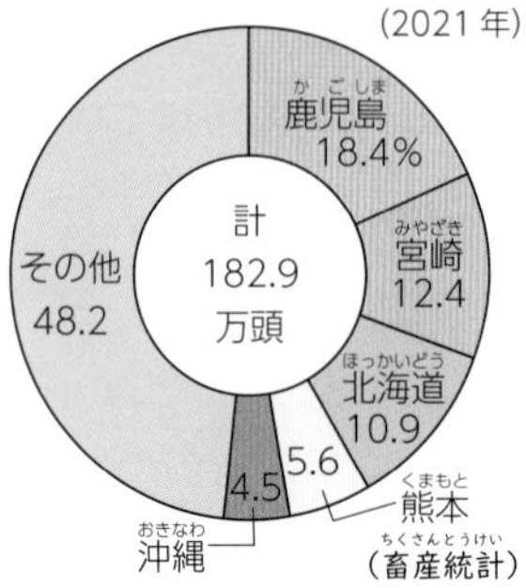

肉牛の飼育頭数の内わけ

肉牛を育てる農家の種類と仕事

- （②　　　　　）農家…母牛を育てて子牛を生産する。生まれた子牛を9〜10か月間飼育《しいく》し、せりに出荷。
- （③　　　　　）農家…子牛を18〜20か月間飼育し、肉牛として食肉処理場《しょりじょう》へ出荷。

肉牛の飼育は九州《きゅうしゅう》地方南部と北海道《ほっかいどう》でさかんだね。

肉牛を育てる農家のなやみ

- 働く人が（④　　　　　）し、あとつぎのいない農家が増《ふ》えている。
- 育てる子牛の数が減《へ》って、子牛のねだんが高くなっている。

2 わたしたちのもとへ運ばれるまで

教科書 109ページ

ワンポイント　食肉処理場での作業と検査《けんさ》

- 肉牛は、どの農家が生産した牛肉なのかがわかるよう、生産者などのデータを入力する。
- 検査員が1頭ごとに肉の品質《ひんしつ》の**評価《ひょうか》**と**等級**を判定《はんてい》する。
- その後、（⑤　　　　　）面に注意して解体《かいたい》・処理し、パックづめする。
- 一定の温度に保《たも》たれたトラックで全国各地へ出荷する。

安心して肉を食べられるように、いろいろな検査をおこなっているよ。

3 口蹄疫《こうていえき》の被害《ひがい》からの復興《ふっこう》／ブランド牛「宮崎牛」と輸出《ゆしゅつ》の取り組み

教科書 110〜111ページ

口蹄疫の被害からの復興

- 2010年4月、宮崎県で**口蹄疫**という（⑥　　　　　）が発生した。
  →伝染病《でんせん》の広がりを防《ふせ》ぐため、多くの家畜《かちく》を処分《しょぶん》したり、牛舎《ぎゅうしゃ》などを消毒《しょうどく》したりした。
- 現在《げんざい》、伝染病の発生を防ぐ取り組みや、伝染病の発生に備《そな》えた訓練などをしている。

「宮崎牛」の輸出

- 和牛の（⑦　　　　　）の全国大会で日本一をとったことで、外国でもみとめられるようになり、ブランド力を高めた。
- 「宮崎牛」としてホンコン、台湾《たいわん》、（⑧　　　　　）、ヨーロッパなどへ輸出している。

選んだ言葉に✔				
	□はんしょく	□アメリカ	□品評会《ひんぴょうかい》	□衛生《えいせい》
	□伝染病	□高齢化《こうれいか》	□肥育《ひいく》	□えさ

学習日　月　日

ぴたトリビア

1人の売り手に対し、2人以上の買い手が相互《そうご》にねだんを競《きそ》いあい、最も高いねだんをつけた買い手に売ることをせりといいます。

教科書 106～111ページ　答え 22ページ

1 畜産業のさかんな地域《ちいき》について、答えましょう。

⑴ 家畜を育てて畜産物を生産する農業を何といいますか。（　　　）

⑵ 母牛を育てて子牛を生産する農家を何といいますか。（　　　）

⑶ 子牛を育てて肉牛として出荷する農家を何といいますか。（　　　）

⑷ 右のグラフは、肉牛の飼育頭数の内わけをあらわしています。グラフ中のⒶ、Ⓑにあう都道府県を、㋐～㋓から選びましょう。

Ⓐ（　　　）　Ⓑ（　　　）

㋐ 鹿児島《かごしま》　㋑ 佐賀《さが》　㋒ 新潟《にいがた》　㋓ 宮崎

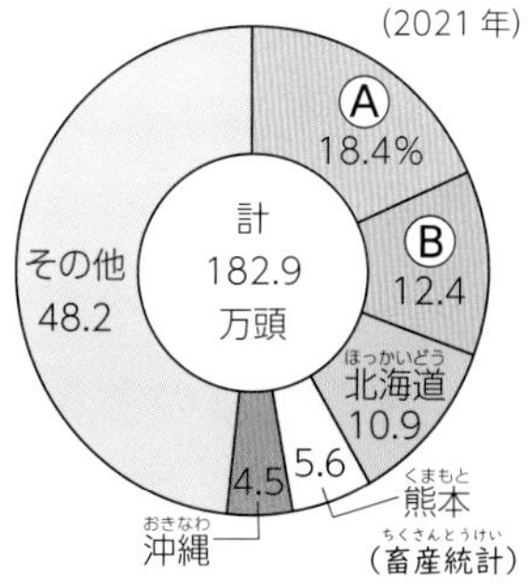

2 食肉処理場に関する次の文を読んで、答えましょう。

食肉処理場では、肉牛の（①）などのデータを入力したあと、衛生面に気を配って解体・処理する。また、検査員が1頭ごとに肉のしまりや色などを見るほか、安全・安心な肉を出荷するため（②）による検査がおこなわれる。パックづめにされた肉は、一定の（③）に保たれたトラックで全国各地へ出荷される。

⑴ 文中の①～③にあう言葉を［　　］から選びましょう。

［ 温度　じゅう医師《いし》　生産者 ］

①（　　　）
②（　　　）
③（　　　）

⑵ 下線部について、この検査の目的を、㋐～㋒から選びましょう。（　　　）

㋐ どの農家が生産した肉か調べるため。

㋑ 肉の品質の評価と等級を判定するため。

㋒ 病気の早期発見・予防《よぼう》をするため。

3 伝染病の被害からの復興について、答えましょう。

⑴ 2010年に宮崎県で発生した、牛やぶたなどがかかる伝染病を何といいますか。

（　　　）

⑵ ⑴の説明について、正しいものには○を、まちがっているものには×をつけましょう。

①（　　）30万頭近い牛やぶたなどが殺処分《さつしょぶん》された。

②（　　）牛舎への立ち入り制限《せいげん》や消毒がおこなわれた。

③（　　）現在でも病気の感染《かんせん》が続いている。

④（　　）つらい記おくを語りつぐために、メモリアルセンターがつくられた。

ヒント　1 ⑷ 肉牛の飼育は、九州地方南部でさかんです。

学習資料《しりょう》

2．わたしたちの食生活を支《ささ》える食料生産

くだもの作りのさかんな和歌山《わかやま》県
野菜作りのさかんな高知《こうち》県

学習日　　月　　日

めあて
和歌山県のくだもの作りや高知県の野菜作りの特ちょうを理解《りかい》しよう。

教科書 112～119ページ　答え 23ページ

次の（　　）に入る言葉を、下から選びましょう。

1 みかん作りがさかんな有田《ありだ》市／有田市のみかん作り　教科書 112～115ページ

和歌山県有田市でみかん作りがさかんな理由

- みかんは、（①　　　　）気候で雨が少なく、（②　　　　）のよい、山の南のしゃ面で作られる。
- 海が近く、夜の気温があまり下がらない。
  →みかんのあまみが決まる夏に雨がふる量が少なく、酸味《さんみ》のバランスがとれた、あまみの増《ま》したみかんができる。

生のくだものを加工すると日もちするので、遠くの国にも輸出しやすいよ。

農家のなやみと取り組み

- 天候に左右されるため、（③　　　　）が安定しない。
- いろいろなくだものが出回り、みかんの消費量《しょうひりょう》が減少《げんしょう》した。
- みかんをジュースや（④　　　　）などに加工して売るようになり、現在《げんざい》は中国《ちゅうごく》やアメリカなどにも輸出《ゆしゅつ》している。

2 安芸《あき》市のなす作り／なす作りのくふう　教科書 116～119ページ

ワンポイント　**高知平野での野菜作りの特ちょう**

- （⑤　　　　）を使って、なすなどの夏が旬《しゅん》の野菜を冬に生産している。
- 冬の北西季節風が**中国《ちゅうごく》山地**や（⑥　　　　）にあたり弱められる。
- 県の南側の（⑦　　　　）を**暖流《だんりゅう》**の（⑧　　　　）（黒潮《くろしお》）が流れている。
- 冬に雨が少なく、日照時間が長い。
  →ほかの地域《ちいき》より冬の気温が高くあたたかいため、ほかの産地の野菜が出回らない冬の時期に出荷することができる。

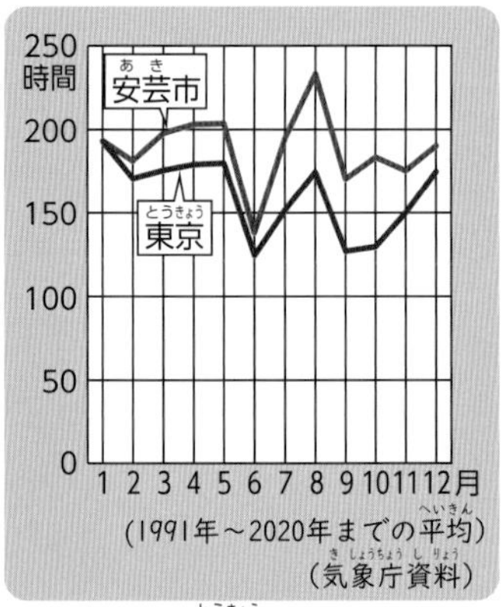

安芸市と東京《とうきょう》の月別日照時間

農家のくふう

- できるだけ農薬を使わないようにしながら、病気や害虫を防《ふせ》ぐ。
- 収穫量《しゅうかくりょう》が減《へ》る冬に、**ビニールハウス**内に**二酸化炭素《にさんかたんそ》**を発生させる装置《そうち》を設置《せっち》して、収穫量を増《ふ》やすくふうをしている。
- こん虫になすの交配の作業を助けてもらう。

植物は、水と二酸化炭素を取りこみ、日光の力を使って生長します。これを光合成といいます。

なすの出荷

- 収穫されたなすに風があたらないようシートをかけて集出荷場に運ぶ。
- 温度管理のできる（⑨　　　　）で全国各地に出荷されている。

選んだ言葉に ✓

□四国《しこく》山地　□トラック　□あたたかい　□日本海流　□ビニールハウス
□太平洋《たいへいよう》　□ジャム　□水はけ　□収入《しゅうにゅう》

ぴったり2

練習

学習日　　月　　日

ぴたトリビア

ビニールハウスや温室を利用して、ふつうより早い時期に収穫・出荷するさいばい方法を「促成栽培《そくせいさいばい》」といいます。高知平野や宮崎《みやざき》平野でさかんです。

教科書 112〜119ページ　答え 23ページ

1 くだもの作りのさかんな和歌山県について、答えましょう。

(1) 和歌山県で多く作られているくだものを、㋐〜㋒から選びましょう。（　　）

㋐ みかん　㋑ ぶどう　㋒ りんご

(2) 和歌山県以外で(1)のくだものの生産がさかんな県を、㋐〜㋓から2つ選びましょう。

（　　）（　　）

㋐ 青森《あおもり》県　㋑ 愛媛《えひめ》県　㋒ 静岡《しずおか》県　㋓ 山梨《やまなし》県

(3) 和歌山県での(1)作りについて、正しいものには○を、まちがっているものには×をつけましょう。

①（　　）水はけの悪い低地で多く作られている。

②（　　）ほかのくだものが出回るようになり、消費量が減少するようになった。

③（　　）ジュースやジャムなどに加工し、外国にも輸出している。

2 野菜作りのさかんな高知県に関する次の文を読んで、答えましょう。

高知県は、冬に北西からふく（①）が（②）山地や四国山地にあたって弱められることや、県の南側の太平洋を（③）の日本海流（黒潮）が流れていることなどから、ほかの地域に比《くら》べて冬でもあたたかい。また、冬に雨が少ないため（④）が長くなる。この気候を利用して、夏が旬の野菜を冬に生産し、ほかの産地の野菜が出回らない時期に出荷することができる。

(1) 文中の①〜④にあう言葉を書きましょう。

①（　　）②（　　）

③（　　）④（　　）

(2) 高知県では、右の絵のようなしせつを利用して冬に野菜を生産しています。このようなしせつを何といいますか。

（　　）

(3) (2)のしせつを利用して、高知県で多く作られている野菜を、㋐〜㋓から選びましょう。

（　　）

㋐ キャベツ　㋑ じゃがいも　㋒ なす　㋓ レタス

(4) 高知県で作られた野菜の出荷について、正しいものには○を、まちがっているものには×をつけましょう。

①（　　）おもにきょりの近い九州《きゅうしゅう》地方に出荷されている。

②（　　）温度管理のできるトラックで輸送《ゆそう》されている。

ヒント　1 (2) あたたかい地域で生産がさかんです。

ぴったり3

確かめのテスト

せんたく　学習資料《しりょう》

2．わたしたちの食生活を支《ささ》える食料生産

畜産業《ちくさんぎょう》のさかんな宮崎《みやざき》県／くだもの作りのさかんな和歌山《わかやま》県／野菜作りのさかんな高知《こうち》県

時間 30 分

／100

合格 80 点

教科書 106～119ページ　答え 24ページ

1 畜産業のさかんな宮崎県に関する次の文を読んで、答えましょう。　1つ5点（40点）

宮崎県では ⓐ畜産業がさかんで、なかでも肉牛が多く飼育《しいく》されている。肉牛を育てる農家には、ⓑ母牛を育てて子牛を生産・ⓒ出荷する（①）農家と、子牛を育てて肉牛として出荷する（②）農家がある。近年、働く人が（③）化し、あとつぎのいない農家が増《ふ》えていることが問題となっている。

(1) よく出る 文中の①～③にあう言葉を書きましょう。

①（　　　）②（　　　）③（　　　）

(2) 下線部ⓐについて、畜産業によって生産される畜産物を、㋐～㋕から３つ選びましょう。

（　）（　）（　）

㋐ ホタテ貝　㋑ たまご　㋒ ちくわ　㋓ もち　㋔ バター　㋕ ぶた肉

(3) 下線部ⓑについて、母牛には温度センサーがつけられています。母牛の体温を測《はか》ることで、何がわかりますか。㋐～㋒から選びましょう。（　）

㋐ 母牛のにんしんが可能《かのう》な期間や出産する時期を知ることができる。

㋑ 母牛の品質《ひんしつ》の評価《ひょうか》と等級を判定《はんてい》することができる。

㋒ 母牛を食肉処理場《しょりじょう》へ出荷する時期を判断《はんだん》することができる。

(4) 下線部ⓒについて、子牛を出荷するとき、１人の売り手に対し、２人以上の買い手が相互《そうご》にねだんを競《きそ》い合い、最も高いねだんをつけた買い手に売るやり方がおこなわれています。このような取り引きのしくみを何といいますか。（　　　）

2 安全・安心な肉を出荷するための取り組みについて、答えましょう。　1つ5点（20点）

(1) 2010年に、宮崎県で口蹄疫《こうていえき》という伝染《でんせん》病が発生しました。伝染病の広がりを防《ふせ》ぐためにおこなわれたことを、㋐～㋓から２つ選びましょう。　思考・判断・表現

（　）（　）

㋐ 感染した家畜《かちく》を和牛の品評会《ひんぴょうかい》に出品した。

㋑ 牛舎《ぎゅうしゃ》や牛舎に出入りするトラックなどを消毒《しょうどく》した。

㋒ 感染した家畜をアメリカなどに輸出《ゆしゅつ》した。

㋓ 感染した家畜を殺処分《さつしょぶん》した。

(2) 「宮崎牛」のように、産地・血統《けっとう》・品種・肉質《にくしつ》の等級など、ある一定の条件《じょうけん》を満たした牛のことを何といいますか。（　　　）

記述 (3) 食肉処理場では、運び入れられた肉牛の生産者のデータを入力しています。その目的を、かんたんに書きましょう。　思考・判断・表現

（　　　　　　　　　　）

3 くだもの作りのさかんな地域《ちいき》について、答えましょう。

1つ5点、(2)10点（20点）

(1) 有田《ありだ》市でのみかん作りの特ちょうを、㋐～㋒から選びましょう。（　　）

㋐ 夏にすずしく、昼と夜の気温の差が大きい気候がみかん作りに適《てき》している。

㋑ 水はけのよい山のしゃ面でみかんが多く作られている。

㋒ 生のみかんのみを輸出し、ジュースやジャムなどの加工品は輸出していない。

記述 (2) 右のグラフは、有田市付近の月別降水量《こうすいりょう》をあらわしています。有田市では、降水量の特色から、酸味《さんみ》のバランスがよい、あまみの増《ま》したみかんができます。その降水量の特色を、かんたんに書きましょう。

思考・判断・表現

（　　　　　　　　　　　　）

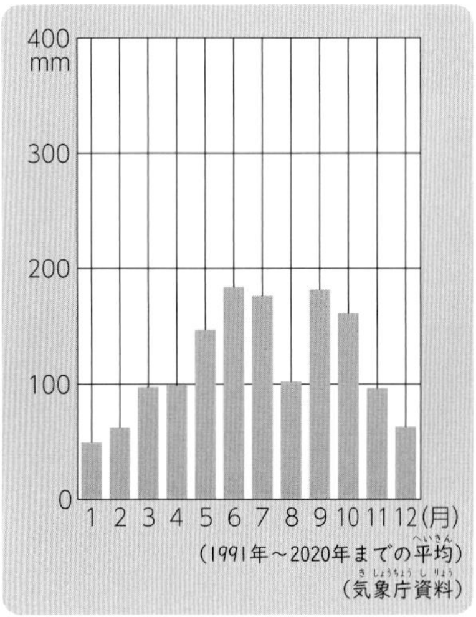

(3) できたらスゴイ！ 有田市のある和歌山県で多く作られているくだものとして正しいものを、㋐～㋓から選びましょう。（　　）

㋐ りんご　㋑ ぶどう　㋒ かき　㋓ マンゴー

4 野菜作りのさかんな地域について、答えましょう。

1つ5点（20点）

(1) 安芸《あき》市のなす作りに関する次の会話を読んで、正しいものには○を、まちがっているものには×をつけましょう。

①（　　）

安芸市は、冬の平均《へいきん》気温が高く、日照時間が長いため、冬でもなす作りがさかんだね。

②（　　）

安芸市のビニールハウスは、日当たりが最もよくなるように、決まった方向につくられているね。

③（　　）

ビニールハウスの中は虫が多く、虫を取りのぞくために農薬が多く使われているよ。

(2) 右のグラフは、高知県のなすの出荷先の内わけをあらわしています。グラフ中のⒶ～Ⓒにあう地方の組み合わせとして正しいものを、㋐～㋓から選びましょう。（　　）

㋐ Ⓐ 中部《ちゅうぶ》地方　Ⓑ 近畿《きんき》地方　Ⓒ 関東《かんとう》地方

㋑ Ⓐ 近畿地方　Ⓑ 関東地方　Ⓒ 中部地方

㋒ Ⓐ 関東地方　Ⓑ 近畿地方　Ⓒ 中部地方

㋓ Ⓐ 関東地方　Ⓑ 中部地方　Ⓒ 近畿地方

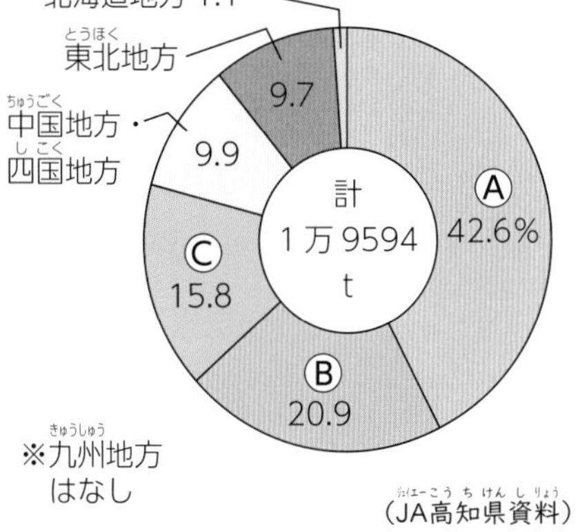

この本の終わりにある「夏のチャレンジテスト」をやってみよう！

ふりかえり　2(3)がわからないときは、42ページの2にもどって確認してみよう。

ぴったり1 準備

3分でまとめ

2．わたしたちの食生活を支《ささ》える食料生産

4 これからの食料生産①

学習日　月　日

めあて

これからの日本の食料生産について考えよう。

教科書 120～125ページ　答え 25ページ

次の（　　）に入る言葉を、下から選びましょう。

1 食料の輸入先《ゆにゅうさき》を調べる／日本の食料生産をめぐる問題

教科書 120～123ページ

輸入にたよる食生活

- （①　　　　　）や（②　　　　　）はほとんどを輸入にたよっている。
- 食料の（③　　　　　）が増《ふ》え、日本の（④　　　　　）は下がっている。

食料の輸入が増えた理由

- 食生活の変化…米を中心とした食事から、パンや肉などを多く食べるようになり、小麦や肉類などは国産だけではたりなくなった。
- 外国の農産物は日本の農産物に比《くら》べ、ねだんが安い。

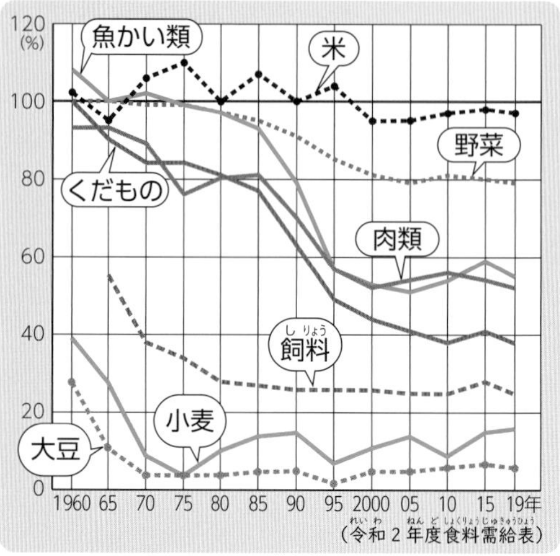

日本のおもな食料の自給率《じきゅうりつ》のうつり変わり

日本の食料生産をめぐる問題

- （⑤　　　　　）の環境《かんきょう》の悪化やとりすぎなどのえいきょうで、魚が少なくなっている。
- 食生活の変化などにより、肉の消費《しょうひ》が増えたが、自給率《じきゅうりつ》は下がっている。
- 野菜やくだものの生産量が大きく増えず、輸入量が増えている。
- 水産業や農業で働く人が減《へ》り、高齢化《こうれいか》が進み、農業では（⑥　　　　　）が増えている。

2 魚をとりながら保《たも》つ取り組み

教科書 124～125ページ

ワンポイント　魚をとりながら保つ取り組み

- **水産物の資源《しげん》管理**…水産物をとりすぎると増えにくくなるため、（⑦　　　　　）の量を保ち続けたり、回復《かいふく》させたりするための取り組みがおこなわれている。
- （⑧　　　　　）…魚や貝などをたまごから育て、ある程度《ていど》大きくなったら海に放流して大きく育ってからとる漁業。

さいばい漁業のしくみ

- 海のエコラベル…海の自然環境にはいりょした、（⑨　　　　　）な漁業でとられた水産物につけられる。このような水産物を買うことは、水産資源を守ることにつながる。

選んだ言葉に✔

□食料自給率	□持続可能《じぞくかのう》	□耕作《こうさく》放き地	□水産資源	□大豆
□さいばい漁業	□小麦	□漁場	□輸入量	

ぴったり2

練習

学習日　　月　　日

ぴたトリビア

1993年、日本では冷夏によって米の収穫量《しゅうかくりょう》が大きく減り、米不足がおこりました。そこで、国は外国から米をきん急に輸入しました。

教科書 120～125ページ　答え 25ページ

1 次の図は、おもな食料の輸入先をあらわしています。これを見て、答えましょう。

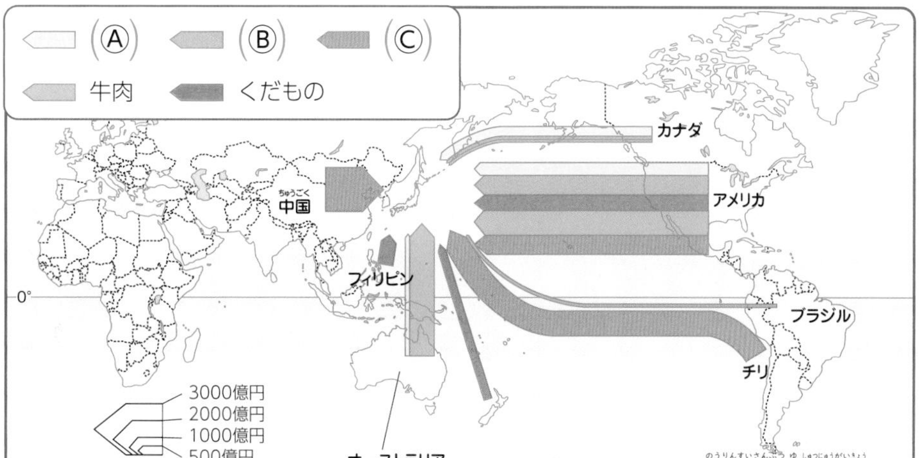

(2020年)(2021年　農林水産物《のうりんすいさんぶつ》輸《ゆ》出入概況《しゅつにゅうがいきょう》ほか)

(1) 図中のⒶ～Ⓒにあう食料を[　　]から選びましょう。

魚かい類　　小麦　　大豆

Ⓐ(　　　　)
Ⓑ(　　　　)
Ⓒ(　　　　)

(2) 日本が最も多く食料を輸入している国を、図中から選びましょう。(　　　　)

(3) 日本の食料生産をめぐる問題の説明として正しいものを、㋐～㋒から選びましょう。(　　)

㋐ 肉の消費は増えたが、自給率は下がっている。

㋑ 耕作放き地の面積は減っている。

㋒ 農業人口にしめる60才以上のわりあいは減っている。

2 魚をとりながら保つ取り組みについて、答えましょう。

(1) 水産物の資源管理について説明した次の文の、{　} の中の正しい言葉を◯で囲《かこ》みましょう。

銚子《ちょうし》市の漁師《りょうし》さんたちは、魚をとりすぎないようにするため、魚をつる時間やつり針《ばり》の本数を① { 増やす ・ 制限《せいげん》する } ことや、20.5cm② { 以上 ・ 以下 } の魚は海にもどすことなどの取り組みをおこなっている。また、国は、サンマ、マアジなどの7種類の魚について、1年間の③ { 漁獲量《ぎょかくりょう》 ・ 輸入量 } に上限《じょうげん》を決めている。

(2) 魚や貝などをたまごから育て、ある程度大きくなったら海に放流し、大きく育ってからとる漁業を何といいますか。(　　　　)

(3) 自然環境にはいりょしながら、持続可能な漁業でとられた水産物には、特別なラベルがつけられます。このラベルを何といいますか。(　　　　)

ヒント　② (1)②　十分に成長してたまごをうんだあとの魚をとるようにしています。

ぴったり1

準備

2．わたしたちの食生活を支《ささ》える食料生産

4 これからの食料生産②

学習日　　月　　日

めあて
これからの日本の食料生産のあり方について考えよう。

教科書 126〜135ページ　答え 26ページ

次の（　　）に入る言葉を、下から選びましょう。

1 新しい農業技術《ぎじゅつ》と6次産業化《じさんぎょうか》／国内の食料品のよさを知らせる

教科書 126〜129ページ

新しい農業技術と6次産業化

- 味も品質《ひんしつ》もよい（①　　　　）が各地で生産されている。
- 米作りにかかる時間や（②　　　　）を減《へ》らすため、（③　　　　）を使った水の管理や、種もみを直接《ちょくせつ》田にまくさいばい方法も広がりつつある。
- 農業をしている人が集まり、生産、加工、販売《はんばい》までをおこなう会社がつくられている（**6次産業化**）。

6次産業化
1次産業（農業や漁業）と、2次産業（製造《せいぞう》）、3次産業（販売など）を一つにまとめた、あらたな価値《かち》を生み出す取り組み。

ワンポイント　生産者と消費者《しょうひしゃ》を結びつける取り組み

- （④　　　　）で、地元の新鮮《しんせん》で安全・安心な農産物を、安いねだんで買うことができる。
→**地産地消**の取り組みの一つ。
- （⑤　　　　）のしくみ…消費者が安心して食料品を買えるよう、食料品がいつ、どこで、どのように生産され、どのような経路《けいろ》で店にならんだか確《たし》かめられる。
- 世界で（⑥　　　　）ブームがおこり、日本の高品質《こうひんしつ》な農産物の輸出《ゆしゅつ》がアジアの国々やアメリカを中心に増《ふ》えている。

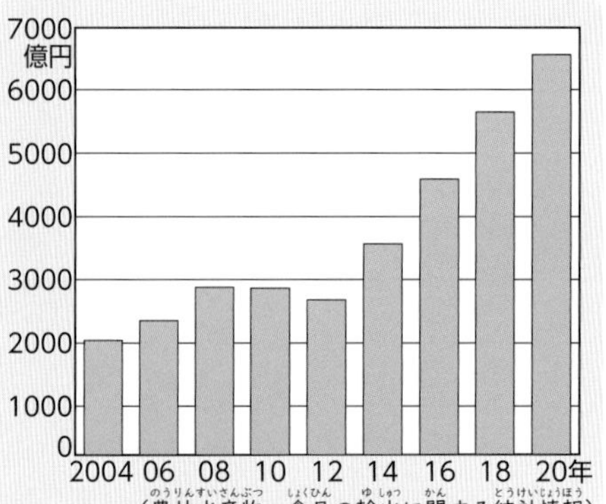

（農林水産物《のうりんすいさんぶつ》・食品《しょくひん》の輸出《ゆしゅつ》に関《かん》する統計情報《とうけいじょうほう》）

農産物の輸出額《ゆしゅつがく》のうつり変わり

2 全国に広がるスマート農業／これからの日本の食料生産のあり方を考えよう

教科書 130〜133ページ

スマート農業の広がり

- スマート農業…2019年からはじまった、ロボット技術や情報《じょうほう》通信技術（ICT《アイシーティー》）などの先進技術を活用し、人の作業を減らして、品質の高い生産をすすめるあらたな農業。
→農作業の（⑦　　　　）や働く人の負担《ふたん》や疲労《ひろう》を軽くすることが期待される。

スマート農業の活用

- スマート農業を取り入れている地域《ちいき》では、少ない人数で、より広い耕地《こうち》で農作物を作ることができる。
- ICTを活用することで、わかい農家の人に、うでのよい農家の農業技術を受けついでもらうことができる。
- データの活用で、よりよい（⑧　　　　）ができ、多くの成果が上がっている。

選んだ言葉に✓				
	□和食	□農業経営《けいえい》	□産地直売所	□インターネット
	□省力化	□費用《ひよう》	□ブランド米	□トレーサビリティ

ぴったり2

練習

学習日　　月　　日

ぴたトリビア

近年増えている、温度、湿度《しつど》、二酸化炭素《にさんかたんそ》、光量などをコンピューターで管理しながら、屋内で野菜などをさいばいするしせつを植物工場といいます。

教科書　126～135ページ　　答え　26ページ

1 日本のこれからの食料生産について、答えましょう。

(1)　米作りにかかる時間や費用を減らすための取り組みについて、正しいものには○を、まちがっているものには×をつけましょう。

①（　　　）水の管理では、人の手で給水せんを開け閉《し》めするようになった。

②（　　　）種もみを直接田にまいてさいばいする方法を取り入れる農家がみられるようになった。

(2)　１次産業と、２次産業、３次産業を一つにまとめて、あらたな価値を生み出す取り組みのことを何といいますか。

（　　　　　）

(3)　生産者と消費者を結びつけ、消費者が安心して食料品を買うことができるための取り組みとその説明について、あうものを線で結びましょう。

①	地産地消	・　・	㋐生産者が消費者に地元の農産物を直接販売することができるしせつ。少量の農産物でも出荷できる。
②	産地直売所	・　・	㋑地域で生産したものを地域で消費すること。
③	トレーサビリティ	・　・	㋒食料品の産地や生産者、流通経路などの情報をさかのぼって確かめられるしくみ。

2 スマート農業について、答えましょう。

(1)　スマート農業で活用されている、情報通信技術のことをアルファベット３文字で何といいますか。

（　　　　　）

(2)　スマート農業を活用した取り組みについて、正しいものには○を、まちがっているものには×をつけましょう。

①（　　　）日本の農業は、人手にたよる作業や、よく慣《な》れた人でなければできない作業が少なく、スマート農業をすばやく取り入れることができた。

②（　　　）スマート農業を活用することで、農作業の省力化や、働く人の負担や疲労を軽《けい》減《げん》することが期待されている。

③（　　　）情報通信技術を活用することで、農家の農業技術をわかい農家の人に受けついでもらうことができるようになった。

④（　　　）国は、農業で働く人の数が減らないよう、スマート農業をおこなう農家の数をできるだけ少なくしようとしている。

ヒント　1 (1)①　パソコンやスマートフォンを使って水の管理をおこなった結果、水の管理にかかる時間が約半分になりました。

ぴったり3

確かめのテスト

2．わたしたちの食生活を支《ささ》える食料生産

4 これからの食料生産

時間 30分

／100

合格 80点

教科書 120～135ページ　答え 27ページ

1 **おもな食料の輸入先《ゆにゅうさき》に関する次の文を読んで、答えましょう。**　1つ5点（30点）

2020年現在《げんざい》、日本は、おもに（①）、（②）、ⓐオーストラリアの3か国から小麦を輸入している。また、（③）からはバナナなどのくだものを多く輸入している。魚かい類については、日本ときょりの近い（④）からの輸入額《がく》が最も多い。なお、（①）からは小麦以外にも、大豆、くだもの、牛肉、魚かい類などⓑさまざまな食料を輸入している。

(1) よく出る 文中の①～④にあう国名を、㋐～㋕から選びましょう。

①（　　）②（　　）③（　　）④（　　）

㋐ アメリカ　㋑ カナダ　㋒ 中国《ちゅうごく》

㋓ チリ　㋔ フィリピン　㋕ ブラジル

(2) 下線部ⓐについて、日本にとってオーストラリアが輸入先第1位（2020年）の食料を、㋐～㋓から選びましょう。

（　　）

㋐ かぼちゃ　㋑ 大豆　㋒ キウイフルーツ　㋓ 牛肉

記述 (3) 下線部ⓑについて、日本で食料の輸入が増《ふ》えたのにはさまざまな理由があります。その理由を、日本人の食生活の点から、かんたんに書きましょう。　思考・判断・表現

（　　）

2 **右のグラフは、日本のおもな食料の自給率《じきゅうりつ》のうつり変わりをあらわしています。これを見て、答えましょう。**　1つ5点（30点）

(1) グラフ中のⒶ、Ⓑにあう食料を書きましょう。

Ⓐ（　　）Ⓑ（　　）

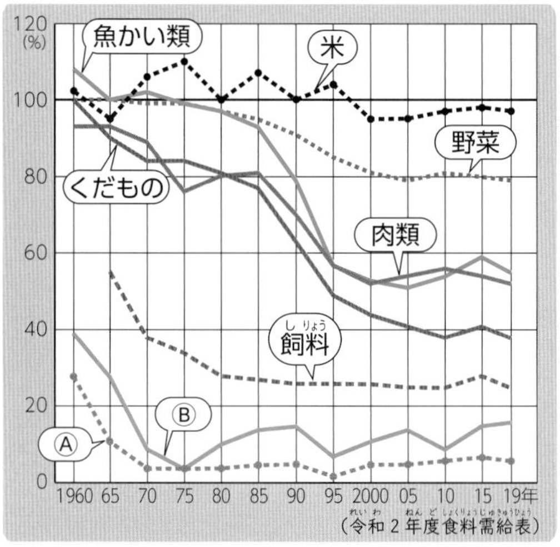

（令和《れいわ》2年度《ねんど》食料需給表《しょくりょうじゅきゅうひょう》）

(2) グラフを読み取った説明として、正しいものには○を、まちがっているものには×をつけましょう。　技能

①（　　）米の自給率は100％前後で、ほぼ自給できているといえる。

②（　　）魚かい類の自給率は、つねに野菜の自給率よりも高くなっている。

③（　　）肉類の自給率は、1985～1995年の間に約10％低下した。

④（　　）1960年と2019年を比《くら》べて、1960年の自給率よりも高くなっている食料はない。

3 日本の食料生産をめぐる問題について、答えましょう。　1つ5点（20点）

⑴ グラフ中の㋐、㋑は、国産の農作物と外国産の農作物のねだんのいずれかです。外国産の農作物のねだんはどちらですか。（　　）

⑵ 過去《かこ》Ｉ年間、農作物を作っておらず、今後数年のあいだで作る意志《いし》のない農地のことを何といいますか。（　　）

⑶ 日本の食料生産をめぐる問題の説明として正しいものを、㋐～㋓から２つ選びましょう。

思考・判断・表現

（　　）（　　）

㋐ 漁場の環境《かんきょう》の悪化や魚のとりすぎなどにより、漁《ぎょ》獲量《かくりょう》が減少《げんしょう》している。

㋑ 米の生産量は減《へ》ったが、消費量《しょうひりょう》が増えたため、米があまるようになった。

㋒ 農業人口が減るいっぽうで、農業人口にしめる60才以上のわりあいは増えている。

㋓ 農産物の生産量が減ったため、農産物の輸出《ゆしゅつ》額も減っている。

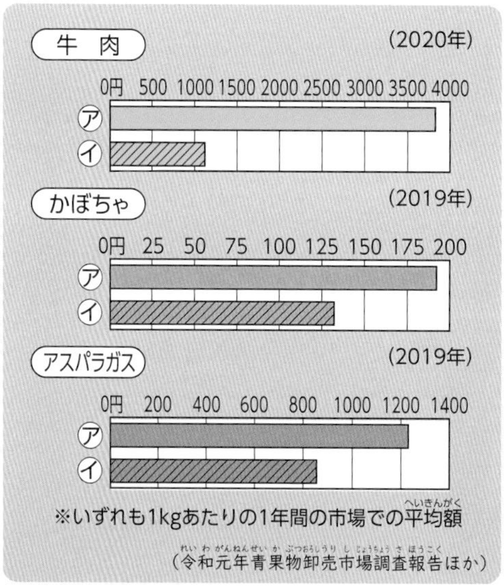

※いずれも1kgあたりの1年間の市場での平均額《へいきんがく》
（令和《れいわ》元年《がんねん》青果物《せいかぶつ》卸売《おろしうり》市場《しじょう》調査《ちょうさ》報告《ほうこく》ほか）

⬆ 国産と外国産の農作物のねだん

4 日本の食料生産のあらたな取り組みについて、答えましょう。　1つ5点（20点）

⑴ 水産物の資源《しげん》管理の取り組みの例として正しいものを、㋐～㋒から選びましょう。（　　）

㋐ 魚をつるためのつり針《ばり》の本数を増やす。

㋑ 一定の大きさ以下の魚だけをとり、大きい魚は海にもどす。

㋒ ある魚種について、Ｉ年間にとることができる漁獲量の上限《じょうげん》を決める。

⑵ さいばい漁業はどのような目的でおこなわれていますか。㋐、㋑から選びましょう。（　　）

㋐ 人の手で育てることで、魚などの数を増やす。

㋑ 漁業で働く人が急増《きゅうぞう》したため、その人たちが働く場所をつくる。

⑶ よく出る 地域《ちいき》で生産したものを地域で消費することを何といいますか。（　　）

⑷ できたらスゴイ! 日本の食料生産をめぐる問題を解決《かいけつ》するための取り組みについての説明として正しいものを、㋐～㋓から選びましょう。（　　）

㋐ あらたな価値《かち》を生み出すため、農業をしている人が集まり、生産から加工までをおこなう６次《じ》産業《さんぎょう》化《か》の取り組みがおこなわれている。

㋑ 産地直売所では、ねだんは高いが、地元の新鮮《しんせん》で安全・安心な農産物を買うことができる。

㋒ 牛肉や米などでは、生産者がどこでどのような人に農産物が買われたかを確《たし》かめることができるトレーサビリティのしくみがつくられている。

㋓ ロボット技術《ぎじゅつ》や情報《じょうほう》通信技術（ＩＣＴ《アイシーティー》）などの先進技術を活用し、人の作業を減らし、品質《ひんしつ》の高い生産をすすめているスマート農業が全国に広がっている。

ふりかえり ❶⑶がわからないときは、48ページの❶にもどって確認してみよう。

ぴったり1
準備

3分でまとめ

学習日 　　月　　日

3．工業生産とわたしたちのくらし

1 くらしや産業を支《ささ》える工業生産

◎めあて
日本の工業地帯《こうぎょうちたい》・工業地域《ちいき》の特ちょうを理解《りかい》しよう。

教科書 136～143ページ　答え 28ページ

次の(　　　)に入る言葉を、下から選びましょう。

1 いろいろな工業製品《せいひん》

教科書 136～139ページ

ワンポイント　工業の分類

● **工業**製品は、食料品工業、せんい工業、金属《きんぞく》工業、機械工業、化学工業などに分類されている。

● (①　　　　　　　)…食料品工業、せんい工業など。

● (②　　　　　　　)…重工業（金属工業、機械工業）と化学工業。

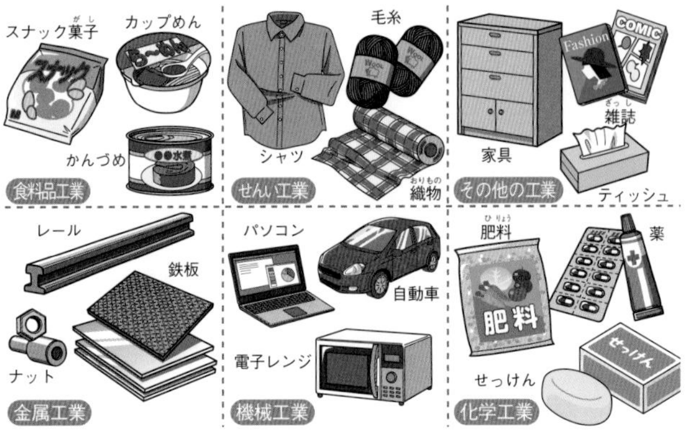

2 工場の集まるところ／大工場《だいこうじょう》と中小工場《ちゅうしょうこうじょう》

教科書 140～143ページ

工業がさかんなところ

● 太平洋《たいへいよう》側の海ぞいに帯状《おびじょう》につらなる(③　　　　　　　)に、**工業地帯**や**工業地域**が集まる。

理由 (④　　　　　　　)を使って原料や工業製品を運ぶのに便利。

理由 太平洋側の大都市には、働く人や工業製品を利用する人が多く住んでいる。

新しい工業地帯

● (⑤　　　　　　　)が全国に広がり、海からはなれた内陸にも工業地域が広がっている。

理由 (⑥　　　　　　　)を使って原料や工業製品を運ぶことが増《ふ》えた。

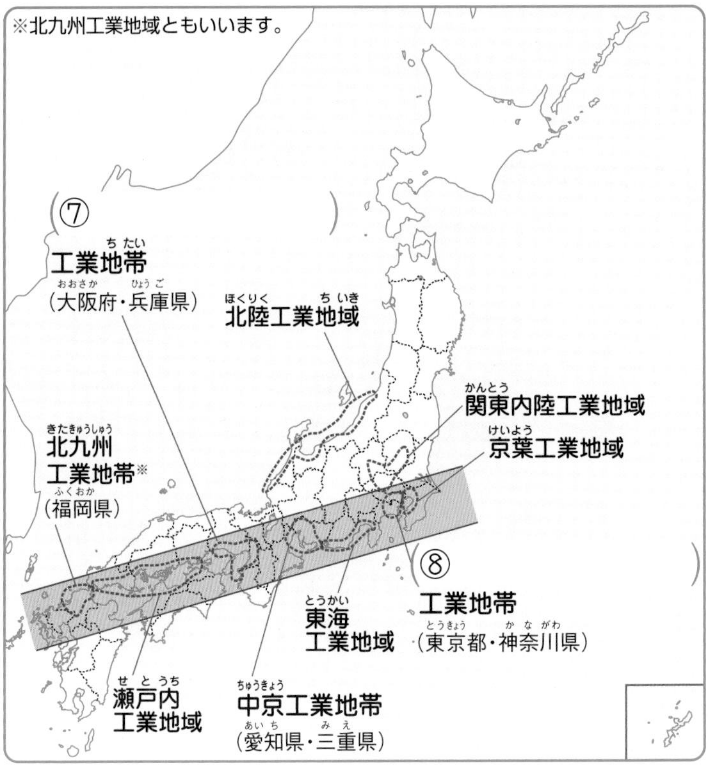

工場で働く人々

● 工場には、**中小工場**と**大工場**がある。

● 工場数、従業者《じゅうぎょうしゃ》数が多いのは中小工場である。

● 生産額《がく》が多いのは大工場である。

中小工場と大工場

中小工場は従業員の数が299人以下、大工場は300人以上の工場のことをいう。

選んだ言葉に✔

□重化学工業	□トラック	□京浜《けいひん》	□阪神《はんしん》
□太平洋ベルト	□船	□軽工業	□高速道路

ぴったり2

練習

学習日　　月　　日

ぴたトリビア

日本の工業は、明治《めいじ》時代にせんい工業を中心とした軽工業からはじまりました。特にかいこのまゆからつくられる生糸《きいと》は、重要な輸出《ゆしゅつ》品になりました。

教科書 136〜143ページ　答え 28ページ

1 工業の分類に関する次の文を読んで、答えましょう。

日本の工業は、140年ほど前から、まず（①）工業を中心とした㋐軽工業がさかんになった。第二次世界大戦後は、海に面した地域に製鉄所などがつくられ、（②）工業・（③）工業を中心に、㋑重化学工業が発展《はってん》した。現在《げんざい》は、（③）工業が最もさかんになっている。

(1) 文中の①〜③にあう言葉を［　　］から選びましょう。

［ 機械　　金属　　せんい ］

①（　　　　）
②（　　　　）
③（　　　　）

(2) 下線部㋐について、軽工業の一つで、パン、スナック菓子《がし》、かんづめなどをつくる工業を何といいますか。

（　　　　）

(3) 下線部㋑について、重化学工業のうち化学工業に分けられる工業製品を、Ⓐ〜Ⓔから2つ選びましょう。

Ⓐ 衣服　Ⓑ 自動車　Ⓒ 肥料《ひりょう》　Ⓓ 紙　Ⓔ 医薬品

（　　　）（　　　）

2 右の地図は、工業がさかんなところをあらわしています。これを見て、答えましょう。

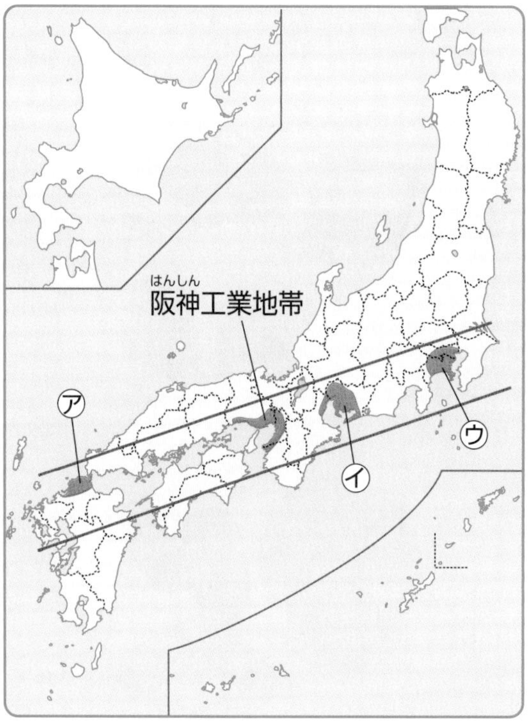

(1) 図中の㋐〜㋒にあう工業地帯の名前を書きましょう。

㋐（　　　　）工業地帯
㋑（　　　　）工業地帯
㋒（　　　　）工業地帯

(2) 図中の＝＝で囲《かこ》まれた地域を何といいますか。

（　　　　）

(3) (2)の地域の説明について、正しいものには○を、まちがっているものには×をつけましょう。

①（　　）この地域で工業がさかんなのは、船で原料や工業製品を輸送《ゆそう》するのに便利だからである。

②（　　）この地域で工業がさかんなのは、働く人が多いためである。

③（　　）工場が集まっているのはこの地域だけで、この地域の外側に工業地域は見られない。

(4) 従業員の数が299人以下の工場を何といいますか。（　　　　）

ヒント

2 (2) 太平洋側にかけて、帯（ベルト）のようにつらなって広がる地域です。

2 (4) 従業員の数が300人以上の工場は大工場といいます。

1 くらしや産業を支《ささ》える 工業生産

時間 30 分
／100
合格 80 点

教科書 136〜143ページ　答え 29ページ

1 工業の分類について、答えましょう。

1つ5点（50点）

(1) 工業の分類とその説明について、あうものを線で結びましょう。

① せんい工業 ・　　・ ㋐鉄鉱石《てっこうせき》・銅鉱《どうこう》・ボーキサイトなどの鉱石から金属を取り出し、加工する。

② 化学工業 ・　　・ ㋑綿《めん》・羊毛・化学せんいなどを加工する。日本では140年ほど前からさかんになった。

③ 食料品工業 ・　　・ ㋒農作物《のうさくぶつ》、畜産物《ちくさんぶつ》、水産物《すいさんぶつ》などを加工する。

④ 金属《きんぞく》工業 ・　　・ ㋓おもな生産工程《こうてい》に化学反応《はんのう》が利用される。

(2) 工業は、おもに軽工業と重化学工業に分けられます。軽工業にあてはまるものを、(1)の①〜④から2つ選びましょう。

（　　　）（　　　）

(3) よく出る (1)の①〜④の工業に分けられる工業製品《せいひん》を、㋐〜㋕から選びましょう。

①（　　　）②（　　　）③（　　　）④（　　　）

㋐

パソコン
自動車
電子レンジ

㋑

Fashion
COMIC
雑誌《ざっし》
家具
ティッシュ

㋒

スナック菓子《がし》
カップめん
スナック
ら〜めん
かんづめ
●●水煮

㋓

毛糸
WOOL
シャツ
織物《おりもの》

㋔

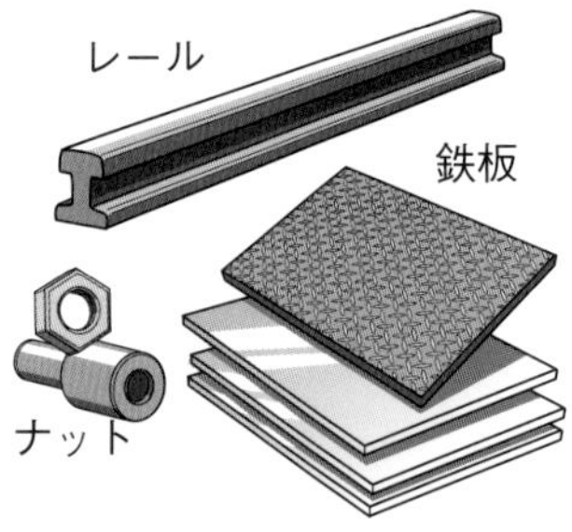
レール
鉄板
ナット

㋕

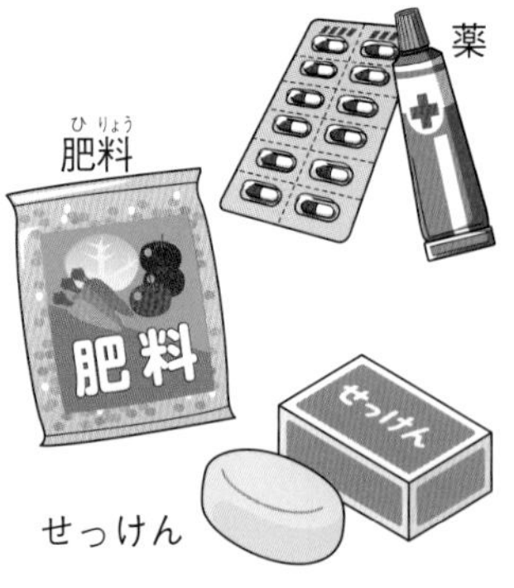
薬
肥料《ひりょう》
肥料
せっけん

2 右のグラフは、京浜《けいひん》工業地帯、中京《ちゅうきょう》工業地帯、阪神《はんしん》工業地帯、北九州《きたきゅうしゅう》工業地帯の工業生産額《がく》をあらわしています。これを見て、答えましょう。

1つ6点、⑵⑸4点（32点）

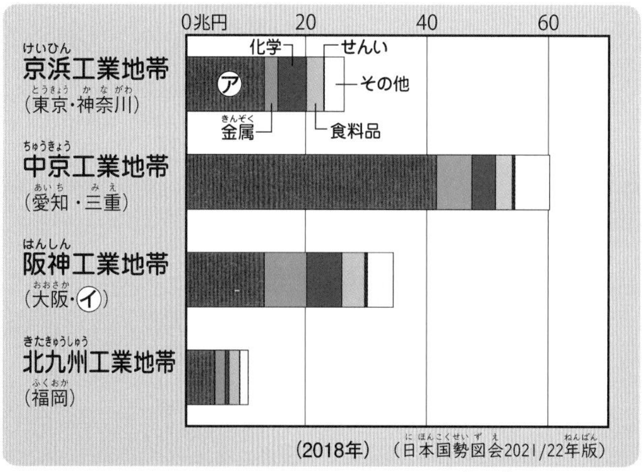

⑴ よく出る グラフ中の㋐にあう工業の種類を書きましょう。

（　　　　　　）工業

⑵ グラフ中の㋑にあう都道府県の名前を書きましょう。

（　　　　　　）

⑶ 最も工業生産額が多い工業地帯を、グラフ中から選びましょう。 技能

（　　　　　　）工業地帯

⑷ よく出る 4つの工業地帯は、いずれも帯のようにつらなる、工業がさかんな地域《ちいき》にふくまれています。この地域を何といいますか。

（　　　　　　）

⑸ 阪神工業地帯で最も生産額のわりあいが小さい工業の種類は何ですか。ただし、その他はふくみません。

（　　　　　　）

記述 ⑹ ⑷の地域に工場が集まるようになった理由を、「輸送《ゆそう》」という言葉を使って、かんたんに書きましょう。 思考・判断・表現

（　　　　　　）

3 右のグラフは、従業者《じゅうぎょうしゃ》数別工場数・従業者数・生産額のわりあいをあらわしています。これを見て、答えましょう。

1つ6点（18点）

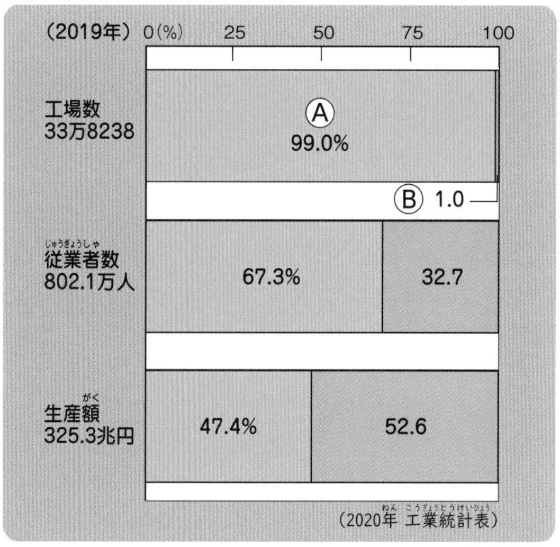

⬆ 従業者数別工場数・従業者数・生産額のわりあい

⑴ グラフ中のⒶ、Ⓑは、大工場または中小工場のいずれかです。中小工場はどちらですか。 技能

（　　　　　　）

⑵ 中小工場の従業者の数は何人以下ですか。㋐～㋔から選びましょう。

（　　　　　　）

㋐ 300人　　㋑ 540人
㋒ 299人　　㋓ 120人
㋔ 407人

⑶ 従業者1人あたりの生産額は、大工場と中小工場のどちらが多いと考えられますか。 技能

（　　　　　　）

ふりかえり 2⑹がわからないときは、54ページの2にもどって確認してみよう。

2 自動車工業のさかんな地域《ちいき》①

学習日　　月　　日

めあて
中京《ちゅうきょう》工業地帯のようすや自動車ができるまでを整理しよう。

教科書 144～149ページ　答え 30ページ

次の（　　）に入る言葉を、下から選びましょう。

1 中京工業地帯のようす

教科書 144～145ページ

中京工業地帯の工業

- （① 　　　　）の生産がさかんで、愛知《あいち》県（② 　　　　）市、岡崎《おかざき》市、三重《みえ》県鈴鹿《すずか》市には自動車やその部品をつくる工場が多く集まっている。
- 伊勢湾《いせわん》ぞいの愛知県東海《とうかい》市には自動車などに使う鉄板などをつくる（③ 　　　　）、三重県四日市《よっかいち》市には（④ 　　　　）をつくる工場がある。

2 自動車工場の見学

教科書 146～149ページ

ワンポイント 自動車ができるまで

製鉄所《せいてつじょ》

- 車体用の鉄板がつくられ、まるめられて自動車工場に運ばれる。

↓

自動車工場

プレス工場

- プレス機械で鉄板を曲げたり打ちぬいたりして、ドアや屋根などの部品をつくる。
- 不良品がないか、プレスされた部品を検査《けんさ》する。

↓

ようせつ工場

- （⑤ 　　　　）が部品をようせつし、車体をつくる。
- コンピューターを使い、設計図《せっけいず》どおりにつくられているか検査する。

↓

（⑥ 　　　　）工場

- ロボットがとりょうを車体にふきつけ、色をつける。
- ロボットと人の目の両方で、色むらがないか検査する。

↓

エンジン工場

- エンジンをつくる。

組み立て工場

- 働く人が、自分の持ち場で決められた作業をおこなう（⑦ 　　　　）でシートやドアなどを取りつけ、組み立てる。作業しやすいよう、車体をつり上げたり、ベルトコンベヤーに車体をのせたりとくふうしている。
- 約600項目《こうもく》にもおよぶ（⑧ 　　　　）をおこない、出荷《しゅっか》する。

選んだ言葉に✓

□輸送《ゆそう》用機械	□流れ作業	□製鉄所	□最終検査
□ロボット	□とそう	□豊田《とよた》	□電子部品

ぴたトリビア

人やものを運ぶ乗り物のことを輸送用機械といいます。自動車のほか、オートバイ、船、飛行機、鉄道車両などがあります。

教科書　144～149ページ　答え　30ページ

1 中京工業地帯の工業に関する次の文を読んで、答えましょう。

（①）県と三重県に広がる中京工業地帯は、日本一の工業生産額《がく》をほこる。輸送用機械の生産がさかんで、（①）県豊田市や岡崎市、三重県（②）市には世界でも有数の自動車会社の工場がある。このほか、伊勢湾ぞいの（①）県（③）市には製鉄所が、三重県（④）市には電子部品をつくる工場がある。

(1) 文中の①～④にあう言葉を［　　］から選びましょう。

愛知　　鈴鹿　　東海　　四日市

①（　　　　）　②（　　　　）
③（　　　　）　④（　　　　）

(2) 下線部について、輸送用機械にふくまれるものを、㋐～㋔から2つ選びましょう。

（　　）（　　）

㋐ スマートフォン　　㋑ 飛行機　　㋒ 冷蔵《れいぞう》庫《こ》　　㋓ テレビ　　㋔ 船

2 自動車工場での作業に関する次のⒶ～Ⓓの文を読んで、答えましょう。

Ⓐ 機械で鉄板を曲げたり打ちぬいたりして、ドアや屋根などの部品をつくる。
Ⓑ ロボットが自動車の部品をつなぎ合わせて車体をつくる。
Ⓒ ロボットがとりょうを車体にふきつけ、色をぬる。
Ⓓ ラインの上を流れてくる車体に、エンジン、シート、ドアなどの部品を取りつける。

(1) Ⓐ～Ⓓの作業は、自動車工場の中の何という工場でおこなわれるものですか。工場の名前を書きましょう。

Ⓐ（　　　　）工場　Ⓑ（　　　　）工場
Ⓒ（　　　　）工場　Ⓓ（　　　　）工場

(2) 右の絵があらわしているのはどの作業ですか。Ⓐ～Ⓓから選びましょう。

（　　）

(3) Ⓒ、Ⓓの作業の説明について、正しいものには○を、まちがっているものには×をつけましょう。

①（　　）Ⓒの作業では、色むらがないように１回だけ色をぬる。
②（　　）Ⓒの作業では、ロボットと人の目の両方で、色むらがないか検査する。
③（　　）Ⓓの作業では、部品の取りつけは全て人の手でおこなわれている。

ヒント　❷ (2) 部品の接合《せつごう》部を加熱してとかし、強い力でおしつけて接着《せっちゃく》しています。

3．工業生産とわたしたちのくらし

2 自動車工業のさかんな地域《ちいき》②

めあて
自動車をつくる人やしくみを学ぼう。

教科書 150～155ページ　答え 31ページ

次の(　　)に入る言葉を、下から選びましょう。

1 働く人たちのようす　教科書 150～151ページ

✪ 働く人たちのようす

- 自動車をむだなく生産するためのくふうや(① 　　　　)すべき点について考えを出し合い、よい提案《ていあん》はすぐに実行する。
- 勤務《きんむ》時間は(② 　　　　)制《せい》で、早朝から昼過《す》ぎまでの約８時間か、昼過ぎから夜中までの約８時間のどちらかで働き、１週間ごとに朝からと夕方からの勤務を交替《こうたい》する。

2 自動車工場を支《ささ》える関連工場《かんれんこうじょう》／自動車のゆくえ　教科書 152～155ページ

ワンポイント　自動車の部品をつくる工場

- 自動車の部品のほとんどは、自動車工場の周辺にある多くの(③ 　　　　)でつくられる。
- **ジャスト・イン・タイム**…必要な部品を必要な(④ 　　　　)だけ、決められた(⑤ 　　　　)にとどける考え方。

よい点

- 自動車工場は部品の(⑥ 　　　　)をもつ必要がないため、保管費用《ほかんひよう》を減《へ》らすことができる。

悪い点

- **関連工場《かんれんこうじょう》**からの部品の出荷《しゅっか》がとまると、自動車の組み立てができなくなることがある。

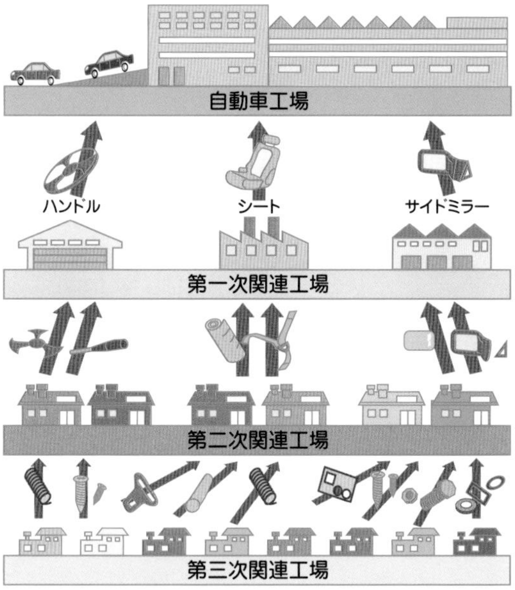

自動車工場と関連工場とのつながり

✪ できあがった自動車のゆくえ

- 国内への出荷…近い地域へは(⑦ 　　　　)、遠い地域へは自動車専用《せんよう》の(⑧ 　　　　)でいちどに運び、目的地の港から販売店《はんばいてん》まではキャリアカーを使う。
- 外国への輸出《ゆしゅつ》は、全て自動車専用の船で運ぶ。

✪ 自動車の輸出をめぐる問題

- 日本から輸出された自動車が増《ふ》えたことで輸出相手国の自動車が売れなくなり、日本の自動車の輸出台数を減らすよう求められた。
- 日本の自動車会社は外国に工場をつくり、その国の人をやとって(⑨ 　　　　)をおこなうようになった。

現地生産する方が、つくる費用《ひよう》を安くおさえられるんだって。

選んだ言葉に✓
□関連工場　□2交替《こうたい》　□時間　□船　□改善《かいぜん》
□現地《げんち》生産　□在庫《ざいこ》　□量　□キャリアカー

学習日　　月　　日

ぴたトリビア

1980年代に日本からアメリカへの自動車の輸出が増え過ぎて、アメリカとの間にトラブルがおこりました。これを日米貿易《にちべいぼうえき》まさつといいます。

教科書　150〜155ページ　答え　31ページ

1 次の図は、ある自動車工場の勤務時間のようすをあらわしています。これを見て、答えましょう。

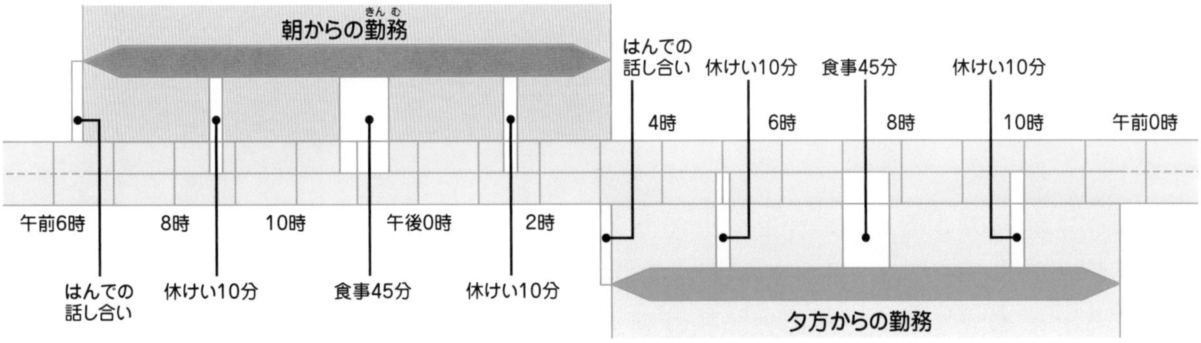

(1) 図のように、2つの時間帯によって働く人が交替する勤務のしくみを何といいますか。

（　　　　）

(2) はんでの話し合いでおもに話し合われる内容《ないよう》を、㋐、㋑から選びましょう。（　　）

㋐ その日の食事のメニュー。　　㋑ 自動車をむだなく生産するためのくふう。

2 自動車の部品をつくる関連工場と自動車のゆくえについて、答えましょう。

(1) 自動車工場と関連工場のつながりについて、正しいものには○を、まちがっているものには×をつけましょう。

①（　　）関連工場は、自動車工場の近くに建てられることが多い。

②（　　）1つの自動車工場に対し、結びついている関連工場は1つだけである。

③（　　）自動車工場は関連工場に対して部品を多めに注文し、つねに部品の在庫をもっておくようにしている。

(2) 右のグラフは、日本の自動車工業で働く人の内わけをあらわしており、グラフ中のⒶ、Ⓑは、自動車製造《せいぞう》業または自動車部品製造業のいずれかです。自動車部品製造業はどちらですか。

（　　）

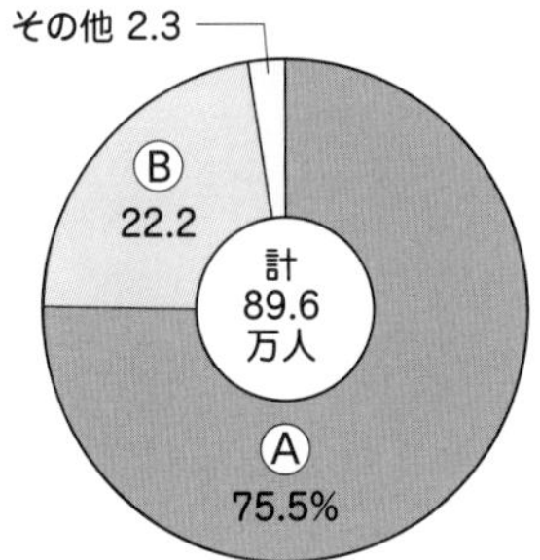

（2019年）（2020年《ねん》 工業統計表《こうぎょうとうけいひょう》）

(3) 次の文中の①、②にあう言葉を書きましょう。

①（　　　　）　②（　　　　）

右の絵の車は（①）とよばれ、自動車を国内へ出荷するときに使われる。しかし、国内でも遠い地域へ出荷する場合や、外国へ輸出するときは、工場から港まで（①）で運び、自動車専用の（②）に積みこんでいちどに運ぶ。

(4) 外国に工場をつくり、その国の人をやとい、その国でつくられた部品を使って自動車をつくることを何といいますか。

（　　　　）

ヒント 2 (4) 近年は、国内で生産する台数よりも(4)の台数の方が多くなっています。

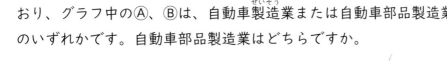

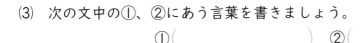

2 自動車工業のさかんな地域《ちいき》③

学習日　　月　　日

めあて
安全性《あんぜんせい》や環境《かんきょう》へのやさしさを求めた自動車を学ぼう。

教科書 156～159ページ　答え 32ページ

次の（　　）に入る言葉を、下から選びましょう。

1 安全で人にやさしい自動車づくり

教科書 156～157ページ

ワンポイント　みんなが安全で快適《かいてき》に運転できる自動車づくり

- （①　　　　　）…自動車がしょうとつしたときに自動でふくらみ、乗っている人を守るための装置《そうち》。
- 手だけで運転できる自動車…ブレーキやアクセルなどの操作《そうさ》が手だけでできるため、足が不自由な人でも運転できる。
- しょうとつ事故《じこ》を防《ふせ》ぐための技術《ぎじゅつ》…自動車の正面には、対象《たいしょう》となる歩行者や自動車までのきょりや速さを測《はか》る装置とカメラをつけ、後ろには（②　　　　　）をつける。

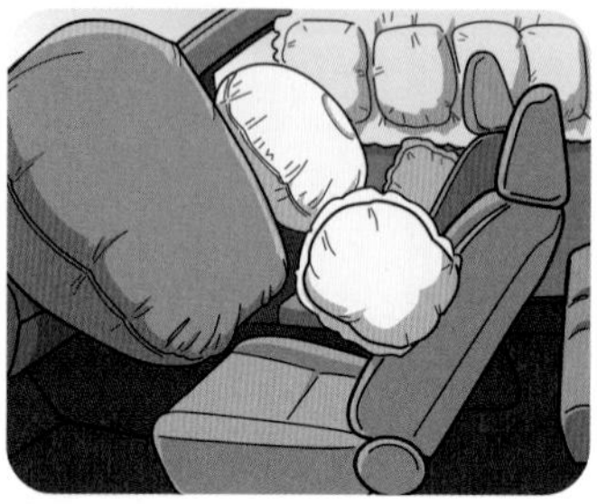

エアバッグ

- 高速道路などで一定の条件《じょうけん》を満たしたときに、運転する人がハンドルから手をはなしていても、車が運転を（③　　　　　）してくれる機能《きのう》も開発された。

2 環境にやさしい自動車づくり

教科書 158～159ページ

環境にやさしい自動車

④	●**ガソリンエンジン**と**電気モーター**を組み合わせて走る。 ●燃料《ねんりょう》のガソリンを使用する量が少なくてすむ。 ●家庭用の電源《でんげん》を使って電気をためるプラグインハイブリッドカーもある。
⑤	●バッテリーにたくわえた**電気**で、モーターを動かして走る。
⑥	●**水素《すいそ》**と**酸素《さんそ》**が水になるときに発生する電気で、モーターを動かして走る。

- そのほかにも、**天然ガス自動車**など、はい出する（⑦　　　　　）の量が少ない車や、**二酸化炭素《にさんかたんそ》**を出さない車など、環境にやさしい自動車の開発が進んでいる。

燃料電池自動車

たいせつな資源《しげん》

- 自動車の（⑧　　　　　）が進んでおり、部品の一部は古いものを再利用《さいりよう》してつくられている。

自動車のバンパーなど古いものを再利用して、新しい部品をつくっているよ。

選んだ言葉に✓
□ハイブリッドカー　□エアバッグ　□リサイクル　□二酸化炭素
□燃料電池自動車　□電気自動車　□センサー　□支援《しえん》

学習日　　月　　日

ぴたトリビア

ハイブリッドカーの「ハイブリッド」には、「混合《こんごう》」「複合《ふくごう》」という意味があります。自動車では、2つの動力源《どうりょくげん》をもつものを指します。

教科書 156〜159ページ　答え 32ページ

1 安全で人にやさしい自動車づくりに関する次の文を読んで、答えましょう。

自動車の開発では、（①）事故がおこったときに乗っている人を守るための車体を設計《せっけい》するため、（①）実験がおこなわれている。また、全ての人が交通事故にあわない社会をめざして、自動車の正面には対象となる歩行者や自動車までの（②）や速さを測る装置と（③）、後ろにはセンサーをつけることで、（①）することを予測《よそく》して自動で（④）がかかるなど、事故を未然に防ぐための技術が開発された。

(1) 文中の①〜④にあう言葉を［　］から選びましょう。

きょり	しょうとつ
カメラ	ブレーキ

①（　　　　）
②（　　　　）
③（　　　　）
④（　　　　）

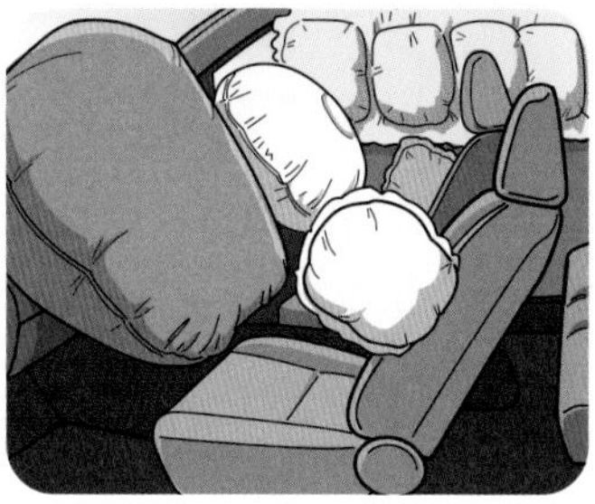

(2) 下線部について、右の絵は、乗っている人を守るための装置です。このような装置を何といいますか。

（　　　　）

2 環境にやさしい自動車づくりについて、答えましょう。

(1) 環境にやさしい自動車の種類とその説明について、あうものを線で結びましょう。

① ハイブリッドカー　・　　・　㋐バッテリーにたくわえた電気で、モーターを動かして走る自動車。

② 電気自動車　・　　・　㋑水素と酸素が水になるときに発生する電気で、モーターを動かして走る自動車。

③ 燃料電池自動車　・　　・　㋒ガソリンに比《くら》べて二酸化炭素のはい出量が少ない天然ガスを燃料とする自動車。

④ 天然ガス自動車　・　　・　㋓ガソリンエンジンと電気モーターを組み合わせて走る自動車。

(2) 近年は、資源をたいせつに使うため、自動車の部品などで古いものを再利用することが進んでいます。このことを何といいますか。カタカナ5文字で書きましょう。

（　　　　）

ヒント　1 (2) ハンドルの中央部やダッシュボードなどに組みこまれています。

ぴったり3

確かめのテスト

2 自動車工業のさかんな地域《ちいき》

時間 30 分

／100

合格 80 点

教科書 144〜159ページ　答え 33ページ

1 中京《ちゅうきょう》工業地帯の工業について、答えましょう。

1つ4点（16点）

(1) 中京工業地帯の説明として正しいものを、㋐〜㋓から２つ選びましょう。

（　　　）（　　　）

㋐ 愛知《あいち》県と静岡《しずおか》県に広がっている。

㋑ 日本一の工業生産額《がく》をほこる。

㋒ 亀山《かめやま》市には製鉄所《せいてつしょ》があり、鉄板などがつくられている。

㋓ 四日市《よっかいち》市には電子部品をつくる工場が集まっている。

(2) よく出る 中京工業地帯で最も生産がさかんな工業の種類を、㋐〜㋓から選びましょう。

（　　　）

㋐ 化学　㋑ 電気機械　㋒ 鉄鋼《てっこう》　㋓ 輸送《ゆそう》用機械

記述 (3) できたらスゴイ! 豊田《とよた》市は、(2)の工業がさかんな都市として有名です。この都市で(2)の工業がさかんな理由を、「会社」という言葉を使って、かんたんに書きましょう。

思考・判断・表現

（　　　　　　　　　　　　　　　　　　　　）

2 次の絵は、自動車をつくる作業のようすをあらわしています。これを見て、答えましょう。

1つ6点（36点）

①

②

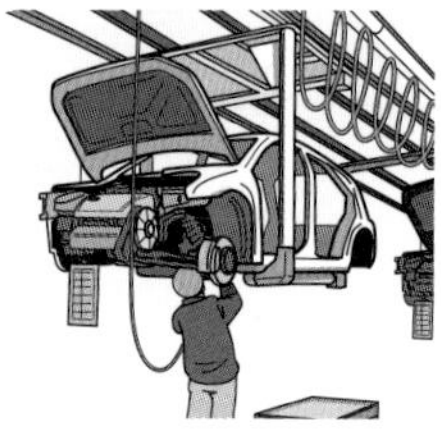

③

④

(1) よく出る ①〜④の絵にあう作業を、㋐〜㋔から選びましょう。

①（　　　）　②（　　　）　③（　　　）　④（　　　）

㋐ 組み立て　㋑ 最終検査《けんさ》　㋒ とそう　㋓ プレス　㋔ ようせつ

(2) ①〜④の作業を、作業がおこなわれる順にならびかえましょう。

思考・判断・表現

（　　　→　　　→　　　→　　　）

記述 (3) ②では、流れ作業が取り入れられています。流れ作業とはどのような作業の進め方ですか。「持ち場」という言葉を使って、かんたんに書きましょう。

（　　　　　　　　　　　　　　　　　　　　）

学習日　月　日

3 右の地図は、三重県《みえけん》鈴鹿市《すずかし》周辺をあらわしています。これを見て、答えましょう。

1つ4点（12点）

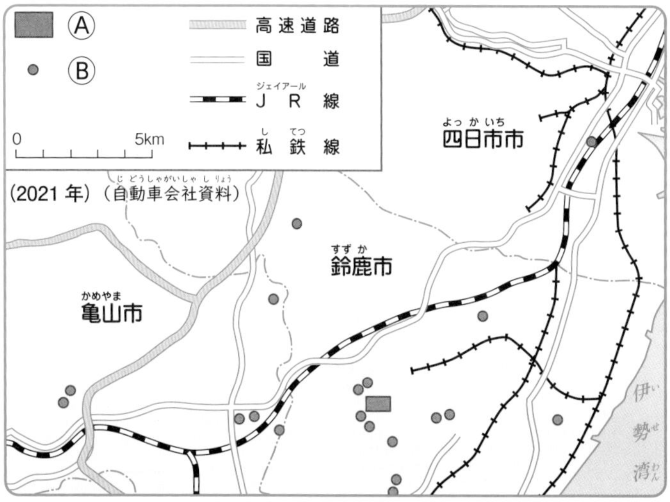

(2021年)（自動車会社資料《じどうしゃがいしゃしりょう》）

(1) 地図中のⒶ、Ⓑは、自動車工場または自動車部品をつくる工場のいずれかです。自動車工場はどちらですか。

技能（　　　）

(2) 自動車部品をつくる工場をまとめて何といいますか。（　　　）

(3) 自動車工場では、必要な部品を必要な数だけ、決められた時間にとどける考え方が取り入れられています。この考え方を何といいますか。

（　　　）

4 日本の自動車生産について、答えましょう。

1つ4点（36点）

(1) 右のグラフは、日本の自動車会社の自動車の国内生産台数と輸出《ゆしゅつ》台数、現地《げんち》生産台数のうつり変わりをあらわしています。グラフから読み取れることとして正しいものには○を、まちがっているものには×をつけましょう。

技能

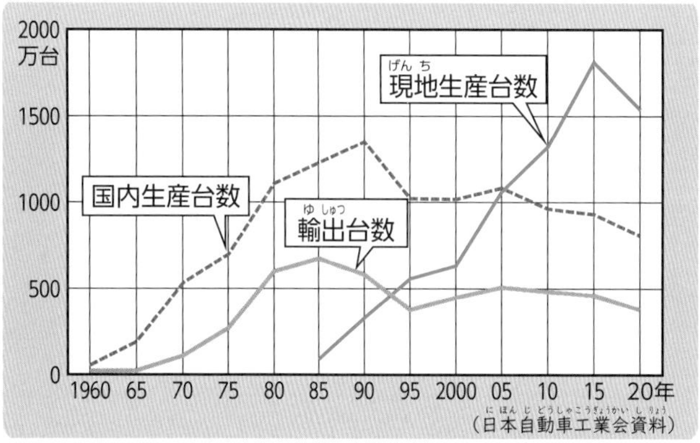

（日本《にほん》自動車工業会資料《じどうしゃこうぎょうかいしりょう》）

①（　　　）

自動車の輸出台数が最も多いのは1990年だね。

②（　　　）

自動車の現地生産台数は年々増《ふ》え続けているね。

③（　　　）

2020年現在《げんざい》、自動車の現地生産台数は国内生産台数より２倍近く多いね。

(2) できたらスゴイ! 最近では、人や環境《かんきょう》にやさしい自動車づくりが進められています。㋐～㋕はどちらの目的にあてはまりますか。選びましょう。

思考・判断・表現

人にやさしい（　　）（　　）（　　）

環境にやさしい（　　）（　　）（　　）

㋐ 手だけで運転できる自動車　㋑ ハイブリッドカー　㋒ 自動ブレーキ

㋓ 自動車部品のリサイクル　㋔ 燃料《ねんりょう》電池自動車　㋕ エアバッグ

ふりかえり 2(3)がわからないときは、58ページの2にもどって確認してみよう。

わたしたちのくらしを支《ささ》える食料品工業

学習日　　月　　日

めあて
日本の伝統的《でんとうてき》な発こう食品であるなっとうのことを知ろう。

教科書 160〜163ページ　答え 34ページ

次の（　　）に入る言葉を、下から選びましょう。

1 和食の伝統的な発こう食品、なっとう

教科書 160〜161ページ

伝統的な発こう食品であるなっとう

- 和食…日本の伝統的な食文化として、2013年に（①　　　　　　）に登録された。和食の特色には、**発こう食品**が多いことがあげられる。伝統的な発こう食品として、なっとう、（②　　　　　　）、**みそ**、つけ物、甘酒《あまざけ》、かつおぶしなどがある。
- なっとう…（③　　　　　　）を**なっとうきん**によって発こうさせた、ねばり気のある「糸引きなっとう」が一般的《いっぱんてき》である。生産量が最も多いのは（④　　　　　　）県である。

ワンポイント　なっとうの売り上げがのびた理由

- 500〜600年ほど前に関東《かんとう》より北の東日本を中心に食べられはじめたが、西日本ではあまり食べられず、「（⑤　　　　　　）」の消費《しょうひ》になっている。
- 大豆は（⑥　　　　　　）が豊富《ほうふ》で、発こうにより体に栄養が吸収《きゅうしゅう》されやすく、体によいはたらきも生まれる。
- なっとうは**健康**によい食品として健康に関心がある人々の注目を集め、売り上げが大きくのびた。

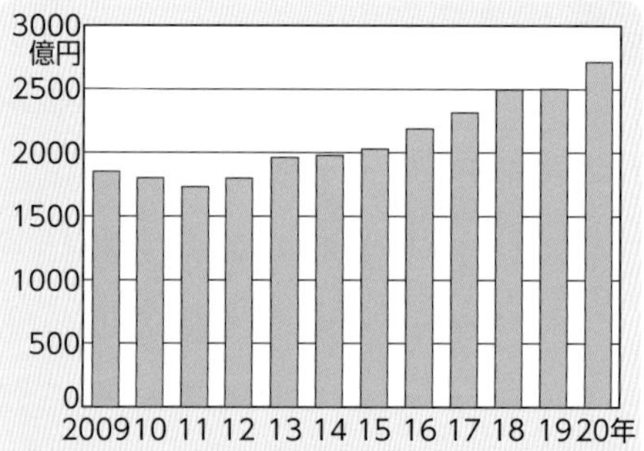

（全国納豆協同組合連合会《ぜんこくなっとうきょうどうくみあいれんごうかい》資料《しりょう》）

なっとうの売り上げ

2 工場でなっとうができるまで

教科書 162〜163ページ

なっとうができる工程《こうてい》

1. 大豆を選ぶ…大きさや色などを確認《かくにん》する。
2. 大豆をあらう…選んだ大豆をあらう。
3. 水にひたす…大豆を一定温度の水に約20時間ひたして水をすわせる。
4. むす・なっとうきんをふきかける…大豆を大きなかまでむし、なっとうきんをふきかける。
5. 容器《ようき》に入れる…豆を（⑦　　　　　　）につめて、タレなどを入れる。
6. 発こうさせる…発こう室でなっとうにする。そのあと、冷蔵庫《れいぞうこ》でじっくりとねかせる。
7. 包装《ほうそう》…ラベルをつけ、金属探知機《きんぞくたんちき》で最終確認をする。
8. 出荷《しゅっか》…（⑧　　　　　　）で全国に運ぶ。

工場での大量生産とくふう

- 人工的に育てたなっとうきんによる、衛生的《えいせいてき》で安定した製造《せいぞう》方法の開発、容器の改良、冷蔵設備《せつび》の整備《せいび》などにより、工場での**大量生産**ができるようになった。
- 取り決めを結んだ国内外の農場でつくられた大豆のみを使っている。
- 地域《ちいき》に合わせ、なっとうのにおいやねばり気を少なくしたり、タレの味を変えたりしている。

選んだ言葉に✓

□容器	□大豆	□しょうゆ	□東高西低
□冷蔵車	□茨城《いばらき》	□たんぱく質《しつ》	□無形文化遺産《いさん》

ぴったり2
練習

学習日　　月　　日

ぴたトリビア

なっとうのよさを消費者に発信するため、なっとう工場では広告《こうこく》やイベントなど、積極的な情報《じょうほう》発信がされています。

教科書　160～163ページ　答え　34ページ

1 発こう食品について、答えましょう。

(1) 日本の伝統的な発こう食品を、㋐～㋓から２つ選びましょう。　（　　）（　　）

㋐ 甘酒　㋑ ジャム　㋒ かつおぶし　㋓ バター

(2) なっとうの生産量が最も多い県を、右の地図中の㋐～㋓から１つ選びましょう。また、その県の名前を書きましょう。

記号（　　）

県の名前（　　）

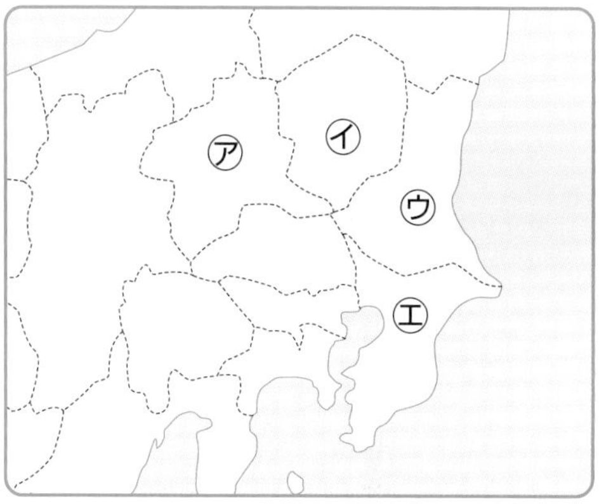

(3) なっとうについて、正しいものには○を、まちがっているものには×をつけましょう。

①（　　）なっとうは50～60年ほど前から食べられるようになった。

②（　　）発こうにより体に栄養が吸収されやすくなっている。

③（　　）東日本ではあまり食べられず、西日本でよく食べられてきた。

④（　　）テレビやざっしなどで健康によい食品として紹介《しょうかい》され、健康に関心がある人々の注目を集めた。

2 なっとうができるまでの工程に関する次の文を読んで、答えましょう。

まず、大豆の大きさや色を一つぶ一つぶ確認して選び、きれいにあらう。次にあらった大豆を約20時間、（①）の水にひたし、水をすわせる。そのあと大きな（②）で大豆をむして、なっとうきんをふりかける。豆を（③）につめ、タレなどを入れて重さを確認したら、発こう室で大豆をなっとうになるまで置き、そのあとは（④）でじっくりねかす。ラベルをつけ、金属探知機で最終確認の検査《けんさ》をして問題がなければ、冷蔵車で全国に運ぶ。

(1) 文中の①～④にあう言葉を［　］から選びましょう。

［ かま　容器　冷蔵庫　一定温度 ］

①（　　）②（　　）

③（　　）④（　　）

(2) なっとうの工場では大量生産ができるしくみになっています。その理由としてまちがっているものを、㋐～㋓から選びましょう。　（　　）

㋐ 冷蔵設備がととのえられてきたから。

㋑ 衛生的で安定した製造方法が開発されたから。

㋒ 全国へ出荷するなっとうのにおいやねばり気、タレの味などを全て同じにしたから。

㋓ 容器の改良が進められたから。

ヒント

1 (1) しょうゆ、みそ、つけ物なども伝統的な発こう食品です。

1 (3)③ 「東高西低」の消費になっています。

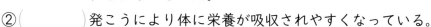

学習資料《しりょう》

3. 工業生産とわたしたちのくらし

わたしたちのくらしを支《ささ》える製鉄業《せいてつぎょう》
わたしたちのくらしを支える石油工業

学習日　月　日

めあて　製鉄所、製油所《せいゆしょ》では何がつくられているのか、そのちがいを学ぼう。

教科書 164〜171ページ　答え 35ページ

次の（　　）に入る言葉を、下から選びましょう。

1 くらしと鉄／環境《かんきょう》にやさしい鉄　教科書 164〜167ページ

ワンポイント　鉄をつくる製鉄所

- 原料のうち、（①　　　　）は国内産、鉄鉱石《てっこうせき》と（②　　　　）は外国から輸入《ゆにゅう》しているため、製鉄所は原料や鉄鋼製品《てっこうせいひん》の輸送《ゆそう》に便利な海ぞいの広い土地にある。
- 使用する水は再利用《さいりよう》し、鉄をつくるときに出た熱やガスを使って発電している。
- 日本の鉄鋼製品は品質がよく、環境にやさしいため、世界中で必要とされている。

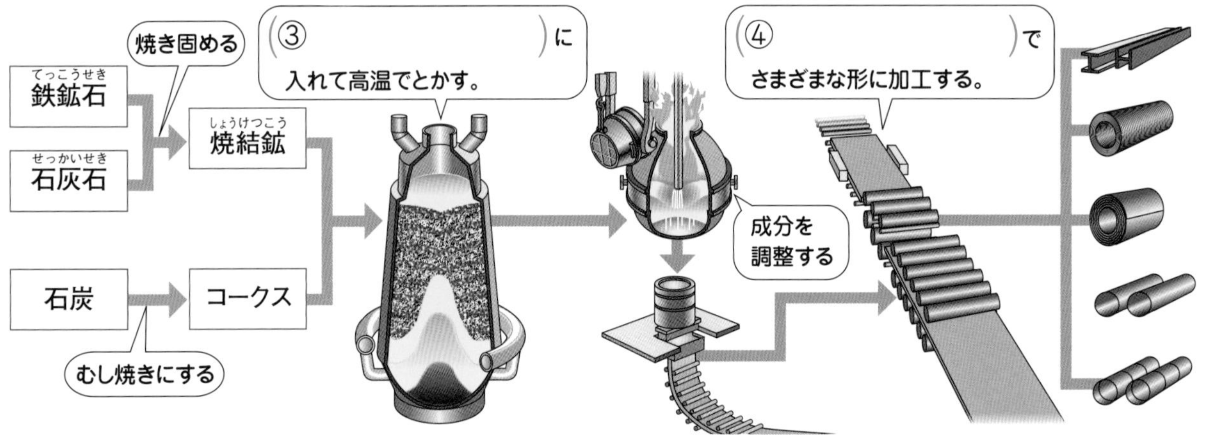

鉄ができるまで

2 くらしと石油製品／安全と環境を守るために　教科書 168〜171ページ

石油製品をつくる製油所

- 原料の原油の大部分は、（⑤　　　　）やアラブ首長国連邦《しゅちょうこくれんぽう》などの外国からタンカーで輸入している。
- **石油化学コンビナート**…製油所は石油製品をつくる工場と**パイプライン**で結ばれている。

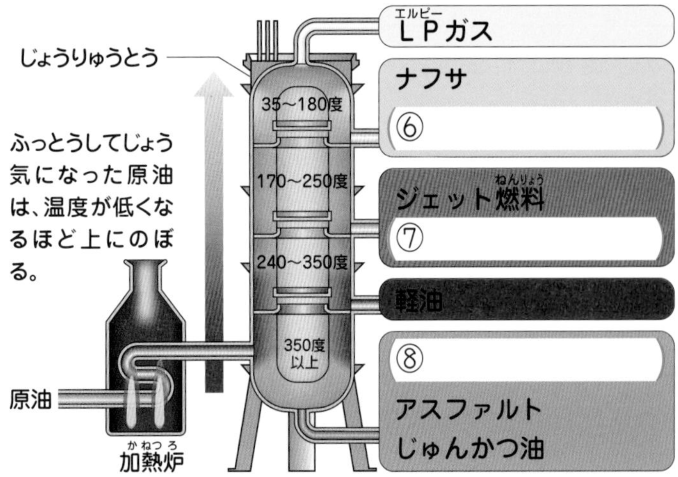

石油製品ができるまで

工業製品の原料
タイヤ、せんざい、肥料《ひりょう》、衣類、プラスチックなど

ものを動かす燃料《ねんりょう》
自動車、ジェット機、トラック、船

熱を生み出す燃料
ストーブ、ガスコンロ工場、ビニールハウスなど

石油製品が使われている工業製品の例

選んだ言葉に✔

- □サウジアラビア
- □圧延機《あつえんき》
- □石灰石《せっかいせき》
- □灯油
- □ガソリン
- □高炉《こうろ》
- □石炭
- □重油

ぴったり2

練習

学習日　　月　　日

ぴたトリビア

ナフサは、原油を精製《せいせい》して得《え》られる石油製品の一つです。ナフサからはガソリンがつくられるほか、さまざまな工業製品の原料となります。

教科書 164～171ページ　答え 35ページ

1 製鉄業について、答えましょう。

(1) 鉄をつくるのに必要な原料として、鉄鉱石、石炭、石灰石があります。このうち、輸入にたよらず国内産でまかなっているものを書きましょう。

（　　　　）

(2) 次の①～④は、鉄ができるまでの作業をあらわしています。①～④の作業を、作業がおこなわれる順に並《なら》べかえましょう。

（　　→　　→　　→　　）

① 圧延機で、さまざまな形にのばし、加工する。
② 原料の前処理《まえしょり》をおこなって、焼結鉱《しょうけつこう》とコークスをつくる。
③ とけた鉄のよぶんな成分を取りのぞき、製品に合わせて成分を調整する。
④ 焼結鉱とコークスを高炉に入れ、高温で熱し、とけた鉄を取り出す。

(3) 次の文中の①～④にあう言葉を、㋐～㋕から選びましょう。

①（　　　）②（　　　）③（　　　）④（　　　）

鉄をつくるには大量の水や電力を必要とする。資源《しげん》やエネルギーのむだを減《へ》らすため、使用する水の90%を（①）している。また、鉄をつくるときに出た（②）やガスを使って、（③）をしたり、コークス炉《ろ》の高温を利用して（④）を再生したりしている。

㋐ プラスチックごみ　㋑ 輸入　㋒ 熱　㋓ 再利用　㋔ 発電　㋕ 緑地帯

2 石油工業について、答えましょう。

(1) 石油製品の原料となる原油は、何を使って外国から輸入されていますか。

（　　　　）

(2) 製油所は、石油製品をつくる工場と何で結ばれていますか。

（　　　　）

(3) 右の図は、くらしや産業に使われる石油製品の種類をあらわしています。図中のⒶ～Ⓒにあうものを、㋐～㋒から選びましょう。

Ⓐ（　　　）Ⓑ（　　　）
Ⓒ（　　　）

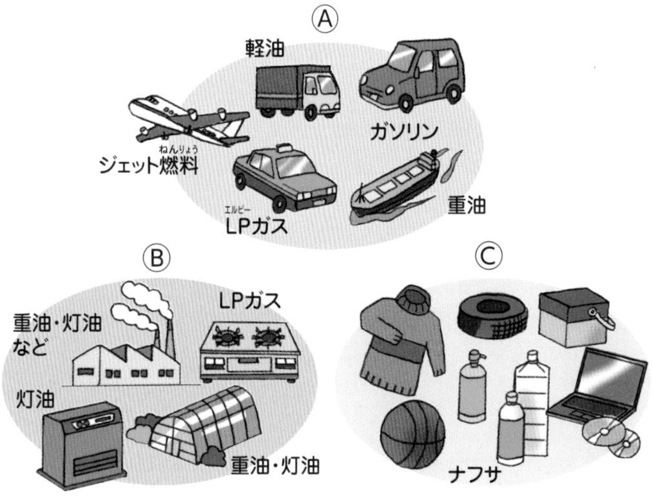

㋐ 工業製品の原料　㋑ 熱を生み出す燃料《ねんりょう》　㋒ ものを動かす燃料

ヒント 2 (2) 原料の原油や石油製品のLP《エルピー》ガスなどは、これを使って製油所や工場に送られます。

ぴったり3

確かめのテスト

学習資料《しりょう》

3．工業生産とわたしたちのくらし

わたしたちのくらしを支《ささ》える食料品工業／わたしたちのくらしを支える製鉄業《せいてつぎょう》／わたしたちのくらしを支える石油工業

時間 30 分

／100

合格 80 点

教科書 160～171ページ　答え 36ページ

1 日本の食文化と食料品工業について、答えましょう。 1つ5点（15点）

(1) 和食は、日本の伝統《でんとう》的な食文化としてユネスコの何に登録されましたか。

（　　　　　　）

(2) なっとうは、和食の伝統的な発こう食品の一つです。なっとうの特ちょうを、㋐～㋓から選びましょう。

（　　）

㋐ なっとうは50～60年ほど前に、ふだんから食べるものになった。

㋑ なっとうは東海《とうかい》地方から全国に広がった。

㋒ たんぱく質《しつ》が豊富《ほうふ》で、栄養が体に吸収《きゅうしゅう》されやすく、健康によい食品である。

㋓ 現在《げんざい》のなっとうの容器《ようき》は、はっぽうスチロールでつくられたもののみが使われている。

記述 (3) できたらスゴイ！ なっとう工場では、地域《ちいき》の好みに合わせるため、どのようなくふうをしていますか。「におい」、「タレ」という言葉を使って、かんたんに書きましょう。 思考・判断・表現

（　　　　　　　　　　　　　　　　）

2 なっとうができるまでの作業に関する次のⒶ～Ⓔの文を読んで、答えましょう。 1つ5点（20点）

Ⓐ 大豆を水に約20時間ひたし、水をすわせる。

Ⓑ 大きな（①）でむして、なっとうきんをふきかける。

Ⓒ 大豆の大きさや（②）などを確認《かくにん》して一つぶ一つぶ選び、きれいにあらう。

Ⓓ 発こう室でなっとうにしたあと、（③）でじっくりねかせる。

Ⓔ 豆を容器につめ、タレなどを入れる。

(1) 文中の①～③にあう言葉を［　　］から選びましょう。

冷蔵庫《れいぞうこ》　かま　色

①（　　　　）　②（　　　　）

③（　　　　）

(2) Ⓐ～Ⓔの作業を、作業がおこなわれる順にならびかえましょう。 思考・判断・表現

（　　→　　→　　→　　→　　）

3 鉄の原料について、答えましょう。 1つ5点（15点）

(1) よく出る 鉄をつくるのに必要な原料を、石炭以外で2つ書きましょう。

（　　　　）（　　　　）

(2) 鉄をつくる工程《こうてい》で、原料の前処理《まえしょり》でつくられる、石炭をむし焼きにしたものを何といいますか。

（　　　　）

学習日　　月　　日

4 次のグラフは、鉄鋼《てっこう》の生産量の多い国と、日本の鉄鋼製品《せいひん》の輸出先《ゆしゅつさき》の内わけをあらわしています。これを見て、答えましょう。

1つ5点（20点）

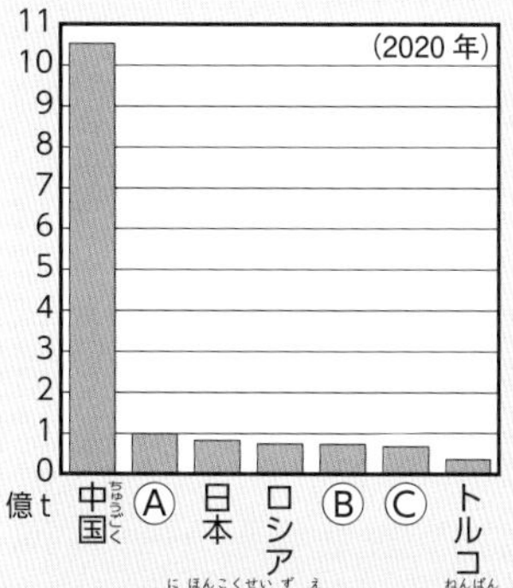

（日本国勢図会《にほんこくせいずえ》 2021/22 年版《ねんばん》）

鉄鋼の生産量の多い国

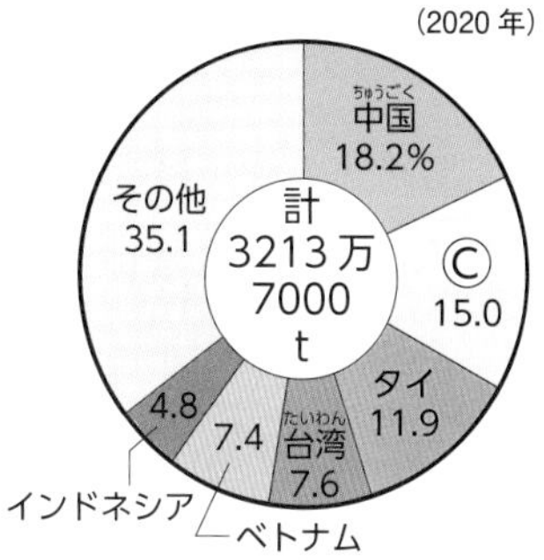

（日本国勢図会《にほんこくせいずえ》 2021/22 年版《ねんばん》）

日本の鉄鋼製品の輸出先の内わけ

(1) グラフ中のⒶ～Ⓒにあう国を［　　］から選びましょう。 **技能**

アメリカ　　インド　　韓国《かんこく》

Ⓐ（　　　　）
Ⓑ（　　　　）
Ⓒ（　　　　）

記述 (2) よく出る グラフを見ると、中国《ちゅうごく》は鉄鋼の生産量が世界で最も多いにもかかわらず、日本は多くの鉄鋼製品を中国に輸出しています。その理由を考えて、かんたんに書きましょう。

思考・判断・表現

（　　　　　　　　　　　　　　　　）

5 石油工業に関する次の文を読んで、答えましょう。

1つ5点（30点）

原油からⓐ石油製品をつくる工場をⓑ製油所《せいゆしょ》といい、石油製品を燃料《ねんりょう》や原料として使う工場と（①）で結ばれている。これらの工場が集まるところを（②）という。日本は、原料となる原油のほとんどを輸入《ゆにゅう》しているが、2020年現在、（③）が最大の輸入相手国となっている。

(1) よく出る 文中の①～③にあう言葉を書きましょう。

①（　　　　）
②（　　　　）
③（　　　　）

(2) 下線部ⓐについて、石油製品のうち、さまざまな工業製品の原料となるものを、㋐～㋓から選びましょう。（　　）

㋐ LP《エルピー》ガス　㋑ 軽油　㋒ 重油　㋓ ナフサ

(3) 下線部ⓑについて、製油所で環境《かんきょう》を守るためにおこなわれている取り組みについて、正しいものには○を、まちがっているものには×をつけましょう。

①（　　）事故《じこ》に備《そな》えて、危険物《きけんぶつ》を取りあつかう設備《せつび》は住宅地《じゅうたくち》の近くに配置している。

②（　　）そう音を防《ふせ》ぐため、工場と住宅地のあいだに緑地帯をつくっている。

ふりかえり ❶(3)がわからないときは、66ページの❷にもどって確認してみよう。

3．工業生産とわたしたちのくらし

3 運輸《うんゆ》と日本の貿易《ぼうえき》

学習日　　月　　日

めあて
日本の貿易の特色や問題点を知ろう。

教科書 172〜181ページ　答え 37ページ

次の（　　）に入る言葉を、下から選びましょう。

1 原料や製品《せいひん》を運ぶ／貿易のはたらき

教科書 172〜175ページ

原料や製品の輸送《ゆそう》

- （①　　　　）…人やものを運ぶこと。外国とは船や飛行機でおこない、国内ではさまざまな交通手段《しゅだん》でおこなう。**高速道路**の整備《せいび》が進み、トラックの輸送が増《ふ》えている。

外国との貿易

- （②　　　　）…外国と品物の売り買いをすること。外国に品物を運び、売ることを**輸出《ゆしゅつ》**、外国から品物を買い、運び入れることを（③　　　　）という。
- 輸出品や輸入《ゆにゅう》品の多くは船で運ばれるが、少量で高価《こうか》な工業製品などは飛行機で輸送することもある。
- 日本との貿易額《がく》が最も多いのは中国《ちゅうごく》、つづいてアメリカである。

2 日本の輸入の特色／日本の輸出の特色／これからの貿易

教科書 176〜181ページ

ワンポイント　日本の輸入の特色

- 資源《しげん》の少ない日本は、原料や（④　　　　）をタンカーなどで輸入している。
- 近年はアジアの国々の工業の発展《はってん》、日本の会社の海外生産の増加《ぞうか》などにより（⑤　　　　）の輸入が増加している。

(2020年)

石　油	サウジアラビア、アラブ首長国連邦《しゅちょうこくれんぽう》、クウェート
石　炭	オーストラリア、インドネシア、ロシア
天然ガス	オーストラリア、マレーシア、カタール
鉄鉱石《てっこうせき》	オーストラリア、ブラジル、カナダ
木　材	アメリカ、カナダ、ロシア

↑ おもな原料・エネルギー資源の輸入先　(日本国勢図会《にほんこくせいずえ》2021/22年版《ねんばん》)

日本の輸出の特色

- 日本は、原料を輸入し、国内の工場で工業製品に加工して輸出する（⑥　　　　）をおこなってきた。
- 日本は、自動車やパソコンなどに多く使われている（⑦　　　　）など、性能《せいのう》のよい工業製品を多くつくり、輸出することで加工貿易を発展させてきた。

貿易をめぐる問題

- （⑧　　　　）…輸出国と輸入国との貿易に関する争い。日本からの輸出が増加すると、相手国は自国の産業を守ろうとして輸入を制限《せいげん》する。

例 アメリカとの**貿易まさつ**…1980年代に問題となり、日本の会社は外国に工場を移転《いてん》し、相手国で生産するようになった。

- （⑨　　　　）…貿易に関わる制限を減《へ》らし、自由に貿易をおこなうこと。
- **フェアトレード**…どの国も公正・公平に取り引きができるようにする貿易のしくみ。

選んだ言葉に✓

□半導体《はんどうたい》チップ　□工業製品　□貿易　□エネルギー資源　□加工貿易
□貿易まさつ　□貿易の自由《じゆう》化　□運輸　□輸入

ぴったり2

練習

学習日　　月　　日

ぴたトリビア

タンカーとは、液体《えきたい》を運ぶ専用《せんよう》の貨物船です。一般《いっぱん》に、石油関連の製品を運ぶ船はタンカー、化学製品を運ぶ船はケミカルタンカーとよばれます。

教科書　172～181ページ　答え　37ページ

1 日本の運輸の特色について、答えましょう。

(1) 自動車、船、飛行機のうち、国外の輸送の内わけで最も利用が多いものを書きましょう。

（　　　　　　）

(2) 国内の輸送はさまざまな交通手段《しゅだん》でおこなわれていますが、近年トラックでの輸送が増えています。それは何が整備されたことが背景《はいけい》にありますか。書きましょう。

（　　　　　　）

2 日本の輸入・輸出の特色について、答えましょう。

(1) 次の①～③にあう国の名前を、㋐～㋕から選びましょう。

①（　　　）日本が石油を最も多く輸入しているアジアの国。

②（　　　）日本が石炭、天然ガス、鉄鉱石を最も多く輸入している国。

③（　　　）日本が石炭や木材を多く輸入しているヨーロッパの国。

㋐ インドネシア　㋑ オーストラリア　㋒ カナダ

㋓ カタール　㋔ サウジアラビア　㋕ ロシア

(2) 右のⒶ、Ⓑのグラフは、日本の輸入品と輸出品のいずれかの内わけをあらわしています。輸出品のグラフはどちらですか。

（　　　）

(3) 近年、日本で工業製品の輸入が増《ふ》えている理由を、㋐、㋑から選びましょう。

（　　　）

Ⓐ

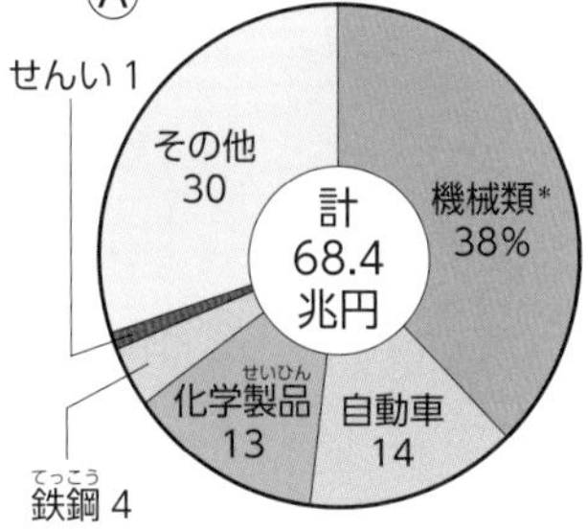

＊自動車をのぞく。

Ⓑ

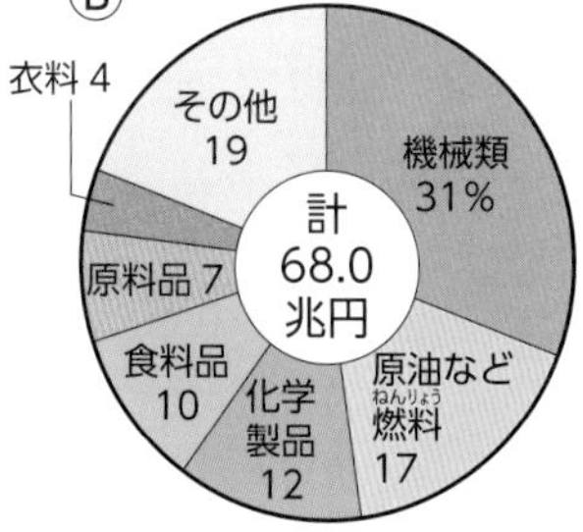

(2020年)（通商白書各年版《つうしょうはくしょかくねんばん》、財務省貿易統計《ざいむしょうぼうえきとうけい》）

㋐ アフリカの国々で工業が発展してきたため。

㋑ 日本の会社が外国で生産した工業製品を輸入するようになったため。

(4) 日本は、原料を輸入し、工業製品に加工して輸出する貿易によって発展してきました。このような貿易を何といいますか。（　　　　　　）

(5) 2020年現在《げんざい》、日本との貿易額が最も多い国の名前を書きましょう。（　　　　　　）

(6) 貿易をめぐる問題に関する次の文の、{　} の中の正しい言葉を◯で囲《かこ》みましょう。

> 1980年代、日本の① { 輸出 ・ 輸入 } が増えたことで、アメリカなどは自国の産業を守ろうとして② { 輸出 ・ 輸入 } 制限をする貿易まさつがおこった。日本の会社は、外国に工場を移転し、現地に住む人をやとって生産するようになった。

(7) どの国も、公正・公平に取り引きができるようにするための貿易のしくみを何といいますか。

（　　　　　　）

ヒント　1 (1) 日本は海に囲まれているため、重量では国外の輸送の99%以上をこちらがしめます。

4 これからの工業生産

学習日　　月　　日

めあて　東大阪市《ひがしおおさか》の中小工場でおこなわれているくふうを知ろう。

教科書　182〜193ページ　答え　38ページ

次の（　　）に入る言葉を、下から選びましょう。

1 日本の工業の課題／高い技術《ぎじゅつ》をもった中小工場／働く人のことを考えて

教科書　182〜187ページ

ワンポイント　日本の工業の課題

- 日本の工場の数は、年々減《へ》っている。工場で働く人の数も（①　　　　）。
- 日本の工場や働く人の大部分は、中小工場や中小工場で働く人である。
- 工場で働く女性《じょせい》のわりあいが少ない。

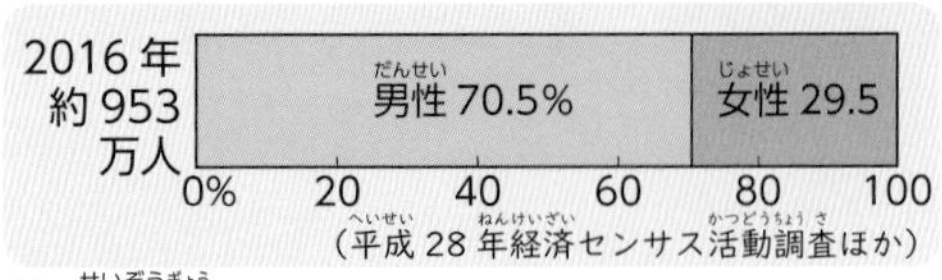

製造業《せいぞうぎょう》で働く人の男女のわりあい

高い技術をもった東大阪市の中小工場

- 大阪府東大阪市には約6000の工場があり、そのほとんどが（②　　　　）である。
- 東大阪市では、高い技術力でつくられた製品《せいひん》や、新しくチャレンジしてつくられた製品を「東大阪ブランド」と認定《にんてい》し、中小工場の（③　　　　）を市全体で発信している。
- 中小工場どうしのネットワークをつくり、さまざまな（④　　　　）に合わせて、すばやく、効率的《こうりつてき》に製品をつくるしくみがととのえられている。
- 近くの中小工場とのつながりを生かし、各工程《こうてい》を（⑤　　　　）して作業することで、短期間で（⑥　　　　）のものをつくることができる。

働く人のことを考えた工場のくふう

例 更衣室《こういしつ》や食堂《しょくどう》を新しく、快適《かいてき》にした。
→休けい時間にしっかりと休むことができるようになり、仕事の効率が上がった。

例 社内行事を積極的におこない、社員がふだんからコミュニケーションをとれるようにする。
→新しいアイディアが生まれ、日本人も外国人も楽しく協力して仕事ができている。

2 社会の変化に合わせた工業製品／これからの社会でかつやくする工業製品／これからの工業生産のあり方を考えよう

教科書　188〜191ページ

あらたな社会での工業

- Society《ソサエティー》5.0…インターネットや（⑦　　　　）（AI《エーアイ》）などの先進技術を使い、経済《けいざい》発展《はってん》と社会的（⑧　　　　）の解決《かいけつ》の両方を実現《じつげん》する社会。
- Society5.0のもとでの工業は、生産効率を上げたり、職人《しょくにん》の技術を受けつぎやすくしたり、運輸《うんゆ》を効率的におこなったりすることが期待されている。

日本のこれからの工業

- Woven City（ウーブン・シティ）…静岡《しずおか》県裾野《すその》市の自動車工場のあと地につくられる。自動車による移動《いどう》や運搬《うんぱん》をスムーズにするサービスや、人工知能《ちのう》（AI）技術の導入《どうにゅう》・検証《けんしょう》などをおこなう実証《じっしょう》実験のまち。
- （⑨　　　　）…地球上のさまざまな問題や課題を解決するための知恵《ちえ》や技術の交流をおこなう場。2025年には大阪府大阪市で開かれる予定である。

選んだ言葉に✔
□高い品質《ひんしつ》　□人工知能　□中小工場　□国際博覧会《こくさいはくらんかい》　□減っている
□ニーズ　□課題　□分担《ぶんたん》　□みりょく

ぴったり2

練習

学習日　　月　　日

ぴたトリビア

日本の中小工場のなかには、ほかの会社にはない独自《どくじ》の技術を生かして新製品を開発し、世界的に有名になっている工場もあります。

教科書 182～193ページ　答え 38ページ

1 日本の工業について、答えましょう。

(1) 東大阪市に多いのは、大工場と中小工場のどちらですか。書きましょう。

（　　　　）

(2) 東大阪市の工場の説明について、正しいものには○を、まちがっているものには×をつけましょう。

①（　　）東大阪市には約6000の工場がある。

②（　　）東大阪市は、1km^2あたりの製造業の事業所数のわりあいが全国で最も低い。

③（　　）工場どうしをつなぐネットワークがつくられ、すばやく効率的に製品をつくることができる。

(3) 東大阪市の中小工場が、高品質のものを短期間で生産することができる理由を、㋐、㋑から選びましょう。（　　）

㋐ 一つの中小工場で全ての工程を集中しておこなうため。

㋑ 複数《ふくすう》の中小工場で各工程を分担して作業するため。

(4) 右のグラフは、製造業で働く人の男女のわりあいをあらわしています。女性にあてはまるものを、㋐、㋑から選びましょう。

（　　）

(5) 日本の工場で働く人は、年々増《ふ》えていますか、減っていますか。

（　　　　）

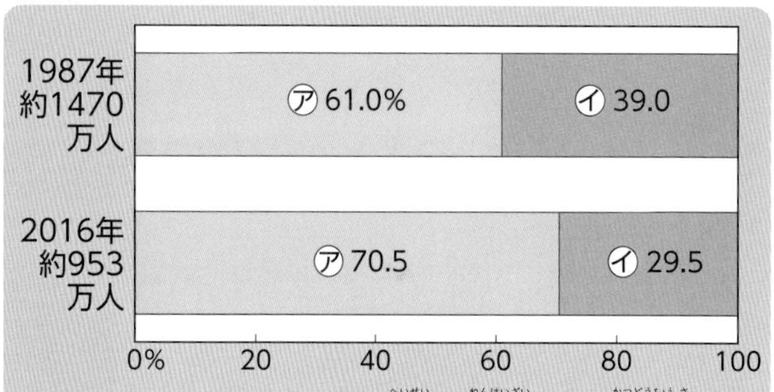

（平成《へいせい》28 年経済《ねんけいざい》センサス活動調査《かつどうちょうさ》ほか）

2 社会の変化に合わせた工業生産について、答えましょう。

(1) Society5.0で、大量の情報《じょうほう》を分せきすることなどに使われるAIとは何のことですか。

（　　　　）

(2) 静岡県裾野市の自動車工場のあと地につくられる、新しいサービスや技術などを導入・検証するための新しいまちを何といいますか。カタカナで書きましょう。

（　　　　）

(3) 世界中から多くのものや人が集まり、地球上の問題や課題を解決するための知恵や技術が集まり、交流する場を何といいますか。書きましょう。（　　　　）

(4) 2025年に(3)の開催《かいさい》が予定されている都市がある都道府県を、[　　]から選びましょう。

（　　　　）

愛知《あいち》県　奈良《なら》県　大阪府　東京《とうきょう》都

ヒント

1 (1) 日本全体の工場数の99.0%は中小工場です。

2 (3) 1970年には大阪府、2005年には愛知県で開催されました。

ぴったり3
確かめのテスト

3．工業生産とわたしたちのくらし

3 運輸《うんゆ》と日本の貿易《ぼうえき》
4 これからの工業生産

時間 30分　／100　合格 80点

教科書 172〜193ページ　答え 39ページ

1 日本の運輸と輸入《ゆにゅう》の特色について、答えましょう。
1つ5点（30点）

(1) 日本の運輸に関する次の文中の①〜③にあう言葉を［　　］から選びましょう。

> 日本は海に囲《かこ》まれているため、輸入品や輸出品《ゆしゅつひん》の輸送《ゆそう》の多くを（①）でおこなっており、少量で高価《こうか》な工業製品《せいひん》などには（②）を利用している。国内の輸送では、高速道路の整備《せいび》を背景《はいけい》に（③）などの自動車の利用が多い。

［飛行機　船　トラック］

①（　　　　）②（　　　　）
③（　　　　）

(2) 次の①〜③の国々から日本が多く輸入しているもの（2020年現在《げんざい》）を、㋐〜㋔から選びましょう。

①（　　）オーストラリア、マレーシア、カタール
②（　　）オーストラリア、ブラジル、カナダ
③（　　）サウジアラビア、アラブ首長国連邦《しゅちょうこくれんぽう》、クウェート

㋐ 石油　㋑ 石炭　㋒ 天然ガス　㋓ 鉄鉱石《てっこうせき》　㋔ 木材

2 次の地図は、日本との貿易額《がく》の多い国・地域《ちいき》をあらわしています。これを見て、答えましょう。
1つ5点（20点）

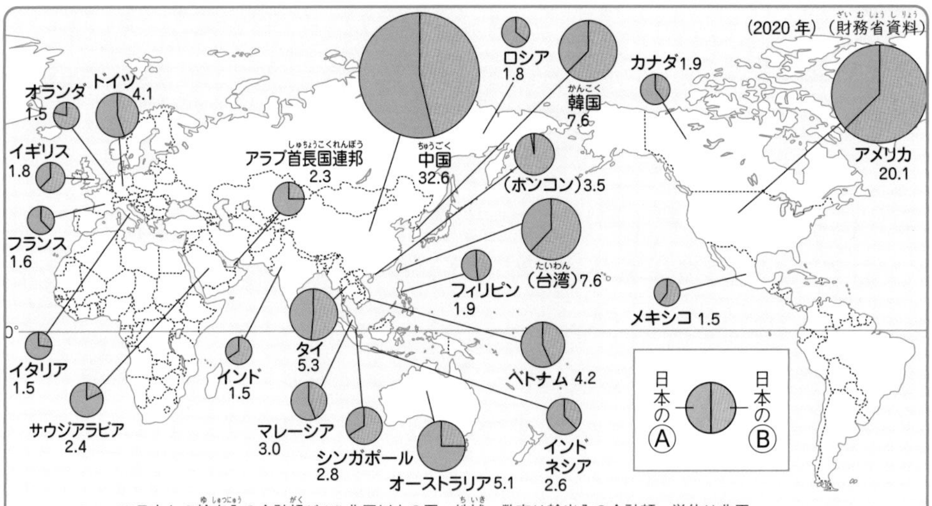

※日本との輸出入《ゆしゅつにゅう》の合計額《がく》が1.5兆円以上の国・地域《ちいき》。数字は輸出入の合計額。単位は兆円。

(1) 図中のⒶ、Ⓑは、輸出または輸入のいずれかです。輸出はどちらですか。　技能

（　　　）

(2) よく出る 日本と貿易がさかんな国を、貿易額が多い順に2つ書きましょう。　技能

（　　　　）（　　　　）

(3) 日本と貿易のつながりが深い国が多い地域を、㋐〜㋒から選びましょう。（　　　）

㋐ アジア　㋑ アフリカ　㋒ 南アメリカ

3 日本の貿易に関する次の文を読んで、答えましょう。

1つ5点（20点）

日本の工業は、ⓐ原料を輸入し、工業製品を輸出する形で発展《はってん》してきた。現在も輸出品のほとんどは工業製品である。しかし、輸出額が輸入額を上回った時期は、相手国との間で（①）がおきた。最近はⓑ貿易に関わる制限を減らし、自由な貿易をおこなう（②）の動きが活発化している。

(1) よく出る 文中の①、②にあう言葉を書きましょう。

①（　　　　　）　②（　　　　　）

(2) 下線部ⓐについて、このような貿易のあり方を何といいますか。

（　　　　　）

(3) 下線部ⓑについて、世界では貿易が活発におこなわれていますが、必ずしも公正におこなわれているとはいえません。このようなことをなくしていくためにつくられた、どの国も公正・公平に取り引きができるようにするための貿易のしくみを何といいますか。

（　　　　　）

4 これからの日本の工業について、答えましょう。

1つ6点（30点）

(1) 右のグラフは、日本の工場の数と生産額のうつり変わりをあらわしています。グラフから読み取れることとして正しいものには○を、まちがっているものには×をつけましょう。 技能

①（　　　）日本の工場数が最も多いのは1975年である。

②（　　　）2019年の日本の工場数は、1970年の日本の工場数のおよそ半分にまで減少《げんしょう》している。

③（　　　）日本の工場の生産額は年々増加《ぞうか》している。

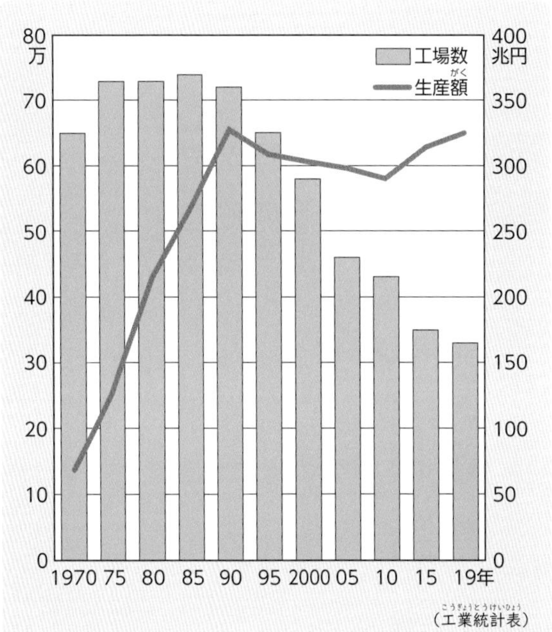

（工業統計表《こうぎょうとうけいひょう》）

(2) 1 km^2 あたりの製造業《せいぞうぎょう》の事業所数のわりあいが全国で最も高い、大阪《おおさか》府にある都市はどこですか。

（　　　　　）市

記述 (3) できたらスゴイ! 次の文は、Society《ソサエティー》5.0とよばれる社会では、どのような社会をめざしているかをまとめたものです。文中の（　　　）にあう言葉を、「実現《じつげん》」という言葉を使って、かんたんに書きましょう。

思考・判断・表現

先進技術《ぎじゅつ》を使い、（　　　　　　）、一人一人が快適《かいてき》でかつやくできる社会。

（　　　　　　　　　　）

ふりかえり 4(3)がわからないときは、74ページの2にもどって確認してみよう。

ぴったり1 **準備**

3分でまとめ

4. 情報《じょうほう》社会に生きるわたしたち

1 情報をつくり、伝える①

学習日　　月　　日

めあて

新聞がどのようにしてつくられるのかを理解《りかい》しよう。

教科書 194〜203ページ　答え 40ページ

次の（　　）に入る言葉を、下から選びましょう。

1 わたしたちのくらしとさまざまな情報／メディアの特ちょうとは　教科書 194〜197ページ

ワンポイント　おもなメディアの特ちょう

- （①　　　　　）…**情報**を伝える方法や手段《しゅだん》のこと。そのなかで、新聞、テレビなど、多くの人に大量の情報を送る方法を**マスメディア**という。

新　聞	②	③
●おもに文字で伝える。 ●持ち運び、読み返せる。 ●切りぬいて保存《ほぞん》できる。	●文字・写真・絵で伝える。 ●持ち運び、読み返せる。	●音声だけで伝える。 ●災害《さいがい》がおこったときも、無線で受信して情報を収集《しゅうしゅう》できる。
テレビ	④　　　　　（パソコン・スマートフォン）	
●映像《えいぞう》・音声・文字で伝えるので、わかりやすい。	●世界中の大量の情報を、いつでも、どこでも、すぐに見たり、発信したりすることができる。	

2 新聞の情報／情報を集める／新聞がわたしたちのもとにとどくまで　教科書 198〜203ページ

✪ 記事ができるまでの流れ

- 紙面ごとに、事件《じけん》や事故《じこ》、スポーツ、政治《せいじ》、経済《けいざい》など、さまざまな情報が分類されてのる。
- （⑤　　　　　）には、新聞社がその日にいちばん伝えたい重要な情報がのる。
- 配達地域《ちいき》にある支局《しきょく》などの（⑥　　　　　）が、地域のできごとを取材し、情報を集める。
- 複数《ふくすう》の取材先の人に話を聞いたり、国や研究機関の資料《しりょう》や本などで調べたりして、取材内容《ないよう》の（⑦　　　　　）を保《たも》ち、あやまりがないようにしている。

✪ 新聞が配達されるまでの流れ

編集局《へんしゅうきょく》の仕事

❶（⑧　　　　　）のチェック…デスクとよばれる責任者《せきにんしゃ》が、取材で集められた情報を取りまとめ、原こうを確認《かくにん》する。

↓

❷編集会議…各部のデスクが集まり、どのような紙面にするのかを決める。ほかの本社とテレビ会議システムでつないで話し合う。

↓

❸紙面をつくる…編成センターで、見出しの言葉や紙面の構成《こうせい》を考え、図を配置して、わかりやすい紙面をつくる。

↓

❹校閲担当《こうえつたんとう》者の最終チェック…記事の内容にあやまりがないか、文字や図などにまちがいがないかなどを最終確認する。

↓

❺印刷 → ❻配達

配信…スマートフォンなどでデジタル新聞が読める。ウェブサイトにニュースを配信。

選んだ言葉に✔

□インターネット　□ラジオ　□デスク　□公平性《こうへいせい》
□メディア　□ざっし　□取材記者　□1面

ぴたトリビア

コンピューターなどの情報通信機器どうしをつないでネットワークを組み、情報をやり取りするしくみのことを情報ネットワークといいます。

教科書 194〜203ページ　答え 40ページ

1 次の表を見て、答えましょう。

	①	②	③	インターネット
情報の伝え方	文字を中心に伝える。	音声だけで伝える。	映像や音声、文字で伝える。	映像・音声・文字・写真などで伝える。
特ちょう	④	⑤	わかりやすい。	⑥

(1) 情報を伝える方法や手段のことを何といいますか。（　　　）

(2) 表中の①〜③にあう言葉を［　］から選びましょう。

ラジオ　テレビ　新聞

①（　　　）②（　　　）③（　　　）

(3) 表中の④〜⑥にあう特ちょうを、㋐〜㋒から選びましょう。

④（　　）⑤（　　）⑥（　　）

㋐ 世界中の大量の情報を、いつでもどこでも、すぐに見たり、発信したりすることができる。

㋑ 災害がおこったときも、無線で受信して情報を収集できる。

㋒ 持ち運ぶことができて、くり返し読み返すことができる。

2 次の絵は、新聞ができるまでの仕事をあらわしています。Ⓐ〜Ⓖの仕事を、仕事がおこなわれる順に並《なら》べかえましょう。

（　　→　　→　　→　　→　　→　　→　　）

Ⓐ編成センターで紙面をつくる。

Ⓑ取材記者が記事を書く。

Ⓒ取材記者が情報を集める。

Ⓓ校閲担当者が最終チェックをする。

Ⓔ印刷する。

Ⓕ編集会議。

Ⓖデスクのチェック。

ヒント　2 Ⓐ・Ⓓ・Ⓕ・Ⓖは、編集局の仕事です。

ぴったり1 準備

4．情報《じょうほう》社会に生きるわたしたち

1 情報をつくり、伝える②

学習日　月　日

めあて
メディアが発達したことにより、どのような問題が発生しているか学ぼう。

教科書 204～209ページ　答え 41ページ

次の（　　）に入る言葉を、下から選びましょう。

1 情報の伝え方とそのえいきょう／マスメディアとわたしたちの関わりを考える　教科書 204～206ページ

✪ 情報の伝え方とそのえいきょう

- 新聞社ごとに、いちばん伝えたい情報がちがうことがある。
- 同じできごとの記事でも、あつかう大きさ、（①　　　　）の表現《ひょうげん》、記事の内容《ないよう》にちがいがある。
- 不確《ふたし》かな情報やあやまった情報の発信によって、社会に大きなえいきょうをおよぼしたり、（②　　　　）を人にあたえたりする。

報道被害《ほうどうひがい》
マスメディアの取材や情報発信により、人間としてのほこりがきずつけられ、家族や友人との関係、くらしなどに深《しん》刻《こく》な損害《そんがい》を受けること。

✪ マスメディアとわたしたちの関わり

- 情報を得《え》るためのマスメディアはもちろん、（③　　　　）などのサービスを使った個人《こじん》どうしの交流は、わたしたちの生活にかかせないものになっている。

2 メディアの発達と生活の変化／情報社会の問題　教科書 207～209ページ

✪ メディアの発達と交流の手段《しゅだん》の変化

- （④　　　　）は、人々の生活の一部となっている。
- （⑤　　　　）（AI《エーアイ》）が、人の手でおこなっていたことをかわりにしてくれるようになっている。
- **インターネット**による犯罪《はんざい》の増加《ぞうか》などの問題も多い。

✪ 情報社会における問題

- インターネットを利用しすぎること。
- でたらめなうわさを流す人がいること。
- ネットでの（⑥　　　　）。
- （⑦　　　　）の流出。
- 違法《いほう》ダウンロードなど、法律《ほうりつ》を守らない。
- ネットショッピングでのトラブル。

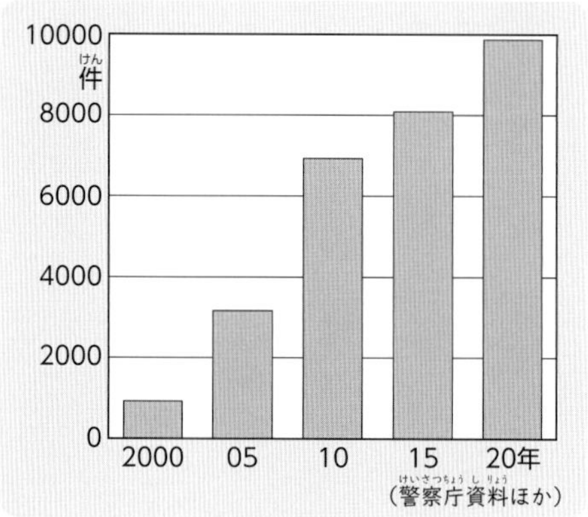

インターネットを使った犯罪件数《けんすう》のうつり変わり

ワンポイント　情報のあつかい方

情報を送る側
- 自分や他人の個人情報を流さない。
- （⑧　　　　）な情報を送る。
- 人がつくったものを勝手に使わない。

情報を受け取る側
- 必要な情報を選んで使う。
- 必要のない情報は絶対《ぜったい》に受け取らない。
- 何か問題がおきたら、家の人や学校の先生などに相談する。

ルールやマナーを理解《りかい》しよう。

選んだ言葉に ✔

- □個人《こじん》情報
- □正確《せいかく》
- □報道被害
- □SNS《エスエヌエス》
- □インターネット
- □いじめ
- □人工知能《ちのう》
- □見出し

ぴったり2

練習

学習日　　月　　日

ぴたトリビア

個人情報には、住所、氏名、年齢《ねんれい》、性別《せいべつ》、生年月日、電話番号のほか、国籍《こくせき》、家族構成《こうせい》、勤務先《きんむさき》、身長、体重などもふくまれます。

教科書　204~209ページ　答え　41ページ

1 情報の伝え方とそのえいきょうについて、答えましょう。

(1)　マスメディアの情報の伝え方とそのえいきょうの説明について、正しいものには○を、まちがっているものには×をつけましょう。

①(　　　)同じできごとであっても、伝える新聞社によって、見出しの表現や記事の内容がことなっている。

②(　　　)マスメディアが発信する情報は全て正確である。

③(　　　)テレビ番組の内容やコマーシャルについて、視聴者《しちょうしゃ》の苦情《くじょう》を受けたり、問題点を放送局に知らせたりする団体《だんたい》がある。

(2)　マスメディアの取材や情報発信によって、人間としてのほこりがきずつけられ、くらしや仕事などに深刻な損害を受けることがあります。これを何といいますか。

(　　　　　　)

2 メディアの発達と情報社会の問題について、答えましょう。

(1)　メディアの発達の説明について、正しいものには○を、まちがっているものには×をつけましょう。

①(　　　)世界中の多くの人がスマートフォンやパソコンを持っている。

②(　　　)スマートフォンやパソコンで使われるソフトやアプリは進化が進んでいる。

③(　　　)人工知能(AI)は人の手でおこなっていたことのかわりをするようになった。

④(　　　)インターネットを使った犯罪の件数は年々減《へ》っている。

(2)　次の絵は、インターネットの利用をめぐるさまざまな問題をあらわしています。①~⑥の絵にあう問題を、㋐~㋕から選びましょう。

①(　　　)

②(　　　)

③(　　　)

④(　　　)

⑤(　　　)

⑥(　　　)

㋐　ネットの利用しすぎで健康をそこなう。

㋑　でたらめなうわさを流す。

㋒　ネットいじめをする。

㋓　個人情報が流出する。

㋔　違法ダウンロードなど、法律を守らない。

㋕　ネットショッピングでのトラブル。

ヒント　2 (2)②　とてもひきょうなおこないです。

放送局のはたらき

学習日　　月　　日

めあて
報道《ほうどう》番組ができるまでの流れを理解《りかい》しよう。

教科書 210～213ページ　答え 42ページ

次の（　　）に入る言葉を、下から選びましょう。

1 テレビ番組とわたしたちのくらし

教科書 210～211ページ

ワンポイント テレビ番組とわたしたちのくらし

- わたしたちは、ふだんの生活のなかで、さまざまなテレビ番組から情報を得《え》ている。
  例 天気予報《よほう》、選挙のときに流れる政見《せいけん》放送など
- ニュース番組は多くの人に支《ささ》えられ、放送されている。
- （①　　　　）…番組がはじまるまでのあいだに、ニュースの内容《ないよう》を理解し、よりよい情報を伝えられるようにしている。
- フロアディレクター…ニュース本番のスタジオで、副調整室からの指示《しじ》をアナウンサーに伝えている。
- （②　　　　）…映像《えいぞう》を切りかえたり、字幕《じまく》を出したり、時間を秒単位でチェックしたりしている。

（2019年度）

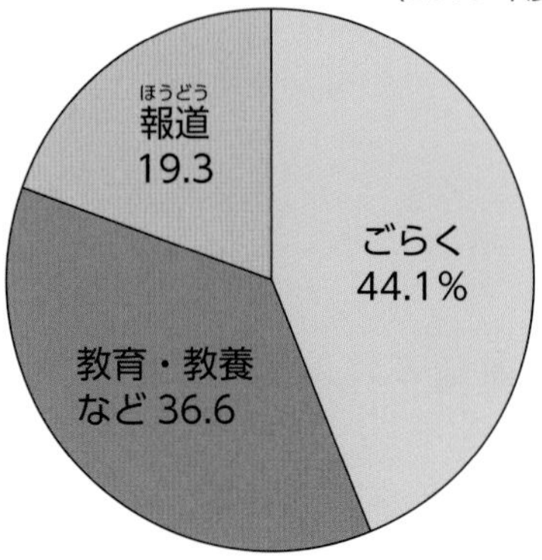

（日本民間放送年鑑《にほんみんかんほうそうねんかん》 2020）

テレビ番組の内わけ

2 ニュース番組ができるまで

教科書 212～213ページ

ニュース番組ができるまでの流れ

❶情報収集《しゅうしゅう》…日本や世界中から1日1000件《けん》以上の情報が入ってくる。

↓

❷取　材…（③　　　　）は取材をし、カメラマン、音声・照明スタッフが現場《げんば》のようすをさつえいする。

↓

❸編集《へんしゅう》会議…（④　　　　）が集まって情報を選び、（⑤　　　　）がどの順番で放送するかを決める。

↓

❹原こう作成…記者が取材をしてまとめた原こうをもとに、番組で読まれる原こうをつくる。

↓

❺編　集…番組で流す映像を、わかりやすく編集する。

ニュースを伝えるときに気をつけていること

- 見る人に、早く、（⑥　　　　）にわかりやすく伝えるため、情報を選びぬき、字幕《じまく》やグラフなどを入れる。
- 意見が分かれる内容については、いろいろな見方や考え方を示《しめ》す。
- 人々の命を守るため、（⑦　　　　）がおきたときは1秒でも早く情報を伝える。そのために、（⑧　　　　）に備《そな》えて、常《つね》に訓練をしている。

選んだ言葉に ✓			
□編集責任者《せきにんしゃ》	□正確《せいかく》	□デスク	□災害《さいがい》
□きん急放送	□アナウンサー	□副調整室	□記者

ぴったり2 練習

学習日　　月　　日

ぴたトリビア

現在《げんざい》の放送方式では、字幕を表示したり、音声をゆっくりした速度に変《へん》換《かん》したりといった、高齢者《こうれいしゃ》や障《しょう》がいのある人にやさしいサービスがあります。

教科書　210〜213ページ　答え　42ページ

1 テレビ番組とわたしたちのくらしについて、答えましょう。

(1) 右のグラフは、テレビ番組の内わけをあらわしています。グラフ中の①〜③にあうものを［　　］から選びましょう。

報道　　ごらく　　教育・教養など

①(　　　　)
②(　　　　)
③(　　　　)

(2019年度)

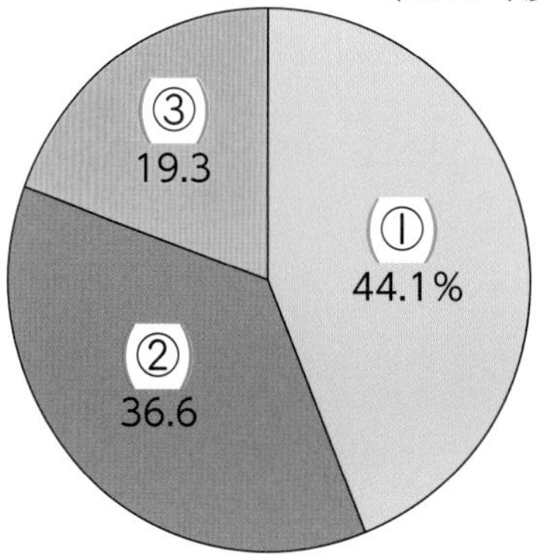

(日本民間放送年鑑《にほんみんかんほうそうねんかん》 2020)

テレビ番組の内わけ

(2) ニュース番組の本番で、スタジオでアナウンサーに副調整室からの指示を伝える人を何といいますか。

(　　　　)

2 次の絵は、ニュース番組ができるまでの仕事をあらわしています。これを見て、答えましょう。

Ⓐ編集会議

Ⓑ編集

Ⓒ放送

Ⓓ取材

Ⓔ原こう作成

Ⓕ情報収集

(1) Ⓐ〜Ⓕの仕事を、仕事がおこなわれる順に並《なら》べかえましょう。

(　　→　　→　　→　　→　　→　　)

(2) ニュースを伝えるときに気をつけることについて、正しいものには○を、まちがっているものには×をつけましょう。

①(　　)自然災害に関するニュースは、人の命に関わるので、放送をあとまわしにする。

②(　　)人によって意見が分かれる内容を放送するときは、いろいろな見方・考え方を示すようにする。

ヒント

2 (1)Ⓑ　番組で流す映像を、見ている人がわかりやすいように編集する作業です。

2 (1)Ⓔ　記者が取材してまとめた原こうをもとに、番組で読まれる原こうをつくる作業です。

1 情報をつくり、伝える
放送局のはたらき

時間 30分　／100　合格 80点

教科書 194～213ページ　答え 43ページ

1 **さまざまな情報伝達手段《しゅだん》について、答えましょう。** 1つ5点（25点）

(1) 多くの人に大量の情報を送る方法のことを何といいますか。

（　　　　）

(2) よく出る 次の①～③にあう(1)を、㋐～㋓から選びましょう。

①（　　）音声だけで情報を発信している。災害《さいがい》がおこったときも、無線でどこでも受信し、情報を収集《しゅうしゅう》できる。

②（　　）映像《えいぞう》・音声・文字で情報を発信し、わかりやすく伝えることができる。ニュース番組などが放送されている。

③（　　）文字を中心に情報を伝える。持ち運びができて、読み返すことができる。

㋐ ざっし　㋑ 新聞　㋒ テレビ　㋓ ラジオ

(3) (1)によるあやまった情報の発信によって、個人《こじん》などが深刻《しんこく》な損害《そんがい》を受けることがあります。このようなことを何といいますか。

（　　　　）

2 **次の文は、新聞社で働く4人の人たちの話の一部です。これを読んで、答えましょう。** 1つ5点（25点）

Aさん：「わたしは支局《しきょく》の（①）です。事件《じけん》や事故《じこ》がおこると、すぐに現場《げんば》に行き、関係する人から話を聞き、情報を集めて記事にまとめます。」

Bさん：「わたしは文化部の（②）です。責任者《せきにんしゃ》として記事の内容《ないよう》をチェックします。また、ほかの部の（②）と話し合い、どのような紙面にするのか決めます。」

Cさん：「わたしは（③）で働いています。見出しの言葉や紙面の構成《こうせい》を考えたり、写真や地図などの図を配置したりして、わかりやすい紙面をつくります。」

Dさん：「わたしは（④）です。記事の内容にあやまりがないか、文字や図などにまちがいがないか、最終的な確認《かくにん》をします。」

(1) 文中の①～④にあう言葉を、㋐～㋓から選びましょう。

①（　　）②（　　）③（　　）④（　　）

㋐ デスク　㋑ 編成《へんせい》センター　㋒ 取材記者　㋓ 校閲担当《こうえつたんとう》者

記述 (2) 下線部について、報道《ほうどう》機関の発信する情報は正確《せいかく》でなければなりません。取材内容の公平《こうへい》性《せい》を保《たも》ち、またあやまりがないようにするため、新聞社では、記事をつくるときにどのようなことをおこなっていますか。「複数《ふくすう》」「資料《しりょう》」という言葉を使って、かんたんに書きましょう。

思考・判断・表現

（　　　　）

3 情報社会の問題について、答えましょう。

1つ5点（30点）

(1) 右のグラフは、情報通信機器の世《せ》帯《たい》保《ほ》有率《ゆうりつ》のうつり変わりをあらわしています。グラフ中のⒶ～Ⓒにあうものを□から選びましょう。 **技能**

固定電話
スマートフォン
パソコン

Ⓐ（　　　　　）
Ⓑ（　　　　　）
Ⓒ（　　　　　）

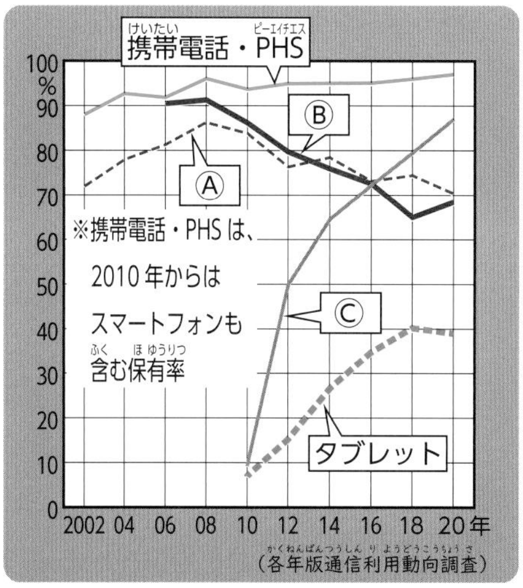

（各年版《かくねんばん》通信《つうしん》利《り》用動向《ようどうこう》調査《ちょうさ》）

(2) **できたらスゴイ!** ルールやマナーを守ったインターネットの利用方法として正しいものを、㋐～㋔から２つ選びましょう。 **思考・判断・表現**

（　　　）（　　　）

㋐ 友だちとけんかをしたので、悪口をSNS《エスエヌエス》に投こうした。
㋑ 使い古したぬいぐるみを、新品とうそをついてフリーマーケットアプリで売った。
㋒ 気に入った曲があったので、音楽配信サイトで購入《こうにゅう》してダウンロードした。
㋓ 他人が書いたおもしろい文章を、自分が書いたことにしてブログに投こうした。
㋔ 使った覚えのないウェブサイトの利用料金を請求《せいきゅう》するメールがとどいたので、親に相談した。

記述 (3) 右の資料は、ある小学生がインターネット上の掲示板《けいじばん》におこなった書きこみです。この書きこみにはどのような問題点がありますか。かんたんに書きましょう。 **思考・判断・表現**

（　　　　　　　　　　　　　　　　）

○○さんへ
◇◇さんへ手紙を出したいとのことですが、◇◇さんの住所は、たしか●●市××町△△丁目▲▲番地だったと思います。……

4 放送局のはたらきに関する次の文を読んで、答えましょう。

1つ5点（20点）

テレビで放送されているニュース番組は、原こうを読んで伝える（①）、スタジオで副調整室からの指示《しじ》を（①）に伝える（②）、番組全体の方針《ほうしん》を決めることやスケジュール管理などをおこなう<u>編集責任者</u>など、多くの人が関わり、つくられている。

(1) 文中の①、②にあう言葉を書きましょう。

①（　　　　　）
②（　　　　　）

(2) 下線部の編集責任者が気をつけていることの説明として、正しいものには○を、まちがっているものには×をつけましょう。

①（　　）情報を伝えるときに最もたいせつなことは、正確なことである。
②（　　）意見が分かれる内容については、見ている人がわかりやすいよう、一方の見方や考え方のみを示《しめ》すようにしている。

この本の終わりにある「冬のチャレンジテスト」をやってみよう！

ふりかえり　2(2)がわからないときは、78ページの2にもどって確認してみよう。

ぴったり1 **準備**

3分でまとめ

せんたく

4．情報《じょうほう》社会に生きるわたしたち

2 情報を生かして 発展《はってん》する産業

学習日　　月　　日

めあて
気象《きしょう》情報を会社がどのように生かしているかを知ろう。

教科書 214～223ページ　答え 44ページ

次の（　　）に入る言葉を、下から選びましょう。

1 情報を利用する産業／気象情報を生かしたサービス

教科書 214～217ページ

✪ 情報を利用する産業

- 漁業、農業、工業などのさまざまな産業で情報が利用されている。
  →情報を利用することで、産業が（①　　　　　）におこなわれるようになっている。

ワンポイント　気象情報を提供《ていきょう》するしくみ

- アイスクリームをつくる会社は、気象情報を提供《ていきょう》する会社から（②　　　　　）を購入《こうにゅう》し、おいしいアイスクリームを消費者《しょうひしゃ》にとどける努力をしている。
- 気象情報を提供する会社は、わたしたちが利用する天気予報《よほう》やせんたく（③　　　　　）など以外にも、会社向けに、その会社に合った気象情報を提供したり、情報をもとにアドバイスをしたりしている。

収集《しゅうしゅう》する情報
- 気象《きしょう》情報
- SNS《エスエヌエス》の短文投こうサイトに投こうされた気象に関するつぶやき
- 商品の売り上げなどに関する情報

→

気象情報を提供する会社
- 収集した情報を（④　　　　　）して、商品の生産量や出荷《しゅっか》量の予《よ》測《そく》情報を提供する

→

会　社
- アイスクリームをつくる会社

2 おいしい商品をつくるために／情報をよりよく生かすために／気象情報を活用する産業

教科書 218～223ページ

✪ もなかアイスクリームをつくる会社のくふう

- 商品を５日間で工場から（⑤　　　　　）の冷とう倉庫へ運び、６日目に店にとどくことを目標に生産している。
- つくりおきをせずに生産しているため、地域《ちいき》ごとの（⑥　　　　　）に合わせた生産量にすることがたいせつである。
- これまで …前年や前週の売れゆき、今までの「（⑦　　　　　）とかん」で生産量を決めていた。
- 予測情報を利用する …気象情報を提供する会社から細かい気象情報や売れゆきを予測《よそく》した情報を購入し、ちょうどよい生産量を決めることに役だてる。

✪ さまざまな産業で利用される気象情報

- 放送局…視聴者《しちょうしゃ》に気象情報を提供。わかりやすい天気予報の画面をつくり放送している。
- （⑧　　　　　）…ガスの使用量を予測している。
- （⑨　　　　　）…安全で環境《かんきょう》にやさしい輸送《ゆそう》ルートが計画できる。

選んだ言葉に✔
□海上運送《うんそう》　□売れゆき　□分せき　□指数　□予測情報
□効率的《こうりつてき》　□卸売《おろしうり》業者　□経験《けいけん》　□ガス会社

学習日　　月　　日

ぴたトリビア

指数とは、ある基準《きじゅん》を100として、ほかの数値《すうち》をそれに対する比率《ひりつ》としてあらわしたものをいいます。

教科書 214〜223ページ　答え 44ページ

1 気象情報を生かしたサービスに関する次の文を読んで、答えましょう。

現在《げんざい》、多くの産業でさまざまな情報を利用し、産業が効率的におこなわれるようになっている。その情報のうちの一つが、天気や気温などの気象情報である。気象は、産業に ① やえいきょうをおよぼすことがある。そのため、気象情報を提供する会社は、日本や世界中で観測《かんそく》された気象情報、 ② の短文投こうサイトに投こうされたつぶやき、商品の売り上げなどに関する情報などを収集・ ③ し、商品の生産量や出荷量の ④ 情報をさまざまな会社に提供することで、産業への悪いえいきょうを減《へ》らせると考え、サービスをはじめた。

(1) 文中の①〜④にあう言葉を書きましょう。

①(　　　　　)　②(　　　　　)
③(　　　　　)　④(　　　　　)

(2) 気象情報を提供する会社について、正しいものには○を、まちがっているものには×をつけましょう。

①(　　　)気象情報を提供する会社は、情報を全て無料で提供している。
②(　　　)気象情報を提供する会社は、さまざまな会社に向けて、その会社に合った気象情報を提供している。

2 気象情報を利用するもなかアイスクリームをつくる会社について、答えましょう。

(1) もなかアイスクリームをつくる会社の情報の利用に関する次の会話を読んで、正しいものには○を、まちがっているものには×をつけましょう。

①(　　　)

工場から出荷して店にとどくまでの目標日数を決めて、アイスクリームを生産しているね。

②(　　　)

アイスクリームの在庫《ざいこ》切れをおこさないようにするため、多めに生産してつくりおきをしているよ。

③(　　　)

今までの経験だけにたよることで、ちょうどよい生産量を決めることができるんだね。

(2) アイスクリームと同じように、気温が高くなると売れやすい商品を、㋐〜㋕から２つ選びましょう。　(　　　)(　　　)

㋐ ココア　㋑ シチュー　㋒ スポーツドリンク　㋓ あげもの
㋔ デザート類　㋕ カップインスタントめん

ヒント　1 (2) わたしたちがよく利用している天気予報やせんたく指数などの情報も提供しています。

ぴったり1 準備

せんたく

4.　情報《じょうほう》社会に生きるわたしたち

情報を生かして発展《はってん》する観光業

学習日　　月　　日

めあて
京都《きょうと》市が観光業にどのように情報を生かしているかを知ろう。

教科書　224～229ページ　　答え　45ページ

次の（　　）に入る言葉を、下から選びましょう。

1 観光のさかんな京都市

教科書　224～225ページ

ワンポイント　京都府京都市の観光業

- 世界有数の観光地である京都市には、(①　　　　　　)が15か所あり（2023年)、2000をこえる神社や寺がある。
- 京都では、祇園《ぎおん》祭、葵《あおい》祭、時代祭の京都三大祭や「五山《ござんの》送り火」、「鞍馬《くらま》の火祭」など、(②　　　　　　)のあるさまざまな祭りや**年中行事**がおこなわれる。
- 2016年から、海外の旅行ざっしで高い評価《ひょうか》を受けるなど、世界各地で京都の(③　　　　　　)が高まり、外国人観光客が増加《ぞうか》している。
- 京都市では、外国人を受け入れる環境《かんきょう》をととのえるため、(④　　　　　　)やWi-Fi《ワイファイ》の整備《せいび》などをおこなってきたが、いっぽうで、多くの観光客に対応《たいおう》するための取り組みが求められている。

家族・友人	51.8%
旅行ガイドブック	30.7%
SNS《エスエヌエス》・ブログなど	28.9%
テレビ・映画《えいが》	19.8%
公式ウェブサイト	10.3%
その他のウェブサイト	11.6%

(複数《ふくすう》回答)（京都観光総合調査《きょうとかんこうそうごうちょうさ》)

外国人が京都市の情報を得《え》た方法

2 混雑《こんざつ》を防《ふせ》ぐ取り組み／観光協会などの取り組み

教科書　226～229ページ

混雑を防ぐ取り組み

京都駅バスターミナル付近の混雑

混雑のえいきょう

- 京都がもつ本来の美しい風景をそこなわせ、観光客のもう一度京都をおとずれたいという気持ちを失わせる。
- 観光地のまわりの住民がバスに乗れない、観光客の(⑤　　　　　　)などの問題がある。

京都市の対応

- ウェブサイトで、人気観光スポット周辺の時間帯別の混雑ぐあいの(⑥　　　　　　)や、朝や夜におすすめの観光スポットを紹介《しょうかい》し、観光客が特定の観光地に集中しないようにしている。

観光協会などの取り組み

- 京都市と京都市(⑦　　　　　　)では、市内周辺地域《ちいき》のまだ知られていないみりょくを発信し、有名観光地への観光客の集中を防ぐ取り組みをしている。
- 京都観光推進《すいしん》協議会は、京都に(⑧　　　　　　)で来る人のために、京都のみりょくを味わうことができるおすすめのモデルコースを紹介している。

選んだ言葉に✔

□マナー　□世界文化遺産《いさん》　□認知度《にんちど》　□予測《よそく》
□情報発信《はっしん》　□修学旅行《しゅうがくりょこう》　□伝統《でんとう》　□観光協会

ぴったり2
練習

学習日　月　日

ぴたトリビア

京都市では、歴史的《れきしてき》なまち並《な》みや景観を守るため、建物の高さやデザイン、お店の看板《かんばん》などについての決まりがつくられています。

教科書 224～229ページ　答え 45ページ

1 京都市について、答えましょう。

(1) 京都市について、正しいものには○を、まちがっているものには×をつけましょう。

① (　　) 2000をこえる神社や寺があり、世界文化遺産が15か所ある。

② (　　) 伝統のある祭りや年中行事がおこなわれている。

③ (　　) 外国人の認知度は高まっているが、外国人観光客は減《へ》っている。

④ (　　) 京都市では、外国人観光客を受け入れるため、情報発信やWi-Fiの整備などをおこなってきた。

(2) 外国人観光客が京都市の情報を得るために利用した方法として最も多いものを、㋐～㋕から選びましょう。 (　　)

㋐ 旅行ガイドブック　㋑ テレビ・映画　㋒ 公式ウェブサイト

㋓ その他のウェブサイト　㋔ 家族・友人　㋕ SNS・ブログなど

2 京都市の観光地の混雑を防ぐための取り組みについて、答えましょう。

(1) 京都市の観光地の混雑に関する次の会話を読んで、正しいものには○を、まちがっているものには×をつけましょう。

① (　　)

観光地が混雑していても、京都の美しい風景や観光客の満足度に悪いえいきょうはないみたいだね。

② (　　)

観光地が混雑すると、まわりの住民がバスに乗れないなどの問題がおこっているね。

③ (　　)

「京都観光快適度《かいてきど》マップ」を使って、観光地の混雑の予測や今の混雑ぐあいを知ることができるね。

④ (　　)

京都市では月別観光客数の差が大きく、以前よりも観光客のおとずれる時期が集中してきているね。

(2) 「とっておきの京都」プロジェクトではどのような情報を発信していますか。㋐～㋓から2つ選びましょう。 (　　)(　　)

㋐ 歴史・文化、モデルコース、体験学習、見学スポット、交通情報

㋑ 京都市内周辺地域の歴史や自然、食べ物、花、神社・寺、お土産、特産物

㋒ 地図などのダウンロード

㋓ 京都市内周辺地域の見どころを紹介する記事

ヒント

1 (1)② 祇園祭は1000年以上の歴史があるとされています。

2 (1)④ 観光客のおとずれる時期をずらす取り組みがおこなわれています。

医療《いりょう》に生かされる情報ネットワーク

学習日　月　日

めあて
情報ネットワークを利用した医療のしくみを理解《りかい》しよう。

教科書 230～237ページ　答え 46ページ

次の(　　)に入る言葉を、下から選びましょう。

1 共有される医療情報／「アザレアネット」ができるまで

教科書 230～233ページ

「くるめ診療《しんりょう》情報ネットワーク（アザレアネット）」

- かん者の同意のうえで提供《ていきょう》された、大きな病院で治療《ちりょう》を受けたかん者の情報を、かかりつけの病院の医師《いし》がコンピューターでみることができる。
- 大きな病院の医師が、かん者の(①　　　　)や手術《しゅじゅつ》のようす、治療の内容《ないよう》、検査《けんさ》結果の内容や画像《がぞう》、現在《げんざい》飲んでいる(②　　　　)の種類などの医療情報を提供する。

ワンポイント　「アザレアネット」ができたことによる変化

- 日本では、かかりつけの(③　　　　)と、検査や手術、入院のできる病院、集中的にかん者の(④　　　　)をおこなう病院が(⑤　　　　)して、かん者を治療する。
- 今までは複数《ふくすう》の病院に通院している場合、各病院の情報を手に入れるのに時間がかかり、かん者に聞いてもくわしいことがわからない場合があった。
  →検査や薬が重複《じゅうふく》するなど、かん者に時間と(⑥　　　　)の負担《ふたん》がかかっていた。
- **アザレアネット**により、各病院が情報をいつでもすぐ見ることができるようになり、治療や検査、薬を出すときの判断《はんだん》材料が増《ふ》え、治療に生かされている。

2 地域《ちいき》をこえてつながる医療情報ネットワーク／医療情報ネットワークと福《ふく》祉《し》情報ネットワークの共用

教科書 234～235ページ

地域をこえて広がる連携《れんけい》

- 久留米《くるめ》市には規模《きぼ》の大きな病院が集まっているため、久留米市外・福岡《ふくおか》県外から通院してくる人が多い。

アザレアネット ―
- 「八女《やめ》・筑後《ちくご》医療情報ネットワーク」（福岡県内）
- 「佐賀《さが》県診療情報地域連携システム」（佐賀県内）

地域をこえて連携し、おたがいの医療情報を共有することができる。

医療と福祉の情報ネットワークの共用

- 今後、(⑦　　　　)の増加《ぞうか》が予想され、医療と(⑧　　　　)の連携が必要になってくる。
  →病院と**リハビリ**や介護《かいご》に関わる職種《しょくしゅ》の人たちと情報共有することで、充実《じゅうじつ》した福祉サービスが提供できる。
- みんなが安心して生活をおくれるよう、ネットワークを広げていく。

選んだ言葉に✔

□高齢者《こうれいしゃ》	□診療所《しんりょうしょ》	□分担《ぶんたん》	□お金
□リハビリ	□介護	□病名	□薬

ぴたトリビア

リハビリとはリハビリテーションの略《りゃく》で、けがや病気などで体が不自由になった人が回復《かいふく》できるように訓練することをいいます。

教科書 230〜237ページ　答え 46ページ

1 次の図は、役わりがちがう病院などが協力して、かん者を治療するしくみをあらわしています。これを見て、答えましょう。

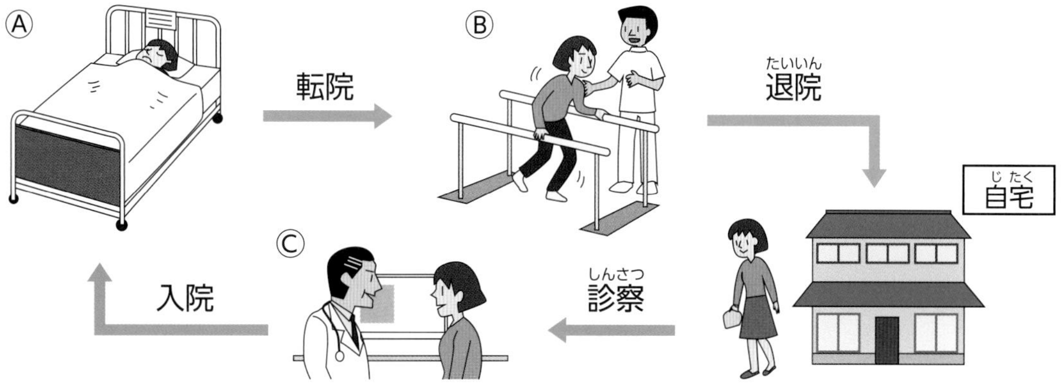

(1) 図中のⒶ〜Ⓒにあうしせつを、㋐〜㋒から選びましょう。

Ⓐ(　　) Ⓑ(　　) Ⓒ(　　)

㋐ くわしい検査や手術などができる病院
㋑ 集中的にリハビリをおこなう病院
㋒ かかりつけの診療所

(2) 「アザレアネット」ができる前の状況《じょうきょう》として正しいものを、㋐、㋑から選びましょう。

(　　)

㋐ 医師は各病院の情報をいつでもすぐに見ることができた。
㋑ 医師は各病院の情報を手に入れるのに時間がかかった。

2 「アザレアネット」の利用に関する次の会話を読んで、正しいものには○を、まちがっているものには×をつけましょう。

①(　　)

久留米市に住むかん者だけが登録されるから、それ以外の市に住むかん者の医療情報はわからないね。

②(　　)

「アザレアネット」には、2021年で、100をこえる病院や診療所が参加しているね。

③(　　)

「アザレアネット」に登録するかん者の数は、年々増えているよ。

④(　　)

かん者の個人《こじん》情報を守るため、病院以外との情報の共用は考えられていないわ。

ヒント　**1** (2) これまでは、ほかの病院の検査結果などは、その病院に問い合わせをしたり、かん者に聞いたりしていました。

ぴったり3

確かめのテスト

せんたく

4．情報《じょうほう》社会に生きるわたしたち
2 情報を生かして発展《はってん》する産業／情報を生かして発展する観光業／医療《いりょう》に生かされる情報ネットワーク

時間 30 分
／100
合格 80 点

教科書 214〜237ページ　答え 47ページ

1 気象《きしょう》情報とわたしたちのくらしについて、答えましょう。

1つ4点（28点）

(1) 右の絵のように、天気図などから天気の変化を分せきし、ある時間の大気の状態《じょうたい》を予報《よほう》することを何といいますか。

（　　　　）

(2) できたらスゴイ！ 気温が高いとき、もしくは気温が低いときに売れやすくなる商品があります。㋐〜㋕はどちらの商品にあてはまりますか、選びましょう。

思考・判断・表現

気温が高い（　　）（　　）（　　）
気温が低い（　　）（　　）（　　）

㋐ チョコレート　㋑ 牛乳《ぎゅうにゅう》　㋒ 炭酸飲料《たんさんいんりょう》
㋓ スープ類　㋔ せんべい・あられ　㋕ お茶（液体《えきたい》）

2 アイスクリームをつくる会社について、答えましょう。

1つ5点（30点）

(1) もなかアイスクリームをつくる会社と予測《よそく》情報に関する次の会話を読んで、正しいものには○を、まちがっているものには×をつけましょう。

①（　　）

新鮮《しんせん》なもなかアイスクリームを食べてもらうため、売れゆきに合わせた生産量にしていて、つくりおきはしていないね。

②（　　）

予測情報を利用する前は、前年や前週の売れゆき、「経験《けいけん》とかん」などをもとに、生産量を決めていたよ。

③（　　）

気象情報を提供《ていきょう》する会社から送られてくる予測情報は、細かい気象情報だけだね。

④（　　）

テレビCM《シーエム》やキャンペーンなどをおこなっても、予測情報の量と同じ量を生産するようにしているね。

(2) 気象情報を活用している例について、正しいものには○を、まちがっているものには×をつけましょう。

①（　　）ガス会社では、気象のくわしい情報を提供してもらい、ガスがどれくらい使われるのかを予測している。

②（　　）船の運輸《うんゆ》会社では、波や風、海流を利用して、安全よりも早くとどけることを優先《ゆうせん》し、環境《かんきょう》にやさしい輸送《ゆそう》ルートを計画している。

3 情報を生かして発展する観光業について、答えましょう。

1つ5点（30点）

(1) よく出る 次の文中の①、②にあう言葉を書きましょう。

①（　　　　　　　）

②（　　　　　　　）

京都《きょうと》市は、多くの観光客がおとずれる都市である。市内には、清水寺《きよみずでら》や上賀茂《かみがも》神社など、15か所の（①）がある。また、2000をこえる神社や寺、伝統《でんとう》のある祭りや（②）が残されている。近年は、海外の旅行ざっしで高い評価《ひょうか》を受けるなどして、外国人観光客が増《ふ》えている。

(2) 右の表は、外国人が京都市の情報を得《え》た方法をあらわしたものです。表中のⒶ～Ⓒにあう言葉を、㋐～㋒から選びましょう。

Ⓐ（　　　　）　Ⓑ（　　　　）　Ⓒ（　　　　）

㋐ 旅行ガイドブック

㋑ SNS《エスエヌエス》・ブログなど

㋒ 家族・友人

Ⓐ	51.8%
Ⓑ	30.7%
Ⓒ	28.9%
テレビ・映画《えいが》	19.8%
公式ウェブサイト	10.3%
その他のウェブサイト	11.6%

（複数回答《ふくすうかいとう》）（京都観光総合調査《きょうとかんこうそうごうちょうさ》）

記述 (3) 右のグラフは、2001年と2019年の京都市をおとずれた月別の観光客数をあらわしています。京都市の取り組みにより、京都市をおとずれた月別の観光客数はどのように変化しましたか。グラフから読み取れることをもとにかんたんに書きましょう。

思考・判断・表現

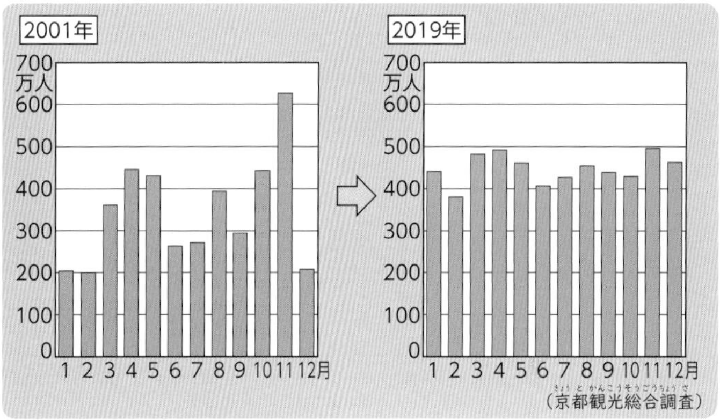

（　　　　　　　　　　　　　　　　　　　　　　　　　　　　）

4 医療に生かされる情報ネットワークについて、答えましょう。

1つ4点（12点）

(1) 病院よりも規模《きぼ》が小さい医療しせつのことを何といいますか。

（　　　　　　　）

(2) けがや病気などで体が不自由になった人が回復《かいふく》できるように訓練することを何といいますか。

（　　　　　　　）

(3) 「アザレアネット」ができたことによる変化として正しいものを、㋐～㋒から選びましょう。

（　　）

㋐ 世界じゅうの病院とネットワークがつながり、医療情報を共有できるようになった。

㋑ かん者が病院でもらった薬の情報を、ほかの病院の医師《いし》がいつでも見ることができるようになった。

㋒ かん者は「アザレアネット」への参加をやめることができなくなった。

ふりかえり 3(3)がわからないときは、88ページの2にもどって確認してみよう。

5．国土の環境《かんきょう》を守る

1 自然災害《しぜんさいがい》から人々を守る①

学習日 月 日

めあて
日本でどのような自然災害がおこっているのかを学ぼう。

教科書 238～245ページ　答え 48ページ

次の（　　）に入る言葉を、下から選びましょう。

1 さまざまな自然災害

教科書 238～243ページ

自然災害

- **自然災害**…自然環境の急変により、人間の命や財産《ざいさん》などに対して悪いえいきょうをおよぼす災害のこと。（①　　　　）に関係のあるものと、気候に関係のあるものがある。

年	近年のおもな自然災害
1995	阪神《はんしん》・淡路《あわじ》大震災《だいしんさい》
2000	有珠《うす》山噴火《ふんか》、三宅《みやけ》島噴火
2011	東日本《ひがしにほん》大震災
2014	御嶽《おんたけ》山噴火
2019	東日本台風

2 自然災害がおきやすい国土

教科書 244～245ページ

ワンポイント　地形に関係のある自然災害

- （②　　　　）…ゆれでがけくずれや地すべり、火災《かさい》などがおこることがある。
- （③　　　　）…海底でおこった地震《じしん》に合わせて海面が上下し、大波となって陸地におしよせる。

地震や津波がおこるしくみ

- 静岡《しずおか》県の沖から宮崎《みやざき》県の沖にのびる、海底の深いくぼみである（④　　　　）では、記録が残っているだけでも、津波《つなみ》をともなう大きな地震が9回もおこっている。
  →地震がおこると、広い地域《ちいき》で大きな被害《ひがい》が生じると想定されている。
- 火山の噴火《ふんか》…火山灰《かざんばい》がふるなどの被害がある。

気候に関係のある自然災害

⑤　　　　や台風による大雨	・（⑥　　　　）…川がはんらんし、陸地が水びたしになる。 ・（⑦　　　　）…しゃ面の土砂《どしゃ》がくずれ落ちる。
台風による暴風《ぼうふう》	・（⑧　　　　）…海面が高くもり上がる。
大雪	・建物がこわれたり、交通機関が使えなくなったりすることがある。 →おもに日本海側や山地など。
その他	・豪雨《ごうう》による土石流。 ・最近では、雷雨《らいう》や（⑨　　　　）によって、ごくせまいはんいで短時間に集中してはげしい雨がふったり、風がふいたりすることが増《ふ》え、大きな被害も増えてきている。

選んだ言葉に ✔

□高潮《たかしお》　□竜巻《たつまき》　□洪水《こうずい》　□土砂くずれ　□地震
□地形　□つゆ　□津波　□南海《なんかい》トラフ

ぴたトリビア

近年は、ごくせまいはんいで短時間に集中してはげしい雨がふることが増えました。これを局地的大雨、ゲリラ豪雨《ごうう》などとよびます。

教科書 238〜245ページ　答え 48ページ

1 右の年表は、日本でおきたおもな自然災害をあらわしています。年表中の①〜③にあうものを、㋐〜㋔から選びましょう。

①(　　　)　②(　　　)　③(　　　)

㋐ 東日本大震災

㋑ 阪神・淡路大震災

㋒ 雲仙岳《うんぜんだけ》噴火

㋓ 熊本《くまもと》地震

㋔ 三宅島噴火

年	おもな自然災害
1995	(①)
2000	有珠山噴火、(②)
2011	(③)
2014	御嶽山噴火
2019	東日本台風

2 おもな自然災害について、答えましょう。

(1) 次の文中の①〜③にあう言葉を書きましょう。

①(　　　　)　②(　　　　)　③(　　　　)

日本は自然災害が多い国である。とくに地震が多く、地震のゆれで、がけくずれや地すべり、(①)などがおこることがある。また、日本は世界のなかでも(②)が多く、つゆや(③)は、広いはんいに大雨をふらせることがある。

(2) 海底で地震が発生すると、それに合わせて海面が上下し、大波となって陸地におしよせ、人や建物などが流されて大きな被害が出ることがあります。これを何といいますか。

(　　　　)

(3) 静岡県の沖から宮崎県の沖にのびる、海底の深いくぼみを何といいますか。

(　　　　)

(4) 自然災害の種類とその説明について、あうものを線で結びましょう。

①	洪　水	㋐大雨によってしゃ面の土砂がくずれ落ちる。
②	土砂くずれ	㋑大雨によって川がはんらんし、陸地が水びたしになる。
③	高　潮	㋒日本海側や山地で多く発生し、建物がこわれたり、交通機関が使えなくなったりする。
④	大　雪	㋓台風にともなう風が海岸にむかってふくと、海水が海岸にふきよせられて海面が高くもり上がる。

ヒント 2 (3) 今後、この地域を震源《しんげん》とする巨大《きょだい》地震が発生すると想定されています。

ぴったり1 **準備**

5. 国土の環境《かんきょう》を守る

1 自然災害《しぜんさいがい》から人々を守る②

学習日　　月　　日

めあて
東日本大震災《ひがしにほんだいしんさい》が日本にあたえたえいきょうを学ぼう。

教科書 246〜253ページ　答え 49ページ

次の（　　）に入る言葉を、下から選びましょう。

1 産業へのえいきょう

教科書 246〜247ページ

ワンポイント 東日本大震災のえいきょう

- 水産業…沿岸《えんがん》部が（①　　　　　）におそわれ、漁船やさまざまなしせつが大きな被害《ひがい》を受け、魚をとることや魚の保管《ほかん》、加工をすることなどができなくなった。
- 農　業…広い農地が津波《つなみ》で流されたり、海水につかったりして、農作物を作ることがむずかしくなった。
- 工　業…被害を受けた自動車の部品工場が部品を生産できず、日本国内や世界各国の自動車の生産が一時的にできなくなるところもあった。
- **福島《ふくしま》第一原子力発電所**では、地震《じしん》のゆれや津波の被害によって**原子炉《げんしろ》**がこわれ、（②　　　　　）が広いはんいに放出された。
  →安全な農作物や水産物が生産できるようになっても、（③　　　　　）により、農作物や水産物を生産しても出荷できない苦しい時期が続いた。

2 自然災害に備《そな》えるために／自然災害から命を守る情報《じょうほう》／自分たちの命やくらしを守るために

教科書 248〜253ページ

✪ 自然災害に備えるためのしせつ・工事

土地のかさ上げ工事	●沿岸部の低い土地に土をもり、高くする。
堤防《ていぼう》	●川の増水《ぞうすい》によるはんらんを防《ふせ》ぐ。
④	●地震で建物などがくずれないようにする。
津波ひなんタワー	●津波からひなんするための高い建物。
⑤	●土石流を防ぐ。

被害をできるだけ少なくする**減災《げんさい》**。

✪ 自然災害から命を守る

- 国は国民に、気象《きしょう》に関する情報として警報《けいほう》、注意報《ちゅういほう》、**緊急地震速報《きんきゅうじしんそくほう》**などを直接《ちょくせつ》伝える。
- 市（区）町村は（⑥　　　　　）を出す。
- （⑦　　　　　）…被害のおよぶはんいや危険《きけん》な場所、ひなん場所などを示《しめ》した地図。
- （⑧　　　　　）…国、都道府県、市（区）町村、消防《しょうぼう》、警察《けいさつ》、自衛隊《じえいたい》などの救助《きゅうじょ》や援《えん》助《じょ》。
- （⑨　　　　　）…自分の命は自分で守ること。
- （⑩　　　　　）…近所の人たちが協力して助け合い、地域《ちいき》を守ること。

選んだ言葉に✔

□砂防《さぼう》ダム	□耐震《たいしん》工事	□自助	□ハザードマップ	□共助
□風評《ふうひょう》被害	□ひなん指示《しじ》	□公助	□放射性物質《ほうしゃせいぶっしつ》	□津波

ぴったり2

練習

学習日　　月　　日

ぴたトリビア

震度《しんど》とは、ある場所での地震によるゆれの強さをあらわす数値《すうち》です。それに対して、マグニチュードとは、地震そのものの大きさをあらわす数値です。

教科書 246～253ページ　答え 49ページ

1 2011年3月11日に発生した大震災に関する次の文を読んで、答えましょう。

2011年3月11日に発生した（①）大震災では、地震にともなう津波により、多くの人がなくなったり、ゆくえ不明になったりした。また、水産業や農業、工業などの産業にも大きな被害が出た。人々の努力により、少しずつ以前のくらしがもどるなか、（②）原子力発電所の事故《じこ》のえいきょうで、安全な農作物や水産物が生産できるようになっても、根拠《こんきょ》のないうわさによる（③）で出荷できない時期が続いた。

(1) 文中の①～③にあう言葉を書きましょう。

①（　　　）②（　　　）③（　　　）

(2) 大震災の産業へのえいきょうについて、正しいものには○を、まちがっているものには×をつけましょう。

①（　　）太平洋《たいへいよう》沿岸部では養しょく業のしせつが被害を受け、カキやわかめなどを出荷できなくなった。

②（　　）自動車の部品工場が被災《ひさい》して操業停止《そうぎょうていし》となったが、そのほかの地域の全ての自動車工場では自動車の生産が続けられた。

2 自然災害の被害を防ぐ取り組みについて、答えましょう。

(1) 自然災害に備えるためのしせつとその説明について、あうものを線で結びましょう。

① 堤　防　・　　・ ㋐大きな津波が来たときに高いところへひなんする。

② 津波ひなんタワー　・　　・ ㋑川の増水によるはんらんを防ぐ。

③ 砂防ダム　・　　・ ㋒土石流などを防ぐ。

(2) (1)のしせつについて述《の》べた文として正しいものを、㋐、㋑から選びましょう。（　　）

㋐ 自然災害を完全に防ぐことができるというよい点がある。

㋑ しせつをつくるのに時間や費用《ひよう》がかかるという問題点がある。

(3) 自然災害による被害をできるだけ少なくする取り組みのことを何といいますか。

（　　　　）

(4) 発生の予測《よそく》される自然災害について、被害のおよぶはんいや危険な場所などを示した地図のことを何といいますか。（　　　　）

ヒント 2 (4) このほか、ひなん場所やひなん経路《けいろ》なども示されています。

5．国土の環境《かんきょう》を守る

2 森林とわたしたちのくらし①

◎めあて
森林にめぐまれた日本について考えてみよう。

教科書 254～257ページ　答え 50ページ

次の（　　）に入る言葉を、下から選びましょう。

1 豊《ゆた》かな森林にめぐまれた日本

教科書 254～255ページ

ワンポイント　森林の種類

- 日本は山地が多く、国土面積の約（①　　　　）を森林がしめている。
- （②　　　　）…自然に落ちた種や切りかぶから出た芽が生長してできた森林。木の種類はさまざまである。
- （③　　　　）…木材をつくるため、人が植えてできた森林。生長が早く、育てやすい（④　　　　）やひのきが多い。人による手入れがかかせない。

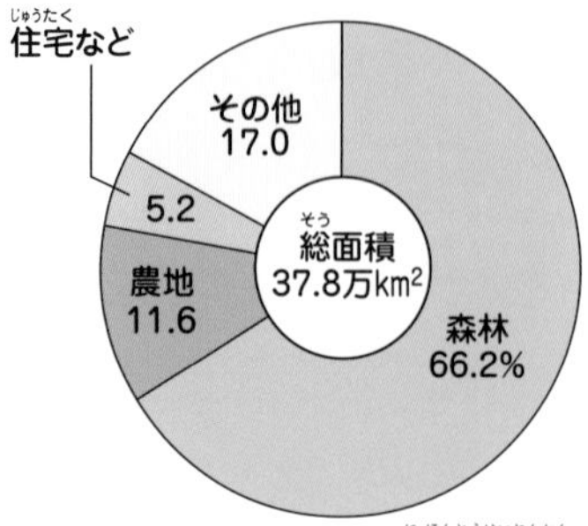

（2019年）　（日本統計年鑑《にほんとうけいねんかん》）
日本の土地利用

森林面積のうつり変わり

- 第二次世界大戦後の経済《けいざい》の発展《はってん》にともない、住宅《じゅうたく》用の木材が大量に必要となったため、各地で多くの天然林が切りたおされ、かわりに杉《すぎ》やひのきなどが植えられた。その結果、天然林の面積が減《へ》り、人工林の面積が増《ふ》えた。

2 森林を育て、守る人々

教科書 256～257ページ

木材ができる過程《かてい》

❶苗木《なえぎ》を育てる
↓
❷苗木を植える
↓
❸（⑤　　　　）をかる…木の生長をさまたげる雑草《ざっそう》をかり取る。
↓
❹（⑥　　　　）をする…弱った木や集まりすぎた木を切りたおす。
↓
❺（⑦　　　　）をする…利用しやすい木材にするために、よぶんな枝《えだ》を切り落とす。
↓
❻木を切り出して運ぶ

林業で働く人は、たいへんな作業をして、長い年月をかけて木を育てているよ。

日本の林業の変化

- 木材の国内生産量が減少《げんしょう》し、（⑧　　　　）が増加《ぞうか》。
- 林業で働く人の数が減り、高齢化《こうれいか》も進んでいる。

理由
- 木材の利用が減っている。
- 外国の木材の方が安い。

選んだ言葉に✔
□天然林　□間ばつ　□杉　□3分の2
□人工林　□枝打ち　□下草　□輸入量《ゆにゅうりょう》

ぴったり2
練習

学習日　　月　　日

ぴたトリビア
杉の花粉《かふん》はとても軽く、風に乗って遠くまで運ばれます。第二次世界大戦後に日本で杉の植林が進むと、花粉しょうになる人が増加しました。

教科書 254～257ページ　答え 50ページ

1 日本の土地利用に関する次の文を読んで、答えましょう。

山地が多い日本は、約37.8万km^2ある国土面積のうち、約（①）分の（②）が森林である。森林には天然林と人工林がある。日本では、第二次世界大戦後の経済の発展にともない、（③）用の木材が大量に必要となったため、各地で多くの森林が切りたおされ、かわりに杉や（④）などが植えられた。

(1) 文中の①、②にあう数字を整数で書きましょう。
①（　　　　）②（　　　　）

(2) 文中の③、④にあう言葉を、㋐～㋓から選びましょう。
③（　　　）④（　　　）

㋐ ぶな　㋑ ひのき　㋒ 住宅　㋓ 燃料《ねんりょう》

(3) 下線部について、人工林の説明として正しいものを、㋐、㋑から選びましょう。（　　　）
㋐ 同じ種類の木だけが植えられていることが多い。
㋑ 生長が早く、手入れをしなくてもよく育つ。

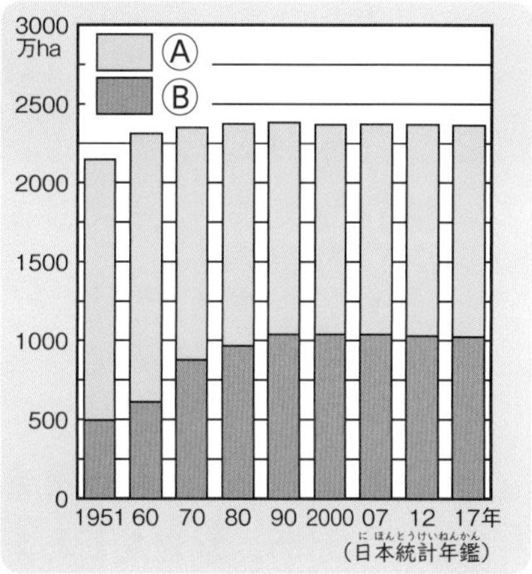

(4) 右のグラフは、日本の森林面積のうつり変わりをあらわしており、グラフ中のⒶ、Ⓑは、天然林と人工林のいずれかです。天然林はどちらですか。（　　　）

2 次の絵は、木材ができるまでの作業をあらわしています。これを見て、答えましょう。

苗木を植える　①　②　③

(1) ①～③の作業の説明として正しいものを、㋐～㋒から選びましょう。
①（　　　）②（　　　）③（　　　）

㋐ 利用しやすい木材にするため、よぶんな枝を切り落とす。
㋑ 大きく健康な木にするため、弱った木や集まりすぎた木を切りたおす。
㋒ 木の生長をさまたげる雑草をかり取る。

(2) 日本の林業のうつり変わりについて、正しいものには○を、まちがっているものには×をつけましょう。
①（　　　）昔と比《くら》べると、木材の国内生産量は増えた。
②（　　　）昔と比べると、林業で働く人の数は減り、高齢化も進んだ。

ヒント 1 (1)①、② 2019年現在《げんざい》、国土面積の約66.2%が森林です。

ぴったり1 準備

5. 国土の環境《かんきょう》を守る

2 森林とわたしたちのくらし②

学習日 月 日

めあて
人工林と、森林のはたらきから、現在《げんざい》の日本の林業を考えよう。

教科書 258～265ページ　答え 51ページ

次の（　）に入る言葉を、下から選びましょう。

1 手入れされなくなった人工林／森林がはたす役わり

教科書 258～261ページ

✪ 手入れされなくなった人工林の増加《ぞうか》による問題

- 人工林は、間ばつなどの手入れをしないと、地面まで十分に（①　　　　）が当たらず、下草が生えなくなる。
  →土がむき出しになり、土の表面が雨水といっしょに流れてしまうため、（②　　　　）がおこりやすくなったり、（③　　　　）をたくわえるはたらきが弱まったりする。
- **林業**で働く人が減《へ》ってしまったため、手入れがゆきとどかない人工林が増《ふ》えている。

ワンポイント 森林のはたらき

- **二酸化炭素《にさんかたんそ》**を吸収《きゅうしゅう》し、（④　　　　）を放出する。
- 動物や植物などの生き物をやしなう。
- 土をとどめ、**水**をたくわえる。
- **木材**を生産する。
- 人にやすらぎをあたえる。
- 風や雪、津波《つなみ》の被害《ひがい》、土砂《どしゃ》災害などの（⑤　　　　）を防《ふせ》ぐ。

2 国産木材を使うために／カードにまとめる

教科書 262～265ページ

✪ 国産木材を利用する取り組み

- 国は2005年から、国産木材の利用を進めるため「木づかい運動」を展開《てんかい》している。
- 「木質《もくしつ》バイオマス」…間ばつした木材や製材《せいざい》工場から出るはい材などを、ボイラーや発電機などの（⑥　　　　）として利用する。

✪ 奈良《なら》県の取り組み

- 奈良県では、林業で働く人が減ったり、林業で働く人の（⑦　　　　）が進んだり、手入れされていない森林が増えたりした。
  →（⑧　　　　）を守り自然災害を防ぐ森林のはたす役わりが大きく低下した。
- 奈良県では、自然災害を教訓に、森林のはたす役わりを取りもどすため、林業を発展《はってん》させながら森林環境を守る「奈良県フォレスターアカデミー」という学校をつくった。
  →フォレスター…森の番人、森を育てる人という意味の言葉。

選んだ言葉に✔

□高齢化《こうれいか》　□山くずれ　□日光　□燃料《ねんりょう》
□自然災害　□環境　□水　□酸素《さんそ》

学習日　月　日

ぴたトリビア

バイオマスとは、再生可能(さいせいかのう)な生物由来の資源(しげん)のことをいいます。間ばつ材やはい材、家畜(かちく)のふん尿(にょう)、家庭の台所のごみなどがふくまれます。

教科書 258〜265ページ　答え 51ページ

1 次のカードは、森林のはたらきをまとめたものです。これを見て、答えましょう。

●二酸化炭素を吸収し、（①）を放出する。	●住宅(じゅうたく)用などの（②）を生産する。
●木が根をはることで、（③）などを防ぐ。	●土をとどめ、（④）をたくわえる。

(1) カード中の①〜④にあう言葉を［　］から選びましょう。

［水　酸素　木材　土砂災害］

①（　　）
②（　　）
③（　　）
④（　　）

(2) 間ばつをしていない人工林はどうなりますか。㋐、㋑から選びましょう。

（　　）

㋐ 日光が根元まで当たり、木がまっすぐにのびる。
㋑ 下草が生えなくなり、土がむき出しになる。

(3) 森林を守ることについて、正しいものには○を、まちがっているものには×をつけましょう。

①（　　）天然林は、自然にできた森林なので、今の環境を守っていくことがだいじである。
②（　　）森林を守るため、国産木材を使う量を減らさなければならない。

2 国産木材を使う取り組みに関する次の文を読んで、答えましょう。

国では、木材を利用することのたいせつさを広め、国産木材の利用を進めるため「（①）運動」を展開している。奈良県では、林業で働く人が減ったり、林業で働く人の（②）が進んだり、手入れされない森林が増加したりして、森林のはたす役わりが大きく低下してきた。奈良県では、2011年におこった自然災害を教訓に、林業を発展させながら環境を守るため、「奈良県（③）アカデミー」という学校をつくった。

(1) 文中の①〜③にあう言葉を書きましょう。

①（　　）　②（　　）　③（　　）

(2) 間ばつした木材や製材工場から出るはい材を、ボイラーや発電機などの燃料として使う取り組みが広がっています。木材がもとになっているエネルギー資源のことを何といいますか。

（　　）

ヒント　1 (1)① このはたらきを光合成といいます。

5．国土の環境《かんきょう》を守る

1 自然災害《しぜんさいがい》から人々を守る
2 森林とわたしたちのくらし

時間 30 分

／100

合格 80 点

教科書 238～265ページ　答え 52ページ

1 日本の自然災害に関する次の文を読んで、答えましょう。

1つ5点（20点）

日本は世界でも地震《じしん》の多い国であり、2011年のⓐ東《ひがし》日本大震災《にほんだいしんさい》は各地に大きな被害《ひがい》をもたらした。また、今後ⓑ南海《なんかい》トラフ巨大《きょだい》地震が発生すると想定されており、国や都道府県はⓒ減災《げんさい》の取り組みを進めている。

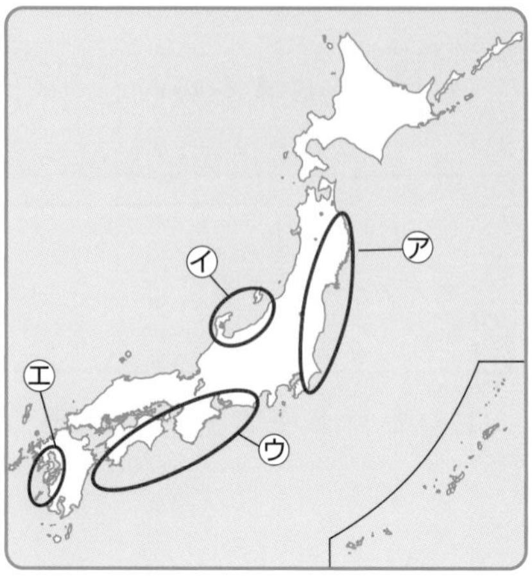

(1) 下線部ⓐについて、東日本大震災で大きな被害が出た地《ち》域《いき》を、地図中の㋐～㋓から選びましょう。（　　）

(2) 地震のゆれや津波《つなみ》で、放射性物質《ほうしゃせいぶっしつ》が広いはんいに放出された福島《ふくしま》第一原子力発電所がある福島県では、安全な農作物や水産物が生産できるようになったにもかかわらず、根拠《こんきょ》のないうわさが流れ、農水産物を生産しても出荷できない苦しい時期がありました。このような根拠のないうわさにより、経済的《けいざいてき》な損害《そんがい》を受けることを何といいますか。（　　）

(3) 下線部ⓑについて、南海トラフ巨大地震で大きな被害が出ると想定されている地域を、地図中の㋐～㋓から選びましょう。（　　）

記述 (4) 下線部ⓒについて、減災とはどのような取り組みですか。かんたんに書きましょう。

思考・判断・表現

（　　　　　　　　　　）

2 自然災害の被害を防《ふせ》ぐための取り組みについて、答えましょう。

1つ6点（24点）

(1) よく出る 右の①、②のしせつの説明にあうものを、㋐～㋓から選びましょう。

①（　　）②（　　）

㋐ 川のはんらんを防ぐための堤防《ていぼう》。

㋑ 土石流などを防ぐための砂防《さぼう》ダム。

㋒ 高潮《たかしお》や津波を防ぐための防潮堤《ぼうちょうてい》。

㋓ 津波から一時的にひなんするための津波ひなんタワー。

(2) できたらスゴイ！ 自然災害から自分たちの命を守るために備《そな》えることや気をつけることとして正しいものを、㋐～㋓から2つ選びましょう。

思考・判断・表現

（　　）（　　）

㋐ 災害の発生に備えて水や食料を備《び》ちくし、非常《ひじょう》持ち出しぶくろを用意しておく。

㋑ ハザードマップでコンビニエンスストアや公衆《こうしゅう》トイレの場所を確認《かくにん》しておく。

㋒ 自宅《じたく》にいて危険《きけん》を感じる場合は、ひなん指示《しじ》が出る前にひなん場所にひなんする。

㋓ 災害が発生したときは警察《けいさつ》や消防《しょうぼう》の指示にしたがい、決して自分で判断《はんだん》してはならない。

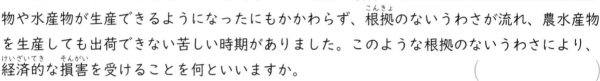

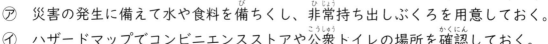

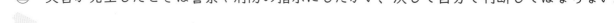

3 次の文を読んで、答えましょう。

1つ5点、⑵6点（21点）

自然災害からくらしを守るためには、国や都道府県などによる（①）だけでなく、自分の命は自分で守る（②）、近所の人たちが協力して助け合う（③）も重要である。

⑴　文中の①～③にあう言葉を書きましょう。

①（　　　　）　②（　　　　）　③（　　　　）

⑵　東北《とうほく》の一部の地方の方言で、「津波が来るときは、命を守るためにそれぞれにげなさい。」という意味の言葉を何といいますか。

（　　　　）

4 日本の森林や林業について、答えましょう。

1つ5点（35点）

⑴　右のⒶ、Ⓑの写真のうち、人工林はどちらですか。

技能

（　　）

記述　⑵　できたらスゴイ！　⑴のように判断した理由を、かんたんに書きましょう。

思考・判断・表現

（　　　　）

⑶　よく出る　次の絵は、木材ができるまでの作業をあらわしています。①～③の絵にあう作業を、㋐～㋓から選びましょう。

苗木《なえぎ》を植える　→　①（　　）　→　②（　　）　→　③（　　）

㋐　下草がり　　㋑　運搬《うんぱん》　　㋒　間ばつ　　㋓　枝《えだ》打ち

記述　⑷　右のグラフは、日本の林業で働く人のうつり変わりをあらわしています。日本の林業の問題点を、グラフから読み取れることをもとに、かんたんに書きましょう。

思考・判断・表現

（　　　　）

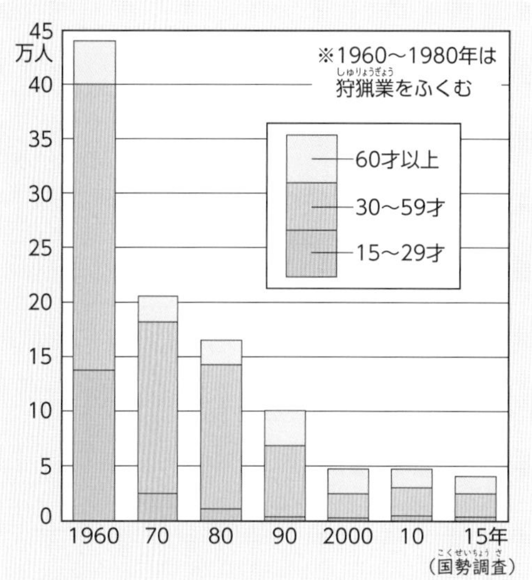

⑸　間ばつした木材やはい材を、発電機などの燃料《ねんりょう》として利用する取り組みが広がっています。木材がもとになっているこのようなエネルギー資源《しげん》のことを何といいますか。（　　　　）

ふりかえり　1⑷がわからないときは、96ページの2にもどって確認してみよう。

5. 国土の環境《かんきょう》を守る

3 環境とわたしたちのくらし①

学習日　　月　　日

めあて
日本でおきた四大公害について、おきた地域《ちいき》や原因《げんいん》を学ぼう。

教科書 266～269ページ　答え 53ページ

次の(　　)に入る言葉を、下から選びましょう。

1 四日市《よっかいち》市でおきた公害

教科書 266～267ページ

ワンポイント 四日市市でおきた公害

- 公害…(①　　　　)、悪しゅう、(②　　　　)や水、土のよごれ、しん動、地盤沈下《じばんちんか》などにより、人々のくらしや(③　　　　)がおびやかされること。
- 1959年から、三重《みえ》県四日市市の石油化学コンビナートでの生産が本格的《ほんかくてき》にはじまった。

↓

- 油くさい魚がとれるようになり、魚が売れなくなった。
- 工場からのそう音や悪しゅう、空気のよごれにもなやまされるようになった。
- 工場の近くで(④　　　　)のかん者が多くなり、発作で苦しむ人やなくなる人が出てきた。

そう音	うるさい音
悪しゅう	いやなにおい
空気のよごれ	工場からのけむりなど
水のよごれ	工場からのはい水など
土のよごれ	土に有害物質《ぶっしつ》がしみこむ
しん動	土地や建物のゆれのこと
地盤沈下《じばんちんか》	土地がしずむこと

↑ 公害の種類

2 公害の原因／日本各地でおきた公害

教科書 268～269ページ

四大公害病

四大公害病	地域	原因	病気のようす
四日市ぜんそく	四日市市(三重県)	(⑤　　　　)(二《に》酸化《さんか》いおうなど)でおせんされた空気をすった。	息をするのが苦しく、のどがいたみ、はげしいぜんそくの発作がおこる。
新潟《にいがた》水俣《みなまた》病	阿賀野《あがの》川下流域《かりゅういき》(新潟県)	工場はい水にふくまれる(⑥　　　　)でおせんされた魚や貝を食べた。	手足がしびれ、目や耳が不自由になり、死ぬ場合もある。
イタイイタイ病	神通《じんづう》川下流域(富山《とやま》県)	鉱山《こうざん》のはい水にふくまれる(⑦　　　　)でおせんされた水や食物をとった。	骨《ほね》がもろくなって折れやすくなり、はげしいいたみで、たいへん苦しむ。
水俣病	八代《やつしろ》海沿岸域《えんがんいき》(熊本《くまもと》県・鹿児島《かごしま》県)	工場はい水にふくまれるメチル水銀でおせんされた魚や貝を食べた。	手足がしびれ、目や耳が不自由になり、死ぬ場合もある。

公害が発生した背景《はいけい》

- 第二次世界大戦後、(⑧　　　　)の発展《はってん》のために、各地に工場がつくられた。
- 環境や人々の健康を守る考えが軽視《けいし》され、公害を防《ふせ》ぐ技術《ぎじゅつ》も発達していなかった。

選んだ言葉に✓

□いおう酸化物《さんかぶつ》　□そう音　□カドミウム　□空気
□工業　□メチル水銀　□ぜんそく　□生命

練習

学習日　　月　　日

ぴたトリビア

いおうがふくまれる石油・石炭などを燃焼《ねんしょう》させると、二酸化いおうなどのいおう酸化物が発生します。これらは大気おせんの原因物質《ぶっしつ》となります。

教科書 266〜269ページ　答え 53ページ

1 四日市市でおきた公害に関する次の文を読んで、答えましょう。

第二次世界大戦後、全国各地に多くの工場が建設された。三重県四日市市では、1959年から（①）が本格的に生産をはじめた。その結果、海でとれる魚が油くさくなって売れなくなり、漁師《りょうし》は遠くの海まで魚をとりに行くようになった。また、工場の近くでは、（②）や悪しゅう、（③）のよごれにもなやまされるようになった。

(1) 文中の①〜③にあう言葉を［　　］から選びましょう。

［そう音　　空気　　石油化学コンビナート］

①（　　　　　）
②（　　　　　）
③（　　　　　）

(2) 下線部について、この目的として正しいものを、㋐、㋑から選びましょう。（　　　）

㋐ 人々のくらしを豊《ゆた》かにするため。
㋑ 貿易《ぼうえき》まさつを解消《かいしょう》するため。

2 次の表を見て、答えましょう。

四大公害病	地域	原因	病気のようす
（①）	四日市市 （三重県）	いおう酸化物（（②）など）でおせんされた空気をすった。	息をするのが苦しく、のどがいたみ、はげしいぜんそくの発作がおこる。
新潟水俣病	（Ⓐ） （新潟県）	工場はい水にふくまれる（③）でおせんされた魚や貝を食べた。	手足がしびれ、目や耳が不自由になり、死ぬ場合もある。
イタイイタイ病	（Ⓑ） （富山県）	鉱山のはい水にふくまれる（④）でおせんされた水や食物をとった。	骨がもろくなって折れやすくなり、はげしいいたみで、苦しむ。
水俣病	（Ⓒ） （熊本県・鹿児島県）	工場はい水にふくまれる（③）でおせんされた魚や貝を食べた。	手足がしびれ、目や耳が不自由になり、死ぬ場合もある。

(1) 表中のⒶ〜Ⓒにあう地域を、㋐〜㋒から選びましょう。

Ⓐ（　　　）　Ⓑ（　　　）　Ⓒ（　　　）

㋐ 神通川下流域　　㋑ 八代海沿岸域　　㋒ 阿賀野川下流域

(2) 表中の①〜④にあう言葉を書きましょう。

①（　　　　　）　②（　　　　　）
③（　　　　　）　④（　　　　　）

ヒント 1 (2) 当時は現在《げんざい》に比《くら》べて、環境や人々の健康はあまり重く考えられていませんでした。

ぴったり1 準備

5. 国土の環境《かんきょう》を守る

3 環境とわたしたちのくらし②

学習日　月　日

めあて
四日市《よっかいち》市が公害をおこさないために取り組んでいることを学ぼう。

教科書 270～275ページ　答え 54ページ

次の（　　）に入る言葉を、下から選びましょう。

1 立ち上がる人々と公害裁判《さいばん》／きれいな空気を取りもどすために

教科書 270～271ページ

ワンポイント　公害裁判

- 1967年、（①　　　　）のかん者は**石油化学コンビナート**に工場がある六つの会社をうったえた。
- 公害に反対する人たちが全国で増《ふ》えた。
- 証人《しょうにん》になった大学の先生は、空気のよごれやぜんそくの多くのデータを集めた。

年	おもなできごと
1967	公害の法律《ほうりつ》ができる。 公害裁判がはじまる。
1972	裁判でかん者のうったえがみとめられる。

きれいな空気を取りもどすために

- 裁判で、工場のけむりにふくまれる有害な物質《ぶっしつ》がぜんそくの原因《げんいん》とみとめられたが、そのとき空気は、まだきれいになっていなかった。

国・県・市の取り組み
- 空気のよごれや（②　　　　）を調べた。
- 法律などのきまりをつくったり、ぜんそくで苦しむ人たちを支援《しえん》するしくみをつくったりした。

工場の取り組み
- けむりをきれいにする装置《そうち》を開発した。
- （③　　　　）を高くする、（④　　　　）をたくさん使わないようにするなどのくふうをした。

- 空気がきれいになってからも、公害が原因の病気で（⑤　　　　）されたり、今も病気で苦しんでいたりする人がいる。

2 環境先進都市をつくるために／自分の考えを深めよう

教科書 272～275ページ

環境先進都市をつくるために

- 「四日市公害と環境未来館」…公害の教訓を伝える活動、参加型《がた》の環境学習などをおこなう。
- 四日市市では、二度と公害をおこさないように、空気や水の（⑥　　　　）を測定《そくてい》したり、環境を守る取り組みをしたりしている。

例 ●（⑦　　　　）の原因の一つである**二酸化炭素**《にさんかたんそ》（CO_2）《シーオーツー》を減《へ》らすために、一人一人に何ができるかを考え、行動してもらうための取り組みを市内の小学校でおこなう。
→「こどもよっかいちCO_2ダイエット作戦」…子どもたちが地球温暖化《ちきゅうおんだんか》について学ぶ。

- 環境対策《たいさく》が進んでいない海外の国に、公害を改善《かいぜん》した四日市市の（⑧　　　　）や技《ぎ》術《じゅつ》を生かしてもらうため、三重《みえ》県や四日市市、会社が協力して国際《こくさい》環境技術移転《いてん》センター（アイセット）をつくった。

選んだ言葉に✓
□よごれ　□えんとつ　□地球温暖化　□ぜんそく
□知識《ちしき》　□石油　□健康被害《ひがい》　□差別

学習日　　月　　日

ぴたトリビア

温室効果《こうか》ガスが大気中で増えると、熱がこもって地球の平均《へいきん》気温が上がります。これを地球温暖化といいます。

教科書 270〜275ページ　答え 54ページ

1 公害に苦しむ人たちの取り組みについて、答えましょう。

(1) 右の写真は、工場につくられた、けむりから空気をよごす原因となるある物質を取るための装置です。この物質を何といいますか。

（　　　　　　　）

(2) 公害反対運動を受けて、国・県・市はどのような取り組みをおこないましたか。㋐〜㋒から選びましょう。

（　　　）

㋐ すぐに公害を防止《ぼうし》するための法律をつくった。

㋑ 公害かん者の医療費《いりょうひ》の無料化を進めた。

㋒ 工場のえんとつを低くした。

(3) 公害裁判に関する説明として、正しいものには〇を、まちがっているものには×をつけましょう。

①（　　　）ぜんそくのかん者の人たちが、石油化学コンビナートに工場がある六つの会社をうったえた。

②（　　　）公害裁判がはじまると、公害に反対する人が全国で減っていった。

③（　　　）裁判では、工場のけむりにふくまれる有害な物質がぜんそくの原因だとみとめられたが、そのとき空気は、まだきれいになっていなかった。

④（　　　）空気がきれいになってからは、公害が原因の病気で差別されたり、公害が原因の病気で苦しんでいたりした人たちがいなくなった。

2 環境先進都市をめざす四日市市の取り組みについて、答えましょう。

(1) 次の①〜③と関係の深いものを、㋐〜㋒から選びましょう。

①（　　　）環境の対策が進んでいない海外の国々に、公害を改善した四日市市の知識や技術を生かしてもらうための取り組み。

②（　　　）四日市市の公害の教訓などを次の世代に伝える取り組み。

③（　　　）子どもたちに地球温暖化について考え、行動してもらうための取り組み。

㋐ 四日市公害と環境未来館

㋑ こどもよっかいちCO_2ダイエット作戦

㋒ 国際環境技術移転センター

(2) 「CO_2」とは何のことですか。漢字5文字で書きましょう。

（　　　　　　　）

ヒント 1 (1) 石油を燃《も》やしたときに出る二酸化いおうなどをまとめたよび名です。

学習資料《しりょう》

5．国土の環境《かんきょう》を守る

大和《やまと》川とわたしたちのくらし

学習日　　月　　日

めあて
大和川の水質《すいしつ》がよくなった理由を学ぼう。

教科書 276〜281ページ　答え 55ページ

次の（　　）に入る言葉を、下から選びましょう。

1 よごれた川のすがた

教科書 276〜277ページ

大和川の特ちょう

- 大和川…奈良盆地《ならぼんち》から流れ出て、大阪《おおさか》平野から大阪湾《わん》にそそぐ川。竜田《たつた》川、石《いし》川など、多くの（①　　　　）が大和川へ流れこんでいる。

ワンポイント　大和川がよごれていた原因《げんいん》

- 大和川流域《りゅういき》では、60年ほど前から（②　　　　）が増加《ぞうか》した。
- 工場や住宅《じゅうたく》からよごれた（③　　　　）が大量に川へ流れこんだ。
- （④　　　　）の整備《せいび》が追いつかなかったため、大和川の（⑤　　　　）が悪くなった。
- 流域の**降水量《こうすいりょう》**が全国平均《へいきん》と比《くら》べて少ない。

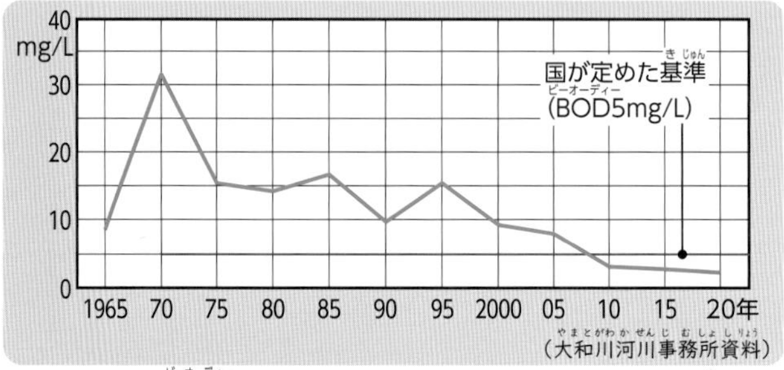

↑ 大和川のBOD《ビーオーディー》のあたいのうつり変わり

BODとは川などの水質のよごれをあらわすあたいのことだよ。

2 流域に住む人たちの力で

教科書 278〜279ページ

府県や市町村、流域に住む人たちの取り組み

- **下水道**を整備する。
- （⑥　　　　）の整備や点検《てんけん》などをよびかける。
- 国や府県、流域の市町村が集まり、水質の改善《かいぜん》方法や大和川に関する情報《じょうほう》の発信について話し合う会議を開いている。
- 生活はい水のよごれを減《へ》らすため、（⑦　　　　）の回収《かいしゅう》や出前授業《じゅぎょう》、清掃《せいそう》活動などをおこなう。

川の水をよごさないためにわたしたちができること

- 天ぷらなどで使った油は、新聞紙や布《ぬの》にしみこませて、（⑧　　　　）として出す。
- 食器やフライパンなどのよごれは、紙や布などでふきとってからあらう。
- 入浴《にゅうよく》のときは、シャンプーを使いすぎないようにする。
- 食事は、食べられる量だけつくり、残さないようにする。

この取り組みは、大和川に関心をもってもらうきっかけにもなるよ。

「やまとがわ水生生物調査《ちょうさ》」の取り組み

- 川のよごれぐあいで、川にすむ生き物がことなる。
- 川の生き物を調べることで、川の水質の現状《げんじょう》を知ってもらい、水質を改善することの必要性《ひつようせい》を感じてもらう。

選んだ言葉に✓

□はい水	□人口	□燃《も》えるごみ	□じょう化そう
□下水道	□支流《しりゅう》	□水質	□食用油

ぴったり2

練習

学習日　　月　　日

ぴたトリビア

流域とは、ふった雨が一つの川に集まってくるはんいのことをいいます。日本で最大の流域面積をもつ川は利根《とね》川です。

教科書　276〜281ページ　　答え　55ページ

1 大和川について、答えましょう。

(1) 大和川はどのような地形を流れていますか。㋐〜㋓から２つ選びましょう。

（　　）（　　）

㋐ 大阪平野　　㋑ 関東《かんとう》平野　　㋒ 甲府《こうふ》盆地　　㋓ 奈良盆地

(2) 次の文中の①〜④にあう言葉を［　　］から選びましょう。

大和川流域では、60年ほど前から人口が増《ふ》え、（①）や住宅からよごれた（②）が大量に流れこんだ。これに対して、（③）の整備が追いつかなかったため、大和川の水質は悪化していった。また、大和川流域の（④）が少ないことも、水質が悪化した原因の一つである。

［ 下水道　　はい水　　降水量　　工場 ］

①（　　）
②（　　）
③（　　）
④（　　）

(3) 川などの水質のよごれをあらわすあたいを何といいますか。アルファベット３文字で書きましょう。

（　　）

2 大和川をきれいにするための取り組みについて、答えましょう。

(1) 大和川の水質をよくする取り組みの説明について、正しいものには○を、まちがっているものには×をつけましょう。

①（　　）水質をよくする取り組みをおこなったあとの大和川流域にある市町村の下水道ふきゅう率《りつ》は、全国平均よりも低い。

②（　　）国や府県、流域の市町村が会議を開き、水質の改善方法や大和川に関する情報の発信について話し合っている。

③（　　）流域に住む人たちが大和川の清掃活動をおこなっている。

(2) 右の図は、川の水をよごさないために、わたしたちにできることをあらわしています。図中のⒶ〜Ⓒと関係の深いものを、㋐〜㋒から選びましょう。

Ⓐ（　　）
Ⓑ（　　）
Ⓒ（　　）

㋐ よごれた食器やフライパンは、紙や布などでふきとってからあらう。

㋑ 使い終わった油は、水道のはい水口に流さないようにする。

㋒ 入浴のときは、シャンプーを使いすぎないようにする。

ヒント　1 (1) 大和川は奈良県と大阪府を流れている川です。

3 環境とわたしたちのくらし
大和《やまと》川とわたしたちのくらし

時間 30分

／100

合格 80点

教科書 266〜281ページ　答え 56ページ

1 公害の種類とその説明について、あうものを線で結びましょう。

1つ5点（15点）

① 大気おせん　・　　・　㋐工場から有害な物質《ぶっしつ》をふくむけむりなどがはい出され、空気がよごれること。

② 悪しゅう　・　　・　㋑地下水を過剰《かじょう》にくみあげることで、土地が徐々《じょじょ》にしずむこと。

③ 地盤沈下《じばんちんか》　・　　・　㋒工場で使用される材料やはいき物などからいやなにおいが発生すること。

2 四大公害病に関する次のⒶ〜Ⓓの文を読んで、答えましょう。

1つ5点（45点）

Ⓐ　神通《じんづう》川下流域《かりゅういき》で発生した。鉱山《こうざん》のはい水にふくまれるカドミウムでおせんされた水や食物をとったことが原因《げんいん》で、骨《ほね》がもろくなって折れやすくなるなどの症状《しょうじょう》が出た。

Ⓑ　八代《やつしろ》海沿岸域《えんがんいき》で発生した。工場はい水にふくまれるメチル水銀でおせんされた魚や貝を食べたことが原因で、手足がしびれ、目や耳が不自由になるなどの症状が出た。

Ⓒ　四日市《よっかいち》市で発生した。二酸化《にさんか》いおうなどのいおう酸化物《さんかぶつ》でおせんされた空気をすったことが原因で、息をするのが苦しく、のどがいたむなどの症状が出た。

Ⓓ　阿賀野《あがの》川下流域で発生した。おもな原因や症状はⒷと同じである。

(1) よく出る Ⓐ〜Ⓓにあう公害病の名前を書きましょう。

Ⓐ（　　　　）　Ⓑ（　　　　）

Ⓒ（　　　　）　Ⓓ（　　　　）

(2) Ⓐ〜Ⓓの公害病が発生した地域《ちいき》を、右の地図中の㋐〜㋓から選びましょう。

Ⓐ（　　）　Ⓑ（　　）

Ⓒ（　　）　Ⓓ（　　）

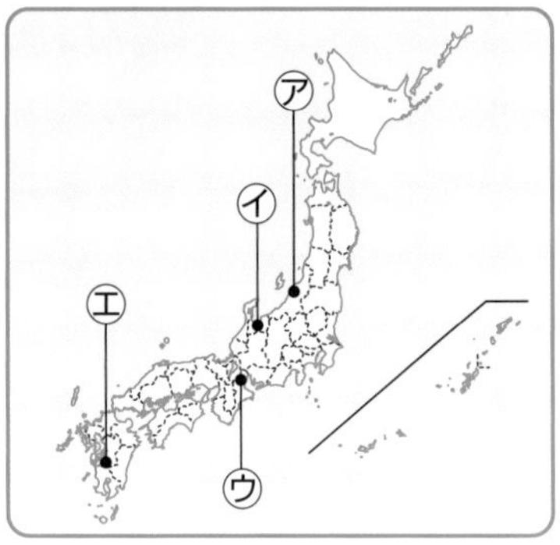

記述 (3) 第二次世界大戦後、日本各地で公害が発生しましたが、その背景《はいけい》には当時の日本のある状況《じょうきょう》がありました。当時の日本の状況について、「環境」「健康」という言葉を使って、かんたんに書きましょう。

思考・判断・表現

（　　　　　　　　　　　　　　　　）

3 四日市市の公害に関わる年表を見て、答えましょう。

1つ4点（20点）

(1) 年表中の①～③にあう言葉を、㋐～㋒から選びましょう。

①（　　　）②（　　　）③（　　　）

㋐ 法律《ほうりつ》
㋑ コンビナート
㋒ 公害裁判《さいばん》

(2) 年表中のⒶにあう言葉を書きましょう。

（　　　　）

(3) 裁判で公害かん者のうったえがみとめられたのは、裁判を始めてから約何年後のことですか。㋐～㋓から選びましょう。 技能

（　　　）

㋐ 約3年後　㋑ 約5年後
㋒ 約7年後　㋓ 約10年後

年	おもなできごと
1959	（①）が動き出す
1960	くさいにおいの苦情《くじょう》が出る
	大気おせんの測定《そくてい》開始
1961	ぜんそくかん者が増《ふ》える
1962	無料検診《けんしん》
1963	第二コンビナート生産開始
	公害反対運動
1965	四日市市が公害かん者の（Ⓐ）無料化
1967	公害の（②）ができる
	（③）が開始される
1972	裁判でかん者のうったえがみとめられる

4 次のグラフは、大和川のBOD《ビーオーディー》*のあたいのうつり変わりをあらわしています。これを見て、答えましょう。

1つ5点（20点）

(1) グラフから読み取れることとして、正しいものには○を、まちがっているものには×をつけましょう。

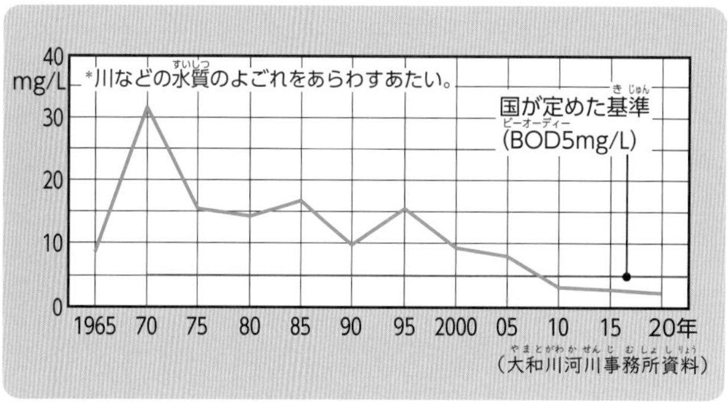

（大和川河川事務所資料《やまとがわかせんじむしょしりょう》）

①（　　）

大和川の水質《すいしつ》は、1965年ごろから急速に改善《かいぜん》したね。

②（　　）

大和川の水質は、1970年ごろに最も悪化していたよ。

③（　　）

大和川のBODのあたいは、2020年も国が定めた基準《きじゅん》を上まわっているね。

(2) できたらスゴイ！ 川に流れこむよごれたはい水の量が同じ場合、水量の多い川と水量の少ない川では、よごれの濃度《のうど》はどちらが高くなりますか。 思考・判断・表現

水量の（　　　　）川

この本の終わりにある「春のチャレンジテスト」をやってみよう！

この本の終わりにある「学力診断《しんだん》テスト」をやってみよう！

ふりかえり　2(3)がわからないときは、104ページの2にもどって確認してみよう。

5年の復習《ふくしゅう》　クロスワードにちょう戦！

世界の大陸・海洋や日本の位置を復習しよう！

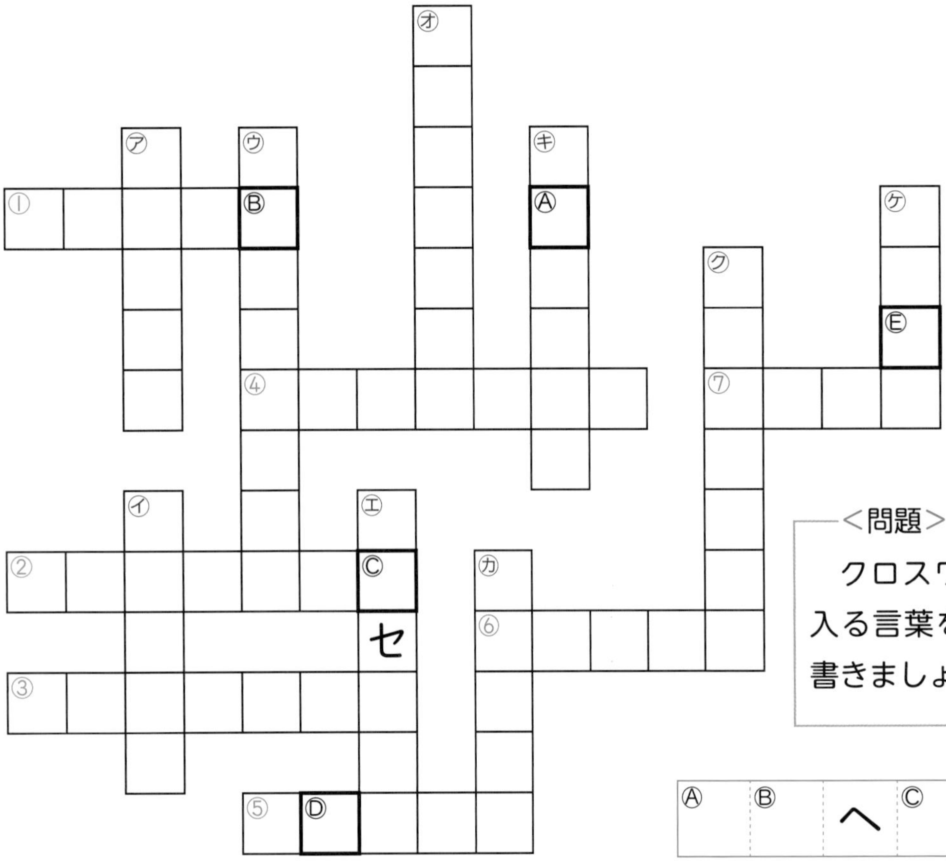

〔記入のしかた〕

❶全部カタカナにする。

❷よう音は大きく記入する。

例「ナンキョク」→「ナンキヨク」とする。

❸大陸名については、「大陸」を省略《しょうりゃく》する。

例「アフリカ大陸」→「アフリカ」とする。

<問題>

クロスワードを解《と》いてⒶ～Ⓔに入る言葉をぬき出し、カタカナで書きましょう。

Ⓐ	Ⓑ	ヘ	Ⓒ	Ⓓ	Ⓔ

【たて】

㋐　厚《あつ》い氷におおわれている大陸。

㋑　世界でいちばん大きい大陸。

㋒　朝鮮《ちょうせん》半島の南半分をしめ、日本にいちばん近い国。略《りゃく》して韓国《かんこく》という。

㋓　三大洋で２番目の広さの海洋。

㋔　世界でもっとも小さな大陸。大陸名と、この大陸にある国名は同じである。

㋕　日本と同じ島国で、首都はマニラ。約7000の島からなる。

㋖　アメリカ合衆国《がっしゅうこく》がある大陸。

㋗　日本の領土《りょうど》である、北方領土《ほっぽうりょうど》を不法に占領《せんりょう》している国。

㋘　古くから日本とつながりが深い国で主都はペキン。〇〇〇〇人民共和国《じんみんきょうわこく》、略して中国《ちゅうごく》という。

【よこ】

①　日本と「たて㋑」大陸の間の海。

②　北海道《ほっかいどう》の北方に広がる海。

③　中国・朝鮮半島・南西諸島《なんせいしょとう》に囲《かこ》まれた海。

④　この大陸の北部を赤道《せきどう》が通り、ほとんどが南半球にある大陸。

⑤　日本と国交が開かれていない国。〇〇〇〇〇民主《みんしゅ》主義人民共和国《しゅぎじんみんきょうわこく》、略して北朝鮮という。

⑥　三大洋でもっとも小さい海洋。

⑦　「たて㋑」大陸に次いで２番目に大きな大陸。中央部を赤道が通る。

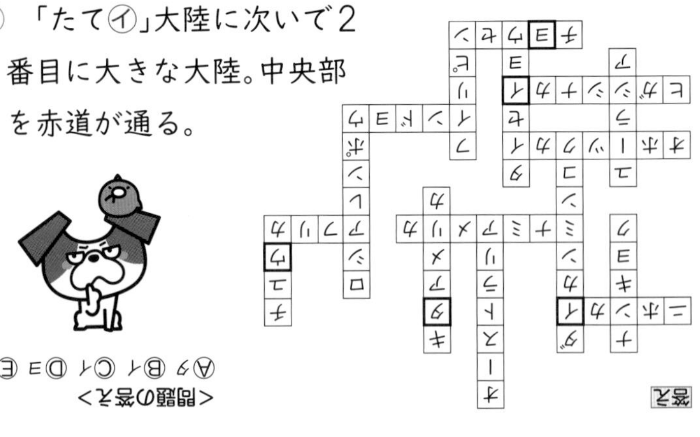

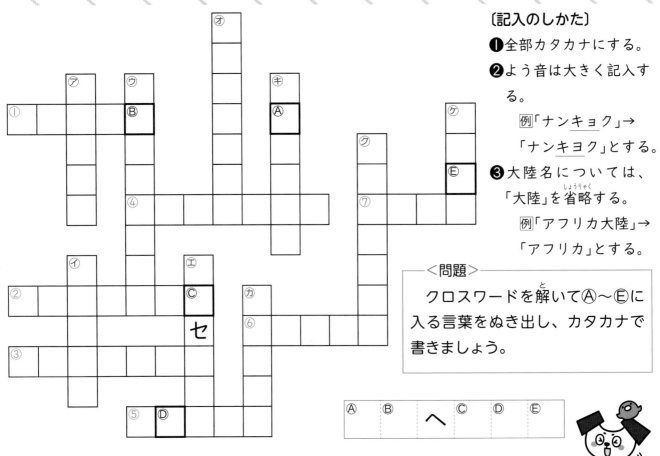

5 次の地図は、［　］の食料の産地をあらわしています。A～Dにあうものをそれぞれ選びましょう。 1つ2点(8点)

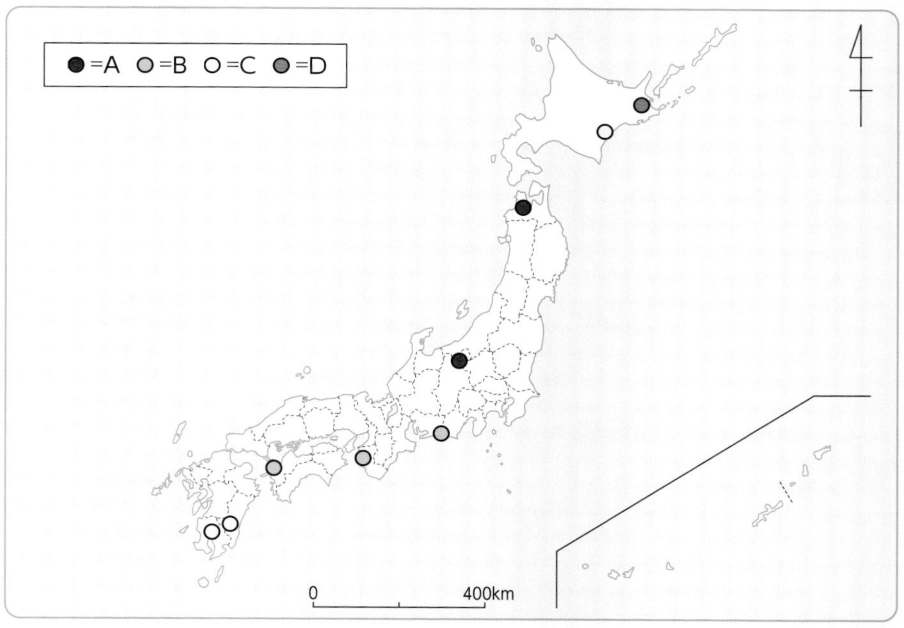

肉牛　乳牛《にゅうぎゅう》　りんご　みかん

A（　　　）　B（　　　）

C（　　　）　D（　　　）

6 米作りについて答えましょう。

1つ2点(14点)

(1) 米作りに向いている自然条件《じょうけん》を、次の㋐、㋑からそれぞれ選びましょう。

①夏の日照時間	㋐ 長い	㋑ 短い
②昼と夜の気温差	㋐ 大きい	㋑ 小さい
③土地	㋐ かたむきがある	㋑ 平ら

①［　］ ②［　］ ③［　］

(2) いろいろな品種《ひんしゅ》のよいところを集めて、新しく品種をつくり出すことを何といいますか。

（　　　）

(3) ①～③にあう言葉を［　］から選びましょう。

・昔は、小さく入り組んだ水田が多かったが、（ ① ）をおこなって田を広くととのえることで、大型《おおがた》の（ ② ）が使えるようになり、農作業の時間を（ ③ ）ことができるようになった。

減《へ》らす　増《ふ》やす　機械　しろかき　ほ場整備《じょうせいび》

①（　　　）　②（　　　）

③（　　　）

思考・判断・表現　30点

7のA 次の問いに答えましょう。

1つ10点、(2)20点(30点)

(1) 日本近海で、数日がかりで漁をすることもある漁業を何といいますか。 （　　　）

(2) 大陸《たいりく》だなについて、かんたんに説明しましょう。

（　　　）

7のB 宮崎県《みやざき》の畜産業《ちくさんぎょう》について答えましょう。

1つ5点、(2)20点(30点)

(1) ｛ ｝から正しい言葉を選び、○で囲《かこ》みましょう。

・宮崎県は①｛ あたたかい ・ すずしい ｝気候のため、牛のえさがよく育つことや、作物さいばいなどに比《くら》べて②｛ 冷害 ・ 台風 ｝のえいきょうが少ないことなどから、畜産業がさかんになった。

(2) 宮崎空港に絵のような消毒《しょうどく》マットがあるわけを、畜産業の点から考えてかんたんに書きましょう。

（　　　）

7のC 和歌山《わかやま》県有田《ありだ》市では、どのような自然環境《かんきょう》を生かしてみかん作りをおこなっていますか。［　］の言葉を全て使って書きましょう。

30点

気候　水はけ　雨

（　　　）

7のD 高知《こうち》県安芸《あき》市について答えましょう。

1つ10点、(2)20点(30点)

(1) 安芸市では、冬に何を使ってなす作りをしていますか。㋐～㋒から選びましょう。

㋐ カントリーエレベーター

㋑ ビニールハウス　㋒ 製氷《せいひょう》工場

［　］

(2) 右のグラフからわかる、安芸市で夏が旬《しゅん》の野菜を冬に生産できるわけを、かんたんに書きましょう。

（　　　）

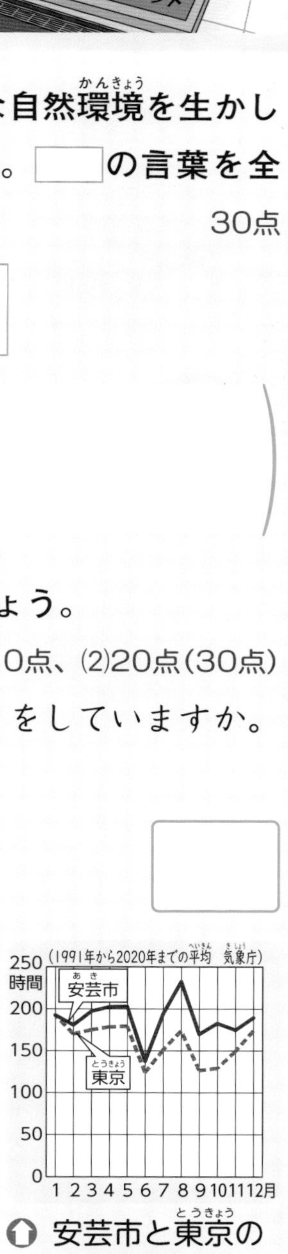

⬆ 安芸市と東京《とうきょう》の月別日照時間

夏のチャレンジテスト

教科書 8〜119ページ

月　日

名前

時間 40分

知識・技能	思考・判断・表現	合格80点
／70	／30	／100

答え57ページ

3、4については、学習の状況《じょうきょう》に応《おう》じてA・Bどちらかを、7についてはA〜Dから選んでやりましょう。

知識・技能　70点

1 次の地図を見て答えましょう。

1つ2点(16点)

(1) ①〜④の国の名前を、㋐〜㋓から選びましょう。

㋐ 大韓民国《だいかんみんこく》
㋑ ロシア連邦《れんぽう》
㋒ 中《ちゅう》華《か》人民共和国
㋓ フィリピン共和国

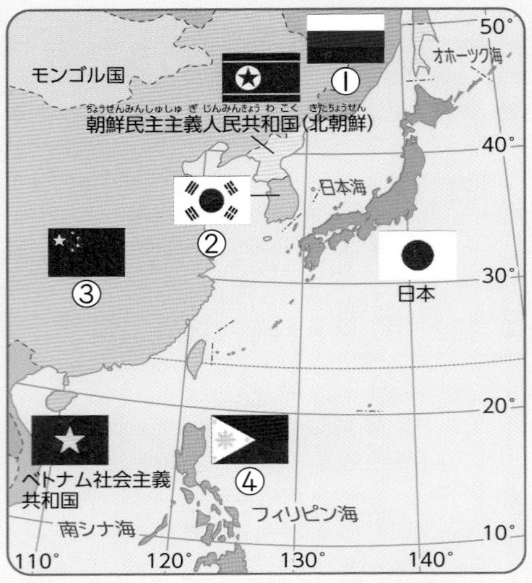

①□　②□　③□　④□

(2) 日本の東、西、南、北のはしの島を、㋐〜㋓から選びましょう。

㋐ 択捉島《えとろふ》　㋑ 与那国島《よなぐに》　㋒ 沖ノ鳥島《おきのとり》　㋓ 南鳥島《みなみとり》

東□　西□　南□　北□

2 次の地図を見て答えましょう。

1つ3点、(2)4点(16点)

(1) ①〜④の山脈《さんみゃく》、山《さん》地《ち》、川の名前を書きましょう。

①(　　)
②(　　)
③(　　)
④(　　)

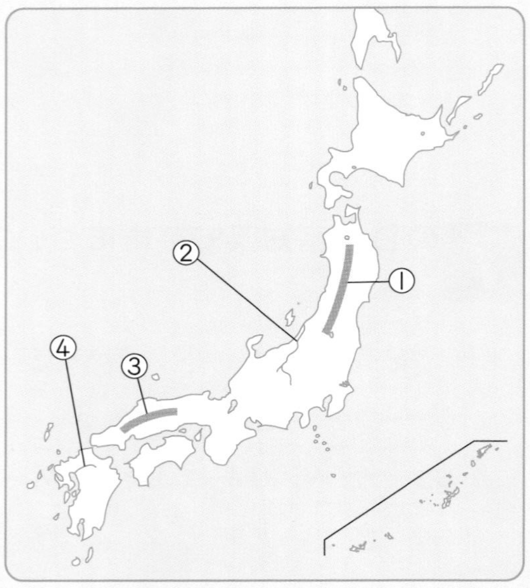

(2) 日本の国土のうち、山地はどのくらいをしめていますか。㋐〜㋒から選びましょう。

㋐ 約2分の1　㋑ 約4分の3
㋒ 約10分の3

□

3のA 沖縄《おきなわ》県のくらしについて、㋐、㋑にあう言葉を書きましょう。

1つ4点(8点)

・沖縄県は、(㋐)の近づく回数が多い県である。あたたかい気候を利用して、さとうの原料となるさとうきびをさいばいしている。また、今でも(㋑)の基地《きち》が沖縄県の中で広い面積をしめている。

㋐(　　)　㋑(　　)

3のB 北海道《ほっかいどう》のくらしについて、㋐、㋑にあう言葉を書きましょう。

1つ4点(8点)

・北海道は雪(降雪量《こうせつりょう》)が多いため、スキーがさかんである。旭川《あさひかわ》市では寒さや病気に強い品種《ひんしゅ》のいねをつくり、(㋐)作りをしている。また、寒さや雪を生かした(㋑)業に力を入れており、「旭川冬まつり」などのイベントには多くの人がおとずれる。

㋐(　　)　㋑(　　)

4のA 岐阜《ぎふ》県海津《かいづ》市のくらしについて、㋐、㋑にあう言葉を書きましょう。

1つ4点(8点)

・岐阜県海津市の輪中《わじゅう》では、昔から農業がさかんにおこなわれてきた。以前は、ほり田で田舟《たぶね》を使って米作りをしていたが、土地を整備する工事をして大型《おおがた》の(㋐)を使って大規模《だいきぼ》な米作りができるようになり、小麦や大豆も作られるようになった。また、広い土地と豊《ゆた》かな水を生かして、トマトやきゅうりなどの(㋑)のさいばいもおこなわれている。

㋐(　　)　㋑(　　)

4のB 群馬《ぐんま》県嬬恋《つまごい》村の農業について、㋐には季節を、㋑にはあう言葉を書きましょう。

1つ4点(8点)

・(㋐)は、暑い地域《ちいき》で作るキャベツの出荷《しゅっか》量が減《へ》るが、嬬恋村では(㋑)気候を生かして、(㋐)にキャベツを作っている。嬬恋村のキャベツはおもに、大都市の多い関東《かんとう》地方や近畿《きんき》地方へ出荷されている。

㋐(　　)　㋑(　　)

うらにも問題があります。

3のC 製鉄業《せいてつぎょう》について答えましょう。

1つ5点(15点)

(1) 右のグラフを見て、中国の鉄《てっ》鋼《こう》生産量は日本のおよそ何倍ですか。小数第１位を四捨五入《ししゃごにゅう》して整数で書きましょう。

(　　　　　　)倍

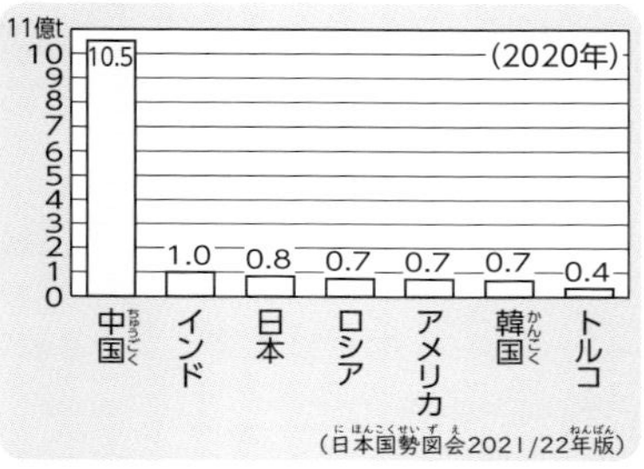

11億t
10
9
8
7
6
5
4
3
2
1
0
10.5
(2020年)
1.0
0.8
0.7
0.7
0.7
0.4
中国
インド
日本
ロシア
アメリカ
韓国
トルコ

(日本国勢図会2021/22年版)

鉄鋼の生産量の多い国

(2) 次の文のうち、正しいものには○を、まちがっているものには×をつけましょう。

① 製鉄所は、高速道路の利用に便利な山の近くに多い。

② 製品《せいひん》として使われた鉄を、再《ふたた》び鉄鋼製品にする技術《ぎじゅつ》が開発されている。

①［　　］　②［　　］

3のD 石油工業について答えましょう。

1つ5点(15点)

(1) 右の原油のおもな輸入先の内わけのグラフを見て、日本が最も多く原油を輸入している国を書きましょう。

(　　　　　　)

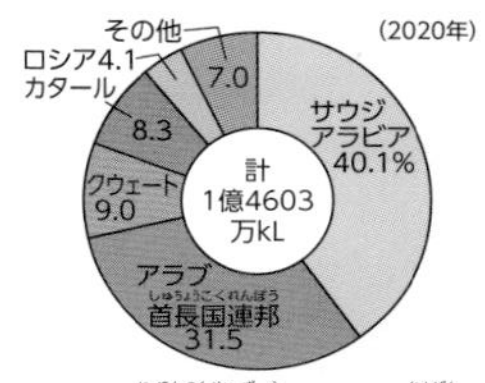

(2020年)
その他
7.0
ロシア4.1
カタール
8.3
クウェート
9.0
サウジアラビア
40.1%
計
1億4603
万kL
アラブ首長国連邦
31.5

(日本国勢図会2021/22年版)

(2) 次の文のうち、正しいものには○を、まちがっているものには×をつけましょう。

① 製油所《せいゆしょ》には、火災《かさい》などに備《そな》え、独自《どくじ》の消防隊《しょうぼうたい》がある。

② 製油所の危険物《きけんぶつ》を取りあつかう設備《せつび》は、住宅地《じゅうたくち》から近いところに配置している。

①［　　］　②［　　］

4 日本の貿易《ぼうえき》について答えましょう。

1つ4点、(2)6点(14点)

(1) 次のグラフを見て答えましょう。

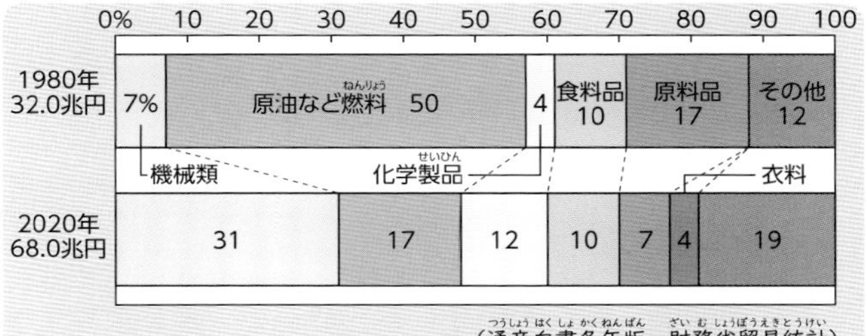

0%
10
20
30
40
50
60
70
80
90
100
1980年
32.0兆円
7%
原油など燃料 50
4
食料品 10
原料品 17
その他 12
機械類
化学製品
衣料
2020年
68.0兆円
31
17
12
10
7
4
19

(通商白書各年版、財務省貿易統計)

日本の輸入品の内わけとうつり変わり

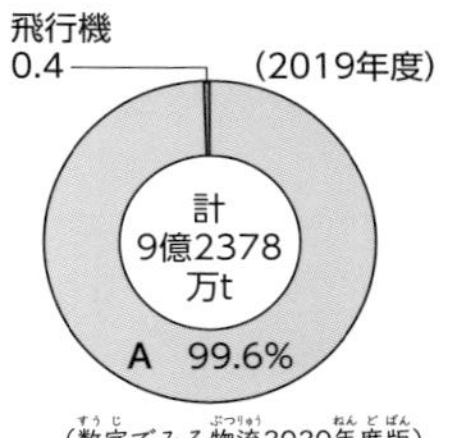

飛行機
0.4
(2019年度)
計
9億2378
万t
A 99.6%

(数字でみる物流2020年度版)

国外への輸送《ゆそう》の内わけ

① 1980年から2020年までで、最もわりあいの増《ふ》えた輸入品を書きましょう。

(　　　　　　)

② Aに入る輸送手段《しゅだん》を、㋐～㋒から選びましょう。

㋐ 自動車　㋑ 鉄道　㋒ 船

［　　］

(2) 輸出国と輸入国とのあいだで、貿易をめぐって問題がおこることを何といいますか。

(　　　　　　)

思考・判断・表現　30点

5 次の表の①～③のメディアの名前を［　］から選びましょう。

1つ4点(12点)

	特ちょう	伝達《でんたつ》手段
①	災害《さいがい》がおこったときも、無線でどこでも受信して情報《じょうほう》を収集《しゅうしゅう》できる。	音声
②	切りぬいて保存《ほぞん》できる。	文字・写真・絵
③	世界中の情報をすぐに見たり、発信したりすることができる。	映像《えいぞう》・音声・文字・写真・絵

インターネット　ラジオ　テレビ　新聞

①(　　　　)　②(　　　　)

③(　　　　)

6のA 情報社会について答えましょう。

1つ8点、(2)10点(18点)

(1) 右の新聞記事は、マスメディアのあやまった情報発信により、くらしや仕事などに深刻《しんこく》な損害《そんがい》を受けたことを取り上げています。このような被害《ひがい》を何といいますか。

誤解生んだ報道「遺憾」
●●県安全宣
農家「安心した

(　　　　　　)

(2) わたしたちがメディアから情報を受け取る際《さい》に気をつけることを、情報の正確《せいかく》さを確《たし》かめる以外で、［　］の言葉を使ってかんたんに書きましょう。

不必要

(　　　　　　　　　　　　)

6のB ニュース番組の中では、毎日多くのニュースが取り上げられています。ニュース番組をつくる人たちが、意見が分かれる内容《ないよう》を取り上げるときに気をつけていることを、かんたんに書きましょう。

18点

(　　　　　　　　　　　　)

冬のチャレンジテスト

教科書　120～213ページ

名前　　月　日

時間 40分

知識・技能	思考・判断・表現	合格80点
/70	/30	/100

答え59ページ

3については学習の状況《じょうきょう》に応《おう》じてA～Dのどれかを、6についてはA・Bのどちらかを選んでやりましょう。

知識・技能　70点

1 日本の食料生産について答えましょう。

1つ2点、(2)1つ3点(17点)

(1) ㋐～㋒のうち、最も自給率《じきゅうりつ》が低い食料を選びましょう。

㋐ 魚かい類　㋑ 米　㋒ 大豆

(2) 日本が外国から輸入《ゆにゅう》しているおもな食料のうち、大豆、くだもの、魚かい類の輸入額《がく》が最も多い国を、㋐～㋒から選びましょう。

㋐ 中国《ちゅうごく》　㋑ アメリカ　㋒ フィリピン

大豆　くだもの　魚かい類

(3) 日本の食料生産に関する説明について、正しいものには○を、まちがっているものには×をつけましょう。

① 魚をつる時間やつり針《ばり》の本数を制限《せいげん》したり、一定の大きさ以下の魚を海にもどしたりすることで、水産資源《しげん》の管理をおこなっている。

② 農業をする人が集まり、農作物の生産・販《はん》売《ばい》を一つにまとめ、あらたな価値《かち》を生み出す取り組みを6次産業化《じさんぎょうか》という。

③ 日本の農産物は高品質《こうひんしつ》であり、ねだんが高いため、輸出量《ゆしゅつりょう》は減《へ》っている。

2 日本の工業生産について答えましょう。

1つ4点(24点)

(1) ①～⑤の工業地帯《こうぎょうちたい》・工業地域《こうぎょうちいき》の名前を書きましょう。

①(　　)
②(　　)
③(　　)
④(　　)
⑤(　　)

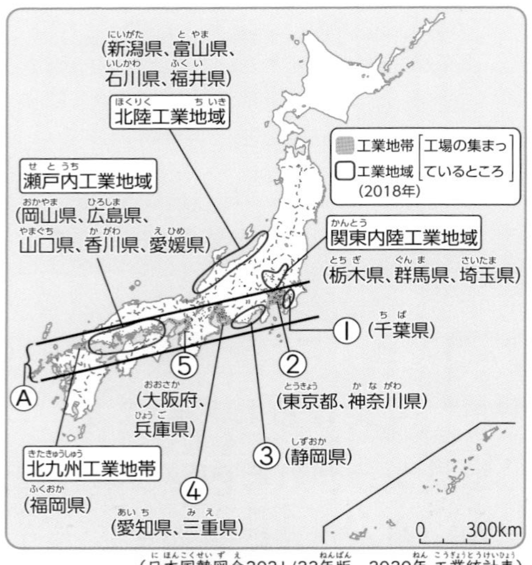

(日本国勢図会《にほんこくせいずえ》2021/22年版《ねんばん》、2020年《ねん》 工業統計表《こうぎょうとうけいひょう》)

(2) 帯のように工業地帯・地域が広がるⒶを何といいますか。(　　)

3のA　自動車の生産について答えましょう。

1つ3点(15点)

(1) ①～④にあう言葉を、㋐～㋕から選びましょう。

・組み立て工場では、(①)でつくられた部品を(②)に流し、(③)で自動車をつくっている。

・工場で生産された自動車は、大量に運べる(④)を使い出荷《しゅっか》する。近い地域へはキャリアカーが使われる。

㋐ 船　㋑ 現地《げんち》生産　㋒ 組み立てライン
㋓ 関連工場　㋔ 販売店　㋕ 流れ作業

①　②　③　④

(2) 右の自動車は、どんなことをめざして開発されましたか。㋐～㋒から選びましょう。

㋐ 事故《じこ》のときに、乗っている人を守りたい。

㋑ はい出する二酸化炭素《にさんかたんそ》の量を減らしたい。

㋒ 再利用《さいりよう》できる部品を多く使いたい。

ガソリンのかわりに、バッテリーにたくわえた電気で動く自動車

3のB　なっとうづくりについて答えましょう。

1つ4点、(1)3点(15点)

(1) なっとうやしょうゆのように、び生物(きん)のはたらきで、食料品を分解《ぶんかい》する現象《げんしょう》によってできた食べ物を何といいますか。(　　)

(2) なっとうづくりについて、正しいものには○を、まちがっているものには×をつけましょう。

① なっとうの生産量が最も多いのは茨城《いばらき》県である。

② なっとうの容器《ようき》には、わらつととよばれるさっきんしたわらでつくられた容器だけが使われている。

③ 地域の好みに合わせるため、ねばり気やタレの味を変えた製品《せいひん》がつくられている。

うらにも問題があります。

3 自然災害の産業へのえいきょうや自然災害への備《そな》えについて答えましょう。
1つ4点(12点)

(1) ㋐、㋑にあう言葉を書きましょう。

・2011年におこった東日本《ひがしにほん》大震災では、沿岸《えんがん》部が(㋐)におそわれ、農業や漁業ができなくなるなどの大きな被害《ひがい》を受けた。被災《ひさい》した地域《ちいき》にある自動車の部品工場では生産を続けられず、日本国内や世界各国の自動車の生産が一時的にできなくなるところもあった。

・地震のゆれや(㋐)により、福島《ふくしま》第一原子力発電所も原《げん》子炉《しろ》がこわれるなどの被害を受け、(㋑)が広いはんいに放出された。

㋐(　　　) ㋑(　　　)

(2) 自然災害による被害をできるだけ少なくする取り組みを何といいますか。 (　　　)

4 森林について答えましょう。
1つ2点(14点)

(1) 日本の森林の面積は、国土のどのくらいをしめていますか。㋐～㋒から選びましょう。

㋐ 約3分の2　㋑ 約2分の1

㋒ 約10分の3

(2) 人が(①)を植え、下草をかったり、(②)をして集まりすぎた木を切りたおしたり、(③)をしてよぶんな枝《えだ》を切り落としたりして、手入れをして育てている森林を人工林といいます。①～③にあう言葉を□から選びましょう。

間ばつ　製材《せいざい》　枝打ち　保安林《ほあんりん》　苗木《なえぎ》

①(　　　) ②(　　　) ③(　　　)

(3) 右のグラフを見て、①、②にあう言葉を書きましょう。

・2020年の国内で生産された木材の量は、1960年に比《くら》べ(①)。また、1970年以降《いこう》は、(②)される木材の方が多いことがわかる。

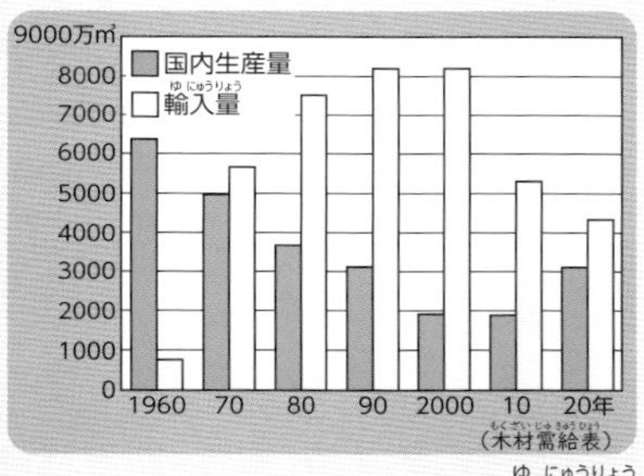

木材の国内生産量と輸入《ゆにゅう》量

①(　　　) ②(　　　)

(4) 人工林に対し、自然に落ちた種や切りかぶから出た芽が生長してできた森林を何といいますか。 (　　　)

5 表の①～③にあう公害病名をあとのⒶ～Ⓒから、④～⑥にあう地域を㋐～㋒から、それぞれ選びましょう。
1つ2点(12点)

公害病名	地域	原因《げんいん》
①	④	工場から八代海《やつしろ》に流されたメチル水銀
②	⑤	工場から阿賀野《あがの》川に流されたメチル水銀
③	⑥	鉱山《こうざん》から神通《じんづう》川に流されたカドミウム

Ⓐ イタイイタイ病　Ⓑ 水俣《みなまた》病　Ⓒ 新潟水俣病

㋐ 富山《とやま》県　㋑ 新潟県　㋒ 熊本《くまもと》県・鹿児島《かごしま》県

① □ ② □ ③ □

④ □ ⑤ □ ⑥ □

思考・判断・表現　30点

6のA 三重《みえ》県四日市《よっかいち》市でおこった公害について答えましょう。
1つ15点(30点)

(1) 工場から出るけむりにふくまれ、四日市ぜんそくの原因となった物質を何といいますか。 (　　　)

(2) 1990(平成《へいせい》2)年に、三重県や四日市市、会社が協力して、国際環境技術移転《こくさいかんきょうぎじゅついてん》センター「アイセット」がつくられ、世界中からたくさんの人が研修《けんしゅう》におとずれています。「アイセット」ではどのようなことがおこなわれていますか。□の2つの言葉を使って書きましょう。

環境　技術

(　　　)

6のB 大和《やまと》川の水質《すいしつ》について答えましょう。
1つ15点(30点)

(1) 右の大和川のBOD《ビーオーディー》(水質のよごれをあらわすあたい)のグラフを見て、BODが最も増《ふ》えたのは何年から何年のあいだですか。

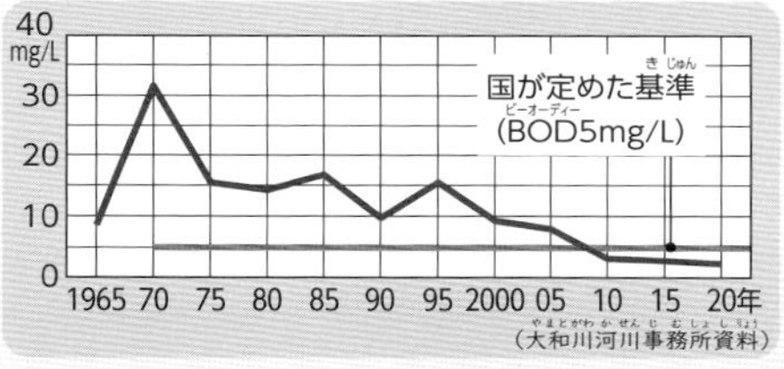

(　　　)から(　　　)のあいだ

(2) 大和川の水質が悪くなった原因を、□の2つの言葉を使って書きましょう。

人口　下水道

(　　　)

春のチャレンジテスト

教科書　214～279ページ

名前	月　日

時間	知識・技能	思考・判断・表現	合格80点
40分	／70	／30	／100

答え61ページ

1については学習の状況《じょうきょう》に応《おう》じてA～Cのどれかを、6についてはA・Bのどちらかを選んでやりましょう。

知識・技能　70点

1のA　アイスクリームをつくる会社について答えましょう。　1つ3点(12点)

(1) アイスクリームと同じように、気温が高くなると売れやすい商品を、㋐～㋓から選びましょう。

㋐ あげもの　㋑ スポーツドリンク
㋒ ココア　㋓ シチュー

(2) アイスクリームをつくる会社について、正しいものには○を、まちがっているものには×をつけましょう。

① 新鮮《しんせん》な商品をとどけるため、つくられたもなかアイスクリームは、工場から出荷《しゅっか》されてから３日以内に店にとどくことを目標にしている。

② 新鮮なもなかアイスクリームをとどけるため、多めにはつくらず、売れゆきに合わせた生産量にしている。

③ もなかアイスクリームの生産量は、気象情《きしょうじょう》報《ほう》を提供《ていきょう》する会社からの売上予測《よそく》情報だけでなく、テレビCM《シーエム》や店のキャンペーンなど、さまざまな情報を組み合わせて、最終的に判断《はんだん》されている。

1のB　京都《きょうと》府京都市がおこなった、観光客がおとずれる時期をずらす取り組みの効果《こうか》に関する資料《しりょう》を見て、正しいものには○を、まちがっているものには×をつけましょう。　1つ3点(12点)

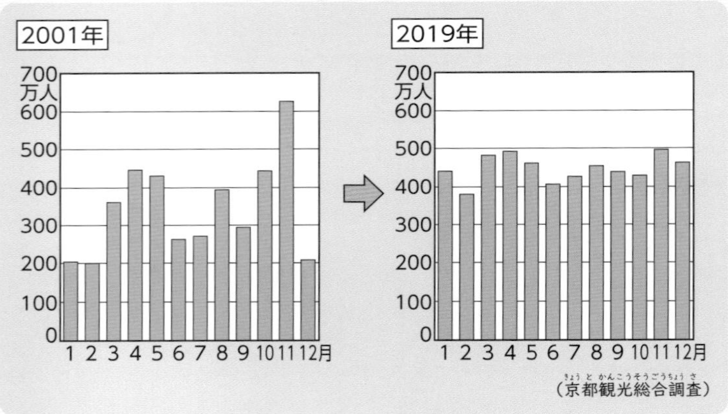

① 2001年の観光客数が最も多い月と観光客数が最も少ない月の観光客数の差は、およそ400万人である。

② 2019年の月ごとの観光客数は、全ての月で400万人から500万人のあいだである。

③ 2001年の観光客数が最も多い月の観光客数は、2019年の観光客数が最も多い月の観光客数より100万人以上多い。

④ 2001年から2019年にかけて、京都市の１年間の観光客数は、大きく減少《げんしょう》した。

1のC　福岡《ふくおか》県久留米《くるめ》市の診療情報《しんりょうじょうほう》ネットワークの資料《しりょう》を見て、正しいものには○を、まちがっているものには×をつけましょう。　1つ3点(12点)

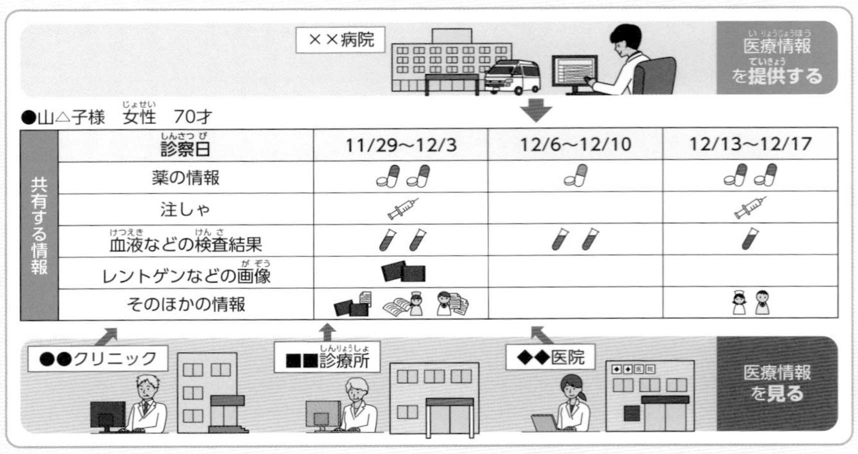

① かん者が、いつも行く病院の医療《いりょう》情報を別の病院にもって行けるようになったので、いち早く受診《じゅしん》できるようになった。

② 複数《ふくすう》の病気をもつかん者が、各病院で同じ薬を出されたり、同じ検査《けんさ》を受けたりすることが防《ふせ》げるようになった。

③ かん者は、同じレントゲンを何回もとれるようになった。

④ かん者にかかる時間とお金の負担《ふたん》が減《へ》った。

2　自然災害《しぜんさいがい》について答えましょう。　1つ4点(20点)

(1) 1995年に日本でおこった自然災害を、㋐～㋓から選びましょう。

㋐ 雲仙岳噴火《うんぜんだけふんか》　㋑ 阪神《はんしん》・淡路大震災《あわじだいしんさい》
㋒ 新潟《にいがた》県中越《ちゅうえつ》地震《じしん》　㋓ 御嶽《おんたけ》山噴火

(2) 次の自然災害のうち、地形に関わる自然災害には㋐を、気候に関わる自然災害には㋑を書きましょう。

① 豪雨《ごうう》による土石流　② 地震
③ 火山の噴火　④ 竜巻《たつまき》

①　②　③　④

うらにも問題があります。

(2) 米づくりの資料《しりょう》を見て、答えましょう。

Ⓐ

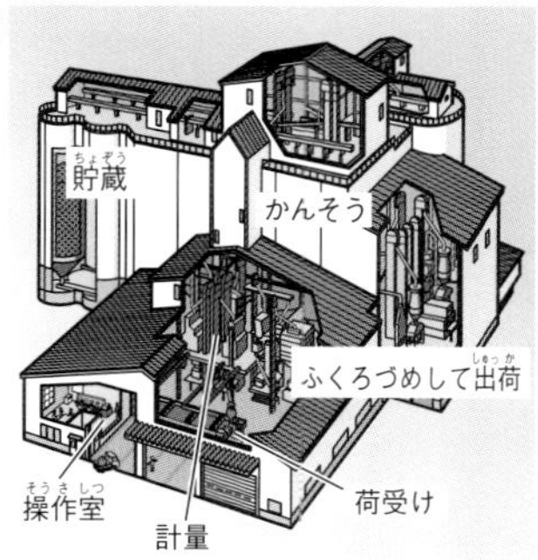

貯蔵
かんそう
ふくろづめして出荷
操作室
計量
荷受け

Ⓑ

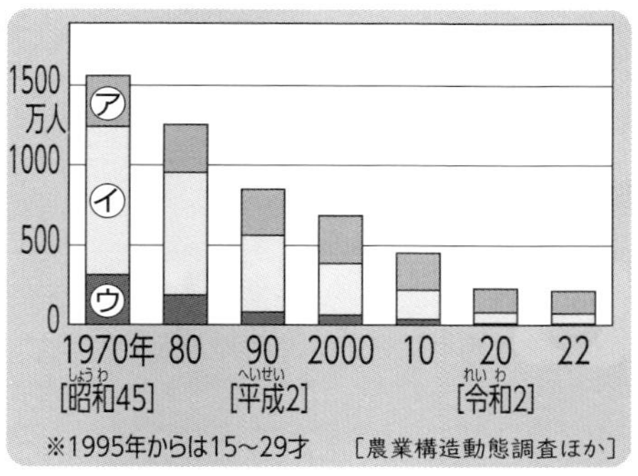

1500
万人
1000
500
0
㋐
㋑
㋒
1970年 80 90 2000 10 20 22
[昭和《しょうわ》45] [平成《へいせい》2] [令和《れいわ》2]
※1995年からは15～29才
[農業構造動態調査ほか]

⬆ 農業で働く人数の変化

① Ⓐのような、収穫《しゅうかく》した米を保管《ほかん》する施設《しせつ》を何といいますか。

(　　　　　　　　　　)

② 新潟《にいがた》県や山形《やまがた》県で生産《せいさん》された米の多くは、Ⓐの施設からどの地方へ最も多く出荷されますか。㋐～㋒から選びましょう。

㋐ 北海道《ほっかいどう》地方　㋑ 関東《かんとう》地方

㋒ 九州《きゅうしゅう》地方

③ Ⓑのグラフについて、㋐～㋒はそれぞれ「16～29才※」「30～59才」「60才以上」を表しています。「60才以上」を選びましょう。

④ Ⓑのグラフから考えられる、日本の米づくり農家がかかえる課題を書きましょう。

(　　　　　　　　　　)

5 工業と貿易について、答えましょう。

1つ2点、(4)4点(18点)

(1) 右の地図について説明した、次の①～⑤にあう言葉を書きましょう。

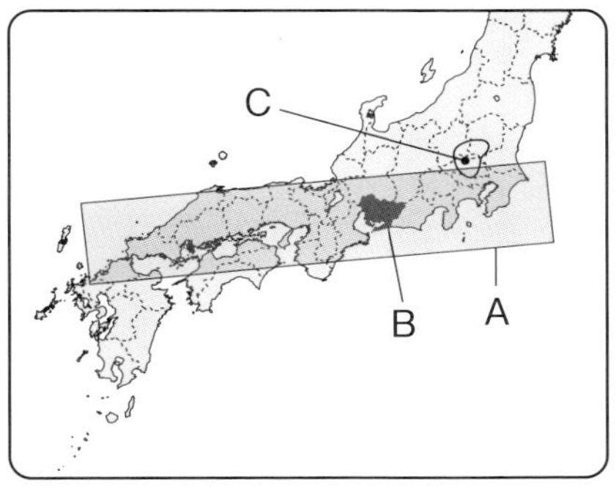

C
B
A

・Aは、多くの工業地帯や工業地域《ちいき》が集中している(①)である。

・Bは自動車の生産がさかんな(②)県で、(③)工業地帯に位置している。自動車の原料の鉄などは主に(④)で海外から運ばれてくる。

・最近では、Cの(⑤)工業地域のように海岸ぞいではない地域にも、工業地域が広がっている。

①(　　　　) ②(　　　　)

③(　　　　) ④(　　　　) ⑤(　　　　)

(2) 右の資料の①にあう輸入《ゆにゅう》品を書きましょう。

(　　　　)

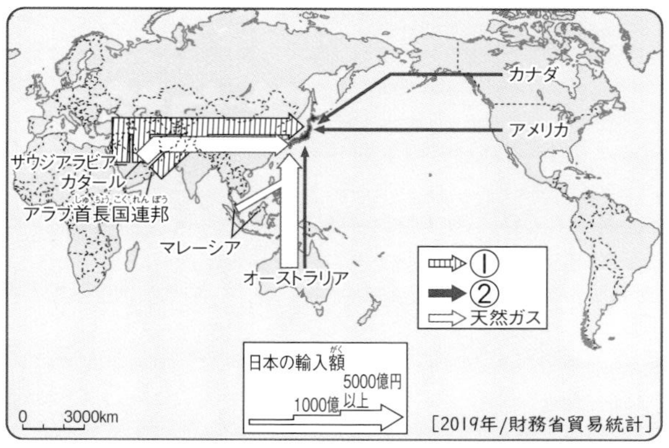

カナダ
アメリカ
サウジアラビア
カタール
アラブ首長国連邦
マレーシア
オーストラリア
①
②
天然ガス
日本の輸入額
5000億円
1000億 以上
0 3000km
[2019年/財務省貿易統計]

主な輸入品の輸入相手国 ➡

(3) 資料の②にあう輸入品を、㋐～㋒から選びましょう。

㋐ 米　㋑ 小麦　㋒ 石炭

(4) 輸入が増《ふ》えることの問題点を、「国内の産業」という言葉を使って書きましょう。

(　　　　　　　　　　)

活用力をみる

6 次の資料や地図を見て、答えましょう。

1つ3点、(3)(5)6点(30点)

> 日本は、国土面積の約3分の2が森林です。
> 青森《あおもり》県から秋田《あきた》県にかけて広がる白神《しらかみ》山地は、ⓐ天然林《てんねんりん》として知られています。
> ⓑ森林は、さまざまな働きをしています。

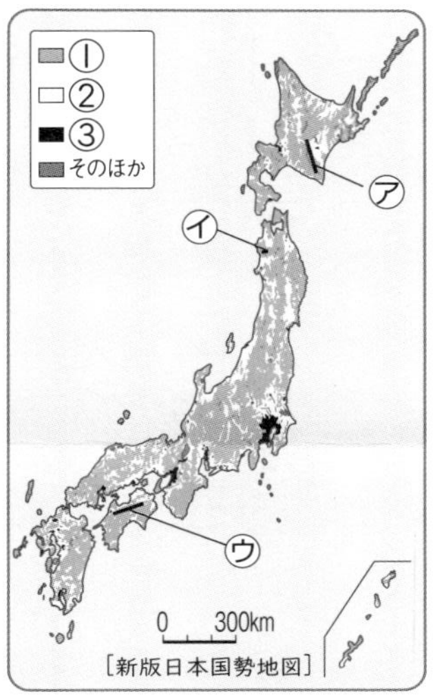

①
②
③
そのほか
㋐
㋑
㋒
0 300km
[新版日本国勢地図]

日本の土地利用 ➡

(1) 右の地図の①～③のうち、森林にあうものを選びましょう。

(2) 右の地図の㋐～㋒のうち、白神山地を選びましょう。

(3) 下線部ⓐについて、天然林とはどのような森林ですか。かんたんに書きましょう。

(　　　　　　　　　　)

(4) 下線部ⓑについて、右の①～④にあう森林の働きを書きましょう。

家などをつくる(①)を生み出す
(②)をたくわえる
(④)のすみかとなる
(③)をきれいにする

①(　　　　)

②(　　　　) ③(　　　　) ④(　　　　)

(5) 森林は自然災害《さいがい》を減《へ》らす働きもしています。森林があることで、どのような災害を防《ふせ》ぐことができますか。

(　　　　　　　　　　)

5年 社会のまとめ 学力診断《しんだん》テスト

名前　　月　日

時間 40分　合格70点　／100

答え63ページ

1 地図を見て、答えましょう。

1つ2点(14点)

(1) A～Cの海洋名を書きましょう。

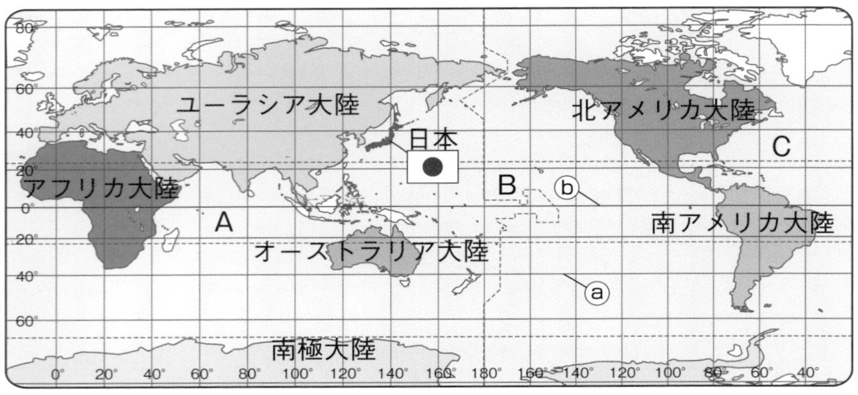

A(　　) B(　　) C(　　)

(2) ①サウジアラビアがある大陸と、②ブラジルがある大陸の名前を書きましょう。

①(　　) ②(　　)

(3) ⓐのように、地図や地球儀《ちきゅうぎ》上に、横に引かれている線の名前を書きましょう。(　　)

(4) ⓑは、0度の(3)です。ⓑを特に何といいますか。(　　)

2 地図を見て、答えましょう。

(1)1つ1点、(2)(3)2点(8点)

(1) A～Dの島の名前を、㋐～㋓から選びましょう。

㋐ 与那国島《よなぐにじま》
㋑ 南鳥島《みなみとりしま》
㋒ 択捉島《えとろふとう》
㋓ 沖ノ鳥島《おきのとりしま》

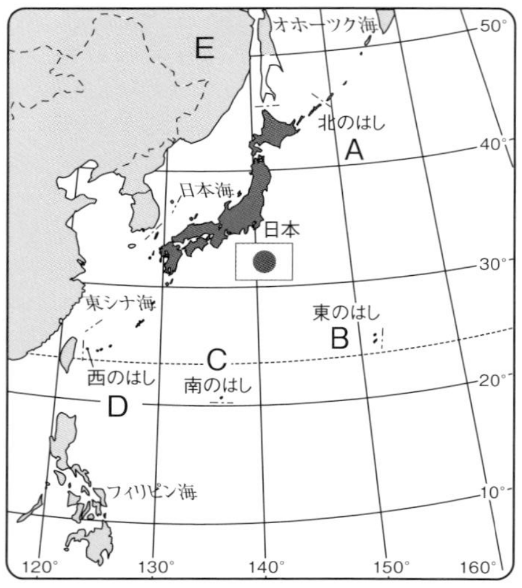

A[　] B[　] C[　] D[　]

(2) 現在《げんざい》、Aの島を不法に占領《せんりょう》している、Eの国の名前を書きましょう。(　　)

(3) その国の海岸線から12海里《かいり》までの海を何といいますか。(　　)

3 地図を見て、答えましょう。

1つ2点(12点)

(1) Aの平野、Bの川、C、Dの山脈《さんみゃく》の名前を書きましょう。

A(　　)
B(　　)
C(　　)
D(　　)

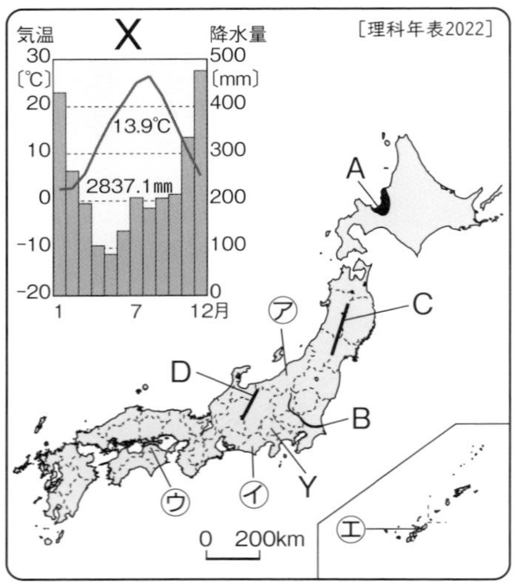

(2) Xのグラフは、どの県の都市の気温と降水量《こうすいりょう》を表していますか。地図中の㋐～㋓から選びましょう。[　]

(3) 右の図中の㋔は、地図中のYの地域《ちいき》などで見られる、山に囲《かこ》まれた平地を表しています。この地形を何といいますか。

(　　)

4 食料の生産について、答えましょう。

1つ2点、(1)③、(2)④4点(18点)

(1) 右の表は、主な食料の生産量の上位3都道府県です。

次の問いに答えましょう。

	米(2021年)	B(2022年)	みかん(2021年)
1位	新潟《にいがた》県	北海道《ほっかいどう》	和歌山《わかやま》県
2位	A	鹿児島《かごしま》県	愛媛《えひめ》県
3位	秋田《あきた》県	宮崎《みやざき》県	静岡《しずおか》県

「データでみる県勢 2023」

① Aにあう都道府県名を書きましょう。(　　)

② Bの食料を、㋐～㋒から選びましょう。

㋐ 肉牛　㋑ もも　㋒ キャベツ　[　]

③ みかんは、どのような地域でさかんに生産されていますか。かんたんに書きましょう。

(　　)

うらにも問題があります。

この「丸つけラクラク解答」は
とりはずしてお使《つか》いください。

教科書ぴったりトレーニング

丸つけラクラク解答

日本文教版
社会5年

「丸つけラクラク解答」では問題《もんだい》と同じ紙面《しめん》に、赤字で答えを書いています。

①問題がとけたら、まずは答え合わせをしましょう。

②まちがえた問題やわからなかった問題は、てびきを読んだり、教科書を読み返《かえ》したりしてもう一度《いちど》見直しましょう。

おうちのかたへ では、次のようなものを示しています。

- 学習のねらいやポイント
- 他の学年や他の単元の学習内容とのつながり
- まちがいやすいことやつまずきやすいところ

お子様への説明や、学習内容の把握などにご活用ください。

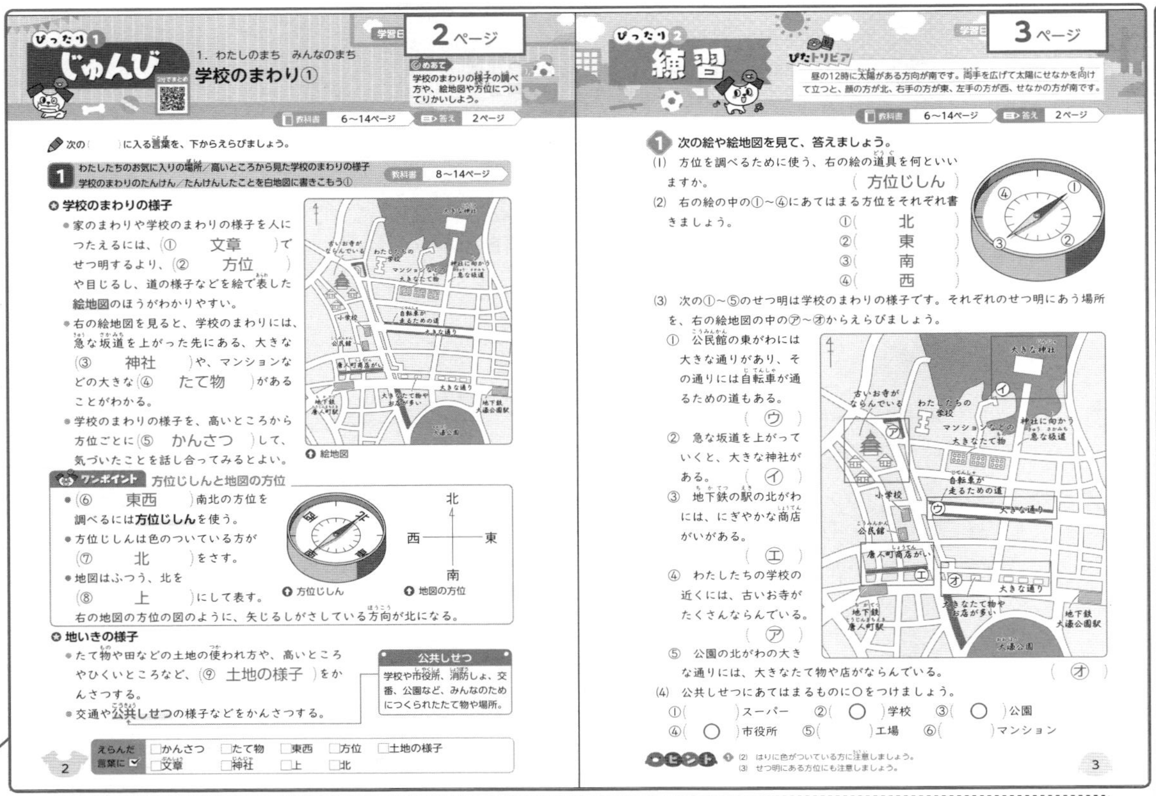

できたかな？
□方位じしんで、色のついている方の方位を言ってみよう。
□公共しせつはどのような場所か、せつ明してみよう。

おうちのかたへ
東西南北の方位については、東と西がおぼえにくいので注意してください。また、地図を見る際、「学校は駅の上にあるね」など「上下左右」を使わず、「学校は駅の北にあるね」など「東西南北」を使うとよいでしょう。

2

見やすい答え

おうちのかたへ

練習　3ページ

1 (2)方位じしんは、色がついている方が北をさします。また、北、南、東、西の4つの方位を四方位といいます。
(3)①は公民館と自転車が通るための道、②は急な坂道と大きな神社、③は地下鉄の駅と商店がい、④はわたしたちの学校の近くの古いお寺、⑤は公園と大きなたて物や店をヒントにして、絵地図をよく見ましょう。
(4)公共しせつは、国や都道府県《とどうふけん》、市区町村《しくちょうそん》がみんなのためにつくったしせつのことです。みんなから集《あつ》めたお金でつくられているという特《とく》ちょうがあります。公共しせつのれいとして、学校、市役所、けいさつしょ、消防しょ、公民館、じどう館、公園などがあります。スーパーや工場、マンションは、国や都道府県、市区町村がつくるものではなく会社がつくるものなので、公共しせつにはあてはまりません。

くわしいてびき

※紙面はイメージです。

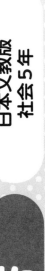

ぴったり1 **準備**

3分でまとめ

1．日本の国土と人々のくらし

1 世界から見た日本①

学習日

2ページ

◎めあて 世界の国々の位置や国旗《こっき》がわかるようになろう。

教科書 8〜15ページ　答え 2ページ

次の（　）に入る言葉を、下から選びましょう。

1 地球のすがたを見てみると

教科書 10〜11ページ

✪ 三大洋と六大陸

地球全体では海の部分が広く、全体の約70%をしめるよ！

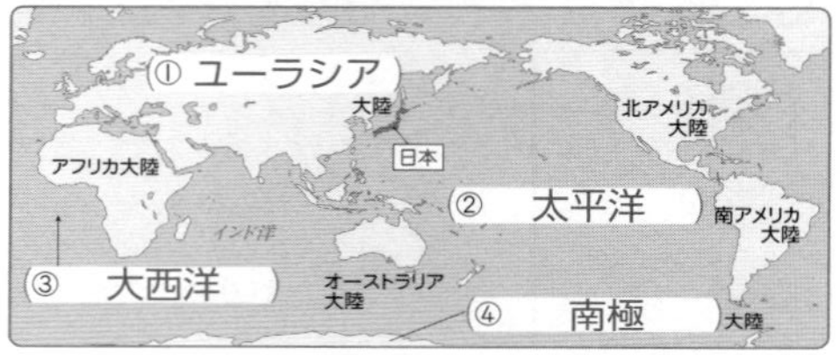

2 地球のすがたを知る／世界のさまざまな国々

教科書 12〜15ページ

ワンポイント 地球儀《ちきゅうぎ》と地図

- （⑤　緯線　）…赤道《せきどう》を０度とする。北緯《ほくい》と南緯《なんい》はそれぞれ90度まである。
- （⑥　経線　）…イギリスの旧《きゅう》グリニッジ天文台を通る線を０度とする。東経《とうけい》と西経《せいけい》はそれぞれ180度まである。

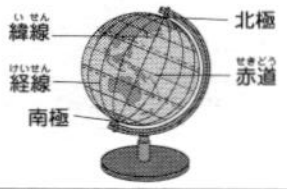

✪ さまざまな国々と国旗

- 国旗は、その国の象《しょう》ちょうとして使われ、その国のなり立ちや理想がこめられている。

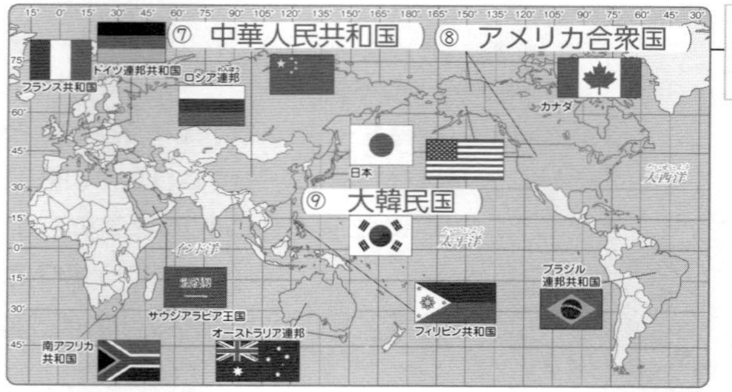

地図は、持ち運びしやすい。

選んだ言葉に✔　□中華人民共和国《ちゅうかじんみんきょうわこく》　□アメリカ合衆国《がっしゅうこく》　□太平洋《たいへいよう》　□大西洋《たいせいよう》　□緯線《いせん》　□経線《けいせん》　□ユーラシア　□大韓民国《だいかんみんこく》　□南極

ぴったり2 **練習**

3ページ

ぴたトリビア　三大洋…広くて深い海のことを大洋といいます。太平洋、大西洋、インド洋の順に面積が広いです。

教科書 8〜15ページ　答え 2ページ

1 右の世界地図を見て、答えましょう。

(1) 図中の①、②の大洋を何といいますか。

①（ インド洋 ）②（ 太平洋 ）

(2) 図中の③〜⑤の大陸を何といいますか。

③（ アフリカ ）大陸
④（ オーストラリア ）大陸
⑤（ 北アメリカ ）大陸

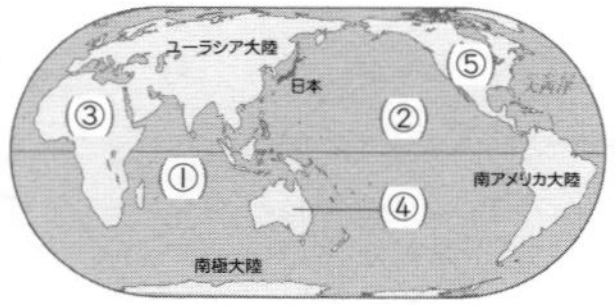

(3) 三大洋と六大陸の説明について、正しいものには○を、まちがっているものには×をつけましょう。

①（ ○ ）地球全体では、海の方が陸地よりも広い。

②（ × ）六大陸の中で最も面積が広いのは、南極大陸である。

2 右の世界地図を見て、答えましょう。

(1) 次の①、②の説明にあう国を、図中から１つずつ選びましょう。

① 面積が世界最大の国。

② 南アメリカ大陸にある国。

①（ ロシア連邦 ）

②（ ブラジル連邦共和国 ）

(2) 次の①〜③の国旗は、図中のどの国のものですか。国名を書きましょう。

①（ アメリカ合衆国 ）

②（ 中華人民共和国 ）

③（ 大韓民国 ）

3 右の地球儀の図を見て、答えましょう。

(1) 図中の①、②の線は、地球上の位置を示《しめ》すための線です。それぞれ何といいますか。

①（ 緯線 ）②（ 経線 ）

(2) 図中の③の線を特に何といいますか。

（ 赤道 ）

(3) 地球儀の特ちょうを、㋐、㋑から選びましょう。（ ㋐ ）

㋐ きょり・面積・方位をほぼ正確《せいかく》にあらわすことができる。

㋑ 持ち運びしやすく、いつでもどこでも見ることができる。

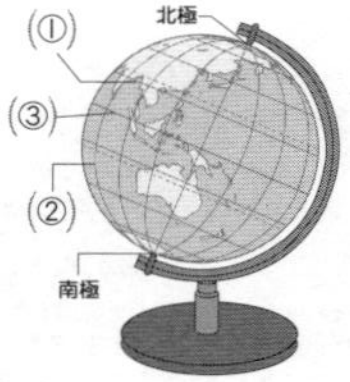

ヒント **3** (1) ①は横の線、②はたての線です。

できたかな？

□世界の三大洋と六大陸を言ってみよう。

□緯線と経線の意味を説明してみよう。

おうちのかたへ

世界が一体化するグローバル化が進んでいます。お子さんが世界中の様々な人や文化に触れる機会が増えています。お子さんと地図をご覧になって、世界にはどんな国や地域、国旗があるか、話し合ってみてください。

練習　3ページ

1 (1)②日本が面しているのは太平洋です。北アメリカ大陸、南アメリカ大陸、ユーラシア大陸、アフリカ大陸、南極大陸に囲《かこ》まれているのは大西洋です。

(3)①海は、地球全体の約70%をしめており、海の方が陸地よりも広くなっています。

②六大陸の中で最も面積が広いのは、ユーラシア大陸です。南極大陸は５番目の広さです。

2 (1)①ロシア連邦《れんぽう》は世界で最も面積が広い国で、日本の面積の約45倍です。

3 (1)②経度《けいど》０度の経線は、イギリスの首都であるロンドンの郊外《こうがい》にある旧グリニッジ天文台を通っています。

(2)緯度《いど》０度の緯線を赤道といいます。赤道の北側を北半球、南側を南半球といいます。

(3)㋑は地図の特ちょうです。地図帳やスマートフォンなどの情報通信機《じょうほうつうしんき》器《き》で見ることができるため、持ち運びしやすく、いつでもどこでも見ることができます。

ぴったり1 **準備**

学習日 **4ページ**

1. 日本の国土と人々のくらし
1 世界から見た日本②

めあて
日本の位置やはんいを確認しよう。

教科書 16~19ページ　答え 3ページ

次の(　　)に入る言葉を、下から選びましょう。

1 日本の位置とはんい　教科書 16~17ページ

日本の位置
- 日本は、北海道《ほっかいどう》・本州《ほんしゅう》・四国《しこく》・九州《きゅうしゅう》の四つの大きな島と、沖縄《おきなわ》島などの約１万4000の島々からなる。北のはしから西のはしまでのきょりは約3300km。

国のはんい
- 領土《りょうど》…国のはんいのうち陸地の部分。
- (⑤　領海　)…領土の海岸線から12海里（約22km）までの海。
- 領海《りょうかい》の外側で、海岸線から200海里（約370km）までの海を(⑥　排他的経済水域　)といい、沿岸《えんがん》国が水産資源《しげん》や鉱産《こうさん》資源を利用する権利《けんり》をもつ。
- (⑦　領空　)…領土・領海の上空。

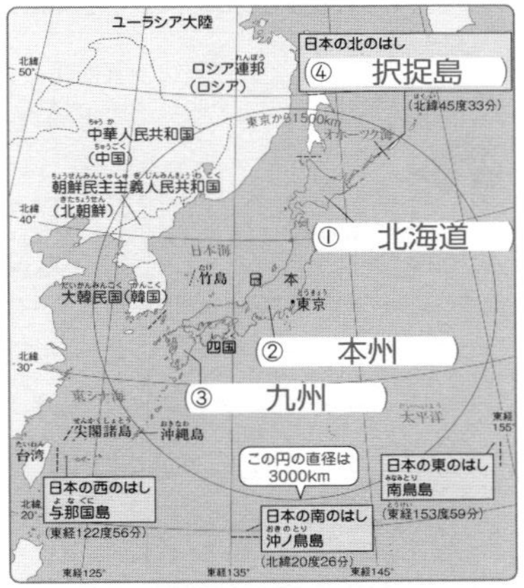

2 領土をめぐる問題　教科書 18~19ページ

ワンポイント　日本固有の領土をめぐる問題

- 北方領土《ほっぽうりょうど》…第二次世界大戦後、ソビエト連邦《れんぽう》が占領《せんりょう》した択捉《えとろふ》島、国後《くなしり》島、色丹《しこたん》島、歯舞群島《はぼまいぐんとう》のこと。現在《げんざい》は、ソビエト連邦を引きついだ(⑧　ロシア連邦　)が不法に占拠《せんきょ》している。
- 竹島《たけ》…日本海にある島。日本固有の領土だが、現在、(⑨　大韓民国　)が不法に占拠している。
- 尖閣諸島《せんかくしょとう》…東シナ海にある島。中華人民共和国《ちゅうかじんみんきょうわこく》（中国《ちゅうごく》）が自国の領土であると主張《しゅちょう》している。

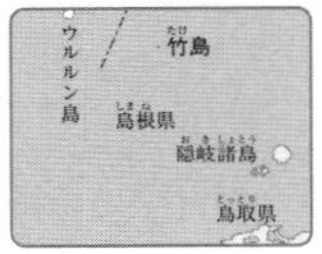

日本政府《せいふ》は、北方領土の島々を返すように求めて、ロシア連邦と話し合いを続けているよ。

選んだ言葉に✓
□排他的経済水域《はいたてきけいざいすいいき》　□択捉島　□領空《りょうくう》　□領海　□北海道
□ロシア連邦《れんぽう》　□大韓民国《だいかんみんこく》　□本州　□九州

ぴったり2 **練習**

学習日 **5ページ**

ぴたトリビア
沖ノ鳥島《おきのとり》…日本の南のはしの島で、東京《とうきょう》都に属《ぞく》し、東京都庁《とちょう》からの直線きょりは約1740kmあります。島の水没《すいぼつ》を防《ふせ》ぐために護岸《ごがん》工事がおこなわれました。

教科書 16~19ページ　答え 3ページ

1 日本の位置とはんいについて、答えましょう。

(1) 次の文中の①~④にあう数字を［　　］から選びましょう。

日本は約(①)の島々からなる。島々は北東から南西の方向に弓のような形にならび、北のはしから西のはしまでのきょりは約(②)kmにもなる。南北はおよそ北緯《ほくい》(③)度から北緯46度まで、東西はおよそ東経《とうけい》123度から東経(④)度までのはんいに広がる。

［20　154　3300　1万4000］

①(　1万4000　)　②(　3300　)
③(　20　)　④(　154　)

(2) 右の図は、国のはんいをあらわしています。図中の①~③にあう言葉を書きましょう。

①(　領土　)　②(　領空　)
③(　領海　)

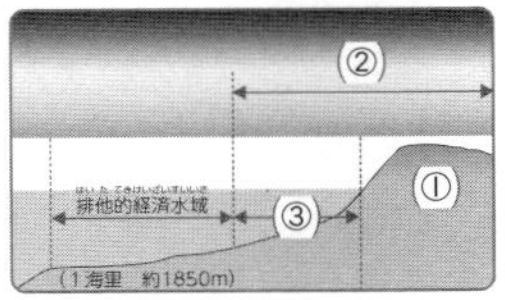

(3) 排他的経済水域のはんいは、海岸線から何海里までですか。㋐~㋒から選びましょう。　(　㋒　)

㋐　12海里　㋑　50海里　㋒　200海里

2 右の地図を見て、答えましょう。

(1) 図中の①、②の海を何といいますか。

①(　東シナ海　)
②(オホーツク海)

(2) 図中の③~⑤の島を何といいますか。

③(　与那国島　)
④(　沖ノ鳥島　)
⑤(　南鳥島　)

(3) 韓国《かんこく》に不法に占拠されている図中の⑥の島を何といいますか。

(　竹島　)

(4) 北方領土の説明について、正しいものには○を、まちがっているものには×をつけましょう。

①(　○　)択捉島、国後島、色丹島、歯舞群島からなる。
②(　×　)現在、中国が不法に占拠している。

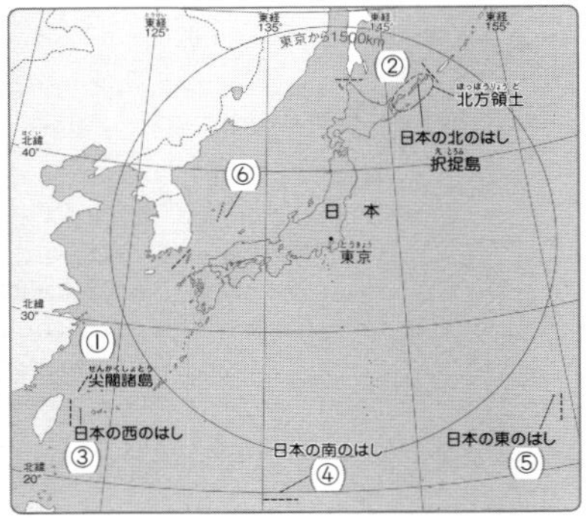

ヒント　2 (1)　①の海にはすぐれた漁場のほか、石油などの鉱産資源が存在《そんざい》します。

できたかな？
□日本の領土の東西南北のはしにある島の名前をそれぞれ言ってみよう。

おうちのかたへ
お子さんと一緒に地図を見て、日本列島の形を確認しましょう。また、日本の領土の範囲も確認し、その一部については、周辺の国との間で領土をめぐる問題があることも確認しておきましょう。

練習　5ページ

1 (1)①日本は、北海道、本州、四国、九州の四つの大きな島と、約１万4000もの島々からなり立っています。

②日本の北のはしにある択捉島から、西のはしにある与那国《よなぐに》島までのきょりは、約3300kmになります。

(2)②領空は、領土と領海の上空のことで、排他的経済水域の上空は領空にふくまれません。

③領海は、領土の海岸線から12海里（約22km）までの海のことです。

(3)排他的経済水域は、領海の外側で、海岸線から200海里までのはんいです。１海里は約1850mなので、200海里は約370kmになります。㋐の12海里は領海のはんいです。

2 (2)与那国島は沖縄県、沖ノ鳥島と南《みなみ》鳥《とり》島は東京都に属します。

(4)①北方領土は、日本固有の領土ですが、現在はロシア連邦が不法に占拠しています。

②中国は、日本固有の領土である尖閣諸島を自国の領土であると主張しています。

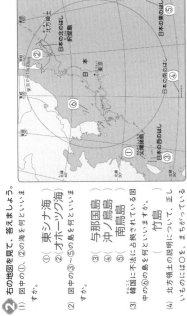

ぴったり1
準備
1. 日本の国土と人々のくらし
2 日本の地形や気候①

3分でまとめ

学習日 **6ページ**

めあて
日本の地形や気候の特色を理解しよう。

教科書 20~25ページ　答え 4ページ

次の（　　）に入る言葉を、下から選びましょう。

1 四季のある日本の気候と地形／日本の地形の特色　教科書 20~23ページ

日本の気候の特色

- 春・夏・秋・冬の四つの季節があり、（① 四季 ）の変化がはっきりしている。

ワンポイント 日本の地形

- 日本の国土の約4分の3は山地《さんち》で、残り約4分の1の平地《へいち》に多くの人が住んでいる。
- 日本の川は、短くて流れが急である。
- 日本には、多くの（② 火山 ）があり、噴火《ふんか》すると大きな被害《ひがい》が出る。いっぽう、火山のある地域《ちいき》には湖や（③ 温泉 ）などがあり、人々のいこいの場所となっている。

山地	山脈	山のみねがつながっている
山地	高地	表面がなだらかになっている
山地	高原	表面が平らになっている
平地	平野	海に面し広く開けている
平地	盆地	まわりを山に囲まれている
平地	台地	まわりより高くて平ら

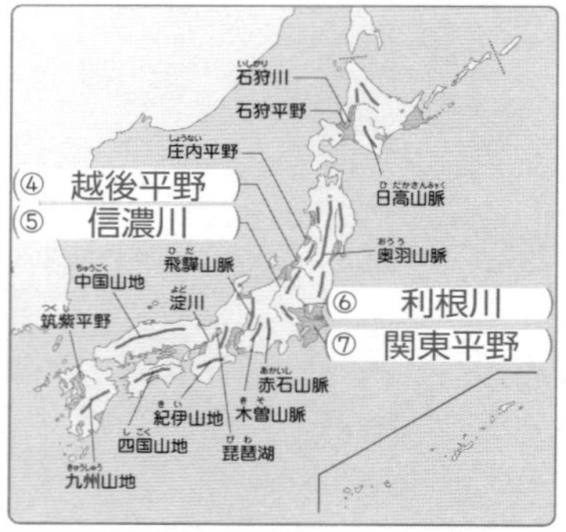

2 つゆと台風　教科書 24~25ページ

日本で降水量《こうすいりょう》の多い時期

- （⑧ つゆ ）…5月から7月にかけて、北海道《ほっかいどう》をのぞくほとんどの地域でくもりや雨のふる日が続く。
- （⑨ 台風 ）…夏から秋にかけて日本にやってくる。つゆや台風は、大雨による洪水《こうずい》や山くずれなどの自然災害《しぜんさいがい》を引きおこすことがある。

日本は、特に夏の降水量が多いね。

選んだ言葉に✓　□関東平野　□信濃川　□四季　□台風　□つゆ　□越後平野　□利根川　□火山　□温泉

ぴったり2
練習

学習日 **7ページ**

ぴたトリビア
本州《ほんしゅう》の中央部にある飛驒《ひだ》山脈・木曽《きそ》山脈・赤石《あかいし》山脈を合わせて日本アルプスとよびます。高さ3000mぐらいのけわしい山々がそびえています。

教科書 20~25ページ　答え 4ページ

1 右の地図を見て、答えましょう。

(1) 図中の①~③の山脈・山地を何といいますか。
①（ 奥羽山脈 ）
②（ 木曽山脈 ）
③（ 紀伊山地 ）

(2) 図中の④、⑤の平野を何といいますか。
④（ 石狩平野 ）
⑤（ 関東平野 ）

(3) 図中の⑥の川、⑦の湖を何といいますか。
⑥（ 信濃川 ）
⑦（ 琵琶湖 ）

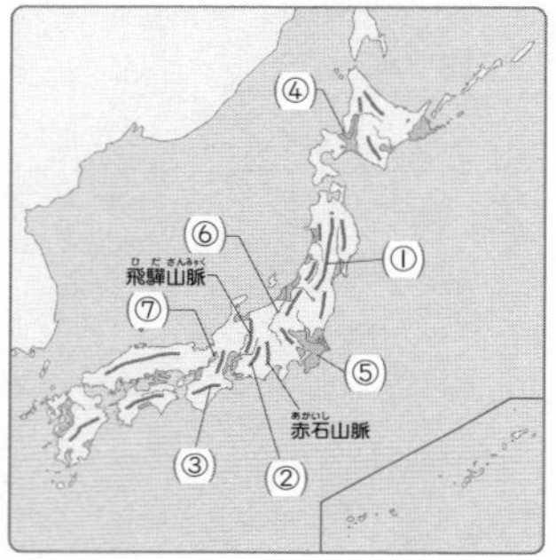

(4) 日本の気候と地形の説明について、正しいものには○を、まちがっているものには×をつけましょう。
①（ ○ ）日本の気候は、四季の変化がはっきりしている。
②（ × ）日本は、国土の約4分の3が平地である。
③（ × ）平地のうち、まわりを山に囲まれている土地を台地という。
④（ ○ ）日本の川は、外国の川に比《くら》べて短く流れが急である。

(5) 火山に関する次の文中の①~③にあう言葉を□から選びましょう。
①（ 噴火 ）②（ 被害 ）③（ 湖 ）

日本には多くの火山がある。火山が①すると大きな②が出る。しかし、火山のある地域には③や温泉があり、人々のいこいの場所となっている。

湖　噴火　被害

2 日本の気候について、答えましょう。

(1) つゆにあてはまるものには㋐を、台風にあてはまるものには㋑を書きましょう。

①（ ㋑ ）夏から秋にかけて日本にやってきて、大雨による被害をもたらすこともあるよ。

②（ ㋐ ）5月から7月にかけて、北海道をのぞくほとんどの地域でくもりや雨のふる日が続くよ。

(2) 日本では、夏と冬のどちらの降水量が多いですか。（ 夏 ）

ヒント
1 (2)⑤ 日本で最も広い平野です。
1 (3)⑥ 日本で最も長い川です。

できたかな？
□日本のおもな川、山脈、平野の名前を言ってみよう。
□日本で降水量の多い時期をおさえておこう。

おうちのかたへ
日本は四季の変化が明確な国です。同じ平野、山地、川でも季節によって景色が変わります。お住まいの地域の山や川にお子さんと一緒に出かけ、日本の季節の違いを話し合ってみてください。

練習　7ページ

1 (1)③紀伊《きい》山地は、三重《みえ》県と奈良《なら》県、和歌山《わかやま》県に連なる山地です。
(2)⑤関東平野は、日本で最も面積が広い平野です。
(3)⑥信濃川は、日本で最も長い川です。
⑦琵琶《びわ》湖は、日本で最も面積が広い湖で、滋賀《しが》県の面積の約6分の1をしめています。
(4)②日本の平地は、国土の約4分の1で、残りの約4分の3は山地になります。
③台地とは、平野や盆地のなかで、まわりより高くなっている平らな土地のことです。まわりを山に囲まれている土地は、盆地です。
(5)日本には多くの火山があり、現在《げんざい》でも噴火している火山があります。また、火山活動によってつくられた湖や温泉が、観光地になったところもあります。

2 (1)①台風のえいきょうで、九州《きゅうしゅう》や本州の南側で降水量が多くなります。

ぴったり1 準備

1．日本の国土と人々のくらし

2 日本の地形や気候②

学習日

8ページ

◎めあて

日本の気候と季節風《きせつふう》の関わりを理解《りかい》しよう。

教科書 26～29ページ　答え 5ページ

次の（　　）に入る言葉を、下から選びましょう。

1 地域《ちいき》によってちがう気候　教科書 26～27ページ

ワンポイント 日本各地でことなる気候

- 日本の国土は（① 南北 ）に長く、地形が山がちであるため、地域によって気温や降《こう》水量《すいりょう》にちがいが見られる。
- （② 北海道 ）の気候…１年を通して雨が少なく、冬の寒さがきびしい。
- 日本海側の気候…冬に雪が多い。
- 太平洋《たいへいよう》側の気候…夏は雨が多くむし暑い。冬は雨が少ない。
- 本州《ほんしゅう》中央部の気候…１年を通して雨が少なく、夏と冬の気温の差が（③ 大きい ）。
- 瀬戸《せと》内《うち》の気候…１年を通して雨が少ない。
- （④ 沖縄県 ）の気候…１年を通して雨が多く、あたたかい。

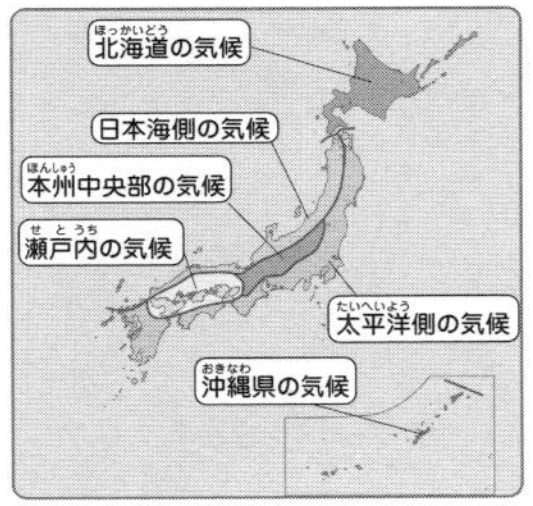

日本の気候区分

海からはなれた内陸部は、空気がかんそうして雨が少ないよ。

2 季節風とくらし　教科書 28～29ページ

季節風が気候にあたえるえいきょう

- 季節風…夏と冬で風向きが反対になる風。
- 冬…（⑤ ユーラシア ）大陸から冷たくかわいた（⑥ 北西 ）季節風がふく。風は日本海をわたるうちに水分をふくんでしめった風となり、山地にぶつかって日本海側に多くの雪をふらせる。太平洋側では（⑦ 晴れ ）の日が続く。
- 夏…太平洋から高温でしめった（⑧ 南東 ）季節風がふき、太平洋側に多くの雨をふらせる。

選んだ言葉に✓　□ユーラシア　□大きい　□南北　□北西　□南東　□晴れ　□北海道《ほっかいどう》　□沖縄県《おきなわ》

8

ぴったり2 練習

学習日

9ページ

ぴたトリビア

日本海側では、夏に、風が山をこえてふきおりる風下側のふもとで、かんそうして気温が高くなるフェーン現象《げんしょう》が発生することがあります。

教科書 26～29ページ　答え 5ページ

1 右の地図を見て、答えましょう。

(1) 次の①～⑤にあう気候の地域を、図中の㋐～㋕から１つずつ選びましょう。

①（ ㋒ ）１年を通して雨が少なく、夏と冬の気温の差が大きい。

②（ ㋓ ）夏は雨が多くむし暑い。冬は雨が少ない。

③（ ㋑ ）冬に雪が多い。

④（ ㋕ ）１年を通して雨が多く、あたたかい。

⑤（ ㋔ ）１年を通して雨が少ない。

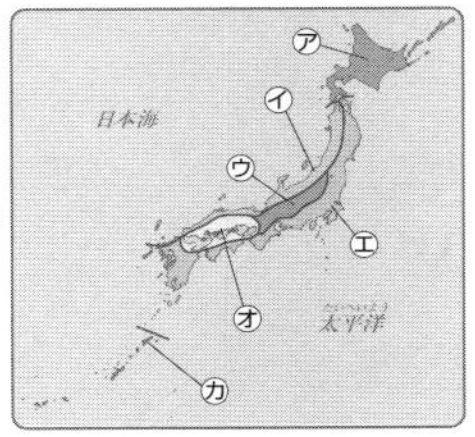

(2) 冬の気温が日本で最も低くなる気候の地域を、図中の㋐～㋕から選びましょう。

（ ㋐ ）

2 次のグラフは、上越《じょうえつ》市と静岡《しずおか》市の月別平均《へいきん》気温と月別降水量をあらわしています。これを見て、答えましょう。

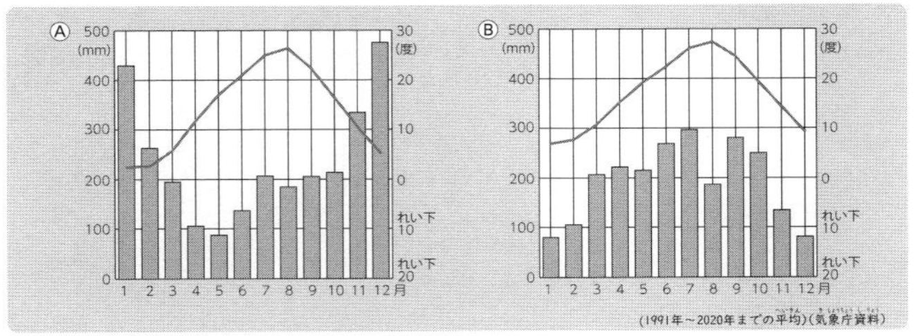

(1991年～2020年までの平均)(気象庁資料)

(1) 次の文の①～③にあう言葉を、㋐～㋓から１つずつ選びましょう。

（①）グラフから読み取ると、Ⓐは冬の降水量が（②）なっており、Ⓑは（③）なっている。

㋐ 折れ線　㋑ ぼう　㋒ 多く　㋓ 少なく

①（ ㋑ ）②（ ㋒ ）③（ ㋓ ）

(2) ⒶとⒷは、太平洋側と日本海側のどちらの気候の特色をあらわしていますか。それぞれ書きましょう。

Ⓐ（ 日本海側 ）Ⓑ（ 太平洋側 ）

(3) Ⓐの冬の降水量にえいきょうをあたえる季節風の風向きを書きましょう。

（ 北西 ）

ヒント
2 (1)① 折れ線グラフは気温、ぼうグラフは降水量をあらわしています。
2 (3) 季節風は、夏は南東から、冬は北西からふきます。

9

できたかな？
□あなたの住んでいる地域がふくまれる気候の特ちょうを説明してみよう。
□冬と夏に季節風が日本にあたえるえいきょうをそれぞれ言ってみよう。

おうちのかたへ
日本には六つの気候区分があります。お住まいの地域が含まれる気候区分と他の地域の気候区分を比較して、どのような違いがあるか、お子さんと話し合ってみてください。

練習　9ページ

1 (1)日本の気候区分を判断《はんだん》するときは、季節の気温、降水量などに着目しましょう。海からはなれた内陸部は、空気がかんそうして雨が少ないです。

(2)冬の気温が日本で最も低くなるのは北海道の気候です。

2 (1)冬の降水量の特ちょうを見るためには、１月や12月のぼうグラフの高さに着目します。折れ線グラフは、月別平均気温をあらわしています。

(2)Ⓐは、冬の降水量が多いことから、冬に雪が多い日本海側の気候だとわかります。

Ⓑは、夏の降水量が多く、冬の降水量が少ないことから、太平洋側の気候だとわかります。

(3)冬にふく北西季節風は、日本海の上をわたるとき、水分を多くふくみ、日本海側に多くの雪をふらせます。雪をふらせた風は、山地をこえるとかわいた風になるため、Ⓑのような太平洋側では冬に晴れた日が続きます。

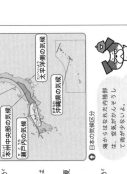

10ページ

ぴったり3 確かめのテスト

1. 日本の国土と人々のくらし
1 世界から見た日本
2 日本の地形や気候

/100 合格80点

[教科書] 8～29ページ [答え] 6ページ

1 右の地図を見て、答えましょう。 1つ4点（40点）

(1) 図中にはえがかれていない大陸の名前を書きましょう。（ 南極大陸 ）

(2) [よく出る] 図中の①～④の国の名前を書きましょう。

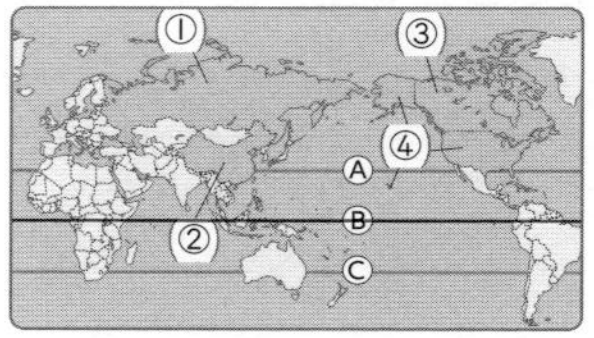

①（ロシア連邦（ロシア））
②（中華人民共和国（中国））
③（ カナダ ）
④（アメリカ合衆国（アメリカ））

(3) 図中の①～④の国の国旗を、㋐～㋓から選びましょう。
①（ ㋑ ）②（ ㋒ ）③（ ㋓ ）④（ ㋐ ）

㋐  ㋑ 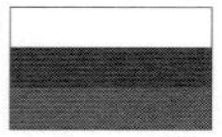 ㋒  ㋓ 

(4) [作図] 図中のⒶ～Ⓒの線のうち、赤道にあてはまる線をなぞりましょう。 [技能]

2 次の文は、経線と緯線の説明です。文中の下線部①～③について、正しいものには○をつけ、まちがっているものには正しい言葉を書きましょう。 1つ4点（12点）

経線は、①フランスの旧グリニッジ天文台を通る線を0度として、東経・西経それぞれ180度まである。緯線は、赤道を0度として、北緯・南緯それぞれ②90度まである。赤道上の実際のきょりは、約③2万kmである。

①（ イギリス ）②（ ○ ）③（ 4万 ）

3 日本の位置とはんいについて、答えましょう。 (1)4点、(2)1つ2点（12点）

(1) 次の㋐～㋓について、面積の大きい順に並べかえましょう。 [思考・判断・表現]
㋐ 北海道 ㋑ 本州 ㋒ 四国 ㋓ 九州
（完答）（ ㋑ → ㋐ → ㋓ → ㋒ ）

(2) [てがるにチャレンジ] 領土、領海、領空について、正しいものには○を、まちがっているものには×をつけましょう。
①（ ○ ）領土には、その国の陸地に囲まれた湖や川もふくまれる。
②（ × ）海岸から20海里までの海は、領海とよばれる。
③（ × ）領海の上空は、領空にはふくまれない。
④（ ○ ）許可なく他国の領土や領空に入ってはいけない。

11ページ

学習日

4 次の地図とグラフを見て、答えましょう。 1つ4点（16点）

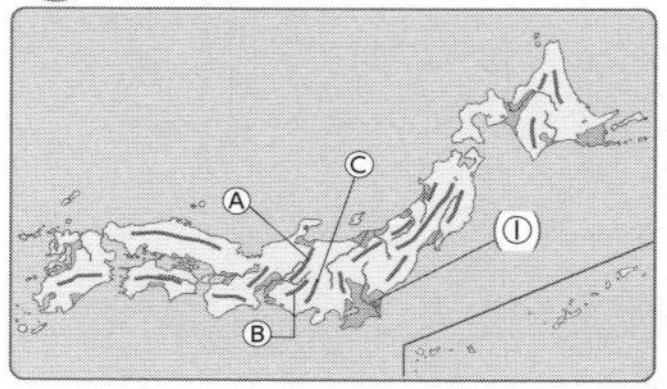

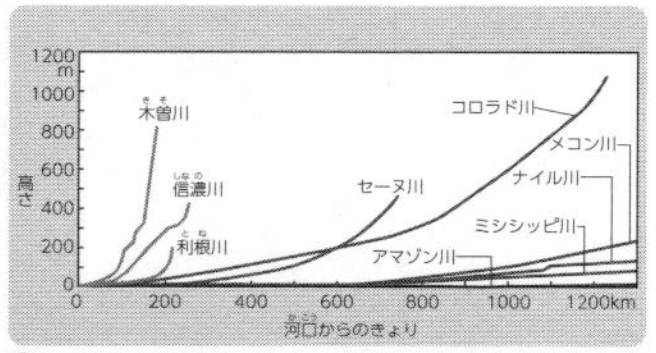

日本の川と外国の川

(1) [よく出る] 日本で最も広い、図中の①の平野を何といいますか。（ 関東平野 ）

(2) 図中のⒶ～Ⓒにあう山脈の組み合わせとして正しいものを、㋐、㋑から選びましょう。（ ㋐ ）
㋐ Ⓐ飛驒山脈 Ⓑ木曽山脈 Ⓒ赤石山脈
㋑ Ⓐ赤石山脈 Ⓑ飛驒山脈 Ⓒ木曽山脈

(3) 日本の国土のうち、山地はどのくらいをしめますか。㋐～㋒から選びましょう。（ ㋒ ）
㋐ 2分の1 ㋑ 3分の2 ㋒ 4分の3

[記述] (4) 右上のグラフは、日本の川と外国の川をあらわしています。グラフから日本の川の特ちょうを読み取り、かんたんに書きましょう。 [技能]
（（例）外国の川と比べて短くて、流れが急である。）

5 火山・台風の説明について、あうものを線で結びましょう。 [思考・判断・表現] 1つ4点（8点）

① 火山
② 台風

㋐夏から秋にかけて日本に近づき、大雨による洪水などの自然災害を引きおこすことがある。
㋑噴火すると溶岩がふき出し、住宅などに大きな被害をあたえることがある。

6 右の図を見て、答えましょう。 1つ4点（12点）

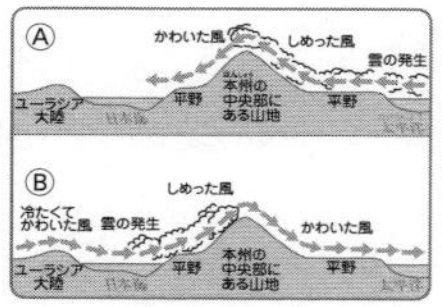

(1) [よく出る] 図のように、季節によって風向きが反対になる風を何といいますか。（ 季節風 ）

(2) 冬のようすをあらわしているものは、Ⓐ、Ⓑのどちらですか。 [思考・判断・表現]（ Ⓑ ）

(3) 冬の太平洋側の天気は、晴れと雨のどちらが多いですか。（ 晴れ ）

ふりかえり ❹(4)がわからないときは、6ページの1にもどって確認してみよう。

確かめのテスト 10～11ページ

1 (2)③カナダは世界で2番目に面積が大きい国です。
(4)赤道は、南アメリカ大陸の北部や、アフリカ大陸の中部を通っています。

2 ①経度0度の経線が通る旧グリニッジ天文台は、イギリスの首都であるロンドンの郊外にあります。
③赤道上の実際のきょりは約4万kmあります。

3 (1)面積の大きい順は、本州、北海道、九州、四国です。
(2)②領海は、領土の海岸線から12海里までの海のことです。
③領空は、領土・領海の上空のことです。

4 (2)飛驒山脈、木曽山脈、赤石山脈はまとめて「日本アルプス」とよばれることもあります。

5 ①火山は、噴火すると被害が出るいっぽうで、温泉などのめぐみがあります。
②台風は、大雨だけでなく、強い風にも注意が必要です。

6 (2)日本では、冬は北西季節風が日本海をわたってふき、夏は太平洋から南東季節風がふくので、Ⓐが夏、Ⓑが冬のようすです。

記述問題のプラスワン

4 (4)日本の川は、外国の川と比べて長さが短く、流れが急であることが書かれていれば正解です。日本は、国土面積の約4分の3を山地がしめており、山地が海岸近くまでせまっている地域も多く見られます。そのため、川の水が山地から海へいっきに流れてしまいます。グラフからも、日本の川は外国の川と比べて河口からのきょりが短いこと、日本の川の方がかたむきが急になっていることが読み取れます。

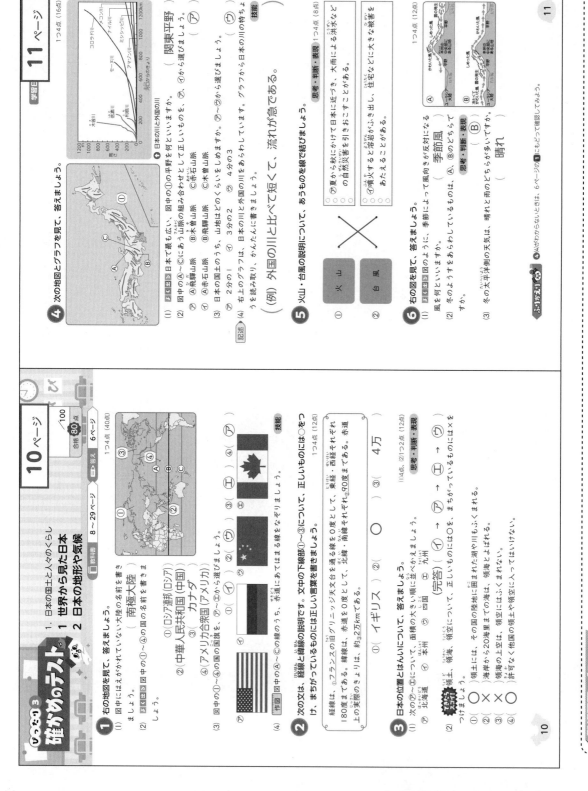

ぴったり1 準備 せんたく

1．日本の国土と人々のくらし

3 さまざまな土地のくらし①

[1] あたたかい沖縄《おきなわ》県に住む人々のくらし

学習日 12ページ

めあて 沖縄県の気候や人々のくらしを理解しよう。

教科書 30〜39ページ 答え 7ページ

次の（　）に入る言葉を、下から選びましょう。

1 わたしたちの住む地域《ちいき》と比《くら》べて／沖縄県の位置と気候／気候に合わせたくらし 教科書 30〜35ページ

沖縄県の位置と気候

- 沖縄県は日本の南西に位置し、沖縄島、石垣《いしがき》島、与那国《よなぐに》島など約700もの島々からなる。
- 本州《ほんしゅう》よりも台湾《たいわん》の方が近い。
- 1年を通して（① 気温 ）が高く、降水量《こうすいりょう》が多い。特につゆや（② 台風 ）の時期に雨が多い。
- 台風の進路にあたることが多く、大きな被害《ひがい》を受けることもある。

気候に合わせた家のつくり

- 夏の暑さや強い風を防《ふせ》ぐくふうがある。
- （③ コンクリート ）づくりの家が多い。
- 屋根の上に（④ 給水タンク ）を置く。

→沖縄県は山が少なく川が短いため、雨水がすぐに海に流れ、水不足になりやすいため。

強い風を防《ふせ》ぐ　暑さを防ぐ　水不足に備《そな》える

沖縄県の家のくふう

2 あたたかい気候を生かした農業／沖縄県のみりょくとは 教科書 36〜39ページ

沖縄県の農業

- あたたかい気候を生かして、（⑤ さとうきび ）・野菜・くだもの・花をさいばいする。
- **さとうきび**…さとうの原料となる、強風や日照りに強い農作物。
- あたたかい気候を生かし、だんぼうを使わないで（⑥ マンゴー ）をさいばいする。
- ほとんどのマンゴーは、温度調整や、強い日差し、台風の被害、害虫などから実を守るため、（⑦ ビニールハウス ）で育てられる。
- マンゴーを出荷するための輸送《ゆそう》はおもに（⑧ 航空機 ）だが、出荷先へのきょりが遠く、時間と費用《ひよう》がかかってしまう。

ワンポイント 沖縄県の自然・文化と基地《きち》問題

- 2021年には、沖縄島の北部および西表《いりおもて》島が世界自然遺産《いさん》に登録された。
- 自然や組踊《くみおどり》など独自《どくじ》の伝統《でんとう》的な文化を生かし、「世界から選ばれる持続可能《じぞくかのう》な（⑨ 観光地 ）」をめざす。
- 第二次世界大戦後、（⑩ アメリカ ）軍に占領《せんりょう》されたが、1972年に日本に返された。現在《げんざい》も、日本のアメリカ軍基地の約70%が沖縄県にある。

首里《しゅり》城の中にある瑞泉門《ずいせんもん》

選んだ言葉に✓					
	□コンクリート	□アメリカ	□気温	□さとうきび	□観光地
	□給水タンク	□マンゴー	□台風	□ビニールハウス	□航空機《こうくうき》

ぴったり2 練習

学習日 13ページ

ぴたトリビア 沖縄県の伝統的な家には、魔よけとして屋根の上にシーサーとよばれる獅子《しし》に似《に》た獣《けもの》の像《ぞう》が置かれています。

教科書 30〜39ページ 答え 7ページ

1 沖縄県のようすについて、答えましょう。

(1) 沖縄県について、正しいものには○を、まちがっているものには×をつけましょう。

①（ ○ ）沖縄県は日本の南西にあり、本州よりも台湾の方が近い。

②（ × ）沖縄県には日本の南のはしの沖ノ鳥《おきのとり》島がある。

(2) 右のグラフは、那覇《なは》市と東京《とうきょう》の月別平均《へいきん》気温と月別降水量をあらわしています。那覇市の気温のグラフは、㋐、㋑のどちらですか。（ ㋐ ）

(3) 次の文中の①、②にあう言葉を書きましょう。

①（ 短い ）②（ 水不足 ）

沖縄県は、降水量は多いが、山が少なく川が（①）ため、雨水がすぐに海に流れてしまう。そのため、（②）に備《そな》えて屋根の上に給水タンクを置く家が見られる。

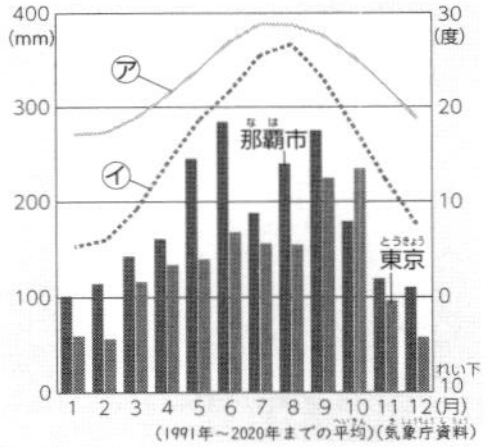

那覇市と東京の月別平均気温と月別降水量

(4) 7月から10月に沖縄県に多くやってくる、強い風や雨をもたらし、ときには大きな被害を受けることもある自然現象《げんしょう》は何ですか。（ 台風 ）

2 沖縄県の農業と歴史《れきし》について、答えましょう。

(1) 沖縄県で最も多くさいばいされている農作物は何ですか。（ さとうきび ）

(2) 右のグラフは、ある農作物の都道府県別の収《しゅう》穫量《かくりょう》をあらわしています。この農作物は何ですか。（ マンゴー ）

(3) 独自の文化や美しい自然を利用した、沖縄県でさかんな産業を何といいますか。（ 観光 ）業

(4) 沖縄県について、正しいものには○を、まちがっているものには×をつけましょう。

①（ ○ ）80年ほど前の第二次世界大戦では、沖縄県にアメリカ軍が上陸し、はげしい戦場になった。

②（ ○ ）第二次世界大戦後はアメリカ軍に占領されたが、1972年に日本に返された。

③（ × ）沖縄県では、現在も広大な土地がアメリカ軍の軍用地として使われており、沖縄本島の面積の約70%を基地がしめている。

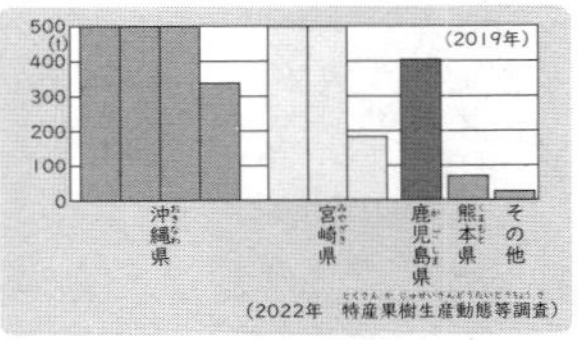

ある農作物の都道府県別の収穫量

ヒント 1 (3)② 必要な水の量が足りないことです。

できたかな？

□沖縄県の気候に合わせた家のくふうについて説明してみよう。

□沖縄県のあたたかい気候を生かした農業の特ちょうを説明してみよう。

おうちのかたへ

沖縄県は自然が豊かなこともあって、人気の観光地になっています。沖縄県の自然や独自の文化など、見てみたいものや行ってみたい場所をお子さんと話してみてください。

練習 13ページ

1 (1)②沖縄県には日本の西のはしの与那国島があります。沖ノ鳥島は日本の南のはしにあり、東京都に属《ぞく》します。

(2)沖縄県は1年を通して気温が高く、冬でも1日の平均気温が15度より低くなることはあまりありません。

(4)沖縄県は台風の進路にあたることが多いため、昔の伝統的な家ではふくぎとよばれる木を家のまわりに植えたり、石がきで家を囲《かこ》んだりして、台風の強い風や雨で家がこわれないようなくふうが見られます。

2 (1)さとうきびは、地下深くに根をはるため、台風などの強風や日照りに強い農作物です。

(2)沖縄県のマンゴーの収穫量は全国1位です。沖縄県のあたたかい気候を生かして、マンゴー作りがさかんにおこなわれています。

(4)③日本にあるアメリカ軍基地の約70%が沖縄県にあります。沖縄本島の面積の約15%が基地として使われています。

ぴったり1 準備
やんたく
1. 日本の国土と人々のくらし
3 さまざまな土地のくらし②
【2】低地に住む岐阜《ぎふ》県海津《かいづ》市の人々のくらし

3分でまとめ

学習日 14ページ

めあて
岐阜県の低地に住む人々のくらしを理解《りかい》しよう。

教科書 40~49ページ 答え 8ページ

次の(　　)に入る言葉を、下から選びましょう。

1 川に囲《かこ》まれた土地／水害とむき合う人々
教科書 40~43ページ

ワンポイント 岐阜県海津市の土地のようす
- (① 揖斐川)、長良《ながら》川、木曽《きそ》川の三つの川に囲まれており、昔は土やすなが積もってできた島のような土地（州《す》）がたくさんあった。
- 州は川と土地の高さがあまり(② 変わらない)ため、洪水《こうずい》のたびに、家や田畑が水につかっていた。そのため、人々は州のまわりを堤防《ていぼう》で囲んで輪中《わじゅう》をつくった。

昔の輪中

輪中の断面図《だんめんず》

水害からくらしを守るためのくふう
- (③ 治水工事)をおこない、堤防を築《きず》いたり、川の流れを真っすぐに変えたりしたことで水害が大きく減《へ》った。
- 石がきを高く積み上げてその上に家を建て、さらに高い石がきの上にはひなん場所となる(④ 水屋)を建てた。のき下にひなん用の舟《ふね》を備《そな》えておくところもあった。

2 輪中での農業／今も続く水害への備え／豊《ゆた》かな自然とともに／気候や地形を生かした人々のくらし
教科書 44~49ページ

水はけの悪い土地での農業
- 昔は(⑤ ほり田)をつくって米作りをしていた。
  →土をほったところは田舟《たぶね》の水路として利用していた。
- 65年ほど前から、農地を整備《せいび》する工事をおこなった。
  →農地が長方形に区切られ、大型《おおがた》の(⑥ 農業機械)を使った大規模《だいきぼ》な米作りができるようになった。現在《げんざい》は、ビニールハウスでトマト、きゅうり、いちごなどのさいばいもおこなわれている。
- (⑦ はい水機場)…はい水ポンプで堤防の中の水をはい水する。

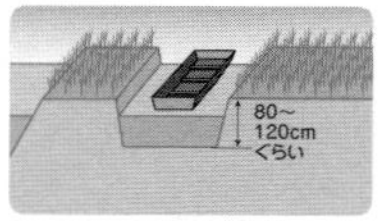

ほり田

今では、自然を楽しむ場所になったよ。

水害への備えと自然とのふれ合い
- (⑧ 水防倉庫)に洪水を防《ふせ》ぐための材料や道具を保管《ほかん》している。
- 洪水に備えて(⑨ 水防訓練)やひなん訓練をおこなっている。
- 木曽三川《さんせん》公園では環境《かんきょう》学習や自然とのふれ合いなどができる。

選んだ言葉に✓
□はい水機場 □水防《すいぼう》倉庫 □治水工事 □ほり田 □水屋
□農業機械 □水防訓練 □揖斐《いび》川 □変わらない

ぴったり2 練習

学習日 15ページ

ぴたトリビア
はい水機場…大雨などのえいきょうで堤防の中で水があふれるのを防ぐため、堤防の中にたまった水をはい水ポンプで堤防の外の川に流すしせつです。

教科書 40~49ページ 答え 8ページ

1 右の図は、岐阜県海津市に見られる、堤防に囲まれた低地の断面図です。これを見て、答えましょう。

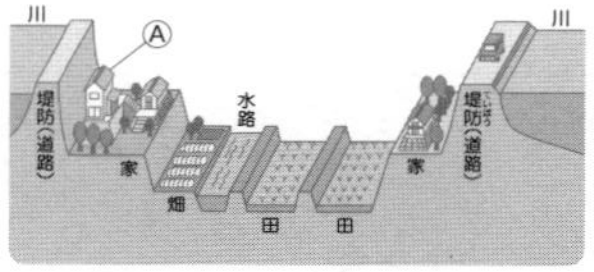

(1) このような低地を何といいますか。
(輪中)

(2) この地域《ちいき》には、木曽三川とよばれる三つの大きな川が流れています。揖斐川・木曽川ともう一つの川の名前を書きましょう。
(長良川)

(3) 図中のⒶは、水害のときのひなん場所として建てられたものです。このような建物を何といいますか。
(水屋)

(4) 図中のⒶに備えてあるものを、㋐~㋓から２つ選びましょう。 (㋐) (㋑) (順不同)
㋐ ひなん用の舟　㋑ 衣類　㋒ はい水ポンプ　㋓ 給水タンク

2 海津市の農業と水害への備えについて、答えましょう。

(撮影：河合　孝)

(1) 海津市では、昔は右の写真のような田が広がっていました。このような田を何といいますか。 (ほり田)

(2) (1)での米作りの説明について、正しいものには○を、まちがっているものには×をつけましょう。
①(○)両どなりの土をほって積み上げ、土地を高くしたところを田とした。
②(×)大型の農業機械を使って米作りをおこなった。
③(○)田舟を使って収穫《しゅうかく》したいねや農具を運んだ。

(3) 農地を整備する工事後の変化として正しいものを、㋐~㋒から選びましょう。 (㋑)
㋐ 大規模な米作りがさかんになり、それ以外の農業は見られない。
㋑ 農地が長方形に区切られ、農道も広げられた。
㋒ はい水機場がつくられ、水不足になりやすくなった。

(4) 次の文中の①~③にあう言葉を[　]から選びましょう。
①(水防倉庫) ②(洪水) ③(ひなん訓練)

海津市では、堤防ぞいの35か所に(①)を建て、(②)を防ぐための材料や道具を保管している。また、大規模な水害の発生に備えて広域《こういき》での(③)をおこなっている。

ひなん訓練　水防倉庫　洪水

(5) 水害のさいに堤防などに積んで用いる、土を入れたふくろのことを何といいますか。
(土のう)

ヒント
1 (3) 堤防が切れても水につからないように、石がきの上に建てられていました。
2 (5) (4)①の中に(5)をつくるふくろやむしろなどが備えられています。

できたかな？
□水害から地域を守るための海津市の取り組みについて説明してみよう。

おうちのかたへ
避難訓練は、災害が起こったときの対処方法を日頃から知っておく、意識しておくためにあります。災害が起こったときの行動について、お子さんと話し合っておきましょう。

練習 15ページ

1 (1)岐阜県海津市にある、三つの大きな川が入り組んで流れる地域では、洪水から家や田畑を守るため、土地（州）のまわりを堤防で輪のように囲みました。このような低地のことを輪中といいます。

(4)水屋の中には、米・みそ・衣類など、毎日のくらしに必要なものが保《ほ》存《ぞん》され、水害に備えていました。また、のき下にひなん用の舟を備えておくところもありました。

2 (1)「ほり田」は、はい水ができるように、両どなりの土をほって積み上げることで、田として使うところの土地を高くした田のことです。

(2)②ほり田では、田舟を使って収穫したいねや農具を運んでいたため、大型の農業機械が通ることができる広い道がありませんでした。

(3)㋐米作りのほか、小麦や大豆も作られるようになりました。
㋒はい水機場は、大雨などで輪中にたまった水を、ポンプで輪中の外に出す設備《せつび》です。

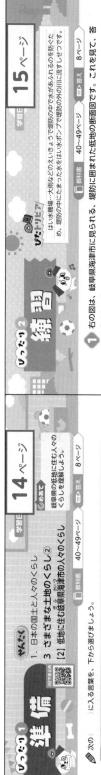

ぴったり3 確かめのテスト

せんたく 1. 日本の国土と人々のくらし

3 さまざまな土地のくらし

【1】あたたかい沖縄県《おきなわ》に住む人々のくらし

学習日 月 日 **16ページ**

/50 合格40点

教科書 30〜39ページ　答え 9ページ

1 右のグラフは、那覇市《なは》の月別平均《へいきん》気温と月別降水量《こうすいりょう》をあらわしています。これを見て、答えましょう。 1つ4点（12点）

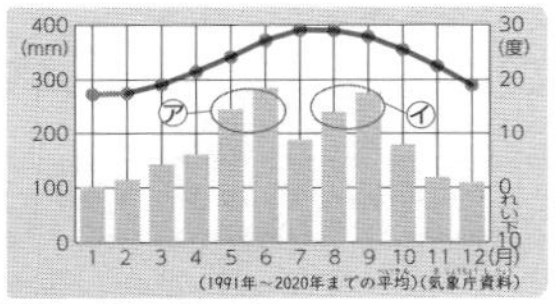

(1) よく出る 那覇市の降水量がⓐの時期とⓘの時期に多くなる原因《げんいん》をそれぞれ書きましょう。

ア（ つゆ ） イ（ 台風 ）

(2) 作図 グラフ中の●をつなげて、気温のグラフを完成させましょう。 技能

2 右の絵は、沖縄県の今の家と昔の家です。これを見て、答えましょう。 1つ3点、(2)5点（23点）

(1) 沖縄県の家は、気候に合わせてくふうしたつくりになっています。ア〜カはどのくふうにあてはまるか選びましょう。 思考・判断・表現

(順不同) 強い風を防《ふせ》ぐ （ イ ）（ ウ ）（ オ ）

(順不同) 暑さを防ぐ （ ア ）（ カ ）

水不足に備《そな》える（ エ ）

ア 風通しのよい広い戸口　イ 家のまわりの木

ウ コンクリートづくり　エ 屋上の給水タンク

オ 家のまわりの石がき　カ 白いかべ

(2) 安定して水を得《え》るため、森林や川が多い沖縄県の北部につくられたしせつを書きましょう。 （ ダム ）

3 沖縄県の産業について、答えましょう。 1つ5点（15点）

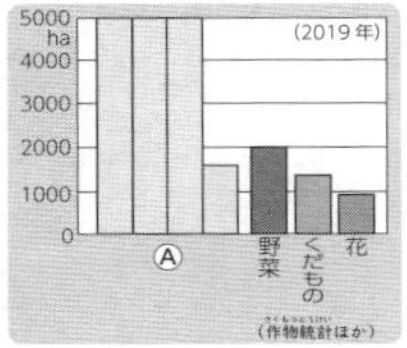

(1) 右のグラフは、沖縄県のおもな農作物の作付面積をあらわしています。グラフ中のⒶにあう農作物の名前を書きましょう。

（ さとうきび ）

記述 (2) 沖縄県で作られた農作物は東京《とうきょう》や大阪《おおさか》などに出荷されますが、このときにどのような問題点がありますか。かんたんに書きましょう。 思考・判断・表現

（(例) おもな出荷先へのきょりが遠く、輸送に時間と費用がかかること。）

(3) 現在《げんざい》、日本のアメリカ軍基地《きち》のうち、どのくらいが沖縄県にありますか。ア〜ウから選びましょう。 （ ウ ）

ア 約10%　イ 約40%　ウ 約70%

ふりかえり **3**(2)がわからないときは、12ページの**2**にもどって確認してみよう。

ぴったり3 確かめのテスト

せんたく 1. 日本の国土と人々のくらし

3 さまざまな土地のくらし

【2】低地に住む岐阜県《ぎふ》海津市《かいづ》の人々のくらし

学習日 月 日 **17ページ**

/50 合格40点

教科書 40〜49ページ　答え 9ページ

4 岐阜県海津市の土地のようすについて、答えましょう。 1つ5点（35点）

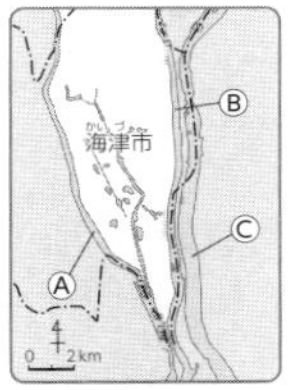

(1) 右の図中のⒶ〜Ⓒにあう川の組み合わせとして正しいものを、ア、イから選びましょう。 （ イ ）

ア Ⓐ長良川《ながら》 Ⓑ木曽川《きそ》 Ⓒ揖斐川《いび》

イ Ⓐ揖斐川 Ⓑ長良川 Ⓒ木曽川

(2) よく出る 次の文中の下線部①〜③について、正しいものには○をつけ、まちがっているものには正しい言葉を書きましょう。

> この地域《ちいき》は、川よりも土地の高さが①高いため、大雨や台風で川の水が増《ふ》えると洪水《こうずい》の被害《ひがい》がおこりやすかった。人々は洪水から身を守るため、家や田畑のまわりを②堤防《ていぼう》で囲《かこ》んだ③ダムをつくった。

①（ 低い ） ②（ ○ ）

③（ 輪中 ）

(3) 右の絵は、海津市に古くからあり、水害時にひなん場所とされた建物です。この建物を何といいますか。

（ 水屋 ）

(4) 水害に備えて国、県、市町がおこなっていることを、ア〜エから2つ選びましょう。 思考・判断・表現

ア 川の水位をかんしする。　イ 堤防を低くしたり、うすくしたりする。

ウ 広域《こういき》でのひなん訓練をおこなう。　エ 真っすぐな川の流れを曲げる工事をおこなう。

(順不同)（ ア ）（ ウ ）

5 海津市の農業に関する次の文を読んで、答えましょう。 1つ5点（15点）

> 海津市は、昔は水はけの悪い土地が多く、人々は ① で米作りをし、土をほった部分は ② が通る水路になっていた。65年ほど前から農地を整備《せいび》する工事がおこなわれた。

(1) 文中の①、②にあう言葉を書きましょう。①（ ほり田 ） ②（ 田舟 ）

記述 (2) できたらスゴイ! 下線部について、農地が長方形に区切られた結果、田はどうなりましたか。また、それによって農業はどのように変化しましたか。「農業機械」「大規模《だいきぼ》」という言葉を使って、かんたんに書きましょう。 思考・判断・表現

（(例) 大型の農業機械が通れるようになったため、大規模な米作りができるようになった。）

ふりかえり **5**(2)がわからないときは、14ページの**2**にもどって確認してみよう。

確かめのテスト 16〜17ページ

1 (1)沖縄県では、5月・6月はつゆの時期になります。また、8月・9月は台風が近くを通ることが多くなります。

2 (2)沖縄県は、山が少なく、川が短いため、雨水がすぐに海へ流れてしまいます。国や県は安定して水を得られるよう、海水を飲み水にするしせつやダム、農業用水として地下水をためる地下ダムをつくりました。

3 (1)さとうきびはあたたかい気候でのさいばいに適《てき》した農作物です。

(2)輸送《ゆそう》はおもに航空機《こうくうき》でおこなわれますが、出荷先へのきょりが遠いため、輸送に時間と費用《ひよう》がかかってしまいます。

(3)第二次世界大戦後、沖縄県はアメリカ軍の占領地《せんりょうち》とされ、1972年に日本に返されました。現在、日本のアメリカ軍基地の約70%が沖縄県にあります。

4 (2)①海津市は川よりも土地の高さが低い地域が多くなっています。

③家や田畑のまわりを堤防で囲んだ低地を輪中《わじゅう》といいます。

(4)イ堤防を高くしたり、厚《あつ》くしたりしています。

エ治水工事によって、曲がった川の流れを真っすぐに変えることで、洪水がおこりにくくなります。

記述問題のプラスワン

5 (2)昔は、小さい田や形のいびつな田が広がり、農道がせまくなっていました。しかし、65年ほど前から始まった農地を整備する工事によって、田は大きな長方形に整えられ、大型《おおがた》の農業機械が通れるように農道が広げられました。その結果、大規模な米作りができるようになりました。解答《かいとう》は、大型の農業機械が通れるようになったこと、そのため大規模な米作りができるようになったことを書きましょう。

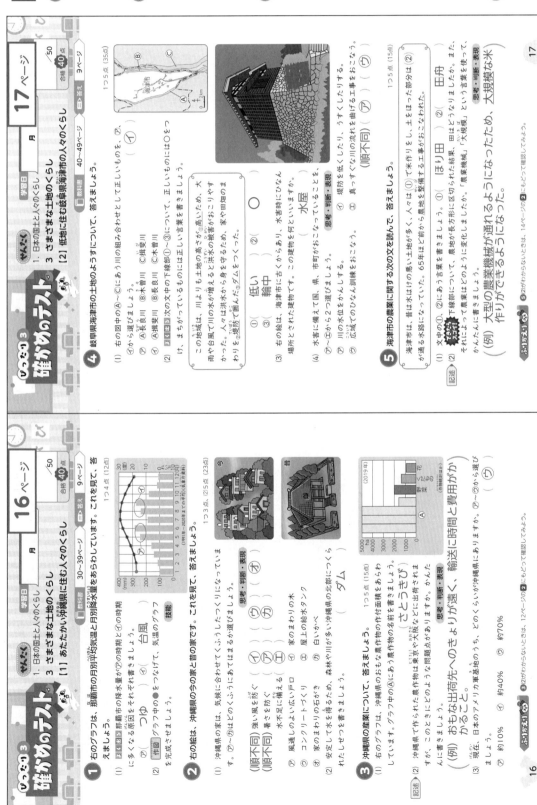

ぴったり1

準備

せんたく

1. 日本の国土と人々のくらし

3 さまざまな土地のくらし③

寒い土地のくらし—北海道旭川市《ほっかいどうあさひかわ》—

3分でまとめ

めあて 北海道の気候や人々のくらしを理解《りかい》しよう。

教科書 50〜57ページ　答え 10ページ

次の(　　)に入る言葉を、下から選びましょう。

1 北海道旭川市の位置と気候／寒さや雪に対応《たいおう》したくらし　教科書 50〜53ページ

ワンポイント 北海道の位置と気候

- 日本の北に位置し、本州《ほんしゅう》とは(① 津軽海峡)でへだてられている。
- 北海道の東には**北方領土《ほっぽうりょうど》**がある。
- 旭川市は北海道のほぼ中央の**上川盆地《かみかわぼんち》**にある。
- 旭川市は冬の寒さがきびしく、平均《へいきん》気温が(② 0度)を下まわる月が4か月もあり、れい下10度以下の日には(③ ダイヤモンドダスト)が発生することもある。

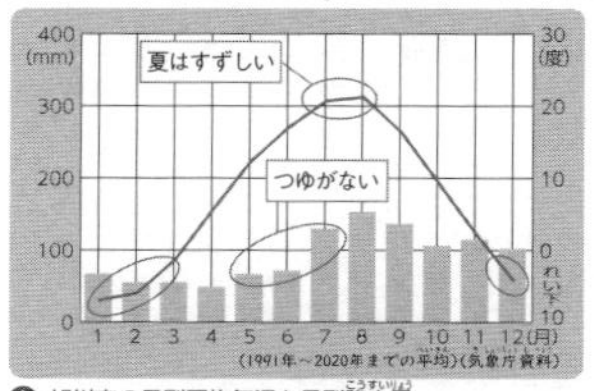

旭川市の月別平均気温と月別降水量《こうすいりょう》

寒さや雪を防《ふせ》ぐくふうをした家

- かべや天じょうに入れる**断熱材《だんねつざい》**を厚《あつ》くし、(④ 性能)のよいまどにする。
- 雪が落ちないように、屋根に(⑤ 雪どめ)をつけたり、雪の重さにたえられる屋根にしたり、雪をとかす装置《そうち》をつけたりしている。

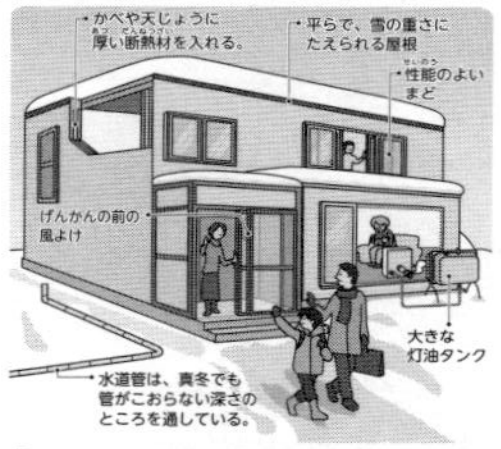

寒さや雪に対応した家のつくり

道路の雪への対応

- 道路の(⑥ 除雪作業)は、雪を道路のわきにかき分ける方法で、おもに夜におこなわれる。
- 道はばがせまくならないように、(⑦ はい雪作業)もおこなわれる。
- 流雪溝《りゅうせつこう》…道路の下にうめた水路で、雪をすてて川に流す。

2 気候を生かした農業／寒さや雪を生かした観光業　教科書 54〜57ページ

気候を生かした農業

- 種まきから収穫《しゅうかく》まで、短い期間でできる(⑧ そば)がさいばいされている。
- 旭川市のそばの作付面積は全国3位である。
- **品種改良**やさいばいのくふうにより、米作りもできるようになった。

品種改良
性質《せいしつ》のことなる品種どうしをかけ合わせ、新しい品種をつくること。

雪を生かした観光業

- (⑨ 旭山動物園)…冬も開園し、冬には「雪あかりの動物園」がおこなわれる。
- 「旭川冬まつり」…雪や氷でつくった雪像《せつぞう》や氷像《ひょうぞう》の展示《てんじ》、雪像づくり体験などが楽しめる祭り。

選んだ言葉に✓
□ダイヤモンドダスト　□旭山《あさひやま》動物園　□そば　□はい雪作業　□0度
□除雪《じょせつ》作業　□津軽海峡《つがるかいきょう》　□性能《せいのう》　□雪どめ

ぴったり2

練習

ぴたトリビア
北海道の面積は約8.3万km^2で、47の都道府県の中で最も面積が広いです。これは日本全体の面積（約37.8万km^2）の約5分の1にあたります。

教科書 50〜57ページ　答え 10ページ

1 北海道旭川市のようすについて、答えましょう。

(1) 次の文中の①〜③にあう言葉を［　　］から選びましょう。

①(津軽海峡) ②(北方領土) ③(上川盆地)

北海道は、本州とは(①)でへだてられ、東には択捉《えとろふ》島などの(②)がある。旭川市は、北海道のほぼ中央にあり、大雪《たいせつ》山などの山々に囲《かこ》まれた(③)に位置している。

北方領土　上川盆地　津軽海峡

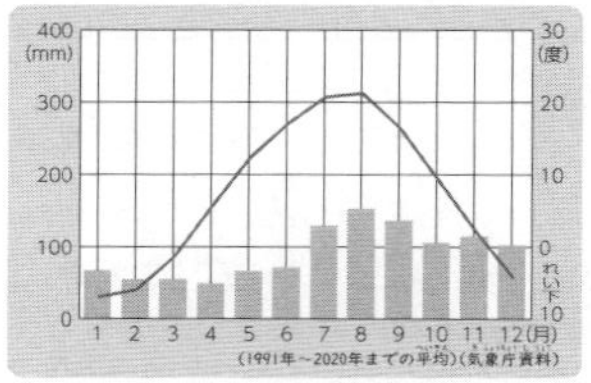

(2) 右のグラフは、旭川市の月別平均気温と月別降水量をあらわしています。グラフから読み取れることとして正しいものには○を、まちがっているものには×をつけましょう。

①(○) 月別平均気温が0度を下まわる月が4か月もあるね。

②(×) 最も気温が高い8月と最も気温が低い1月の差は20度近くあるね。

③(○) 5・6月に雨が少ないのは、北海道にはつゆがないからだね。

(3) 旭川市の家のくふうを、㋐〜㋓から2つ選びましょう。(順不同)(㋐)(㋓)

㋐ かべや天じょうに厚い断熱材が入っている。　㋑ 風通しのよい広い戸口がある。

㋒ 屋根の上に給水タンクがついている。　㋓ 屋根に雪どめがついている。

2 北海道旭川市の産業について、答えましょう。

(1) 旭川市のそば作りについて、正しいものには○を、まちがっているものには×をつけましょう。

①(○)旭川市は雪どけがおそいため、種まきから収穫まで約90日間でできるそばのさいばいがさかんである。

②(×)旭川市のそばの作付面積は全国1位である。

(2) 旭川市にある、「雪あかりの動物園」というイベントがおこなわれる動物園の名前を書きましょう。(旭山動物園)

ヒント
1 (2)① 折れ線グラフで、0度の目盛《めも》り線を下まわっている月を数えましょう。
1 (2)② 1月の平均気温はおよそれい下7度、8月の平均気温はおよそ21度です。

できたかな？

□旭川市の家では寒さや雪に対応した、どのようなつくりが見られるか、説明してみよう。

□旭川市の気候を生かした観光業にはどのようなものがあるか、例をあげてみよう。

おうちのかたへ

旭川市は、月別平均気温が0度を下回る月が4か月もある寒さの厳しい地域です。旭山動物園はニュース番組でも取り上げられることがあります。お子さんとご覧になられたときは、旭川市の暮らしについて話し合ってみてください。

練習　19ページ

1 (1)①北海道は、日本の北に位置します。

②北方領土は、択捉島、国後《くなしり》島、色丹《しこたん》島、歯舞群島《はぼまいぐんとう》からなる日本固有の領土ですが、現在《げんざい》ロシア連邦《れんぽう》が不法に占拠《せんきょ》しています。

(2)②気温の差は30度近くあります。

(3)㋑は気温が高い地域《ちいき》の家のくふうです。

㋒は水不足になりやすい地域の家のくふうです。㋑㋒どちらもあたたかい沖縄《おきなわ》県に住む人々のくらしで学習した家の特ちょうです。

2 (1)②旭川市のそばの作付面積は、全国3位です。

(2)「雪あかりの動物園」というイベントがおこなわれているときは、開園時間が夜まで延長《えんちょう》され、寒さのなかで生きている動物たちを見ることができます。そのときは照明をなるべく使用せず、アイスキャンドルを使うことで、自然なふんいきのなかで動物を見ることができます。

ぴったり1 準備　せんたく

1．日本の国土と人々のくらし
3 さまざまな土地のくらし④
高い土地のくらし—群馬県嬬恋村《ぐんまけんつまごい》—

学習日　20ページ

◎めあて　群馬県嬬恋村の高い土地の人々のくらしを理解《りかい》しよう。

教科書 58～67ページ　答え 11ページ

次の（　　）に入る言葉を、下から選びましょう。

1 嬬恋村の地形や土地利用／森林を開たくする人々／高原でのキャベツ作り　教科書 58～61ページ

ワンポイント　群馬県嬬恋村の位置と気候

- 群馬県の西部に位置し、北・南・西が**長野県《ながの》**と接《せっ》する。
- 北の白根山《しらね》、本白根山《もとしらね》、西に四阿山《あずまや》、南に**浅間山《あさま》**など、高さ2000mをこえる山々に囲《かこ》まれている。
- 嬬恋村の耕地《こうち》面積の約98%は**畑**である。
- 嬬恋村には、山々の噴火《ふんか》による溶岩《ようがん》や（① 火山ばい）が積もってできた高原が広がり、（② キャベツ）畑になっている。
- 夏はすずしく、冬は寒く雪がふる。
- 昼と夜の（③ 気温）の差が大きい。

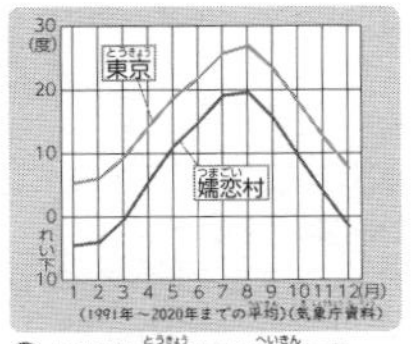

30
(度)
20
10
0
れい下
10
東京《とうきょう》
嬬恋村《つまごい》
1 2 3 4 5 6 7 8 9 10 11 12(月)
(1991年～2020年までの平均)(気象庁資料)

嬬恋村と東京《とうきょう》の月別平均《へいきん》気温

森林の開たく

- およそ140年前に嬬恋村でキャベツ作りがはじまる。
- 夏のすずしい気候がキャベツ作りに適《てき》していることがわかり、少しずつ生産が増《ふ》えてきた。
- 第二次世界大戦後、森林を開たくし、（④ 道路）が整備《せいび》されたことで、東京方面への出荷量が増えた。その後、大規模《だいきぼ》な農地開発により耕地面積が増え、**交通網《もう》**も発達した。
- 天気が変わりやすいため、**品質《ひんしつ》**が安定しない。また、（⑤ ねだん）が安定しないのも家のなやみである。

2 気候を生かした出荷／気候や自然環境《かんきょう》を生かした観光業　教科書 62～65ページ

気候を生かした農業

- 気温が高いとキャベツがよく育たない。→嬬恋村では、暑い地域《ちいき》からの出荷量が減《へ》る時期に合わせてキャベツを収穫《しゅうかく》し、大都市の多い関東《かんとう》地方や（⑥ 近畿地方）に出荷している。
- 7月から10月ごろの嬬恋村のキャベツの出荷量は、全国の半分近くをしめている。

気候や自然を生かした観光業

- 夏→暑さをさけ、すずしく過《す》ごしやすい気候のもと、豊《ゆた》かな自然を求めておとずれる観光客が多い。
- 冬→（⑦ 温泉）やスキー場をおとずれる観光客が多い。
- 火山の被害《ひがい》とめぐみ…1783年の浅間山の噴火では、（⑧ 土石なだれ）が発生し、嬬恋村に大きな被害が出た。2016年には嬬恋村をふくむ地域が浅間山北麓《ほくろく》ジオパークに認定《にんてい》された。

ジオパークは大地の公園という意味だよ。

選んだ言葉に☑　□キャベツ　□近畿《きんき》地方　□気温　□土石なだれ　□火山ばい　□ねだん　□温泉《おんせん》　□道路

ぴったり2 練習

学習日　21ページ

ぴたトリビア　1783年の浅間山の噴火のときに溶岩が流れ出てできた地形を鬼押出《おにおしだ》しといいます。まるで鬼が暴《あば》れて溶岩を押《お》し出したように見えたそうです。

教科書 58～67ページ　答え 11ページ

1 嬬恋村のようすと農業について、答えましょう。

(1) 嬬恋村の南にある火山を何といいますか。（ 浅間山 ）

(2) 嬬恋村の説明について、正しいものには○を、まちがっているものには×をつけましょう。

①（ ○ ）群馬県の西部にあり、北・南・西が長野県と接している。
②（ × ）高さ2000mをこえる山の頂上《ちょうじょう》に位置する。
③（ × ）昼と夜の気温の差が小さい気候である。

(3) 右の図は、キャベツ作りの農事ごよみをあらわしています。嬬恋村でキャベツが6月から10月に収穫される理由について説明した次の文の、｛　｝の中の正しい言葉を◯で囲みましょう。

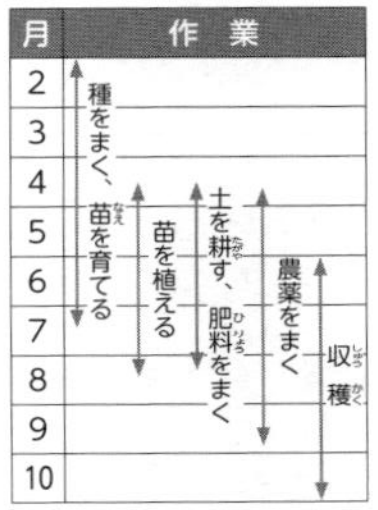

月
作業
2
3
4
5
6
7
8
9
10
種をまく、苗《なえ》を育てる
苗を植える
土を耕《たがや》す、肥料《ひりょう》をまく
農薬をまく
収穫《しゅうかく》

低地の夏は①｛（暑い）・すずしい｝ため、キャベツがよく育たず、出荷量が②｛増える・（減る）｝。いっぽう、高原に位置する嬬恋村の夏は③｛暑い・（すずしい）｝ため、その時期に合わせてキャベツを収穫し、出荷している。

(4) 右のグラフは、嬬恋村のキャベツの出荷先の内わけをあらわしています。グラフ中のⒶにあう地方名を書きましょう。（ 関東地方 ）

(5) 嬬恋村のキャベツがグラフ中のⒶの地方に多く出荷される理由を、㋐～㋒から選びましょう。（ ㋒ ）

㋐ ほかの地方に住む人はキャベツを食べないため。
㋑ 輸送費《ゆそうひ》の安い船で大量に輸送できるため。
㋒ Ⓐの地方は大都市が多く人口が多いため。

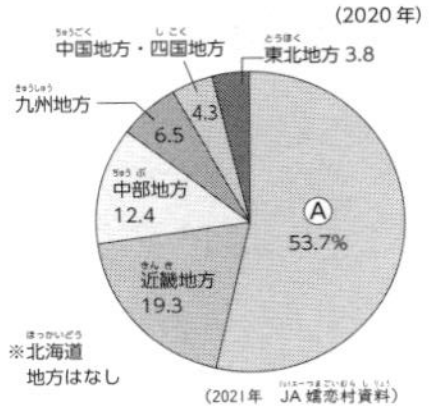

(2020年)
中国《ちゅうごく》地方・四国《しこく》地方
東北《とうほく》地方 3.8
九州《きゅうしゅう》地方
4.3
6.5
中部《ちゅうぶ》地方 12.4
Ⓐ 53.7%
近畿《きんき》地方 19.3
※北海道《ほっかいどう》地方はなし
(2021年 JA嬬恋村資料)

2 右のグラフは、嬬恋村をおとずれる観光客数をあらわしています。これを見て、答えましょう。

(1) 観光客数が最も多いのは何月ですか。（ 8月 ）

(2) (1)の月の観光客数はどれくらいですか。㋐～㋒から選びましょう。（ ㋒ ）

㋐ 約15万人　㋑ 約20万人　㋒ 約35万人

(3) 嬬恋村では、周辺にある火山がもたらしためぐみが観光資源《しげん》となっています。その例として正しいものを、㋐～㋒から選びましょう。（ ㋐ ）

㋐ 温泉　㋑ 首里城《しゅり》　㋒ スキー場

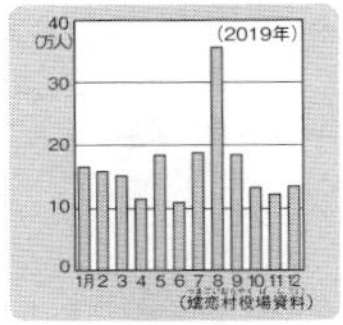

40
(万人)
(2019年)
30
20
10
0
1月 2 3 4 5 6 7 8 9 10 11 12
(嬬恋村役場資料)

ヒント　2 (1) ぼうグラフが一番長い月はどこかを読み取りましょう。

できたかな？
□嬬恋村で、キャベツを安定的に大量に作れるようになった理由を説明してみよう。

おうちのかたへ
嬬恋村は、夏の涼しい気候を利用したキャベツ栽培が盛んで、夏から秋にかけての出荷量が全国1位です。夏の暑い時期に買い物に行ったとき、お子さんと一緒にキャベツの産地に注目してみるとよいでしょう。

練習　21ページ

1 (1)嬬恋村は、ほかにも北に白根山、本白根山、西に四阿山などの高さ2000mをこえる山々に囲まれています。

(2)②嬬恋村は、浅間山などのふもとの高さ1000m前後の高原に位置します。火山から流れ出た溶岩や火山ばいでできた高原です。

③昼と夜の気温の差が大きい気候です。

(4)大都市の多い関東地方や近畿地方におもに出荷しています。

(5)㋑関東地方へは、船ではなくトラックで輸送されます。

2 (1)(2)8月はすずしく過ごしやすい気候なので暑さをさけ、豊かな自然を求めて約35万人の観光客が嬬恋村をおとずれます。

(3)㋑首里城は沖縄《おきなわ》県にあります。2019（令和《れいわ》元）年に火災で焼失し、現在《げんざい》は再建《さいけん》をめざしています。

㋒火山とは直接《ちょくせつ》関係はありません。

ぴったり3 **確かめのテスト** せんたく

学習日　　月

1. 日本の国土と人々のくらし
3 さまざまな土地のくらし
寒い土地のくらし—北海道旭川市《ほっかいどうあさひかわし》—

／50　合格40点

教科書 50~57ページ　答え 12ページ

1 北海道の位置と気候について、答えましょう。 1つ5点（15点）

(1) よく出る 北方領土《ほっぽうりょうど》にふくまれないものを、㋐～㋓から選びましょう。（ ㋑ ）

㋐ 択捉島《えとろふ》　㋑ 石垣島《いしがき》　㋒ 国後島《くなしり》　㋓ 歯舞群島《はぼまいぐんとう》

(2) 北海道の面積は、日本全体の面積の約何分の１ですか。
約（ 5 ）分の１

記述 (3) 右のグラフは、旭川市と東京《とうきょう》の月別平均《へいきん》気温をあらわしています。旭川市の気温の特ちょうをグラフから読み取り、かんたんに書きましょう。 思考・判断・表現

（（例）冬の寒さがきびしく、夏はすずしい。）

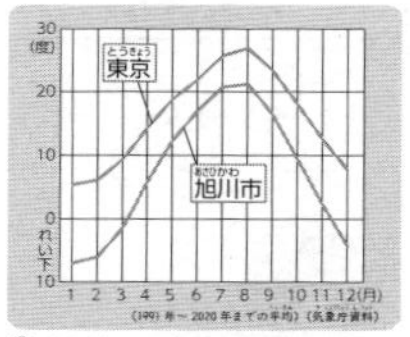

旭川市と東京の月別平均気温

2 寒さや雪を防《ふせ》ぐくふうについて、答えましょう。 1つ5点（20点）

(1) 旭川市の家に見られる寒さや雪に対するくふうについて、正しいものには○を、まちがっているものには×をつけましょう。

①（ × ）真冬でもこおらないように、水道管はできるだけ地表から浅いところを通している。

②（ × ）性能《せいのう》のよいまどにしたり、かべや天じょうに厚《あつ》い断熱材《だんねつざい》を入れたりして、家の中の熱を外ににがすようにしている。

③（ ○ ）雪が落ちないように屋根を平らにし、たくさん雪が積もっても重さにたえられる屋根にしている。

(2) 旭川市の中心部には、雪を流して川に運ぶために、道路の下に川の水を流した水路がうめられています。この水路を何といいますか。

（ 流雪溝 ）

3 旭川市の農業に関する次の文を読んで、答えましょう。 1つ5点（15点）

大雪《たいせつ》山などの山々に囲《かこ》まれた（①）盆地《ぼんち》に位置する旭川市では、種まきから収穫《しゅうかく》までが約90日間でおこなえる（②）作りがさかんである。また、寒さに弱いいねを、品種改良やさいばいのくふうなどにより安定して作れるようになった。

(1) 文中の①、②にあう言葉を書きましょう。

①（ 上川 ）②（ そば ）

記述 (2) 下線部について、品種改良とはどのようなことですか。「性質《せいしつ》」という言葉を使って、かんたんに書きましょう。 思考・判断・表現

（（例）性質のことなる品種どうしをかけ合わせて、新しい品種をつくること。）

ふりかえり ３(2)がわからないときは、18ページの２にもどって確認してみよう。

ぴったり3 **確かめのテスト** せんたく

学習日　　月

1. 日本の国土と人々のくらし
3 さまざまな土地のくらし
高い土地のくらし—群馬《ぐんま》県嬬恋《つまごい》村—

／50　合格40点

教科書 58~67ページ　答え 12ページ

4 右のグラフは、東京都の市場でのキャベツの月別取りあつかい量をあらわしています。これを見て、答えましょう。 1つ5点（25点）

(1) 群馬県でキャベツが作られるようになったのは今から何年前ですか。㋐～㋓から選びましょう。

（ ㋑ ）

㋐ およそ40年前　㋑ およそ140年前
㋒ およそ240年前　㋓ およそ340年前

(2) よく出る グラフ中の㋐、㋑は、群馬県産またはそのほかの産地のいずれかです。群馬県産はどちらですか。 技能

（ ㋑ ）

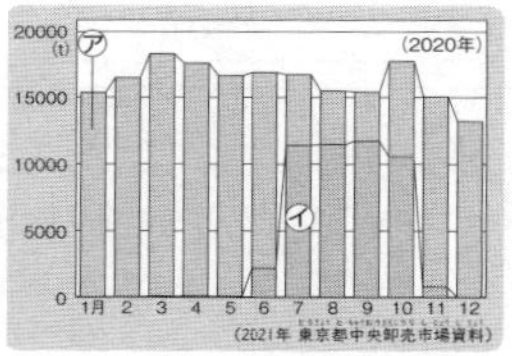

記述 (3) できたらスゴイ! 7月から10月は㋑のキャベツが取りあつかい量の半分以上をしめています。その理由を、「気候」という言葉を使って、かんたんに書きましょう。 思考・判断・表現

（（例）暑い地域のキャベツの出荷量が減る夏に出荷できるように、夏でもすずしい気候を生かしてキャベツを作っているため。）

(4) 嬬恋村のキャベツが全国へ出荷できるようになった理由として正しいものを、㋐～㋒から2つ選びましょう。

（順不同）（ ㋑ ）（ ㋒ ）

㋐ 天気が安定して、同じ品質《ひんしつ》のキャベツを１年中作れるようになったため。
㋑ 農地開発により、広い耕地《こうち》でキャベツを大量に作れるようになったため。
㋒ 道路が整備《せいび》され、キャベツを新鮮《しんせん》なまま輸送《ゆそう》できるようになったため。

5 嬬恋村の観光業について、答えましょう。 1つ5点（25点）

(1) 次の文中の①～③にあう言葉を書きましょう。

嬬恋村には、豊《ゆた》かな自然を求めて、１年を通して多くの観光客がおとずれる。また、1783年の浅間《あさま》山の噴火《ふんか》のときに（①）が流れ出てできた地形が見られる鬼押出《おにおしだ》し岩のほか、多くの温泉《おんせん》など、周辺にある（②）がもたらしためぐみが観光資源《しげん》となっている。2016年には、嬬恋村をふくむ地域《ちいき》が浅間山北麓《ほくろく》（③）として認定《にんてい》された。

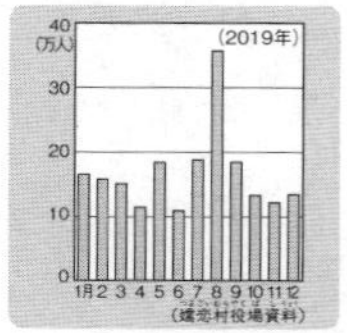

①（ 溶岩 ）②（ 火山 ）③（ ジオパーク ）

(2) 右上のグラフは、嬬恋村をおとずれる月別観光客数をあらわしています。グラフから読み取れることとして正しいものには○を、まちがっているものには×をつけましょう。 技能

①（ × ）観光客数が最も多い月は冬の時期にあたる。
②（ ○ ）最も多い月の観光客数は、最も少ない月の観光客数の３倍以上もある。

ふりかえり ４(3)がわからないときは、20ページの１にもどって確認してみよう。

確かめのテスト　22～23ページ

1 (1)㋑石垣島は、沖縄《おきなわ》県にある島です。北方領土は択捉島、国後島、歯舞群島、色丹《しこたん》島です。

2 (1)①水道管は、地中の浅いところを通すと真冬にはこおってしまうため、真冬でもこおらない深さのところを通っています。
②家の中の熱を外ににがさないくふうがされています。

3 (2)寒さや病気に強いいねにするため、品種改良がおこなわれました。

4 (2)(3)キャベツはすずしい気候で育つ作物であるため、夏に暑くなる地域では出荷量が減ります。よって、夏の時期に多く取りあつかわれている㋑が群馬県産のキャベツになります。
(4)㋐変わりやすい天気のえいきょうで品質が安定しないという問題があります。

5 (1)③「地球・大地（ジオ：Geo)」と「公園（パーク：Park)」を組み合わせた言葉で、「大地の公園」を意味します。

記述問題のプラスワン

1 (3)旭川市のある北海道は、１年を通して雨が少なく、冬の寒さがきびしい気候です。特に旭川市は冬の寒さがきびしく、真冬はれい下10度以下になる日もあります。東京は、冬は雨が少なく、夏はむし暑い気候です。問題文には、「旭川市の気温の特色」と書かれていますので、グラフから旭川市の気温の特色を読み取って書きましょう。

ぴったり1 準備 学習日 **24ページ**

2. わたしたちの食生活を支《ささ》える食料生産

1 食生活を支える食料の産地

めあて 日本のおもな食料の産地の広がりについて理解しよう。

教科書 68〜75ページ　答え 13ページ

次の（　）に入る言葉を、下から選びましょう。

1 給食で使われている食料品／産地マップをつくってみると　教科書 68〜71ページ

食料品の分類とおもな食材

- 農作物《のうさくぶつ》…田畑で作られる（① 米 ）や小麦など のこく類、野菜、くだものなど。
- （② 水産物 ）…魚、わかめなどの海そう、貝など と、それらを加工したもの。
- 畜産物《ちくさんぶつ》…肉や（③ たまご ）、牛乳《ぎゅうにゅう》、乳製品《にゅうせいひん》など。

日本のまわりは、暖流《だんりゅう》と寒流がぶつかるため、魚が多く集まるよ。世界三大漁場の1つとも言われているんだ。

ワンポイント 食料のおもな産地

- 産地《さんち》…農作物などがとれる土地。
- 米…全国各地の平野など。
- りんご…青森《あおもり》県、長野《ながの》県など。
- （④ みかん ）…静岡《しずおか》県、和歌山《わかやま》県、愛媛《えひめ》県など。
- 茶…静岡県、鹿児島県など。
- （⑤ 肉牛 ）…北海道《ほっかいどう》、鹿児島県、宮崎《みやざき》県など。

（2019年）

米	野菜	くだもの	魚かい類
776.4万t	1340.7万t	235.0万t	419.7万t
肉牛	乳牛	ぶた	にわとり
250.3万頭	133.2万頭	915.6万頭	1億3822.8万羽

（作物統計《さくもつとうけい》ほか）

おもな食料の国内における生産量と飼育頭数

2 農作物などの産地の広がり／食料の生産　教科書 72〜75ページ

農産物などの産地の広がり

- 米は全国で作られており、北海道や（⑥ 東北地方 ）などすずしい地域《ちいき》が多い。
- 野菜は全国で作られており、北海道や関東《かんとう》地方で多い。
- 水産物は、北海道、宮城《みやぎ》県、千葉《ちば》県など、（⑦ 太平洋 ）側で多い。
- 畜産物は、北海道や（⑧ 九州地方 ）で多い。

日本の食料生産

- 40年ほど前は、米や畜産物の生産額《がく》が多かった。米や魚かい類の生産額は減ってきている。
- 野菜や畜産物の生産額は20年ほど前から増《ふ》えている。
- くだものの生産額は30年ほど前からあまり変化していない。
- 日本の食料自給率《しょくりょうじきゅうりつ》は60年間で半分ほどになった。

食料自給率
国内で消費した食料のうち、国内で生産された食料をわりあいであらわしたもの。

選んだ言葉に☑　□太平洋《たいへいよう》　□米　□たまご　□水産物《すいさんぶつ》　□肉牛　□みかん　□九州《きゅうしゅう》地方　□東北《とうほく》地方

ぴったり2 練習 学習日 **25ページ**

ぴたトリビア　わたしたちが食べている食料のうち、半分以上は、アメリカ合衆国《がっしゅうこく》や中国、オーストラリアなど、外国で生産されたものです。

教科書 68〜75ページ　答え 13ページ

1 次の図は、産地マップをあらわしています。これを見て、答えましょう。

おもな食料の国内における生産量と飼育頭数

食料	米	野菜	くだもの	魚かい類
生産量	776.4万t	1340.7万t	235.0万t	419.7万t
食料	（④）	乳牛《にゅうぎゅう》	ぶた	にわとり
飼育頭数	250.3万頭	133.2万頭	915.6万頭	1億3822.8万羽

（2019年）（作物統計ほか）

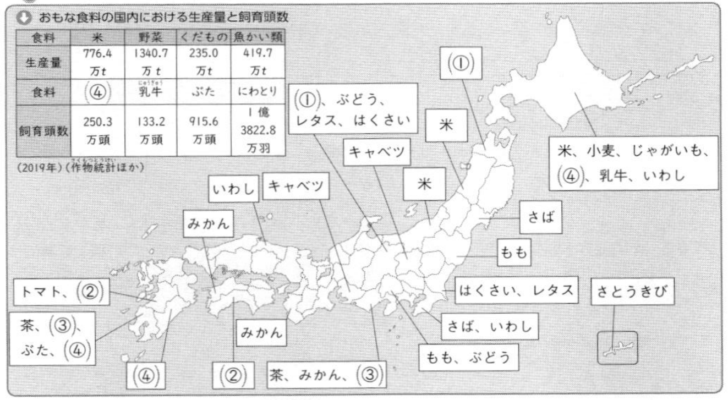

(1) 図中の①〜④にあう言葉を［　］から選びましょう。

［なす　りんご　肉牛　かつお］

①（ りんご ）　②（ なす ）
③（ かつお ）　④（ 肉牛 ）

(2) 左上の表は、おもな食料の国内における生産量と飼育頭数をあらわしています。表の説明について、正しいものには○を、まちがっているものには×をつけましょう。

①（ × ）米の生産量は約800万tで、野菜の生産量より多い。
②（ ○ ）乳牛とぶたを比《くら》べると、ぶたの方が飼育頭数が多い。

2 日本の食料生産について、答えましょう。

(1) 右のグラフは、日本の食料の生産額のわりあいをあらわしています。グラフ中の①〜④にあう言葉を［　］から選びましょう。

［くだもの　畜産物　米　野菜］

①（ 畜産物 ）　②（ 野菜 ）
③（ 米 ）　④（ くだもの ）

(2) 国内で消費した食料のうち、国内で生産された食料のわりあいを何といいますか。（ 食料自給率 ）

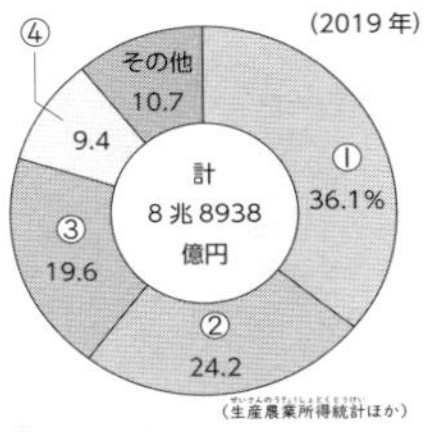

日本の食料の生産額のわりあい

ヒント ❶ (1) りんごはすずしい気候、なすはあたたかい気候がさいばいに適《てき》しています。肉牛は牧場や牧草のある地域で育てられます。かつおは海に面した港がある地域で生産されます。

できたかな？
□日本の食料の生産額のうち、最も多くのわりあいをしめているものを言ってみよう。

おうちのかたへ
日本各地には美味しい食べ物がたくさんあります。しかし、日本の食料自給率は、この60年間で半分にまで減っています。お子さんと日本の農作物や畜産物の産地を教科書や問題集で確認しながら、日本の食料自給率について話し合ってみてください。

練習 25ページ

❶ (1)肉牛は、飼育に広い牧草地が必要で、北海道や九州地方で多く飼育されています。

(2)①表を見ると、米の生産量は776.4万tで約800万tです。しかし、野菜の生産量は1340.7万tで、米の生産量より野菜の生産量の方が多くなっていることがわかります。

❷ (1)畜産物には、肉や牛乳、たまごだけでなく、牛乳からつくられるチーズなど、肉、牛乳、たまごなどから作られた製品もふくまれています。

(2)日本の食料自給率は、1960年ごろは約80%でしたが、2019年には約40%にまで減っています。これは、日本で消費した食料のうち、外国から輸入《ゆにゅう》したもののわりあいが増えたことをあらわしています。

ぴったり1 **準備** 2. わたしたちの食生活を支《ささ》える食料生産

2 米作りのさかんな地域《ちいき》①

学習日 **26ページ**

めあて 米作りのさかんな庄内平野の地形や気候を理解しよう。

教科書 76〜83ページ　答え 14ページ

次の(　)に入る言葉を、下から選びましょう。

1 わたしたちの食生活と米／米の生産地はどこ　教科書 76〜79ページ

ワンポイント わたしたちの食生活と米

- いねはもともと、赤道《せきどう》近くの1年中気温が高く、水が豊《ゆた》かな土地でよく育つ植物である。
- 日本では米を(① 主食)としてきたほか、おかし、調味料など、さまざまな食品に加工して食べている。

日本には2400年ほど前に米作りが伝わったよ。

米の生産量と作付面積

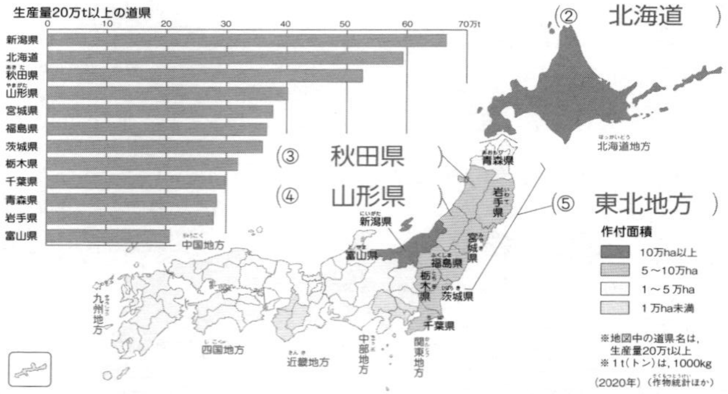

生産量20万t以上の道県
0
10
20
30
40
50
60
70万t
新潟県
北海道
秋田県
山形県
宮城県
福島県
茨城県
栃木県
千葉県
青森県
岩手県
富山県
(② 北海道)
北海道地方
(③ 秋田県)
(④ 山形県)
(⑤ 東北地方)
作付面積
10万ha以上
5〜10万ha
1〜5万ha
1万ha未満
※地図中の道県名は、生産量20万t以上
※1t(トン)は、1000kg
(2020年)（作物統計ほか）

2 庄内平野のようす　教科書 80〜83ページ

庄内平野の地形と気候

- **庄内平野**…山形《やまがた》県の北西部にあり、日本海に面した平野で、耕地《こうち》の約87%が田である。
- (⑥ 最上川)などの大きな川があり、鳥海《ちょうかい》山などの高い山をふくむ出羽《でわ》山地から栄養分をふくんだ水が豊富に流れてくる。
- 夏にはあたたかくかわいた(⑦ 南東季節風)がふく→晴れた日が多く日照時間が長くなり、いねが大きく生長する。
- 冬には(⑧ 北西季節風)がふき、雪が多い→春に雪どけ水となって流れてくる。

選んだ言葉に✓　□北西季節風　□北海道　□秋田県　□東北地方　□南東季節風　□山形県　□最上川　□主食

26

ぴったり2 **練習**

学習日 **27ページ**

ぴたトリビア 世界では、アジアの国々で米作りがさかんです。中国《ちゅうごく》、インド、インドネシア、バングラデシュなど、人口の多い国で生産量が多くなっています。

教科書 76〜83ページ　答え 14ページ

1 わたしたちの食生活と米について、答えましょう。

(1) わたしたちの食事の中心となる食べ物のことを何といいますか。(主食)

(2) 米は、ごはんとして食べる以外に、いろいろな食品に加工されて食べられています。米の加工品にあてはまるものを、㋐〜㋕から3つ選びましょう。
(順不同)(㋒)(㋔)(㋕)
㋐ とうふ　㋑ おから　㋒ もち　㋓ きな粉　㋔ せんべい　㋕ みりん

(3) 秋田県に昔から伝わる、ごはんをつぶして木のぼうにまきつけて焼いたものを何といいますか。㋐、㋑から選びましょう。(㋐)
㋐ きりたんぽ　㋑ ピラフ

(4) 右の図は、米の生産量と作付面積をあらわしています。米の生産量が最も多い都道府県はどこですか。(新潟県)

(5) 米作りは、どの地方でさかんにおこなわれていますか。生産量の多い地方名を2つ書きましょう。
(順不同)(北海道地方)(東北地方)

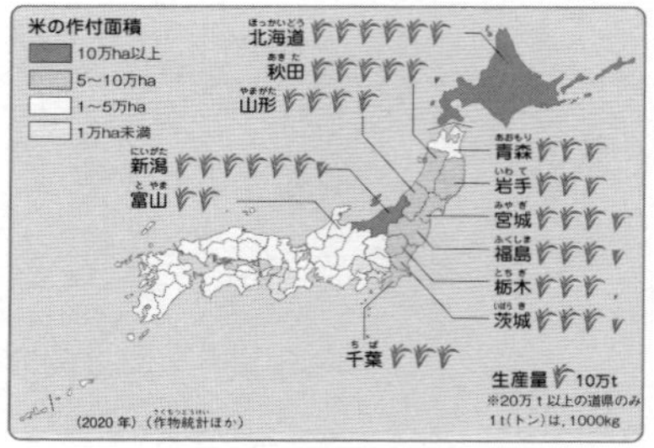

米の作付面積
10万ha以上
5〜10万ha
1〜5万ha
1万ha未満
北海道
秋田
山形
新潟
富山
青森
岩手
宮城
福島
栃木
茨城
千葉
生産量 10万t
※20万t以上の道県のみ
1t(トン)は、1000kg
(2020年)（作物統計ほか）

2 山形県について、答えましょう。

(1) 右の図中のⒶの平野、Ⓑの山地の名前を書きましょう。
Ⓐ(庄内平野)　Ⓑ(出羽山地)

(2) 図中のⒶの平野を流れる川を、㋐〜㋒から選びましょう。(㋑)
㋐ 信濃《しなの》川　㋑ 最上川　㋒ 利根《とね》川

(3) 次の文中の①〜④にあう言葉を、㋐〜㋗から選びましょう。
①(㋖)　②(㋓)
③(㋐)　④(㋕)

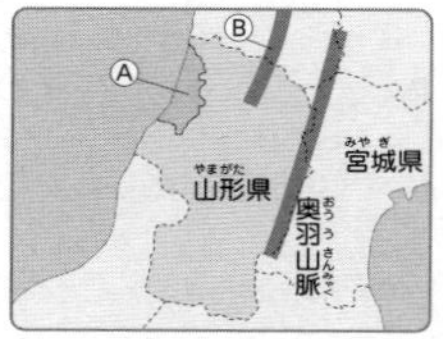

Ⓐ
Ⓑ
山形県
宮城県
奥羽山脈

Ⓐの平野の気候を見ると、夏は(①)季節風が(②)風となってふき、晴れた日が続く。昼と夜の気温の差が(③)ため、おいしい米を作ることができる。冬は(④)の季節風がふき、多くの雪をふらせる。

㋐ 大きい　㋑ 小さい　㋒ しめった　㋓ かわいた
㋔ 北東　㋕ 北西　㋖ 南東　㋗ 南西

ヒント 1 (1) 米のほか、パン、めん類などがあります。

27

できたかな？

□日本で、米の生産量が多い地方を2つ言ってみよう。
□庄内平野で米作りがさかんな特ちょうを説明してみよう。

おうちのかたへ

この単元は日本の主食である米について学びます。米から作られている食品にはどのようなものがあるか、お子さんと一緒に家にある食品を調べてみてください。

練習　27ページ

1 (2)米からつくられる食品としては、おかし（せんべい、おかき、みたらしだんご）、酒、みりんや酢《す》などの調味料、もちや米粉《こめこ》などがあります。なお、㋐とうふ、㋑おから、㋓きな粉は、おもに大豆を原料としています。

(3)㋑ピラフは、フランスで生まれたとされている、米にさまざまな具や調味料を加えて調理された、日本のたきこみご飯のような料理です。

(4)いねの絵は1つで10万tをあらわしており、新潟《にいがた》県は約70万tの米を生産していることがわかります。その次に多いのが、いねの絵が約6つある北海道です。

2 (1)Ⓐ庄内平野は、山形県の北西部にあり、日本海に面した平野です。Ⓑ出羽山地には、鳥海山や月《がっ》山などの高い山がふくまれ、それらの山から、最上川などの大きな川が栄養分をふくんだ水を運んできます。

(2)㋐信濃川は日本で最も長い川です。㋒利根川は関東《かんとう》地方を流れる川です。

28ページ

ぴったり1 準備　学習日

2. わたしたちの食生活を支《ささ》える食料生産

2 米作りのさかんな地域《ちいき》②

◎めあて
米を作るための農家の人の作業を理解《りかい》しよう。

教科書 84~87ページ　答え 15ページ

次の（　　）に入る言葉を、下から選びましょう。

1 米作りのようす
教科書 84~85ページ

米作りの農事ごよみ

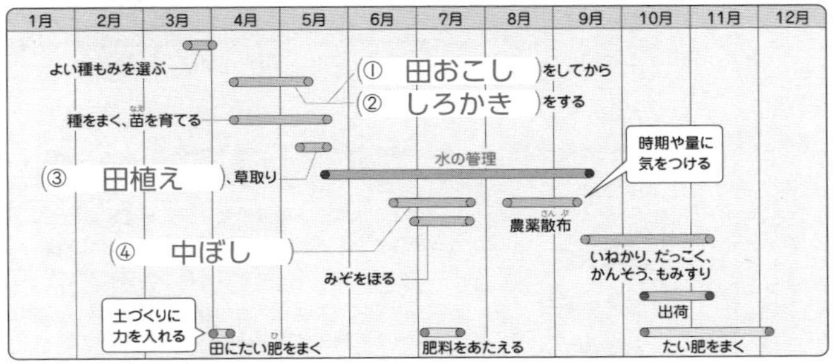

1月 2月 3月 4月 5月 6月 7月 8月 9月 10月 11月 12月
よい種もみを選ぶ
種をまく、苗《なえ》を育てる
(① 田おこし)をしてから
(② しろかき)をする
(③ 田植え)、草取り
水の管理
時期や量に気をつける
農薬散布《さんぷ》
(④ 中ぼし)
みぞをほる
いねかり、だっこく、かんそう、もみすり
出荷
土づくりに力を入れる
田にたい肥《ひ》をまく
肥料をあたえる
たい肥をまく

- 水の管理…水には保温効果《ほおんこうか》があるため、気温が下がるときは水の量を（⑤　増やす　）。
- みぞをほって中ぼしをおこなうと、根がしっかりはり、土の中の養分を吸収《きゅうしゅう》しやすくなる。

2 機械化とほ場整備《じょうせいび》
教科書 86~87ページ

ワンポイント　米作りの変化

- 農作業の（⑥　機械化　）が進んでいる。
- 田おこしには（⑦ トラクター ）、田植えには田植え機、いねかりやだっこくには（⑧ コンバイン ）などを使用している。

よい面	●農作業にかかる時間が（⑨　短く　）なった。
悪い面	●農業機械のねだんが高く、燃料《ねんりょう》代や修理《しゅうり》代にもお金がかかる。 →共同で機械を買ったり、作業をおこなったりすることで費用《ひよう》を節約している。

- ほ場整備…いろいろな形をした小さな田を広い長方形の田につくりかえたり、（⑩　用水路　）やはい水路などをととのえたりすること。

ほ場整備による変化	●田や農道が広くなり、大型《おおがた》の機械が使いやすくなった。 →農作業の時間を減らすことができた。 ●川から遠くはなれた場所でも、水が使いやすくなった。

選んだ言葉に☑　□田おこし　□中ぼし　□コンバイン　□用水路　□短く　□しろかき　□田植え　□トラクター　□機械化　□増《ふ》やす

28

29ページ

ぴったり2 練習　学習日

ぴたトリビア
だっこくとは、いねの穂先《ほさき》からもみを落とす作業のことです。コンバインを使うと、いねかりとだっこくが同時にできます。

教科書 84~87ページ　答え 15ページ

1 右の図は、米作りの農事ごよみをあらわしています。これを見て、答えましょう。

(1) 図中の①~④にあう言葉を［　　］から選びましょう。
①（　田おこし　）
②（　しろかき　）
③（　田植え　）
④（　いねかり　）

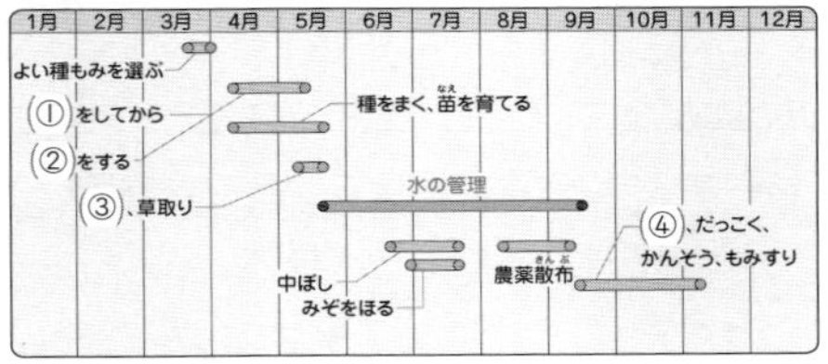

1月 2月 3月 4月 5月 6月 7月 8月 9月 10月 11月 12月
よい種もみを選ぶ
(①)をしてから
(②)をする
(③)、草取り
種をまく、苗《なえ》を育てる
水の管理
(④)、だっこく、かんそう、もみすり
中ぼし
みぞをほる
農薬散布《さんぷ》

いねかり　しろかき　田おこし　田植え

(2) 中ぼしは何のためにおこなわれますか。㋐、㋑から選びましょう。（　㋑　）
㋐ 雨が多い時期に、根がくさらないようにするため。
㋑ 土の中の養分を吸収できるじょうぶな根にするため。

(3) しろかきとはどのような作業ですか。㋐~㋒から選びましょう。（　㋐　）
㋐ 田に水を入れて土をかきまぜ、平らにする。
㋑ もみからもみがらを取りのぞいて玄米《げんまい》にする。
㋒ いねの穂先からもみを落とす。

2 米作りの変化について、答えましょう。

(1) 右の絵は、農作業に用いる機械です。①~③の機械の名前を書きましょう。
①（トラクター）②（　田植え機　）③（コンバイン）

(2) 機械化による米作りの変化の説明について、正しいものには○を、まちがっているものには×をつけましょう。
①（　○　）農作業にかかる時間が短くなった。
②（　×　）農作業にかかる費用の面で農家の負担《ふたん》が小さくなった。

(3) 次の文中の①~③にあう言葉を書きましょう。
①（　長方形　）②（　ほ場整備　）③（　農道　）

山形《やまがた》県では、小さい田を広い（①）の田につくりかえたり、用水路やはい水路をととのえたりする（②）が進められてきた。（②）によって田や（③）が広くなり、大型の機械が使いやすくなった。

ヒント　2 (1) ①は田おこし、②は田植え、③はいねかりのようすです。

29

練習　29ページ

1 (1)米作りは、「田おこし→しろかき→田植え→いねかり」の順におこないます。田おこしは、トラクターで田を耕《たがや》します。しろかきは、田に水を入れて土をかきまぜ、平らにします。

(2)中ぼしは、田の水をいったんぬいて、いねの根が空気にふれやすくする作業です。

(3)㋑はもみすり、㋒はだっこくの説明です。

2 (1)①トラクターは、田おこしとしろかきで用います。

②田植え機は、その名のとおり、田に苗《なえ》を植えるさいに用いる機械です。

③コンバインは、いねかりとだっこくが同時にできます。

(2)②機械はねだんが高く、機械の燃《ねん》料《りょう》代、修理《しゅうり》代などもかかるため、費用の面で農家の負担は大きくなりました。

できたかな？
□農作業の機械化が進むことのよい面と悪い面をそれぞれ言ってみよう。
□ほ場整備が進められたことで、米作りにどのような変化があったか、説明してみよう。

おうちのかたへ
この単元では、米作りの作業を中心に学びます。お子さんは、この単元で米作りの大変さを改めて知ることになります。庄内平野のほ場整備と一緒に、米作りの大変さをお子さんと話し合ってみてください。

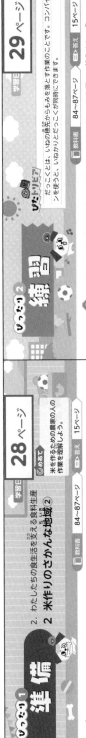

ぴったり1 **準備**

2. わたしたちの食生活を支《ささ》える食料生産
2 米作りのさかんな地域《ちいき》③

めあて
米作りを支える人たちの取り組みを理解《りかい》しよう。

教科書 88~91ページ　答え 16ページ

次の（　　）に入る言葉を、下から選びましょう。

1 米作りを支える人たち　教科書 88~89ページ

水田農業試験場での取り組み

- （① 冷害 ）…夏の気温が十分高くならないため、いねなどの生長が悪くなったり、米がみのらなかったりすること。
- 東北《とうほく》地方ではたびたび冷害《れいがい》が発生してきたため、寒さや病気に強い、山形《やまがた》県を代表するいねの品種《ひんしゅ》が求められ、**品種改良**が重ねられた。

ワンポイント おいしく環境《かんきょう》にやさしい米を作るための取り組み

- 日本では、せまい農地で（② 収穫量 ）を増やすために、多くの農薬や（③ 化学肥料 ）を使ってきたが、自然や人体への悪いえいきょうを心配し、農薬や化学肥料の使用量を減らす取り組みをしている。
- （④ 有機さいばい ）…農作物を農薬や化学肥料を使わずにさいばいすること。
- （⑤ アイガモ農法 ）…アイガモが雑草《ざっそう》や害虫を食べるため、（⑥ 農薬 ）をなるべく使わずに米を作ることができる。また、アイガモのふんが肥料となり、化学肥料の量を減らすことができる。

	化学肥料	たい肥
原料	●農作物の生長に必要な成分を、鉱物《こうぶつ》などから加工してつくる	●落ち葉やわら、牛やぶたなどの家畜《かちく》のふんなどからつくる
特ちょう	●ききめが早い ●使い過ぎると土の力が低下する ●使う量や回数を調節できる	●ききめがゆっくりだが、持続する ●いちどにたくさんの量を使えない ●まくのに手間がかかる

2 おいしい米をとどける　教科書 90~91ページ

米の出荷

- （⑦ カントリーエレベーター ）…米の味が落ちないように適温《てきおん》で保管《ほかん》する場所。
- JA《ジェイエー》の計画にしたがい、トラック、鉄道、フェリーなどで全国各地に出荷する。
- 最近では（⑧ インターネット ）を利用して、全国の消費者《しょうひしゃ》に米を直接販売《ちょくせつはんばい》する農家もある。

庄内平野で生産された米は、人口の多い関東《かんとう》地方へ最も多く出荷されているよ。

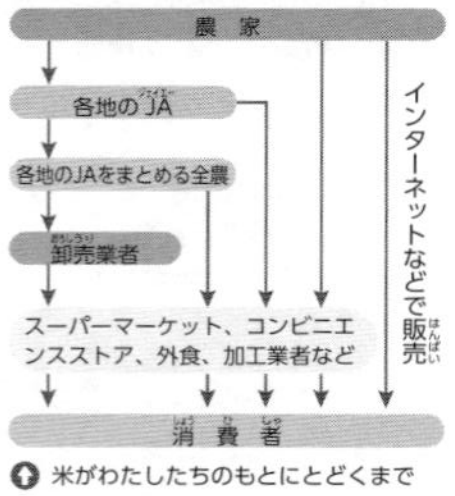

米がわたしたちのもとにとどくまで

選んだ言葉に✓				
	□有機さいばい	□アイガモ農法	□化学肥料	□カントリーエレベーター
	□インターネット	□農薬	□冷害	□収穫量

ぴったり2 **練習**

ぴたトリビア
カントリーエレベーターでは、米をもみのまま保管します。出荷する分だけもみすりをし、玄米《げんまい》にして袋《ふくろ》につめて出荷します。

教科書 88~91ページ　答え 16ページ

1 安全でおいしい米を作るための取り組みについて、答えましょう。

(1) 東北地方では、夏の気温が高くならないことによって、いねの生長が悪くなったり、米がみのらなかったりする被害《ひがい》になやまされてきました。この被害を何といいますか。
（ 冷害 ）

(2) いろいろな品種を組み合わせるなどして、よりすぐれた新しい品種をつくることを何といいますか。
（ 品種改良 ）

(3) 右のグラフは、庄内平野のおもないねの品種別作付面積のわりあいをあらわしています。グラフ中のⒶにあう品種を、㋐~㋒から選びましょう。（ ㋒ ）
㋐ コシヒカリ　㋑ ササニシキ
㋒ はえぬき

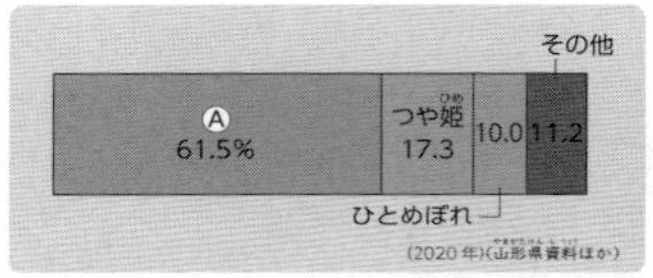

(4) 安全でおいしい米を作るために、化学肥料やたい肥が使われています。㋐~㋕はどちらの特ちょうにあてはまるか選びましょう。
（それぞれ順不同）
化学肥料（ ㋐ ）（ ㋒ ）（ ㋕ ）
たい肥（ ㋑ ）（ ㋓ ）（ ㋔ ）

㋐ ききめが早いが、持続しない。
㋑ ききめがゆっくりだが、持続する。
㋒ 使い過ぎると土の力が低下する。
㋓ いちどにたくさんの量を使えない。
㋔ まくのに手間がかかる。
㋕ 量や回数を調節できる。

2 右の図は、米がわたしたちのもとにとどくまでの流れをあらわしています。これを見て、答えましょう。

(1) 図中の①~④にあう言葉を［　　］から選びましょう。
①（ JA ）
②（ 卸売業者 ）
③（ スーパーマーケット ）
④（ インターネット ）

［スーパーマーケット　卸売《おろしうり》業者　インターネット　JA］

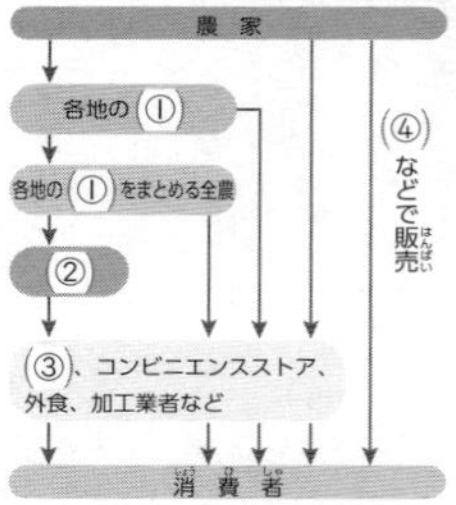

(2) 2020年現在《げんざい》、庄内平野で生産された米が最も多く出荷されている地方名を書きましょう。
（ 関東地方 ）

ヒント
1 (2) 品種とは、性質《せいしつ》にちがいがある同じ種類の作物を、区別するときに使う名前です。
2 (2) 人口の多い地方への出荷量が多くなります。

できたかな？
□庄内平野では、安全でおいしい米作りのためにどのような取り組みがおこなわれているか、説明してみよう。

おうちのかたへ
この単元では、米作りを支える人、米の出荷方法などについて学びます。安全で美味しい米がわたしたちのもとに届くまでに、様々な努力が行われていることを、お子さんと話し合ってみてください。

練習　31ページ

1 (1)(2)東北地方では、以前から冷害になやまされてきました。そこで、山形県では、寒さや病気に強い、山形県を代表するいねの品種をつくるため、品種改良がおこなわれてきました。
(3)庄内平野では、つや姫《ひめ》、ひとめぼれなどの品種もさいばいされていますが、はえぬきが最も多くさいばいされています。味がよく、寒さや病気に強い品種です。
(4)おいしくて環境にやさしい米を作るため、農薬や化学肥料を使わずに米作りをおこなう、有機さいばいに取り組む農家もあります。

2 (1)①JAは農業協同組合のことです。
②卸売業者とは、生産者から大量に品物を仕入れ、それをスーパーマーケットやコンビニエンスストアなどの小売《こうり》業者に販売する人のことで、問屋《とんや》ともよばれます。
(2)出荷先に合わせて、トラックや鉄道、フェリーなどさまざまな交通手《しゅ》段《だん》で全国各地に運んでいます。

ぴったり3

確かめのテスト

2. わたしたちの食生活を支《ささ》える食料生産
1 食生活を支える食料の産地
2 米作りのさかんな地域《ちいき》

/100 合格80点

教科書 68~91ページ　答え 17ページ

1 わたしたちの食生活を支える食料品について、答えましょう。　1つ5点（25点）

(1) 次の表中の①~③にあう言葉を書いて、食料品の分類を完成させましょう。

分類	（① 畜産物）	（② 水産物）	（③ 農作物）
品目	とり肉、たまご、チーズ	かつお、わかめ、かまぼこ	レタス、ぶどう、茶

(2) 日本の食料生産について、正しいものには○を、まちがっているものには×をつけましょう。

①（ × ）野菜は、気候のえいきょうを受けやすく、さいばいされる地域が限《かぎ》られている。

②（ ○ ）日本のまわりは、寒流と暖流《だんりゅう》がぶつかり、魚がたくさん集まるため、世界の三大漁場の一つとされている。

2 次の絵は、米作りの作業のようすをあらわしています。これを見て、答えましょう。　1つ4点、(4)8点（40点）

①

②

③

(1) よく出る ①~③の絵にあう作業を、㋐~㋔から選びましょう。

①（ ㋒ ）②（ ㋑ ）③（ ㋐ ）

㋐ いねかり　㋑ しろかき　㋒ 田植え　㋓ 農薬散布《さんぷ》　㋔ もみすり

(2) しろかきに備《そな》えて、トラクターで田を耕《たがや》す作業を何といいますか。

（ 田おこし ）

(3) 水の管理において、気温の低下からいねを守るためには、水の量をどうしますか。

（ 増やす ）

(4) (1)の①~③の作業と(2)の作業を、作業がおこなわれる順に並《なら》べかえましょう。なお、(2)の作業は④として書きましょう。　思考・判断・表現

（完答）（ ④ → ② → ① → ③ ）

(5) 次の文中の①~③にあう言葉を書きましょう。

①（ 中ぼし ）②（ 根 ）③（ 養分 ）

> 6月から7月ごろには、田の水をいったんぬく(①)という作業をする。この作業をおこなうことで、土の中から古いガスがぬけ、新しい空気が入る。その結果、いねの(②)がしっかりとはり、土の中の(③)を吸収《きゅうしゅう》しやすくなる。

3 右のグラフは、山形《やまがた》県の10a《アール》あたりの年間耕作《こうさく》時間のうつり変わりをあらわしています。これを見て、答えましょう。　1つ5点（15点）

(1) 2019年の耕作時間は、1970年と比《くら》べておよそ何時間減っていますか。㋐~㋓から選びましょう。　技能

（ ㋒ ）

㋐ 70時間　㋑ 90時間
㋒ 110時間　㋓ 130時間

(2) 1970年と2019年を比べて、作業時間が最も減った作業を書きましょう。　技能

（ いねかり　だっこく ）

記述 (3) グラフのように耕作時間が減ってきた理由を、かんたんに書きましょう。　思考・判断・表現

（（例） 農作業が機械化されたため。）

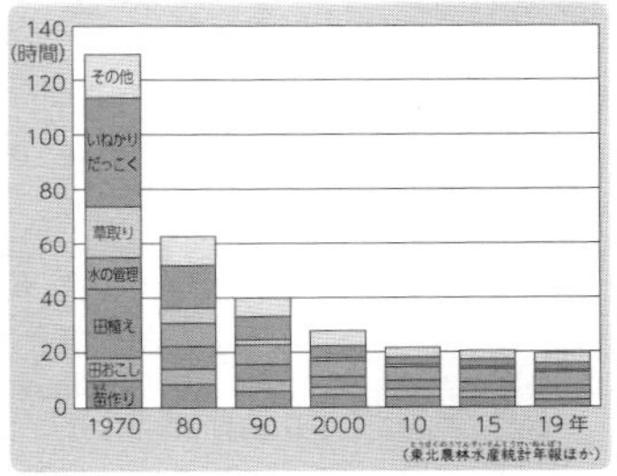

4 米作りのための取り組みについて、答えましょう。　1つ5点（20点）

(1) 右の2つの絵は、何のようすをあらわしていますか。

（ ほ場整備 ）

(2) 安全でおいしい米を作るために農家がおこなっている取り組みとして正しいものを、㋐、㋑から選びましょう。

（ ㋐ ）

㋐ 田にアイガモを放して雑草《ざっそう》や害虫を食べさせるアイガモ農法。

㋑ 農薬と化学肥料《ひりょう》を大量に使用して米を大量生産する有機さいばい。

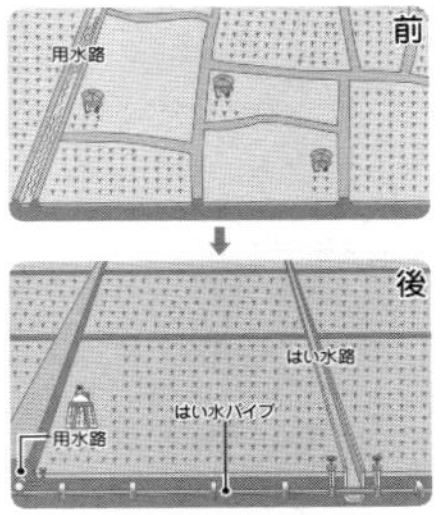

(3) 多くの農家は、各地の農業協同組合（農協）を通して、全国に米を出荷しています。農業協同組合の略称《りゃくしょう》を、アルファベット2文字で書きましょう。

（ JA ）

記述 (4) てきたらスゴイ！ いねはもともとあたたかいところでよく育ちますが、日本では寒い地域で生産がさかんです。その理由を、「品種《ひんしゅ》」という言葉を使って、かんたんに書きましょう。　思考・判断・表現

（（例） 品種改良によって寒さや病気に強いいねの品種をつくり出したため。）

ふりかえり 3(3)がわからないときは、28ページの2にもどって確認してみよう。

確かめのテスト　32~33ページ

1 (2)①地域の気候や地形に合わせて、さまざまな種類の野菜が日本各地でさいばいされています。

2 (3)水には保《ほ》温《おん》効《こう》果《か》があるため、気温が下がるときは水の量を増《ふ》やします。

(4)「田おこし→しろかき→田植え→いねかり」の順でおこないます。このほか、中ぼし、水の管理などの作業もあります。

3 (1)1970年の耕作時間は約130時間、2019年は約20時間なので、減ったのは130−20＝110時間です。

(2)1970年に作業時間が最も長かった「いねかり　だっこく」に注目しましょう。

4 (2)㋑有機さいばいとは、農薬や化学肥料を使わずに農作物をさいばいすることです。

(4)冷害《れいがい》になやまされていた東北《とうほく》地方では、病気や寒さに対する強さの検《けん》査《さ》を重ねて、新しい品種をつくり上げました。いねはもともと寒さに強くありませんが、品種改良によって寒さに強く、味のよい品種がつくられ、寒い地域でも生産できるようになったのです。

記述問題のプラスワン

3 (3)グラフから、年間耕作時間は1970年から2019年にかけて、おおはばに減っていることがわかります。60年ほど前から、ほ場整備《せいび》がおこなわれ、田や農道が広くなったため、大型《おおがた》の機械が使いやすくなりました。このため、今まで人の手でおこなっていた農作業の多くが、農業機械を使ってできるようになり、農作業にかかる時間が短くなりました。農作業の多くを機械でおこなうようになったからということが書けていれば正解《せいかい》です。

ぴったり1 準備

せんたく

2．わたしたちの食生活を支《ささ》える食料生産

3 水産業のさかんな地域《ちいき》①

学習日 **34ページ**

◎めあて 日本の漁業《ぎょぎょう》の種類を理解《りかい》しよう。

3分でまとめ

教科書 92〜95ページ　答え 18ページ

次の（　）に入る言葉を、下から選びましょう。

1 わたしたちの食生活と水産物

教科書 92〜93ページ

わたしたちの食生活と水産物

- 水産物…魚、海そう、貝、（① のり ）のほか、魚を加工したかまぼこなど。

ワンポイント 日本近海のようす

- 暖流《だんりゅう》と寒流《かんりゅう》がぶつかる（② 潮目 ）には、魚のえさとなるプランクトンが多いため、たくさんの魚が集まる。
- 水深200mくらいまでのけいしゃがゆるやかな（③ 大陸だな ）が広がる。

→魚の種類が豊《ほう》富《ふ》で数が多く、水《みず》あげ量《りょう》が多い。

（④対馬海流 ）

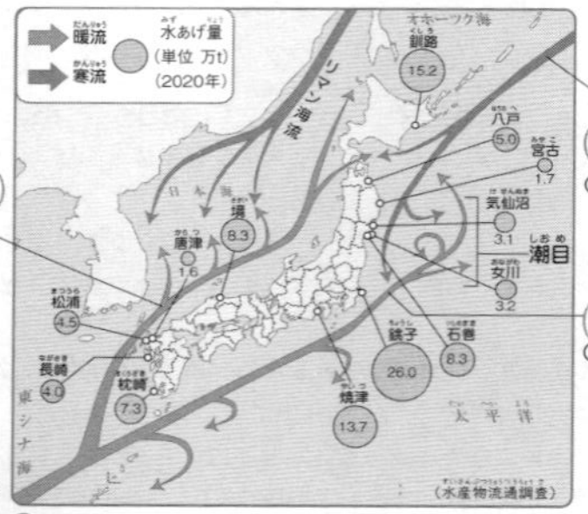

（⑤ 親潮 ）（千島《ちしま》海流）

（⑥ 黒潮 ）（日本海流）

4つの海流を覚えよう。

おもな漁港の水あげ量と海流のようす

2 まきあみ漁のようす

教科書 94〜95ページ

漁業の種類

- （⑦ 遠洋漁業 ）…遠くの海で長期間おこなう。
- （⑧ 沖合漁業 ）…日本近海でおこなう。
- （⑨ 沿岸漁業 ）…海岸やその近くでおこなう。
- 養《よう》しょく業《ぎょう》…魚や貝などを人の手で育てる。

まきあみ漁のようす

- スキャニングソナーや（⑩ 魚群探知機 ）…音波を出して魚の群れをさがす装《そう》置《ち》。
- 魚の群れをあみで囲《かこ》み、あみの底をとじて引きあげるまきあみ漁で、サバやイワシなどをとっている。

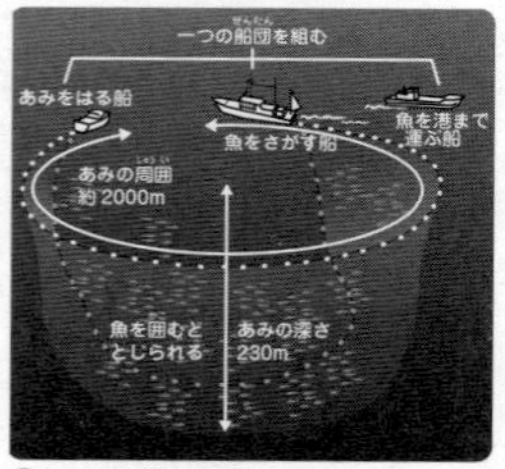

まきあみ漁のしくみ

選んだ言葉に ✓　□大陸《たいりく》だな　□沿岸《えんがん》漁業　□遠洋《えんよう》漁業　□沖合《おきあい》漁業　□魚群探知機《ぎょぐんたんちき》　□のり　□対馬《つしま》海流　□潮目《しおめ》　□黒潮《くろしお》　□親潮《おやしお》

ぴったり2 練習

学習日 **35ページ**

ぴたトリビア ソナーとは、音波によって物体を探知する装置です。漁業では、船の周囲《しゅうい》を探知するものをソナー、船の真下を探知するものを魚群探知機とよびます。

教科書 92〜95ページ　答え 18ページ

1 右の地図を見て、答えましょう。

(1) 図中のⒶ、Ⓑの海流は、暖流・寒流のどちらですか。それぞれ書きましょう。 Ⓐ（ 寒流 ） Ⓑ（ 暖流 ）

(2) 図中のⒸの海を何といいますか。（ 東シナ海 ）

(3) 日本の近海がよい漁場となっている理由を、㋐、㋑から選びましょう。（ ㋑ ）

㋐ 暖流と寒流がすれちがう潮目にあたるため。

㋑ プランクトンが多い大陸だなが広がるため。

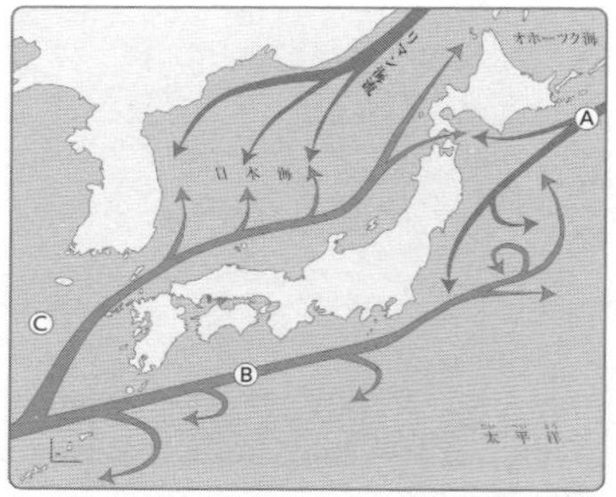

(4) 日本の水産業の説明について、正しいものには○を、まちがっているものには×をつけましょう。

①（ ○ ）日本近海には、あたたかい海にすむ魚と冷たい海にすむ魚が集まるため、魚の種類や数が多い。

②（ × ）太平洋《たいへいよう》側と日本海側を比《くら》べると、水あげ量の多い漁港は日本海側に多い。

2 漁業の種類について、答えましょう。

(1) 漁業の種類とその説明について、あうものを線で結びましょう。

① 沿岸漁業　　㋐大型《おおがた》の船で遠くの海まで出かけ、長期間おこなう漁業。

② 遠洋漁業　　㋑日本近海で数日かけておこなう漁業。

③ 沖合漁業　　㋒小型船《こがたせん》で、海岸やその近くでおこなう漁業。

(2) まきあみ漁の方法でまちがっているものを、㋐〜㋒から選びましょう。（ ㋒ ）

㋐ スキャニングソナーや魚群探知機で魚の群れをさがす。

㋑ 群れを見つけるとあみを海へ投げ入れ、あみを引っぱって群れを囲む。

㋒ 魚や貝、海そうなどを人の手で育てて出荷する。

ヒント 1 (1) Ⓐは親潮（千島《ちしま》海流）、Ⓑは黒潮（日本海流）です。

できたかな？

□日本の漁業の種類を言ってみよう。

□日本の近海ではなぜ多くの種類の魚がとれるか、説明してみよう。

おうちのかたへ

日本近海の海流を覚えることが苦手なお子さんがおられます。そのようなときは日本の白地図に、太平洋側と日本海側の海流の名前と矢印を書き込んでみてください。暖流を赤色で、寒流を青色で区別すると、さらに、覚えやすくなります。

練習 35ページ

1 (1)暖流はまわりの海水より温度の高い海水の流れ、寒流はまわりの海水より温度の低い海水の流れです。

(3)㋐暖流と寒流がぶつかるところを潮目といいます。潮目には、魚のえさとなるプランクトンが多くいるため、えさを求めて多くの魚が集まります。

(4)②水あげ量の多い漁港は太平洋側に多いです。日本で水あげ量が最も多い銚子《ちょうし》漁港は太平洋側にあります。

2 (1)沖合漁業、遠洋漁業、沿岸漁業のほかに、魚や貝などを人の手で育てて出荷する養しょく業などがあります。

(2)㋒は養しょく業の説明です。

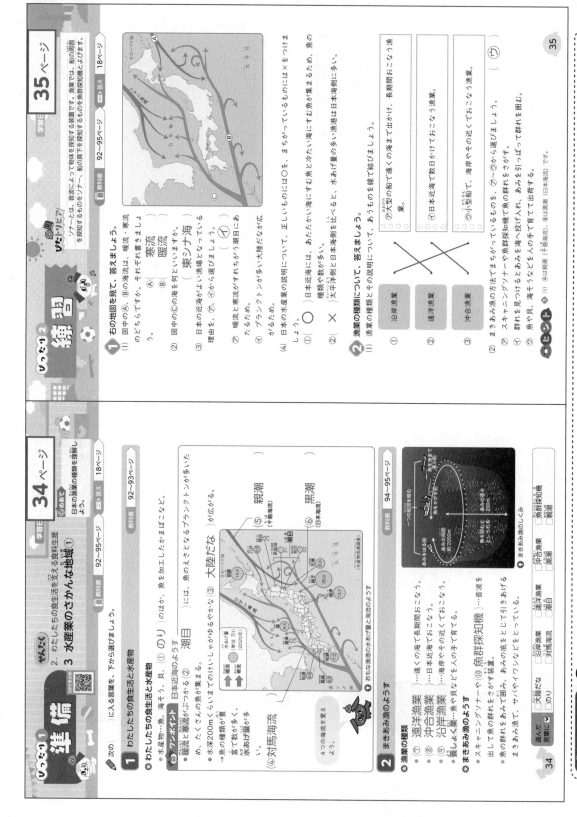

ぴったり1 準備

やんたく

2. わたしたちの食生活を支《ささ》える食料生産

3 水産業のさかんな地域《ちいき》②

◎めあて
水あげされた魚がわたしたちのもとにとどくまでの流れを理解《りかい》しよう。

教科書 96~99ページ　答え 19ページ

次の(　　)に入る言葉を、下から選びましょう。

1 銚子《ちょうし》漁港のようす

教科書 96~97ページ

ワンポイント　銚子漁港のしせつ

① 卸売市場	●魚を水あげして選別し、(② 入札)がおこなわれるしせつ。
製氷《せいひょう》工場	●とった魚がいたまないように冷やすための氷をつくる工場。
③冷とう倉庫	●魚を冷とうして保存《ほぞん》する倉庫。
水産加工しせつ	●魚を加工するしせつ。
④給油タンク	●漁船の燃料《ねんりょう》となる油が入っている。ここから燃料を補給《ほきゅう》する。

- 銚子漁港の沖は(⑤ 潮目)にあたり、魚が多く集まるよい漁場となっている。
- 銚子漁港は日本で最も魚の水あげ量が多い。
- 銚子漁港には、三つの**卸売市場《おろしうりしじょう》**があり、魚の種類により水あげされる卸売市場がちがう。
- 水あげされた魚は、種類や大きさによって選別、計量され、箱につめられる。
- **入札**…札にねだんを書いて入札箱に入れ、最も高いねだんをつけた買い手に売るしくみ。
- 銚子漁港では、マイワシや(⑥ サバ)の水あげ量が多い。

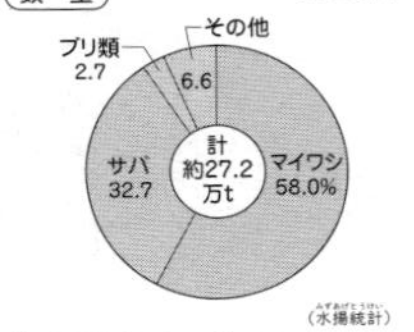

銚子漁港の水あげの内わけ

魚を安全に保《たも》つくふう

- 銚子漁港では、漁港と水産加工しせつが連携《れんけい》し、1日で約4000tの魚が処理《しょり》できる。
- 魚をより衛生的《えいせいてき》に、(⑦ 鮮度)がよい状態《じょうたい》で保存できるよう、さっきんした冷たい海水をつくる装置《そうち》や、その水をためておく水そうなどが備《そな》えられている。

2 魚がわたしたちのもとへとどくまで

教科書 98~99ページ

魚がわたしたちのもとへとどくまで

- 冷とうされた魚…冷とう倉庫に保存され、注文に応《おう》じて出荷されたり、ひものやかんづめ、養しょく用のえさなどの材料として水産加工しせつに運ばれたりする。
- 冷とうされた魚の一部は、(⑧ アジア)などの外国へ船で輸出《ゆしゅつ》される。
- 新鮮《しんせん》な状態のまま東京《とうきょう》などの消費地《しょうひち》へ出荷される魚もある。

品質《ひんしつ》を保つための温度管理が重要なんだ。

選んだ言葉に✓　□鮮度《せんど》　□サバ　□アジア　□冷とう倉庫　□入札　□潮目《しおめ》　□卸売市場　□給油タンク

ぴったり2 練習

ぴたトリビア
各国の海岸線から200海里（約370km）までの排他的経済水域《はいたてきけいざいすいいき》の中では、外国の船は勝手に漁をしてはいけない決まりになっています。

教科書 96~99ページ　答え 19ページ

1 銚子漁港のようすについて、答えましょう。

(1) 次の①~③の説明にあうしせつを、㋐~㋓から選びましょう。

①(㋓)魚を冷とうして保存する。
②(㋑)魚の鮮度を保つために、海水から氷をつくる。
③(㋐)水あげされた魚を選別・計量したり、箱づめしたりする。

㋐ 卸売市場　㋑ 製氷工場　㋒ 水産加工しせつ　㋓ 冷とう倉庫

(2) 魚を買いたい人が札にねだんを書いて箱に入れ、最も高いねだんをつけた買い手に売る取り引きのしくみを何といいますか。

(入札)

(3) 右のグラフは、銚子漁港の水あげの内わけをあらわしています。グラフ中のⒶにあう魚を、㋐~㋒から選びましょう。

(㋑)

㋐ カツオ　㋑ マイワシ　㋒ マグロ

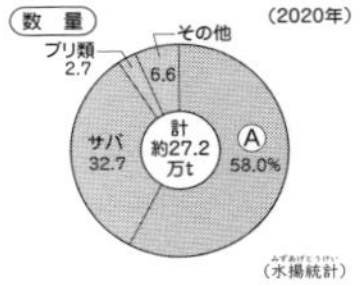

(4) 銚子漁港について、正しいものには○を、まちがっているものには×をつけましょう。

①(○)銚子漁港の沖は潮目にあたり、多くの種類の魚が集まるよい漁場となっている。
②(×)銚子漁港は、魚の水あげ量が日本で三番目に多い。

2 銚子漁港で水あげされた魚がわたしたちのもとへとどくまでの流れに関する次の会話を読んで、正しいものには○を、まちがっているものには×をつけましょう。

①(×) 銚子漁港に水あげされた魚は、全て冷とうされているね。
②(○) 冷とう倉庫に保存された魚は、注文に応じて出荷されたり、水産加工しせつに運ばれたりしているわ。
③(○) 冷とうされた魚の一部は、アジアなどの外国にも輸出されているよ。
④(○) どんな輸送の方法であっても、魚の品質を保つためには温度管理が重要ね。

ヒント　1 (3) 水あげされる魚の数量と金額《きんがく》では、順位がちがうことに注意しましょう。

できたかな？
□銚子漁港の水あげの内わけで、数量、金額それぞれで最も多くしめている魚を言ってみよう。

おうちのかたへ
銚子漁港で水あげされた魚はほとんどが冷凍されますが、新鮮なまま東京などへ出荷される場合もあります。スーパーマーケットなどで銚子漁港の魚があれば、その魚はどのような方法でスーパーマーケットまで運ばれたか、お子さんと話し合ってみてください。

練習　37ページ

1 (1)㋐銚子漁港には三つの卸売市場があり、水あげされる卸売市場は魚の種類によってちがいます。
㋒水産加工しせつでは、水あげされた魚を、ひもの、かんづめ、養しょく用のえさなどの材料に加工します。銚子漁港では、漁港と水産加工しせつが連携することで、1日に約4000tの魚を処理できます。
(3)マイワシとサバで、銚子漁港の水あげ量の約90%をしめています。
(4)②銚子漁港は、日本で最も水あげ量が多い漁港です。

2 ①水あげされた魚のほとんどは冷とう倉庫や加工しせつなどへ運ばれますが、新鮮なまま東京などの消費地に運ばれるものもあります。

ぴったり1 準備 せんたく
2．わたしたちの食生活を支《ささ》える食料生産
3 水産業のさかんな地域《ちいき》③

学習日 38ページ

めあて
日本の養《よう》しょく業とその問題点を理解《りかい》しよう。

教科書 100〜105ページ　答え 20ページ

次の（　　）に入る言葉を、下から選びましょう。

1 のりの養しょくがさかんな佐賀《さが》県／有明海《ありあけかい》での養しょく

教科書 100〜103ページ

ワンポイント のりの養しょくがさかんな佐賀県

- 佐賀県ののりの収穫量《しゅうかくりょう》は日本で最も多い。
- **有明海**は、佐賀県、（① 福岡県 ）、熊本《くまもと》県に面し、のりの養しょくがさかんである。
- 有明海は、流れこむ川の栄養分が豊富《ほうふ》で、（② 干満 ）の差が大きい。
- **干《かん》ちょう**のとき…のりのあみが水面から出る。
- **満ちょう**のとき…のりのあみが海水にもぐる。
  →のりが海水中の栄養と（③ 太陽の光 ）をかわるがわる取りこむことができ、やわらかくおいしいのりができる。

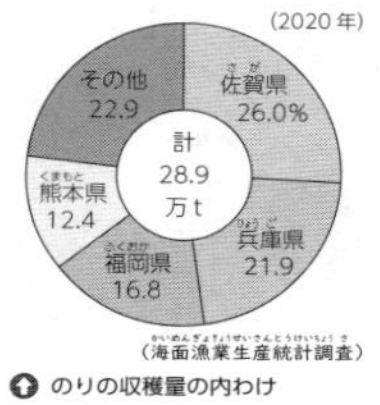

のりの収穫量の内わけ

有明海でののりの養しょく

- 有明海漁業協同組合では、のりの生産者にアドバイスをしたり、（④ 研究機関 ）と連携《れんけい》したりして、有明海ののりの収穫量が増《ふ》えるよう努力してきた。
  →2003年からは、18年連続でのりの収穫量が日本で1番多い。
- 近年では、有明海の（⑤ 水温 ）が上がったことから、あみをはる時期がおくれ、かり取りの時期が短くなり、収穫量が減っている。

2 養しょく業の問題

教科書 104〜105ページ

養しょく業のよい点と問題点

- よい点
  →計画的に安定した収入《しゅうにゅう》を得《え》ることができる。
- 悪い点
  →海の中のプランクトンが異常《いじょう》に増える（⑥ 赤潮 ）が発生したり、油などの流出で海がよごれたりして、育てた魚などが死んでしまうことがある。
  →えさの原料となる（⑦ 魚粉 ）の多くを輸入《ゆにゅう》しているため、えさ代にかかる（⑧ 費用 ）が高くなり、養しょく業者の負担《ふたん》が大きい。

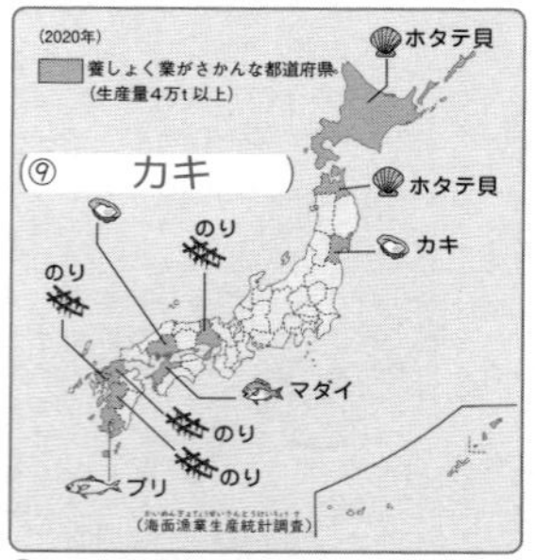

養しょく業のさかんな地域と養しょくされているもの

選んだ言葉に☑
□水温　□魚粉《ぎょふん》　□研究機関　□福岡《ふくおか》県　□カキ
□費用《ひよう》　□赤潮《あかしお》　□太陽の光　□干満《かんまん》

ぴったり2 練習

学習日 39ページ

ぴたトリビア
養しょく業には、ある程度の大きさになるまで育てた魚や貝を放流し、成長したものをとるさいばい漁業もあります。

教科書 100〜105ページ　答え 20ページ

1 有明海ののりの養しょくについて、答えましょう。

(1) 次の文中の①〜③にあう言葉を書きましょう。

①（ 干満 ）②（ 満ちょう ）③（ 干ちょう ）

有明海は、流れこむ川の栄養分が豊富なことや、①の差が大きいことなどから、のりの養しょくがさかんである。のりのあみが、②のときには海水にもぐり、③のときには水面から出ることをくり返すことで、のりが海水の養分と太陽の光を両方取りこむことができる。

(2) 有明海ののりの養しょくについて、正しいものには○を、まちがっているものには×をつけましょう。

①（ × ）有明海ののりの収穫量は、30年以上前からずっと日本一である。
②（ ○ ）のりの胞子《ほうし》を育てるとき、温度の管理にはスマートフォンも利用されている。
③（ ○ ）近年、有明海の海水の温度が上がり、かり取りの期間が短くなったことで、収穫量が減少《げんしょう》している。

2 養しょく業について、答えましょう。

(1) 右の図は、養しょく業のさかんな地域をあらわしています。図中のⒶ〜Ⓒにあう水産物を［　　］から選びましょう。

カキ　ホタテ貝　マダイ

Ⓐ（ ホタテ貝 ）
Ⓑ（ カキ ）
Ⓒ（ マダイ ）

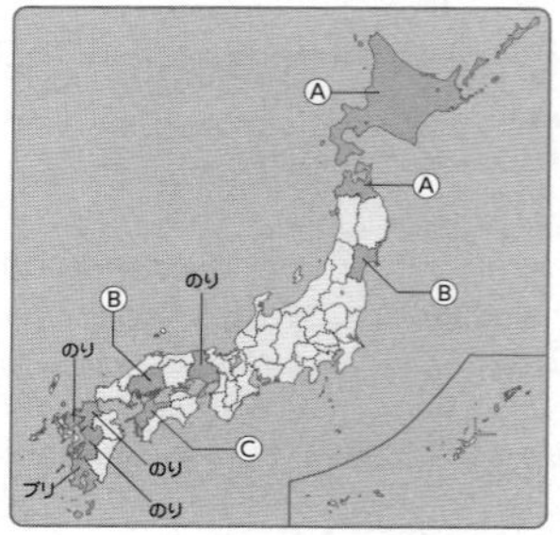

(2) 養しょく業の説明として正しいものを、㋐〜㋒から選びましょう。（ ㋒ ）

㋐ 大型船《おおがたせん》で遠くの海まで出かけておこなう。
㋑ えさの原料の魚粉はおもに国内でつくられている。
㋒ 魚をとる漁業に比《くら》べて安定した収入が得られる。

(3) 次の文中の①、②にあう言葉を書きましょう。

①（ プランクトン ）②（ 赤潮 ）

海の中の①が異常に増える②が発生したり、油などの流出で海がよごれたりすると、養しょくの魚などが大量に死んでしまうことがある。

ヒント 2 (3) 海の中の小さな生き物が異常に増え、海が赤く見える現象《げんしょう》です。

できたかな？
□有明海で養しょく業がさかんな理由を言ってみよう。
□養しょく業のよい点と悪い点をそれぞれ説明してみよう。

おうちのかたへ
有明海ののりの養殖は、水温などの環境に左右されます。お子さんと一緒にのりを食べるとき、のりの収穫量が減少している理由について話し合ってみてください。

練習 39ページ

1 (1)①干満とは、海の水が満ちたり、引いたりすることです。②満ちょうとは、海の水が満ち、海水面が最も高くなることです。③干ちょうとは、海の水が引いて、海水面が最も低くなることです。

(2)①有明海ののりの収穫量が日本一になったのは、約20年前のことです。養しょくするあみの高さを調節したり、研究機関と連携したりしたことなどにより、2003年から18年連続で日本一の収穫量になっています。

2 (1)Ⓐホタテ貝は寒い地域でよく育ちます。

Ⓑカキの養しょくは広島《ひろしま》県や宮城《みやぎ》県でさかんです。

(2)㋐これは遠洋漁業の説明です。

㋑えさの原料の魚粉は、多くを輸入にたよっています。

(3)赤潮は、海水にふくまれる栄養分が、自然の状態《じょうたい》よりも増えすぎたところで発生します。

ぴったり3 確かめのテスト
せんたく
2．わたしたちの食生活を支《ささ》える食料生産
3 水産業のさかんな地域《ちいき》

40ページ

/100 合格80点

教科書 92～105ページ　答え 21ページ

1 日本のまわりの海に関する次の文を読んで、答えましょう。 1つ6点（30点）

日本のまわりの海には、４つの海流が流れている。暖流《だんりゅう》には、太平洋《たいへいよう》を北上する（①）と、日本海を北上する（②）があり、寒流《かんりゅう》には、太平洋を南下する（③）と、日本海を南下する（④）がある。暖流と寒流のぶつかるところを潮目《しおめ》といい、よい漁場となっている。

(1) よく出る 文中の①～④にあう言葉を書きましょう。
①（黒潮(日本海流)）②（対馬海流）
③（親潮(千島海流)）④（リマン海流）

記述 (2) 下線部について、潮目がよい漁場となる理由を、「えさ」という言葉を使って、かんたんに書きましょう。 思考・判断・表現
（(例) 魚のえさとなるプランクトンが多いから。）

2 次のグラフは、銚子《ちょうし》漁港の水あげの数量と金額《きんがく》の内わけをあらわしています。グラフから読み取れることとして、正しいものには〇を、まちがっているものには×をつけましょう。 技能 1つ5点（15点）

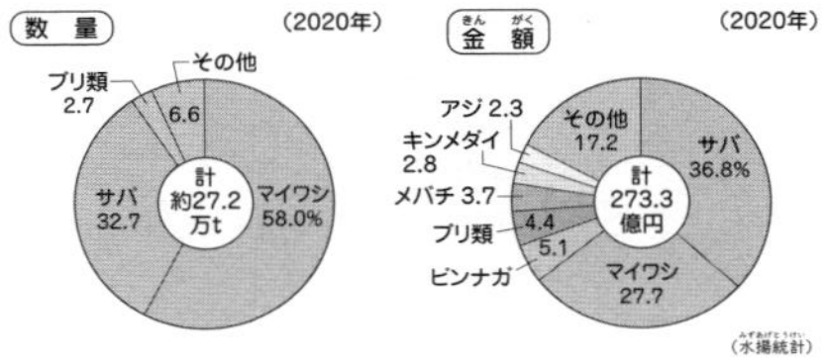

①（〇）水あげの数量では、マイワシとサバだけで90％以上をしめているね。
②（〇）サバの水あげの金額を計算すると、約100億円だね。
③（×）水あげの数量と金額を見ると、どちらもサバが第１位になっているね。

学習日 41ページ

3 銚子市の漁業に関する次の文を読んで、答えましょう。 1つ5点（20点）

銚子漁港の沖は、栄養分の多い（①）川の水が混《ま》じることと潮目にあたることから、よい漁場となっており、（②）漁という漁法でサバやイワシなどをとっている。漁業は天候に大きく左右されるものの、１回の漁で大量の魚をとることができることもあり、2020年現在《げんざい》、銚子漁港は水あげ量が日本一多い漁港となっている。

(1) 文中の①、②にあう言葉を書きましょう。
①（利根）②（まきあみ）

(2) 下線部について、2020年時点で、日本で３番目に水あげ量が多い、静岡《しずおか》県にある漁港はどこですか。㋐～㋓から選びましょう。（㋓）
㋐ 釧路《くしろ》　㋑ 境《さかい》　㋒ 八戸《はちのへ》　㋓ 焼津《やいづ》

(3) できたらスゴイ！ 日本で遠洋《えんよう》漁業がさかんでなくなった理由を、㋐、㋑から選びましょう。 思考・判断・表現（㋐）
㋐ 外国が排他的経済水域《はいたてきけいざいすいいき》を設定《せってい》し、外国のまわりの海で自由に漁ができなくなったため。
㋑ 日本のまわりの海で魚をとりすぎたことで、魚の数が減《へ》ったため。

4 養しょく業について、答えましょう。 1つ5点（35点）

(1) 水産物とその養しょくがさかんな都道府県について、あうものを線で結びましょう。

① のり ― ㋐佐賀《さが》県、兵庫《ひょうご》県、福岡《ふくおか》県、熊本《くまもと》県
② ホタテ貝 ― ㋒北海道《ほっかいどう》、青森《あおもり》県
③ カキ ― ㋑広島《ひろしま》県、宮城《みやぎ》県

(2) のりの養しょくの条件《じょうけん》の一つに、海の干満《かんまん》の差が大きいことがあります。干《かん》ちょうのときと満ちょうのときに、のりのあみはどうなりますか。㋐、㋑から選びましょう。
㋐ のりのあみが海水にもぐる。　干ちょう（㋑）満ちょう（㋐）
㋑ のりのあみが水面から出る。

(3) よく出る 海水の栄養分が増《ふ》え、海の中のプランクトンが異常《いじょう》に発生して水面が赤く見えることを何といいますか。（赤潮）

記述 (4) 養しょく業の問題点の一つに、魚のえさ代にかかる費用《ひよう》が高いことがあります。その理由を、「魚粉《ぎょふん》」という言葉を使って、かんたんに書きましょう。 思考・判断・表現
（(例) えさの原料となる魚粉を輸入にたより、そのねだんが高くなっているため。）

ふりかえり ４(4)がわからないときは、38ページの２にもどって確認してみよう。

確かめのテスト　40～41ページ

1 (1)暖流のえいきょうが強い海域《かいいき》にすむ魚には、マグロ・カツオ・イワシ・ブリなど、寒流のえいきょうが強い海域にすむ魚には、サケ・タラ・ホッケなどがあります。
(2)潮目にはプランクトンが多く、それを食べに、多くの魚が集まります。

2 ③数量の第１位から第３位まではマイワシ、サバ、ブリ類、金額の第１位から第３位はサバ、マイワシ、ビンナガなので、同じではありません。

3 (2)㋐釧路は北海道、㋑境は鳥取《とっとり》県、㋒八戸は青森《あおもり》県にある漁港です。
(3)1970年代に入ると、多くの国が200海里（約370km）の排他的経済水域を設定するようになりました。そのため、日本は外国のまわりの海で自由に漁ができなくなり、遠洋漁業の漁獲量《ぎょかくりょう》は減少《げんしょう》していきました。

4 (2)干ちょうとは、海の水が引いて、海水面が最も低くなることです。満ちょうとは、海の水が満ちて、海水面が最も高くなることです。

記述問題のプラスワン

4 (4)養しょく業は安定した収入《しゅうにゅう》を得《え》ることができる漁業です。しかし、えさの原料である魚粉の多くは、外国からの輸入《ゆにゅう》にたよっています。そのため、費用が高くなってしまい、養しょく業者の大きな負担《ふたん》になっています。よって魚粉を輸入にたより、そのねだんが高くなっていることが書かれていなければなりません。

ぴったり1 準備

せんたく

2. わたしたちの食生活を支《ささ》える食料生産

畜産業《ちくさんぎょう》のさかんな宮崎《みやざき》県

学習日

42ページ

◎めあて
宮崎県の畜産業の特ちょうを理解《りかい》しよう。

教科書 106～111ページ　答え 22ページ

次の(　　)に入る言葉を、下から選びましょう。

1 世界にみとめられた宮崎牛／はんしょく農家の仕事／肥育《ひいく》農家の仕事　教科書 106～108ページ

宮崎県で畜産業がさかんな理由

- あたたかい気候で牛の(① えさ)がよく育つ。
- 畜産業は農業などに比《くら》べて台風のえいきょうが少ない。

肉牛を育てる農家の種類と仕事

- (② はんしょく)農家…母牛を育てて子牛を生産する。生まれた子牛を9～10か月間飼育《しいく》し、せりに出荷。
- (③ 肥育)農家…子牛を18～20か月間飼育し、肉牛として食肉処理場《しょりじょう》へ出荷。

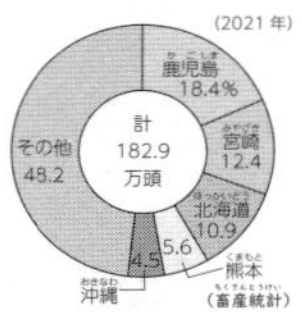

肉牛の飼育頭数の内わけ

肉牛を育てる農家のなやみ

- 働く人が(④ 高齢化)し、あとつぎのいない農家が増《ふ》えている。
- 育てる子牛の数が減《へ》って、子牛のねだんが高くなっている。

肉牛の飼育は九州《きゅうしゅう》地方南部と北海道《ほっかいどう》でさかんだね。

2 わたしたちのもとへ運ばれるまで　教科書 109ページ

ワンポイント 食肉処理場での作業と検査《けんさ》

- 肉牛は、どの農家が生産した牛肉なのかがわかるよう、生産者などのデータを入力する。
- 検査員が1頭ごとに肉の品質《ひんしつ》の**評価《ひょうか》**と**等級**を判定《はんてい》する。
- その後、(⑤ 衛生)面に注意して解体《かいたい》・処理し、パックづめする。
- 一定の温度に保《たも》たれたトラックで全国各地へ出荷する。

安心して肉を食べられるように、いろいろな検査をおこなっているよ。

3 口蹄疫《こうていえき》の被害《ひがい》からの復興《ふっこう》／ブランド牛「宮崎牛」と輸出《ゆしゅつ》の取り組み　教科書 110～111ページ

口蹄疫の被害からの復興

- 2010年4月、宮崎県で**口蹄疫**という(⑥ 伝染病)が発生した。
  →伝染《でんせん》病の広がりを防《ふせ》ぐため、多くの家畜《かちく》を処分《しょぶん》したり、牛舎《ぎゅうしゃ》などを消毒《しょうどく》したりした。
- 現在《げんざい》、伝染病の発生を防ぐ取り組みや、伝染病の発生に備《そな》えた訓練などをしている。

「宮崎牛」の輸出

- 和牛の(⑦ 品評会)の全国大会で日本一をとったことで、外国でもみとめられるようになり、ブランド力を高めた。
- 「宮崎牛」としてホンコン、台湾《たいわん》、(⑧ アメリカ)、ヨーロッパなどへ輸出している。

選んだ言葉に☑
□はんしょく　□アメリカ　□品評会《ひんぴょうかい》　□衛生《えいせい》
□伝染病　□高齢化《こうれいか》　□肥育《ひいく》　□えさ

ぴったり2 練習

学習日

43ページ

ぴたトリビア
1人の売り手に対し、2人以上の買い手が相互《そうご》にねだんを競《きそ》いあい、最も高いねだんをつけた買い手に売ることをせりといいます。

教科書 106～111ページ　答え 22ページ

1 畜産業のさかんな地域《ちいき》について、答えましょう。

(1) 家畜を育てて畜産物を生産する農業を何といいますか。　(畜産業)

(2) 母牛を育てて子牛を生産する農家を何といいますか。　(はんしょく農家)

(3) 子牛を育てて肉牛として出荷する農家を何といいますか。　(肥育農家)

(4) 右のグラフは、肉牛の飼育頭数の内わけをあらわしています。グラフ中のⒶ、Ⓑにあう都道府県を、㋐～㋓から選びましょう。
Ⓐ(㋐)　Ⓑ(㋓)
㋐ 鹿児島《かごしま》　㋑ 佐賀《さが》　㋒ 新潟《にいがた》　㋓ 宮崎

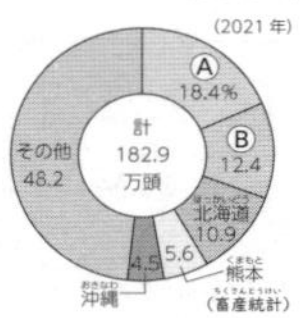

2 食肉処理場に関する次の文を読んで、答えましょう。

食肉処理場では、肉牛の(①)などのデータを入力したあと、衛生面に気を配って解体・処理する。また、検査員が1頭ごとに肉のしまりや色などを見るほか、安全・安心な肉を出荷するため(②)による検査がおこなわれる。パックづめにされた肉は、一定の(③)に保たれたトラックで全国各地へ出荷される。

(1) 文中の①～③にあう言葉を[　]から選びましょう。

温度　じゅう医師《いし》　生産者

①(生産者)
②(じゅう医師)
③(温度)

(2) 下線部について、この検査の目的を、㋐～㋒から選びましょう。　(㋑)
㋐ どの農家が生産した肉か調べるため。
㋑ 肉の品質の評価と等級を判定するため。
㋒ 病気の早期発見・予防《よぼう》をするため。

3 伝染病の被害からの復興について、答えましょう。

(1) 2010年に宮崎県で発生した、牛やぶたなどがかかる伝染病を何といいますか。　(口蹄疫)

(2) (1)の説明について、正しいものには○を、まちがっているものには×をつけましょう。
①(○)30万頭近い牛やぶたなどが殺処分《さつしょぶん》された。
②(○)牛舎への立ち入り制限《せいげん》や消毒がおこなわれた。
③(×)現在でも病気の感染《かんせん》が続いている。
④(○)つらい記おくを語りつぐために、メモリアルセンターがつくられた。

ヒント 1 (4) 肉牛の飼育は、九州地方南部でさかんです。

できたかな？
□宮崎県で畜産業がさかんな理由について言ってみよう。
□肥育農家で育てられた肉牛が、どのようにしてわたしたちのもとへ運ばれるのかについて説明してみよう。

おうちのかたへ
わたしたちが当たり前のように食べる牛肉は、育てる人、解体・処理する人、獣医師など、多くの人が携わっています。いつも美味しく食べている牛肉はどのようにして食卓まで届いているのか、お子さんと一緒に話し合ってみてください。

練習　43ページ

1 (2)働く人のあとつぎ不足や高齢化で、母牛を育てることをやめるはんしょく農家が増えています。
(4)肉牛の飼育は、宮崎県、鹿児島県など九州地方南部のほか、北海道でさかんです。

2 (1)①生産者などのデータを入力しておくと、あとからどの農家が生産した牛肉かを確《たし》かめることができます。③国内だけでなく海外にも輸出されます。
(2)㋐食肉処理場に運び入れるさいに、どの農家が生産した肉かわかるようにデータを入力します。㋒肥育農家が、肉牛を育てるさいに、牛の調子を見て、一頭一頭の体調を判断しています。

3 (2)③口蹄疫は感染力の強い病気ですが、けん命な取り組みにより、2010年8月に感染がとまりました。このつらい記おくを未来に語りつぐために、宮崎県高鍋《たかなべ》町に口蹄疫メモリアルセンターがつくられました。

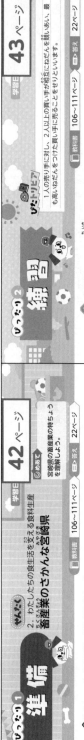

ぴったり1 **準備**

学習資料《しりょう》

2. わたしたちの食生活を支《ささ》える食料生産

くだもの作りのさかんな和歌山《わかやま》県

野菜作りのさかんな高知《こうち》県

学習日

44ページ

めあて
和歌山県のくだもの作りや高知県の野菜作りの特ちょうを理解しよう。

教科書 112〜119ページ　答え 23ページ

次の（　　）に入る言葉を、下から選びましょう。

1 みかん作りがさかんな有田《ありだ》市／有田市のみかん作り

教科書 112〜115ページ

和歌山県有田市でみかん作りがさかんな理由

- みかんは、（① あたたかい ）気候で雨が少なく、
  （② 水はけ ）のよい、山の南のしゃ面で作られる。
- 海が近く、夜の気温があまり下がらない。
  →みかんのあまみが決まる夏に雨がふる量が少なく、酸味《さんみ》のバランスがとれた、あまみの増《ま》したみかんができる。

生のくだものを加工すると日もちするので、遠くの国にも輸出しやすいよ。

農家のなやみと取り組み

- 天候に左右されるため、（③ 収入 ）が安定しない。
- いろいろなくだものが出回り、みかんの消費量《しょうひりょう》が減少《げんしょう》した。
- みかんをジュースや（④ ジャム ）などに加工して売るようになり、現在《げんざい》は中国《ちゅうごく》やアメリカなどにも輸出《ゆしゅつ》している。

2 安芸《あき》市のなす作り／なす作りのくふう

教科書 116〜119ページ

ワンポイント　高知平野での野菜作りの特ちょう

- （⑤ ビニールハウス ）を使って、なすなどの夏が旬《しゅん》の野菜を冬に生産している。
- 冬の北西季節風が**中国山地**《ちゅうごく》や（⑥ 四国山地 ）にあたり弱められる。
- 県の南側の（⑦ 太平洋 ）を**暖流**《だんりゅう》の（⑧ 日本海流 ）（黒潮《くろしお》）が流れている。
- 冬に雨が少なく、日照時間が長い。
  →ほかの地域《ちいき》より冬の気温が高くあたたかいため、ほかの産地の野菜が出回らない冬の時期に出荷することができる。

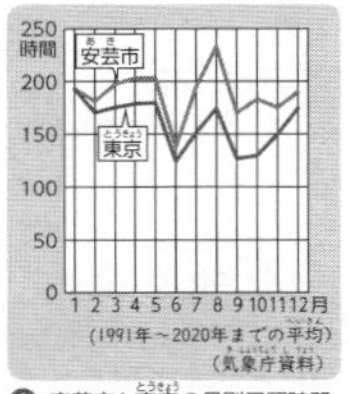

安芸市と東京の月別日照時間

農家のくふう

- できるだけ農薬を使わないようにしながら、病気や害虫を防《ふせ》ぐ。
- 収穫量《しゅうかくりょう》が減る冬に、**ビニールハウス**内に**二酸化炭素**《にさんかたんそ》を発生させる装置《そうち》を設置《せっち》して、収穫量を増やすくふうをしている。
- こん虫になすの交配の作業を助けてもらう。

植物は、水と二酸化炭素を取りこみ、日光の力を使って生長します。これを光合成といいます。

なすの出荷

- 収穫されたなすに風があたらないようシートをかけて集出荷場に運ぶ。
- 温度管理のできる（⑨ トラック ）で全国各地に出荷されている。

選んだ言葉に☑
□四国山地　□トラック　□あたたかい　□日本海流　□ビニールハウス
□太平洋　□ジャム　□水はけ　□収入

ぴったり2 **練習**

学習日

45ページ

ぴたトリビア
ビニールハウスや温室を利用して、ふつうより早い時期に収穫・出荷するさいばい方法を「促成栽培」といいます。高知平野や宮崎平野でさかんです。

教科書 112〜119ページ　答え 23ページ

1 くだもの作りのさかんな和歌山県について、答えましょう。

(1) 和歌山県で多く作られているくだものを、㋐〜㋒から選びましょう。　（ ㋐ ）
㋐ みかん　㋑ ぶどう　㋒ りんご

(2) 和歌山県以外で(1)のくだものの生産がさかんな県を、㋐〜㋓から２つ選びましょう。
（順不同）（ ㋑ ）（ ㋒ ）
㋐ 青森《あおもり》県　㋑ 愛媛《えひめ》県　㋒ 静岡《しずおか》県　㋓ 山梨《やまなし》県

(3) 和歌山県での(1)作りについて、正しいものには○を、まちがっているものには×をつけましょう。
①（ × ）水はけの悪い低地で多く作られている。
②（ ○ ）ほかのくだものが出回るようになり、消費量が減少するようになった。
③（ ○ ）ジュースやジャムなどに加工し、外国にも輸出している。

2 野菜作りのさかんな高知県に関する次の文を読んで、答えましょう。

高知県は、冬に北西からふく（①）が（②）山地や四国山地にあたって弱められることや、県の南側の太平洋を（③）の日本海流（黒潮）が流れていることなどから、ほかの地域に比《くら》べて冬でもあたたかい。また、冬に雨が少ないため（④）が長くなる。この気候を利用して、夏が旬の野菜を冬に生産し、ほかの産地の野菜が出回らない時期に出荷することができる。

(1) 文中の①〜④にあう言葉を書きましょう。
①（ 季節風 ）②（ 中国 ）
③（ 暖流 ）④（ 日照時間 ）

(2) 高知県では、右の絵のようなしせつを利用して冬に野菜を生産しています。このようなしせつを何といいますか。
（ ビニールハウス ）

(3) (2)のしせつを利用して、高知県で多く作られている野菜を、㋐〜㋓から選びましょう。
（ ㋒ ）
㋐ キャベツ　㋑ じゃがいも　㋒ なす　㋓ レタス

(4) 高知県で作られた野菜の出荷について、正しいものには○を、まちがっているものには×をつけましょう。
①（ × ）おもにきょりの近い九州《きゅうしゅう》地方に出荷されている。
②（ ○ ）温度管理のできるトラックで輸送《ゆそう》されている。

ヒント　1 (2) あたたかい地域で生産がさかんです。

練習　45ページ

1 (1)㋑のぶどうは山梨県、㋒のりんごは青森《あおもり》県で多く作られています。

(2)みかんは、2020年には和歌山県、静岡県、愛媛県の順で生産がさかんです。

(3)①水はけのよい、山の南のしゃ面で多く作られています。

2 (1)②高知県の北側にある、中国山地と四国山地に囲《かこ》まれた地域を瀬戸内《せとうち》といい、１年を通して雨が少なく、あたたかい気候が広がります。

(3)高知平野ではなすやピーマンの生産がさかんです。㋐のキャベツは群《ぐん》馬《ま》県、愛知《あいち》県、㋑のじゃがいもは北《ほっ》海道《かいどう》、㋓のレタスは長野《ながの》県、茨城《いばらき》県でさいばいがさかんです。

(4)①高知県で作られたなすの約４わりが関東《かんとう》地方、約２わりが近畿《きんき》地方に出荷されます。九州地方への出荷はありません。

できたかな？
□みかん作りやなす作りのために農家がしているくふうや努力について説明してみよう。

おうちのかたへ
スーパーマーケットなどに並ぶ農作物は、お住まいの地域以外の産地のものが多くあります。教科書や問題集などで、くだものや野菜の生産額、栽培地域などを確認しながら、農作物の産地をお子さんと一緒に白地図に書いてみましょう。

ぴったり3 確かめのテスト

せんたく 学習資料《しりょう》／

2．わたしたちの食生活を支《ささ》える食料生産

畜産業《ちくさんぎょう》のさかんな宮崎《みやざき》県／くだもの作りのさかんな和歌山《わかやま》県／野菜作りのさかんな高知《こうち》県

46ページ

／100 合格80点

教科書 106〜119ページ 答え 24ページ

1 畜産業のさかんな宮崎県に関する次の文を読んで、答えましょう。 1つ5点（40点）

宮崎県では_ⓐ畜産業がさかんで、なかでも肉牛が多く飼育《しいく》されている。肉牛を育てる農家には、ⓑ母牛を育てて子牛を生産・ⓒ出荷する（①）農家と、子牛を育てて肉牛として出荷する（②）農家がある。近年、働く人が（③）化し、あとつぎのいない農家が増《ふ》えていることが問題となっている。

(1) よく出る 文中の①〜③にあう言葉を書きましょう。

①（はんしょく）②（肥育）③（高齢）

(2) 下線部ⓐについて、畜産業によって生産される畜産物を、㋐〜㋕から3つ選びましょう。

（順不同）（㋑）（㋔）（㋕）

㋐ ホタテ貝　㋑ たまご　㋒ ちくわ　㋓ もち　㋔ バター　㋕ ぶた肉

(3) 下線部ⓑについて、母牛には温度センサーがつけられています。母牛の体温を測《はか》ることで、何がわかりますか。㋐〜㋒から選びましょう。（㋐）

㋐ 母牛のにんしんが可能《かのう》な期間や出産する時期を知ることができる。

㋑ 母牛の品質《ひんしつ》の評価《ひょうか》と等級を判定《はんてい》することができる。

㋒ 母牛を食肉処理場《しょりじょう》へ出荷する時期を判断《はんだん》することができる。

(4) 下線部ⓒについて、子牛を出荷するとき、1人の売り手に対し、2人以上の買い手が相互《そうご》にねだんを競《きそ》い合い、最も高いねだんをつけた買い手に売るやり方がおこなわれています。このような取り引きのしくみを何といいますか。（せり）

2 安全・安心な肉を出荷するための取り組みについて、答えましょう。 1つ5点（20点）

(1) 2010年に、宮崎県で口蹄疫《こうていえき》という伝染《でんせん》病が発生しました。伝染病の広がりを防《ふせ》ぐためにおこなわれたことを、㋐〜㋓から2つ選びましょう。 思考・判断・表現

（順不同）（㋑）（㋓）

㋐ 感染した家畜《かちく》を和牛の品評会《ひんぴょうかい》に出品した。

㋑ 牛舎《ぎゅうしゃ》や牛舎に出入りするトラックなどを消毒《しょうどく》した。

㋒ 感染した家畜をアメリカなどに輸出《ゆしゅつ》した。

㋓ 感染した家畜を殺処分《さつしょぶん》した。

(2) 「宮崎牛」のように、産地・血統《けっとう》・品種・肉質《にくしつ》の等級など、ある一定の条件《じょうけん》を満たした牛のことを何といいますか。（ブランド牛）

記述 (3) 食肉処理場では、運び入れられた肉牛の生産者のデータを入力しています。その目的を、かんたんに書きましょう。 思考・判断・表現

（（例）どの農家が生産した牛肉かわかるようにするため。）

学習日 47ページ

3 くだもの作りのさかんな地域《ちいき》について、答えましょう。 1つ5点、(2)10点（20点）

(1) 有田《ありだ》市でのみかん作りの特ちょうを、㋐〜㋒から選びましょう。（㋑）

㋐ 夏にすずしく、昼と夜の気温の差が大きい気候がみかん作りに適《てき》している。

㋑ 水はけのよい山のしゃ面でみかんが多く作られている。

㋒ 生のみかんのみを輸出し、ジュースやジャムなどの加工品は輸出していない。

記述 (2) 右のグラフは、有田市付近の月別降水量《こうすいりょう》をあらわしています。有田市では、降水量の特色から、酸味《さんみ》のバランスがよい、あまみの増《ま》したみかんができます。その降水量の特色を、かんたんに書きましょう。 思考・判断・表現

（（例）夏の降水量が特に少ないこと。）

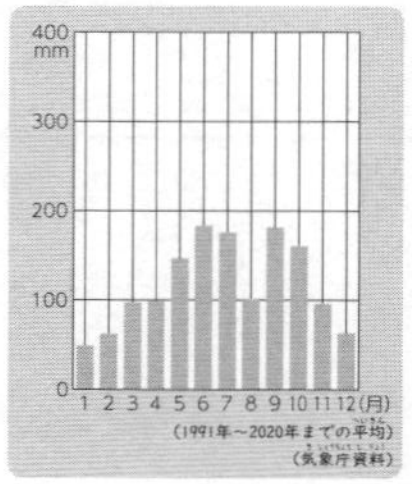

(3) できたらスゴイ! 有田市のある和歌山県で多く作られているくだものとして正しいものを、㋐〜㋓から選びましょう。（㋒）

㋐ りんご　㋑ ぶどう　㋒ かき　㋓ マンゴー

この本の終わりにある「夏のチャレンジテスト」をやってみよう！

4 野菜作りのさかんな地域について、答えましょう。 1つ5点（20点）

(1) 安芸《あき》市のなす作りに関する次の会話を読んで、正しいものには○を、まちがっているものには×をつけましょう。

①（○）安芸市は、冬の平均《へいきん》気温が高く、日照時間が長いため、冬でもなす作りがさかんだね。

②（○）安芸市のビニールハウスは、日当たりが最もよくなるように、決まった方向につくられているね。

③（×）ビニールハウスの中は虫が多く、虫を取りのぞくために農薬が多く使われているよ。

(2) 右のグラフは、高知県のなすの出荷先の内わけをあらわしています。グラフ中のⒶ〜Ⓒにあう地方の組み合わせとして正しいものを、㋐〜㋓から選びましょう。（㋒）

㋐	Ⓐ 中部《ちゅうぶ》地方	Ⓑ 近畿《きんき》地方	Ⓒ 関東《かんとう》地方
㋑	Ⓐ 近畿地方	Ⓑ 関東地方	Ⓒ 中部地方
㋒	Ⓐ 関東地方	Ⓑ 近畿地方	Ⓒ 中部地方
㋓	Ⓐ 関東地方	Ⓑ 中部地方	Ⓒ 近畿地方

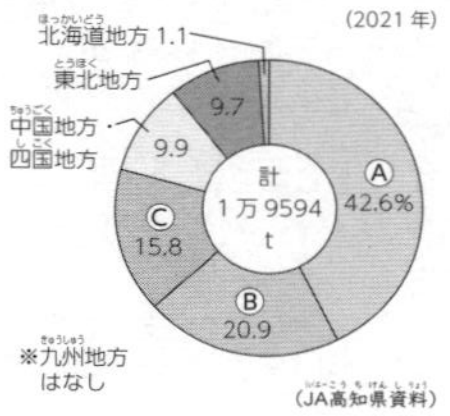

ふりかえり ❷(3)がわからないときは、42ページの❷にもどって確認してみよう。

確かめのテスト 46〜47ページ

❶ (2)畜産物には、肉のほか、たまご、牛乳《ぎゅうにゅう》、乳製品《にゅうせいひん》などがあります。

(3)㋑検査員《けんさいん》が肉のしまりや肉としぼうの色などを見て、品質の評価と等級を判定します。

(4)せりは漢字で「競《せ》り」と書きます。

❷ (2)ブランド牛には、「松阪《まつさか》牛」「近江《おうみ》牛」などがあります。

❸ (2)みかんは、あたたかい気候で雨があまりふらない地域の、水はけのよい、山の南のしゃ面で多く作られています。また、みかんのあまみが決まる夏に、雨がふる量が特に少ない有田市では、酸味のバランスがよい、あまみの増したみかんができます。

(3)㋐のりんごは青森《あおもり》県、長野《ながの》県、岩手《いわて》県、㋑のぶどうは山梨《やまなし》県、長野県、岡山《おかやま》県、㋓のマンゴーは沖縄《おきなわ》県、宮崎県、鹿児島《かごしま》県で生産がさかんです。

❹ (1)③ビニールハウス内に、害虫を食べるこん虫や、なすの交配を助けるこん虫が入れられ、農家の人の作業を助ける働きをしています。

(2)高知県のなすは、温度管理のできるトラックで、人口の多い関東地方や近畿地方を中心に、全国に出荷されています。

記述問題のプラスワン

❷ (3)肉牛は、食肉処理場に運び入れるときに、生産者などのデータを入力します。肉牛が解体《かいたい》・処理されて全国へ出荷されたあとも、取り引きに関わった業者などにより、そのときの仕入れ・販売《はんばい》などの記録がデータベースに保存《ほぞん》されます。消費者《しょうひしゃ》はスーパーマーケットなどで牛肉を買うとき、商品についている番号をインターネットで調べることで、牛肉がいつ、どこで生産され、どのような経路《けいろ》で店にならんだかを確《たし》かめることができます。このしくみをトレーサビリティといいます。

ぴったり1 準備　学習日　48ページ

2．わたしたちの食生活を支《ささ》える食料生産
4 これからの食料生産①

めあて　これからの日本の食料生産について考えよう。

教科書 120〜125ページ　答え 25ページ

次の（　）に入る言葉を、下から選びましょう。

1 食料の輸入《ゆにゅう》先《さき》を調《しら》べる／日本の食料生産をめぐる問題　教科書 120〜123ページ

輸入にたよる食生活　（①②順不同）
- （① 小麦 ）や（② 大豆 ）はほとんどを輸入にたよっている。
- 食料の（③ 輸入量 ）が増え、日本の（④ 食料自給率 ）は下がっている。

食料の輸入が増えた理由
- 食生活の変化…米を中心とした食事から、パンや肉などを多く食べるようになり、小麦や肉類などは国産だけではたりなくなった。
- 外国の農産物は日本の農産物に比《くら》べ、ねだんが安い。

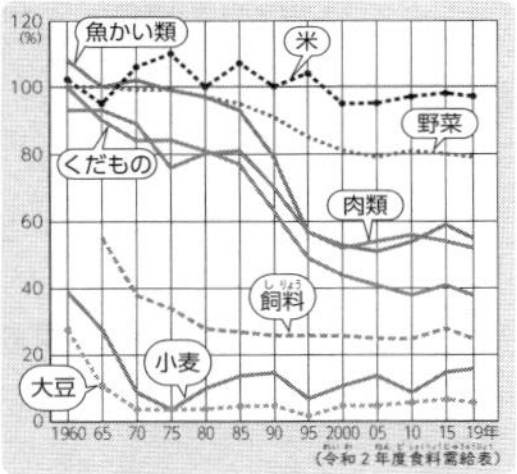

日本のおもな食料の自給率《じきゅうりつ》のうつり変わり

日本の食料生産をめぐる問題
- （⑤ 漁場 ）の環境《かんきょう》の悪化やとりすぎなどのえいきょうで、魚が少なくなっている。
- 食生活の変化などにより、肉の消費《しょうひ》が増えたが、自給率《じきゅうりつ》は下がっている。
- 野菜やくだものの生産量が大きく増えず、輸入量が増えている。
- 水産業や農業で働く人が減り、高齢《こうれい》化が進み、農業では（⑥ 耕作放き地 ）が増えている。

2 魚をとりながら保《たも》つ取り組み　教科書 124〜125ページ

ワンポイント　魚をとりながら保つ取り組み
- **水産物の資源《しげん》管理**…水産物をとりすぎると増えにくくなるため、（⑦ 水産資源 ）の量を保ち続けたり、回復《かいふく》させたりするための取り組みがおこなわれている。
- （⑧ さいばい漁業 ）…魚や貝などをたまごから育て、ある程度《ていど》大きくなったら海に放流して大きく育ってからとる漁業。

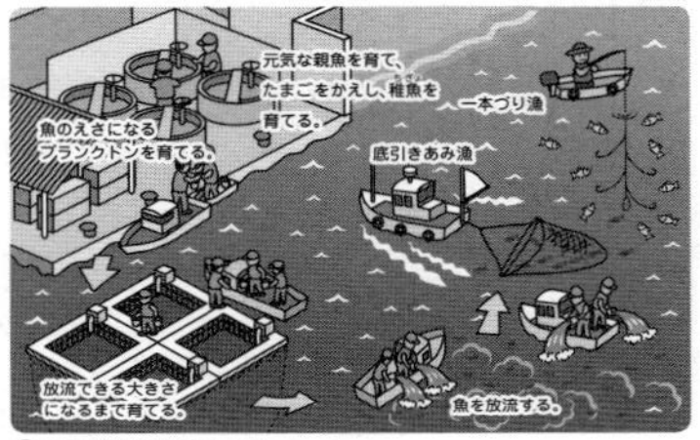

さいばい漁業のしくみ

- 海のエコラベル…海の自然環境にはいりょした、（⑨ 持続可能 ）な漁業でとられた水産物につけられる。このような水産物を買うことは、水産資源を守ることにつながる。

選んだ言葉に✓
□食料自給率	□持続《じぞく》可能《かのう》	□耕作《こうさく》放き地	□水産資源	□大豆
□さいばい漁業	□小麦	□漁場	□輸入量	

ぴったり2 練習　学習日　49ページ

ぴたトリビア　1993年、日本では冷夏によって米の収穫量《しゅうかくりょう》が大きく減り、米不足がおこりました。そこで、国は外国から米をきん急に輸入しました。

教科書 120〜125ページ　答え 25ページ

1 次の図は、おもな食料の輸入先をあらわしています。これを見て、答えましょう。

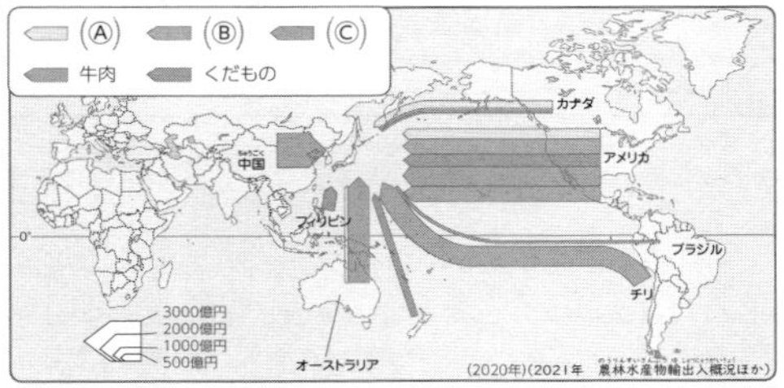

(1) 図中のⒶ〜Ⓒにあう食料を［　］から選びましょう。

［ 魚かい類　小麦　大豆 ］

Ⓐ（ 小麦 ）
Ⓑ（ 大豆 ）
Ⓒ（ 魚かい類 ）

(2) 日本が最も多く食料を輸入している国を、図中から選びましょう。（ アメリカ ）

(3) 日本の食料生産をめぐる問題の説明として正しいものを、㋐〜㋒から選びましょう。（ ㋐ ）

㋐ 肉の消費は増えたが、自給率は下がっている。
㋑ 耕作放き地の面積は減っている。
㋒ 農業人口にしめる60才以上のわりあいは減っている。

2 魚をとりながら保つ取り組みについて、答えましょう。

(1) 水産物の資源管理について説明した次の文の、｛ ｝の中の正しい言葉を○で囲《かこ》みましょう。

銚子《ちょうし》市の漁師《りょうし》さんたちは、魚をとりすぎないようにするため、魚をつる時間やつり針《ばり》の本数を①｛ 増やす ・ （制限する） ｝ことや、20.5cm②｛ 以上 ・ （以下） ｝の魚は海にもどすことなどの取り組みをおこなっている。また、国は、サンマ、マアジなどの7種類の魚について、1年間の③｛ （漁獲量） ・ 輸入量 ｝に上限《じょうげん》を決めている。

(2) 魚や貝などをたまごから育て、ある程度大きくなったら海に放流し、大きく育ってからとる漁業を何といいますか。（ さいばい漁業 ）

(3) 自然環境にはいりょしながら、持続可能な漁業でとられた水産物には、特別なラベルがつけられます。このラベルを何といいますか。（ 海のエコラベル ）

ヒント　2 (1)② 十分に成長してたまごをうんだあとの魚をとるようにしています。

できたかな？
□日本が特に輸入にたよっているものを調べてみよう。
□年齢《ねんれい》別の農業人口わりあいや漁業で働く人のうつり変わりから、日本の食料生産の問題点を説明してみよう。

おうちのかたへ
日本の食料自給率は低く、小麦や大豆は輸入に依存しています。また、高齢化などにより、農業では耕作放棄地が増えています。この単元では、このような状況の中、持続可能な漁業をしている銚子市の取り組みについて学びます。

練習　49ページ

1 (1)日本は、小麦をアメリカ、カナダ、オーストラリアから、大豆をアメリカ、ブラジル、カナダから、魚かい類を中国《ちゅうごく》、アメリカ、チリから多く輸入しています。

(3)㋑耕作放き地は、この40年ほどで3倍近くに増えています。

㋒日本では、農業で働く人の高齢化が問題となっています。

2 (1)銚子市では、50年ほど前まではキンメダイが多くとれましたが、とりすぎたことが原因《げんいん》で漁獲量が減ってしまいました。そのため、現在《げんざい》では、魚をつる時間やつり針の本数を制限したり、一定の大きさ以下のキンメダイは海にもどしたりして、資源管理がされています。

(2)大きくなるまで育てて出荷する漁業を養しょく業といいます。

ぴったり1

準備

2. わたしたちの食生活を支《ささ》える食料生産

4 これからの食料生産②

学習日 **50ページ**

◎めあて
これからの日本の食料生産のあり方について考えよう。

教科書 126〜135ページ　答え 26ページ

次の（　　）に入る言葉を、下から選びましょう。

1 新しい農業技術《ぎじゅつ》と6次《じ》産業《さんぎょう》化《か》／国内の食料品のよさを知らせる　教科書 126〜129ページ

新しい農業技術と6次産業化

- 味も品質《ひんしつ》もよい（① ブランド米 ）が各地で生産されている。
- 米作りにかかる時間や（② 費用 ）を減らすため、（③ インターネット ）を使った水の管理や、種もみを直接《ちょくせつ》田にまくさいばい方法も広がりつつある。
- 農業をしている人が集まり、生産、加工、販売《はんばい》までをおこなう会社がつくられている（6次産業化）。

6次産業化
1次産業（農業や漁業）と、2次産業（製造《せいぞう》）、3次産業（販売など）を一つにまとめた、あらたな価値《かち》を生み出す取り組み。

ワンポイント　生産者と消費者《しょうひしゃ》を結びつける取り組み

- （④ 産地直売所 ）で、地元の新鮮《しんせん》で安全・安心な農産物を、安いねだんで買うことができる。
  →**地産地消**の取り組みの一つ。
- （⑤ トレーサビリティ ）のしくみ…消費者が安心して食料品を買えるよう、食料品がいつ、どこで、どのように生産され、どのような経路《けいろ》で店にならんだか確《たし》かめられる。
- 世界で（⑥ 和食 ）ブームがおこり、日本の高品質《こうひんしつ》な農産物の輸出《ゆしゅつ》がアジアの国々やアメリカを中心に増《ふ》えている。

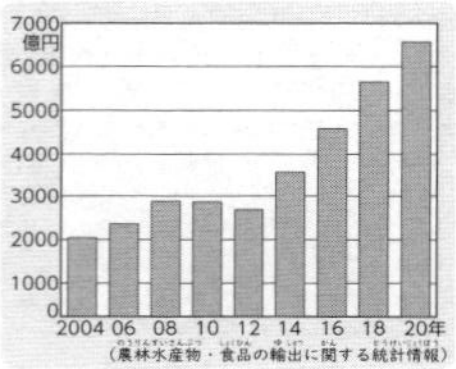

農産物の輸出額《ゆしゅつがく》のうつり変わり

2 全国に広がるスマート農業／これからの日本の食料生産のあり方を考えよう　教科書 130〜133ページ

スマート農業の広がり

- スマート農業…2019年からはじまった、ロボット技術や情報《じょうほう》通信技術（ICT《アイシーティー》）などの先進技術を活用し、人の作業を減らして、品質の高い生産をすすめるあらたな農業。
  →農作業の（⑦ 省力化 ）や働く人の負担《ふたん》や疲労《ひろう》を軽くすることが期待される。

スマート農業の活用

- スマート農業を取り入れている地域《ちいき》では、少ない人数で、より広い耕地《こうち》で農作物を作ることができる。
- ICTを活用することで、わかい農家の人に、うでのよい農家の農業技術を受けついでもらうことができる。
- データの活用で、よりよい（⑧ 農業経営 ）ができ、多くの成果が上がっている。

選んだ言葉に✓
□和食　□農業経営《けいえい》　□産地直売所　□インターネット
□省力化　□費用《ひよう》　□ブランド米　□トレーサビリティ

ぴったり2

練習

学習日 **51ページ**

ぴたトリビア
近年増えている、温度、湿度《しつど》、二酸化炭素《にさんかたんそ》、光量などをコンピューターで管理しながら、屋内で野菜などをさいばいするしせつを植物工場といいます。

教科書 126〜135ページ　答え 26ページ

1 日本のこれからの食料生産について、答えましょう。

(1) 米作りにかかる時間や費用を減らすための取り組みについて、正しいものには○を、まちがっているものには×をつけましょう。
①（ × ）水の管理では、人の手で給水せんを開け閉《し》めするようになった。
②（ ○ ）種もみを直接田にまいてさいばいする方法を取り入れる農家がみられるようになった。

(2) 1次産業と、2次産業、3次産業を一つにまとめて、あらたな価値を生み出す取り組みのことを何といいますか。
（ 6次産業化 ）

(3) 生産者と消費者を結びつけ、消費者が安心して食料品を買うことができるための取り組みとその説明について、あうものを線で結びましょう。

① 地産地消 ― ㋑
② 産地直売所 ― ㋐
③ トレーサビリティ ― ㋒

㋐生産者が消費者に地元の農産物を直接販売することができるしせつ。少量の農産物でも出荷できる。
㋑地域で生産したものを地域で消費すること。
㋒食料品の産地や生産者、流通経路などの情報をさかのぼって確かめられるしくみ。

2 スマート農業について、答えましょう。

(1) スマート農業で活用されている、情報通信技術のことをアルファベット3文字で何といいますか。
（ ICT ）

(2) スマート農業を活用した取り組みについて、正しいものには○を、まちがっているものには×をつけましょう。
①（ × ）日本の農業は、人手にたよる作業や、よく慣《な》れた人でなければできない作業が少なく、スマート農業をすばやく取り入れることができた。
②（ ○ ）スマート農業を活用することで、農作業の省力化や、働く人の負担や疲労を軽《けい》減《げん》することが期待されている。
③（ ○ ）情報通信技術を活用することで、農家の農業技術をわかい農家の人に受けついでもらうことができるようになった。
④（ × ）国は、農業で働く人の数が減らないよう、スマート農業をおこなう農家の数をできるだけ少なくしようとしている。

ヒント 1 (1)① パソコンやスマートフォンを使って水の管理をおこなった結果、水の管理にかかる時間が約半分になりました。

できたかな？
□スマート農業を導入《どうにゅう》した地域で、農作業にかかる時間がどのように変化したか、説明してみよう。

おうちのかたへ
国産食料品の消費拡大や生産性の向上などのため、産地直売所、トレーサビリティ、スマート農業の活用など、様々な工夫がなされています。先進技術を活用した、農業の問題点の解決方法などを、お子さんと一緒に話し合ってみてください。

練習　51ページ

1 (1)①パソコンやスマートフォンを使い、自動で開け閉めできる給水せんで水を管理することができます。
(3)いずれの取り組みも消費者が安心して食料品を買うことができるという共通点があります。

2 (1)スマート農業とは、情報通信技術（ICT）などを活用して、人の作業を減らし、品質の高い生産をすすめているあらたな農業のことです。
(2)①日本の農業は、人手にたよる作業や、よく慣れた人でなければできない作業が多いため、スマート農業の活用が期待されています。
④国は、研究会を開いたり、必要な機械などを買うための補助金《ほじょきん》を出したりすることで、スマート農業を広めようとしています。

ぴったり3 確かめのテスト

2. わたしたちの食生活を支《ささ》える食料生産

4 これからの食料生産

/100 合格80点

教科書 120~135ページ　答え 27ページ

1 おもな食料の輸入先《ゆにゅうさき》に関する次の文を読んで、答えましょう。 1つ5点（30点）

2020年現在《げんざい》、日本は、おもに（①）、（②）、ⓐオーストラリアの３か国から小麦を輸入している。また、（③）からはバナナなどのくだものを多く輸入している。魚かい類については、日本ときょりの近い（④）からの輸入額《がく》が最も多い。なお、（①）からは小麦以外にも、大豆、くだもの、牛肉、魚かい類などⓑさまざまな食料を輸入している。

(1) よく出る 文中の①～④にあう国名を、㋐～㋕から選びましょう。

①（ ㋐ ） ②（ ㋑ ） ③（ ㋔ ） ④（ ㋒ ）

㋐ アメリカ　㋑ カナダ　㋒ 中国《ちゅうごく》
㋓ チリ　㋔ フィリピン　㋕ ブラジル

(2) 下線部ⓐについて、日本にとってオーストラリアが輸入先第１位（2020年）の食料を、㋐～㋓から選びましょう。

（ ㋓ ）

㋐ かぼちゃ　㋑ 大豆　㋒ キウイフルーツ　㋓ 牛肉

記述 (3) 下線部ⓑについて、日本で食料の輸入が増《ふ》えたのにはさまざまな理由があります。その理由を、日本人の食生活の点から、かんたんに書きましょう。 思考・判断・表現

（（例）日本人の食生活が変化し、パンや肉などを多く食べるようになったため。）

2 右のグラフは、日本のおもな食料の自給率《じきゅうりつ》のうつり変わりをあらわしています。これを見て、答えましょう。 1つ5点（30点）

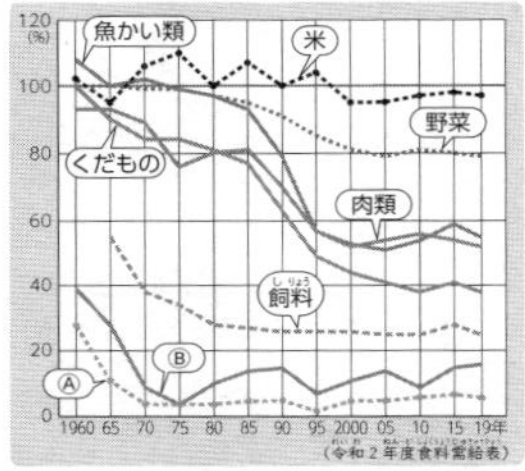

(1) グラフ中のⒶ、Ⓑにあう食料を書きましょう。

Ⓐ（ 大豆 ） Ⓑ（ 小麦 ）

(2) グラフを読み取った説明として、正しいものには○を、まちがっているものには×をつけましょう。 技能

①（ ○ ）米の自給率は100％前後で、ほぼ自給できているといえる。

②（ × ）魚かい類の自給率は、つねに野菜の自給率よりも高くなっている。

③（ × ）肉類の自給率は、1985～1995年の間に約10％低下した。

④（ ○ ）1960年と2019年を比《くら》べて、1960年の自給率よりも高くなっている食料はない。

3 日本の食料生産をめぐる問題について、答えましょう。 1つ5点（20点）

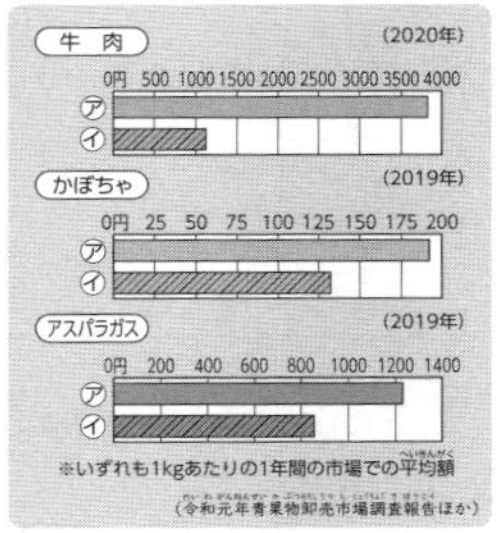

国産と外国産の農作物のねだん

(1) グラフ中の㋐、㋑は、国産の農作物と外国産の農作物のねだんのいずれかです。外国産の農作物のねだんはどちらですか。（ ㋑ ）

(2) 過去《かこ》１年間、農作物を作っておらず、今後数年のあいだで作る意志《いし》のない農地のことを何といいますか。

（ 耕作放き地 ）

(3) 日本の食料生産をめぐる問題の説明として正しいものを、㋐～㋓から２つ選びましょう。 思考・判断・表現

（順不同）（ ㋐ ）（ ㋒ ）

㋐ 漁場の環境《かんきょう》の悪化や魚のとりすぎなどにより、漁獲量《ぎょかくりょう》が減少《げんしょう》している。

㋑ 米の生産量は減《へ》ったが、消費量《しょうひりょう》が増えたため、米があまるようになった。

㋒ 農業人口が減るいっぽうで、農業人口にしめる60才以上のわりあいは増えている。

㋓ 農産物の生産量が減ったため、農産物の輸出《ゆしゅつ》額も減っている。

4 日本の食料生産のあらたな取り組みについて、答えましょう。 1つ5点（20点）

(1) 水産物の資源《しげん》管理の取り組みの例として正しいものを、㋐～㋒から選びましょう。

（ ㋒ ）

㋐ 魚をつるためのつり針《ばり》の本数を増やす。

㋑ 一定の大きさ以下の魚だけをとり、大きい魚は海にもどす。

㋒ ある魚種について、１年間にとることができる漁獲量の上限《じょうげん》を決める。

(2) さいばい漁業はどのような目的でおこなわれていますか。㋐、㋑から選びましょう。

（ ㋐ ）

㋐ 人の手で育てることで、魚などの数を増やす。

㋑ 漁業で働く人が急増《きゅうぞう》したため、その人たちが働く場所をつくる。

(3) よく出る 地域《ちいき》で生産したものを地域で消費することを何といいますか。

（ 地産地消 ）

(4) できたらスゴイ！ 日本の食料生産をめぐる問題を解決《かいけつ》するための取り組みについての説明として正しいものを、㋐～㋓から選びましょう。（ ㋓ ）

㋐ あらたな価値《かち》を生み出すため、農業をしている人が集まり、生産から加工までをおこなう６次産業化《じさんぎょうか》の取り組みがおこなわれている。

㋑ 産地直売所では、ねだんは高いが、地元の新鮮《しんせん》で安全・安心な農産物を買うことができる。

㋒ 牛肉や米などでは、生産者がどこでどのような人に農産物が買われたかを確《たし》かめることができるトレーサビリティのしくみがつくられている。

㋓ ロボット技術《ぎじゅつ》や情報《じょうほう》通信技術（ICT《アイシーティー》）などの先進技術を活用し、人の作業を減らし、品質《ひんしつ》の高い生産をすすめているスマート農業が全国に広がっている。

ふりかえり ❶(3)がわからないときは、48ページの❶にもどって確認してみよう。

確かめのテスト　52～53ページ

❶ (1)(2)おもな食料とその輸入先は、セットで覚えるようにしましょう。

❷ (2)②近年は野菜の自給率よりも魚かい類の自給率の方が低くなっています。
③1985年は約80％、1995年は約60％で、約20％低下しています。

❸ (3)㋑米は生産量も消費量も減っています。
㋓農産物の輸出額は増えています。

❹ (1)㋐㋑資源管理のため、つり針の本数を制限《せいげん》したり、一定の大きさ以下の魚は海にもどしたりしています。
(4)㋐６次産業化では、生産から加工、そして販売までおこないます。
㋑産地直売所では、安いねだんで、地元の新鮮な農産物を買うことができます。
㋒トレーサビリティは、消費者が安心して食料品を買うことができるよう、食料品がいつ、どこで、どのように生産され、どのような経路《けいろ》で店にならんだか確かめることができるしくみです。

記述問題のプラスワン

❶ (3)50年ほど前の日本の食事は白米、みそしる、たまご焼き、つけ物などの和食が中心でした。しかし、現在ではパンやめんなどの洋食や中華《ちゅうか》料理などもよく食べられるようになっています。洋食ではパンなどが中心になりますが、日本ではパンの原料の小麦を国内ではあまり生産しておらず、そのため食料の輸入が増えました。「日本人の食生活の洋風化が進んだ」ことを述《の》べても正解《せいかい》です。

ぴったり1 準備

3．工業生産とわたしたちのくらし

1 くらしや産業を支《ささ》える工業生産

54ページ

◎めあて 日本の工業地帯《こうぎょうちたい》・工業地域《ちいき》の特ちょうを理解しよう。

教科書 136〜143ページ　答え 28ページ

次の（　）に入る言葉を、下から選びましょう。

1 いろいろな工業製品《せいひん》

教科書 136〜139ページ

ワンポイント 工業の分類

- 工業製品は、食料品工業、せんい工業、金属《きんぞく》工業、機械工業、化学工業などに分類されている。
- （①　軽工業　）…食料品工業、せんい工業など。
- （②　重化学工業　）…重工業（金属工業、機械工業）と化学工業。

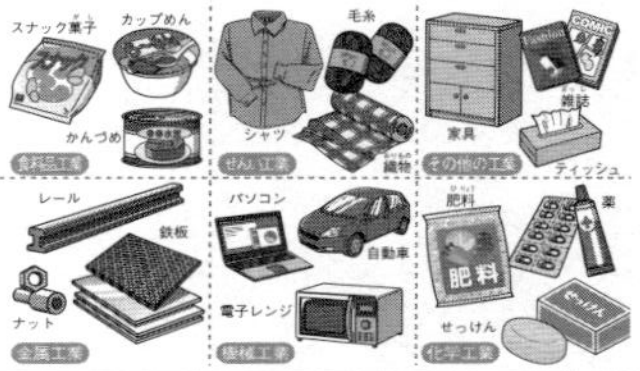

2 工場の集まるところ／大工場《だいこうじょう》と中小工場《ちゅうしょうこうじょう》

教科書 140〜143ページ

工業がさかんなところ

- 太平洋《たいへいよう》側の海ぞいに帯状《おびじょう》につらなる（③　太平洋ベルト　）に、工業地帯や工業地域が集まる。

理由（④　船　）を使って原料や工業製品を運ぶのに便利。

理由 太平洋側の大都市には、働く人や工業製品を利用する人が多く住んでいる。

新しい工業地帯

- （⑤　高速道路　）が全国に広がり、海からはなれた内陸にも工業地域が広がっている。

理由（⑥　トラック　）を使って原料や工業製品を運ぶことが増《ふ》えた。

工場で働く人々

- 工場には、中小工場と大工場がある。
- 工場数、従業者《じゅうぎょうしゃ》数が多いのは中小工場である。
- 生産額《がく》が多いのは大工場である。

中小工場と大工場

中小工場は従業員の数が299人以下、大工場は300人以上の工場のことをいう。

選んだ言葉に☑　□重化学工業　□トラック　□京浜《けいひん》　□阪神《はんしん》　□太平洋ベルト　□船　□軽工業　□高速道路

ぴったり2 練習

55ページ

ぴたトリビア 日本の工業は、明治《めいじ》時代にせんい工業を中心とした軽工業からはじまりました。特にかいこのまゆからつくられる生糸《きいと》は、重要な輸出《ゆしゅつ》品になりました。

教科書 136〜143ページ　答え 28ページ

1 工業の分類に関する次の文を読んで、答えましょう。

日本の工業は、140年ほど前から、まず（①）工業を中心とした㋐軽工業がさかんになった。第二次世界大戦後は、海に面した地域に製鉄所などがつくられ、（②）工業・（③）工業を中心に、㋑重化学工業が発展《はってん》した。現在《げんざい》は、（③）工業が最もさかんになっている。

(1) 文中の①〜③にあう言葉を［　］から選びましょう。

機械　金属　せんい

①（　せんい　）
②（　金属　）
③（　機械　）

(2) 下線部㋐について、軽工業の一つで、パン、スナック菓子《がし》、かんづめなどをつくる工業を何といいますか。

（　食料品工業　）

(3) 下線部㋑について、重化学工業のうち化学工業に分けられる工業製品を、Ⓐ〜Ⓔから2つ選びましょう。

Ⓐ 衣服　Ⓑ 自動車　Ⓒ 肥料《ひりょう》　Ⓓ 紙　Ⓔ 医薬品

（順不同）（　Ⓒ　）（　Ⓔ　）

2 右の地図は、工業がさかんなところをあらわしています。これを見て、答えましょう。

(1) 図中の㋐〜㋒にあう工業地帯の名前を書きましょう。

㋐（　北九州　）工業地帯
㋑（　中京　）工業地帯
㋒（　京浜　）工業地帯

(2) 図中の［＝］で囲《かこ》まれた地域を何といいますか。

（　太平洋ベルト　）

(3) (2)の地域の説明について、正しいものには○を、まちがっているものには×をつけましょう。

①（　○　）この地域で工業がさかんなのは、船で原料や工業製品を輸送《ゆそう》するのに便利だからである。

②（　○　）この地域で工業がさかんなのは、働く人が多いためである。

③（　×　）工場が集まっているのはこの地域だけで、この地域の外側に工業地域は見られない。

(4) 従業員の数が299人以下の工場を何といいますか。

（　中小工場　）

ヒント
2 (2) 太平洋側にかけて、帯（ベルト）のようにつらなって広がる地域です。
2 (4) 従業員の数が300人以上の工場は大工場といいます。

できたかな？

□日本の4つの工業地帯を言ってみよう。
□大工場と中小工場のちがいを、従業員の人数をもとに説明してみよう。

おうちのかたへ

生活のなかで使っている工業製品がどの工業にあてはまるか、お子さんと一緒に話し合ってみてください。機械工業や金属工業などの馴染みのない言葉も、身近なもので例えてあげるとわかりやすくなります。

練習 55ページ

1 (1)金属工業も機械工業も重化学工業ですが、現在の日本では機械工業が最もさかんなため、③には機械が入ります。

(3)Ⓐの衣服は軽工業のせんい工業です。Ⓑの自動車は重化学工業の機械工業です。

2 (1)日本の工業地帯は北九州《きたきゅうしゅう》工業地帯、阪神工業地帯、中京《ちゅうきょう》工業地帯、京浜工業地帯の4つです。

(3)①日本はまわりを海に囲まれており、船で原料や工業製品を輸送する必要があったため、太平洋ベルトの地域にある工業地帯・工業地域で工業がさかんになりました。

②工業地帯や工業地域には、働く人や工業製品を利用する人が多く住んでいるため、古くから工業がさかんです。

③日本海側の北陸《ほくりく》工業地域や内陸部の関東《かんとう》内陸工業地域は太平洋ベルトの外側にあります。

ぴったり3

確かめのテスト

3. 工業生産とわたしたちのくらし

1 くらしや産業を支《ささ》える 工業生産

合格80点 /100

教科書 136〜143ページ　答え 29ページ

1 工業の分類について、答えましょう。 1つ5点（50点）

(1) 工業の分類とその説明について、あうものを線で結びましょう。

① せんい工業

② 化学工業

③ 食料品工業

④ 金属《きんぞく》工業

㋐鉄鉱石《てっこうせき》・銅鉱《どうこう》・ボーキサイトなどの鉱石から金属を取り出し、加工する。

㋑綿《めん》・羊毛・化学せんいなどを加工する。日本では140年ほど前からさかんになった。

㋒農作物《のうさくぶつ》、畜産物《ちくさんぶつ》、水産物《すいさんぶつ》などを加工する。

㋓おもな生産工程《こうてい》に化学反応《はんのう》が利用される。

(2) 工業は、おもに軽工業と重化学工業に分けられます。軽工業にあてはまるものを、(1)の①〜④から2つ選びましょう。

（順不同）（ ① ）（ ③ ）

(3) よく出る (1)の①〜④の工業に分けられる工業製品《せいひん》を、㋐〜㋕から選びましょう。

①（ ㋓ ）②（ ㋕ ）③（ ㋒ ）④（ ㋔ ）

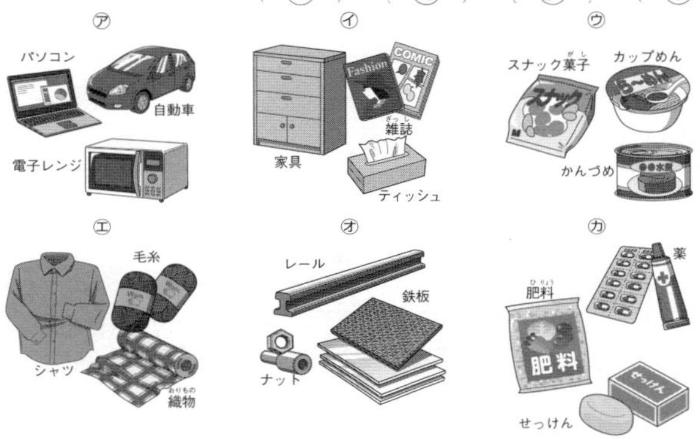

2 右のグラフは、京浜《けいひん》工業地帯、中京《ちゅうきょう》工業地帯、阪神《はんしん》工業地帯、北九州《きたきゅうしゅう》工業地帯の工業生産額《がく》をあらわしています。これを見て、答えましょう。 1つ6点、(2)(5)4点（32点）

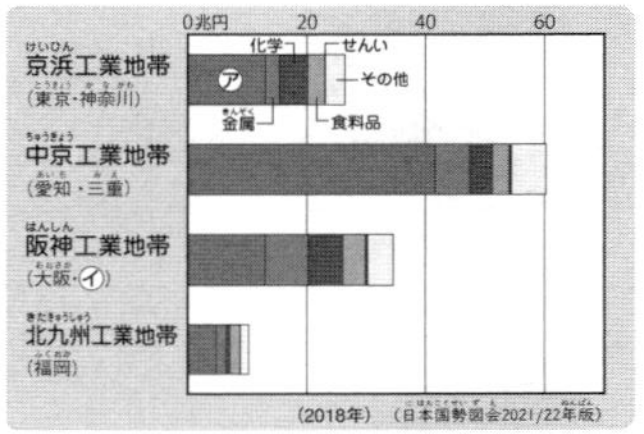

(1) よく出る グラフ中の㋐にあう工業の種類を書きましょう。

（ 機械 ）工業

(2) グラフ中の㋑にあう都道府県の名前を書きましょう。

（ 兵庫（県） ）

(3) 最も工業生産額が多い工業地帯を、グラフ中から選びましょう。 技能

（ 中京 ）工業地帯

(4) よく出る 4つの工業地帯は、いずれも帯のようにつらなる、工業がさかんな地域《ちいき》にふくまれています。この地域を何といいますか。

（ 太平洋ベルト ）

(5) 阪神工業地帯で最も生産額のわりあいが小さい工業の種類は何ですか。ただし、その他はふくみません。

（ せんい工業 ）

記述 (6) (4)の地域に工場が集まるようになった理由を、「輸送《ゆそう》」という言葉を使って、かんたんに書きましょう。 思考・判断・表現

（（例）海に近く、船を使って原料や工業製品を輸送するのに便利だから。）

3 右のグラフは、従業者《じゅうぎょうしゃ》数別工場数・従業者数・生産額のわりあいをあらわしています。これを見て、答えましょう。 1つ6点（18点）

(1) グラフ中のⒶ、Ⓑは、大工場または中小工場のいずれかです。中小工場はどちらですか。 技能

（ Ⓐ ）

(2) 中小工場の従業者の数は何人以下ですか。㋐〜㋔から選びましょう。

（ ㋒ ）

㋐ 300人　㋑ 540人
㋒ 299人　㋓ 120人
㋔ 407人

(3) 従業者1人あたりの生産額は、大工場と中小工場のどちらが多いと考えられますか。 技能

（ 大工場 ）

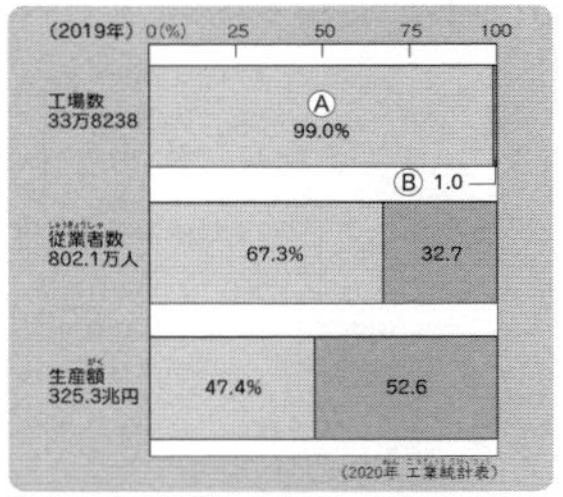

❶ 従業者数別工場数・従業者数・生産額のわりあい

ふりかえり 2(6)がわからないときは、54ページの2にもどって確認してみよう。

確かめのテスト　56〜57ページ

1 (2)軽工業は、おもに日常《にちじょう》生活に用いる、比較《ひかく》的重量の軽い製品をつくる工業です。食料品工業、せんい工業のほか、印刷工業などがふくまれます。

(3)㋐は機械工業、㋑はその他の工業です。

2 (1)現在《げんざい》、日本の工業は機械工業が中心となっています。

(2)阪神工業地帯は、大阪《おおさか》府と兵庫《ひょうご》県の沿岸《えんがん》部を中心に発達しています。

(3)中京工業地帯は、愛知《あいち》県豊田《とよた》市を中心に自動車工業がさかんで、日本の工業地帯・工業地域のなかで最も工業生産額が多い工業地帯です。

(5)グラフの阪神工業地帯のぼうの中で、せんい工業のしめるわりあいが最も小さいことがわかります。

3 (2)従業員の数が299人以下の工場を中小工場、300人以上の工場を大工場といいます。

(3)工場数と従業者数は中小工場が大工場より多いですが、生産額は大工場の方が多くなっています。

記述問題のプラスワン

2 (6)工業製品の原料となる鉄鉱石や原油などは、外国から船で運ばれてきます。また、自動車などの大きくて重い工業製品や、液体《えきたい》の工業製品などをたくさん運ぶときにも船が使われています。そのため、このような原料や工業製品の積み下ろしに使われる港に近い地域に工場が集まっています。現在《げんざい》では、原料や製品がトラックを使って運ばれることも多くなったため、海からはなれていても高速道路が通っている地域に工場が集まることが増《ふ》えています。

58ページ

ぴったり1 準備

3．工業生産とわたしたちのくらし
2 自動車工業のさかんな地域《ちいき》①

◎めあて 中京工業地帯のようすや自動車ができるまでを整理しよう。

学習日　教科書 144～149ページ　答え 30ページ

次の（　　）に入る言葉を、下から選びましょう。

1 中京工業地帯のようす　教科書 144～145ページ

中京工業地帯の工業

- （① 輸送用機械）の生産がさかんで、愛知《あいち》県（② 豊田）市、岡崎《おかざき》市、三重《みえ》県鈴鹿《すずか》市には自動車やその部品をつくる工場が多く集まっている。
- 伊勢湾《いせわん》ぞいの愛知県東海《とうかい》市には自動車などに使う鉄板などをつくる（③ 製鉄所）、三重県四日市《よっかいち》市には（④ 電子部品）をつくる工場がある。

2 自動車工場の見学　教科書 146～149ページ

ワンポイント　自動車ができるまで

製鉄所《せいてつしょ》
- 車体用の鉄板がつくられ、まるめられて自動車工場に運ばれる。

↓

自動車工場

プレス工場
- プレス機械で鉄板を曲げたり打ちぬいたりして、ドアや屋根などの部品をつくる。
- 不良品がないか、プレスされた部品を検査《けんさ》する。

↓

ようせつ工場
- （⑤ ロボット）が部品をようせつし、車体をつくる。
- コンピューターを使い、設計図《せっけいず》どおりにつくられているか検査する。

↓

（⑥ とそう）工場
- ロボットがとりょうを車体にふきつけ、色をつける。
- ロボットと人の目の両方で、色むらがないか検査する。

エンジン工場
- エンジンをつくる。

↓

組み立て工場
- 働く人が、自分の持ち場で決められた作業をおこなう（⑦ 流れ作業）でシートやドアなどを取りつけ、組み立てる。作業しやすいよう、車体をつり上げたり、ベルトコンベヤーに車体をのせたりとくふうしている。
- 約600項目《こうもく》にもおよぶ（⑧ 最終検査）をおこない、出荷《しゅっか》する。

選んだ言葉に☑　□輸送《ゆそう》用機械　□流れ作業　□製鉄所　□最終検査　□ロボット　□とそう　□豊田《とよた》　□電子部品

59ページ

ぴったり2 練習

ぴたトリビア　人やものを運ぶ乗り物のことを輸送用機械といいます。自動車のほか、オートバイ、船、飛行機、鉄道車両などがあります。

学習日　教科書 144～149ページ　答え 30ページ

1 中京工業地帯の工業に関する次の文を読んで、答えましょう。

（①）県と三重県に広がる中京工業地帯は、日本一の工業生産額《がく》をほこる。輸送用機械の生産がさかんで、（①）県豊田市や岡崎市、三重県（②）市には世界でも有数の自動車会社の工場がある。このほか、伊勢湾ぞいの（①）県（③）市には製鉄所が、三重県（④）市には電子部品をつくる工場がある。

(1) 文中の①～④にあう言葉を［　　］から選びましょう。

愛知　鈴鹿　東海　四日市

①（愛知）②（鈴鹿）
③（東海）④（四日市）

(2) 下線部について、輸送用機械にふくまれるものを、㋐～㋔から2つ選びましょう。
（順不同）（㋑）（㋔）

㋐ スマートフォン　㋑ 飛行機　㋒ 冷蔵庫《れいぞうこ》　㋓ テレビ　㋔ 船

2 自動車工場での作業に関する次のⒶ～Ⓓの文を読んで、答えましょう。

Ⓐ 機械で鉄板を曲げたり打ちぬいたりして、ドアや屋根などの部品をつくる。
Ⓑ ロボットが自動車の部品をつなぎ合わせて車体をつくる。
Ⓒ ロボットがとりょうを車体にふきつけ、色をぬる。
Ⓓ ラインの上を流れてくる車体に、エンジン、シート、ドアなどの部品を取りつける。

(1) Ⓐ～Ⓓの作業は、自動車工場の中の何という工場でおこなわれるものですか。工場の名前を書きましょう。

Ⓐ（プレス）工場　Ⓑ（ようせつ）工場
Ⓒ（とそう）工場　Ⓓ（組み立て）工場

(2) 右の絵があらわしているのはどの作業ですか。Ⓐ～Ⓓから選びましょう。（Ⓑ）

(3) Ⓒ、Ⓓの作業の説明について、正しいものには○を、まちがっているものには×をつけましょう。

①（×）Ⓒの作業では、色むらがないように1回だけ色をぬる。
②（○）Ⓒの作業では、ロボットと人の目の両方で、色むらがないか検査する。
③（×）Ⓓの作業では、部品の取りつけは全て人の手でおこなわれている。

ヒント　2 (2) 部品の接合《せつごう》部を加熱してとかし、強い力でおしつけて接着《せっちゃく》しています。

練習　59ページ

1 (1)③愛知県東海市には、自動車などに使われる鉄板などをつくる製鉄所が集まっています。
(2)人やものを運ぶ乗り物のことを輸送用機械といいます。

2 (1)自動車工場では、「プレス→ようせつ→とそう→組み立て」の順に作業がおこなわれます。
(2)ようせつはロボットがおこないます。1台の車で約2150か所ものようせつがおこなわれます。ようせつが終わったあとはコンピューターを使って、設計図どおりにできたかを検査します。最後は人が直接《ちょくせつ》見て確《たし》かめる検査をおこないます。
(3)①きれいな色を出すために、ロボットがとりょうをふきかけ、3回重ねぬりをします。
③ドアなどの重い部品の取りつけには補助《ほじょ》ロボットが使われます。

できたかな？

□1台の自動車ができるまでの作業を順番に言ってみよう。

おうちのかたへ

この単元では、自動車が完成するまでの作業工程を学習します。街中で走っている自動車ができるまでには、多くの作業があり、また多くの人が関わっていることを学ぶと、お子さんがものづくりの重要さを知るきっかけになります。

60ページ

ぴったり1 準備

3. 工業生産とわたしたちのくらし
2 自動車工業のさかんな地域《ちいき》②

めあて 自動車をつくる人やしくみを学ぼう。

教科書 150〜155ページ　答え 31ページ

次の(　　)に入る言葉を、下から選びましょう。

1 働く人たちのようす　教科書 150〜151ページ

働く人たちのようす

- 自動車をむだなく生産するためのくふうや(① 改善)すべき点について考えを出し合い、よい提案《ていあん》はすぐに実行する。
- 勤務《きんむ》時間は(② 2交替)制《せい》で、早朝から昼過《す》ぎまでの約８時間か、昼過ぎから夜中までの約８時間のどちらかで働き、１週間ごとに朝からと夕方からの勤務を交替《こうたい》する。

2 自動車工場を支《ささ》える関連工場《かんれんこうじょう》／自動車のゆくえ　教科書 152〜155ページ

ワンポイント 自動車の部品をつくる工場

- 自動車の部品のほとんどは、自動車工場の周辺にある多くの(③ 関連工場)でつくられる。
- ジャスト・イン・タイム…必要な部品を必要な(④ 量)だけ、決められた(⑤ 時間)にとどける考え方。

よい点

- 自動車工場は部品の(⑥ 在庫)をもつ必要がないため、保管費用《ほかんひよう》を減《へ》らすことができる。

悪い点

- 関連工場《かんれんこうじょう》からの部品の出荷《しゅっか》がとまると、自動車の組み立てができなくなることがある。

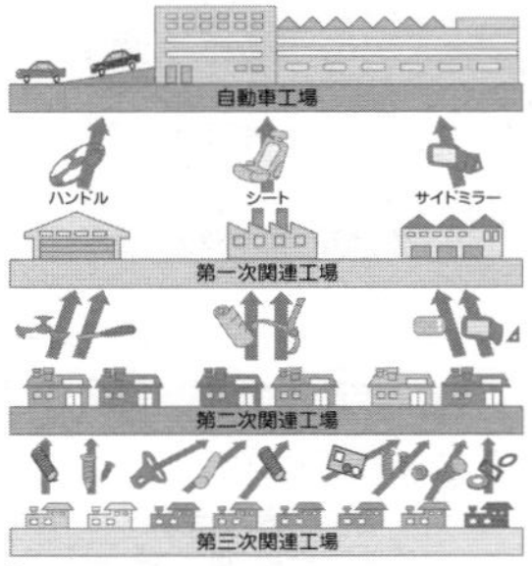

自動車工場と関連工場とのつながり

できあがった自動車のゆくえ

- 国内への出荷…近い地域へは(⑦ キャリアカー)、遠い地域へは自動車専用《せんよう》の(⑧ 船)でいちどに運び、目的地の港から販売店《はんばいてん》まではキャリアカーを使う。
- 外国への輸出《ゆしゅつ》は、全て自動車専用の船で運ぶ。

自動車の輸出をめぐる問題

- 日本から輸出された自動車が増《ふ》えたことで輸出相手国の自動車が売れなくなり、日本の自動車の輸出台数を減らすよう求められた。
- 日本の自動車会社は外国に工場をつくり、その国の人をやとって(⑨ 現地生産)をおこなうようになった。

現地生産する方が、つくる費用《ひよう》を安くおさえられるんだって。

選んだ言葉に☑
□関連工場　□2交替《こうたい》　□時間　□船　□改善《かいぜん》
□現地《げんち》生産　□在庫《ざいこ》　□量　□キャリアカー

60

61ページ

ぴったり2 練習

ぴたトリビア
1980年代に日本からアメリカへの自動車の輸出が増え過ぎて、アメリカとの間にトラブルがおこりました。これを日米貿易《にちべいぼうえき》まさつといいます。

教科書 150〜155ページ　答え 31ページ

1 次の図は、ある自動車工場の勤務時間のようすをあらわしています。これを見て、答えましょう。

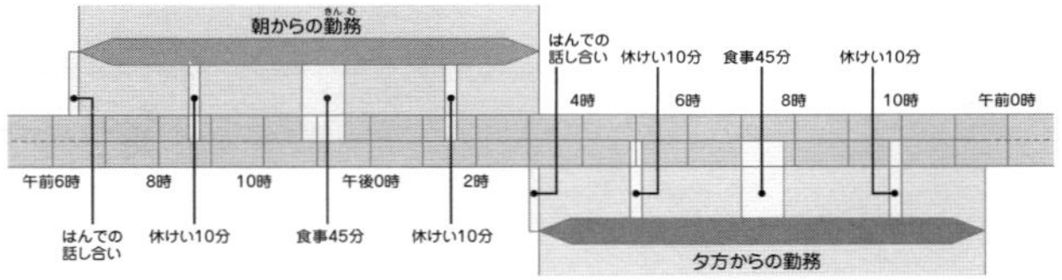

(1) 図のように、２つの時間帯によって働く人が交替する勤務のしくみを何といいますか。
(2交替制)

(2) はんでの話し合いでおもに話し合われる内容《ないよう》を、㋐、㋑から選びましょう。(㋑)
㋐ その日の食事のメニュー。　㋑ 自動車をむだなく生産するためのくふう。

2 自動車の部品をつくる関連工場と自動車のゆくえについて、答えましょう。

(1) 自動車工場と関連工場のつながりについて、正しいものには○を、まちがっているものには×をつけましょう。
①(○)関連工場は、自動車工場の近くに建てられることが多い。
②(×)１つの自動車工場に対し、結びついている関連工場は１つだけである。
③(×)自動車工場は関連工場に対して部品を多めに注文し、つねに部品の在庫をもっておくようにしている。

(2) 右のグラフは、日本の自動車工業で働く人の内わけをあらわしており、グラフ中のⒶ、Ⓑは、自動車製造《せいぞう》業または自動車部品製造業のいずれかです。自動車部品製造業はどちらですか。
(Ⓐ)

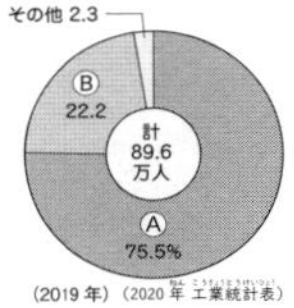

(2019年)(2020年 工業統計表)

(3) 次の文中の①、②にあう言葉を書きましょう。
①(キャリアカー)　②(船)

右の絵の車は(①)とよばれ、自動車を国内へ出荷するときに使われる。しかし、国内でも遠い地域へ出荷する場合や、外国へ輸出するときは、工場から港まで(①)で運び、自動車専用の(②)に積みこんでいちどに運ぶ。

(4) 外国に工場をつくり、その国の人をやとい、その国でつくられた部品を使って自動車をつくることを何といいますか。
(現地生産)

ヒント　**2** (4) 近年は、国内で生産する台数よりも(4)の台数の方が多くなっています。

61

できたかな？
□ジャスト・イン・タイムの考え方で自動車が生産されることのよい点を説明してみよう。
□できあがった自動車を国内外に出荷する方法を言ってみよう。

おうちのかたへ
ジャスト・イン・タイムは自動車工場が部品の在庫をもたないので保管費用はかかりませんが、自然災害や事故によって物流が止まると、自動車の生産ができなくなる問題点があります。お子さんとジャスト・イン・タイムの悪い点について話し合ってみてください。

練習　61ページ

1 (1)2交替制にすることで、長い時間工場を稼働《かどう》させることができます。

2 (1)②１つの自動車工場に対し、周辺に多くの関連工場があります。
③在庫をもつと保管費用がかかるため、必要なものを必要なときに必要な量だけとどけるジャスト・イン・タイムという考え方で部品を注文し、在庫をもたないようにしています。この方法により、保管費用を減らし、在庫の保管のために使われていた場所も有効《ゆうこう》に利用されています。
(2)約68万人が自動車部品製造業で働いていることになります。
(4)日本から輸出された自動車が増え、相手国の自動車の売れゆきが悪くなったことから、日本からの自動車の輸出を減らすよう求める国が出ました。そのため、日本の自動車会社は、外国に工場をつくってその国の人をやとい、その国でつくった部品で自動車を現地生産するようになりました。

ぴったり1 準備

3．工業生産とわたしたちのくらし
2 自動車工業のさかんな地域《ちいき》③

めあて 安全性《あんぜんせい》や環境《かんきょう》へのやさしさを求めた自動車を学ぼう。

教科書 156〜159ページ　答え 32ページ

次の（　）に入る言葉を、下から選びましょう。

1 安全で人にやさしい自動車づくり

教科書 156〜157ページ

ワンポイント みんなが安全で快適《かいてき》に運転できる自動車づくり

- （① エアバッグ ）…自動車がしょうとつしたときに自動でふくらみ、乗っている人を守るための装置《そうち》。
- 手だけで運転できる自動車…ブレーキやアクセルなどの操作《そうさ》が手だけでできるため、足が不自由な人でも運転できる。
- しょうとつ事故《じこ》を防《ふせ》ぐための技術《ぎじゅつ》…自動車の正面には、対象《たいしょう》となる歩行者や自動車までのきょりや速さを測《はか》る装置とカメラをつけ、後ろには（② センサー ）をつける。
- 高速道路などで一定の条件《じょうけん》を満たしたときに、運転する人がハンドルから手をはなしていても、車が運転を（③ 支援 ）してくれる機能も開発された。

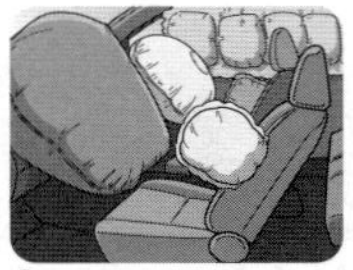
エアバッグ

2 環境にやさしい自動車づくり

教科書 158〜159ページ

環境にやさしい自動車

④ ハイブリッドカー	・ガソリンエンジンと電気モーターを組み合わせて走る。 ・燃料《ねんりょう》のガソリンを使用する量が少なくてすむ。 ・家庭用の電源《でんげん》を使って電気をためるプラグインハイブリッドカーもある。
⑤ 電気自動車	・バッテリーにたくわえた電気で、モーターを動かして走る。
⑥ 燃料電池自動車	・水素と酸素《さんそ》が水になるときに発生する電気で、モーターを動かして走る。

- そのほかにも、天然ガス自動車など、はい出する（⑦ 二酸化炭素 ）の量が少ない車や、二酸化炭素を出さない車など、環境にやさしい自動車の開発が進んでいる。

たいせつな資源《しげん》

- 自動車の（⑧ リサイクル ）が進んでおり、部品の一部は古いものを再利用《さいりよう》してつくられている。

燃料電池自動車

自動車のバンパーなど古いものを再利用して、新しい部品をつくっているよ。

選んだ言葉に ☑ □ハイブリッドカー □エアバッグ □リサイクル □二酸化炭素 □燃料電池自動車 □電気自動車 □センサー □支援

ぴったり2 練習

ぴたトリビア ハイブリッドカーの「ハイブリッド」には、「混合《こんごう》」「複合《ふくごう》」という意味があります。自動車では、2つの動力源《どうりょくげん》をもつものを指します。

教科書 156〜159ページ　答え 32ページ

1 安全で人にやさしい自動車づくりに関する次の文を読んで、答えましょう。

自動車の開発では、（①）事故がおこったときに乗っている人を守るための車体を設計《せっけい》するため、（①）実験がおこなわれている。また、全ての人が交通事故にあわない社会をめざして、自動車の正面には対象となる歩行者や自動車までの（②）や速さを測る装置と（③）、後ろにはセンサーをつけることで、（①）することを予測《よそく》して自動で（④）がかかるなど、事故を未然に防ぐための技術が開発された。

(1) 文中の①〜④にあう言葉を［　］から選びましょう。

きょり　しょうとつ　カメラ　ブレーキ

①（ しょうとつ ）
②（ きょり ）
③（ カメラ ）
④（ ブレーキ ）

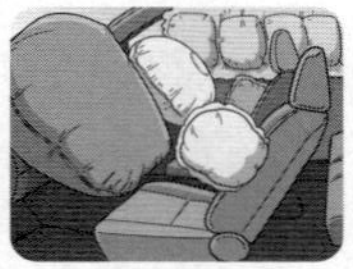

(2) 下線部について、右の絵は、乗っている人を守るための装置です。このような装置を何といいますか。

（ エアバッグ ）

2 環境にやさしい自動車づくりについて、答えましょう。

(1) 環境にやさしい自動車の種類とその説明について、あうものを線で結びましょう。

① ハイブリッドカー　② 電気自動車　③ 燃料電池自動車　④ 天然ガス自動車

㋐バッテリーにたくわえた電気で、モーターを動かして走る自動車。
㋑水素と酸素が水になるときに発生する電気で、モーターを動かして走る自動車。
㋒ガソリンに比《くら》べて二酸化炭素のはい出量が少ない天然ガスを燃料とする自動車。
㋓ガソリンエンジンと電気モーターを組み合わせて走る自動車。

（①—㋓、②—㋐、③—㋑、④—㋒）

(2) 近年は、資源をたいせつに使うため、自動車の部品などで古いものを再利用することが進んでいます。このことを何といいますか。カタカナ5文字で書きましょう。

（ リサイクル ）

ヒント 1 (2) ハンドルの中央部やダッシュボードなどに組みこまれています。

練習 63ページ

1 (1)最近では、高速道路などで一定の条件を満たしたときに、運転する人がハンドルから手をはなしていても、車が運転を支援してくれる機能も開発されました。

(2)しょうとつによるしょうげきをセンサーが感知すると、ガス発生装置が作動して、エアバッグが自動的にふくらむしくみになっています。

2 (1)①ハイブリッドカーは、ガソリンエンジンだけでなく、電気モーターを使って走ることもできるため、ガソリンの使用量を少なくすることができます。

③燃料電池自動車は、走るときに水しか出さないため、環境にやさしい自動車の一つとして注目されています。

(2)資源を大切にする取り組みは、リサイクルのほか、ごみを減らすリデュース、製品《せいひん》をくりかえし使うリユースがあります。

できたかな？

□ハイブリッドカー、電気自動車、燃料電池自動車のそれぞれの特ちょうを説明してみよう。

おうちのかたへ

エアバッグや衝突事故を防ぐための装置が自動車に装備されるようになりましたが、人の安全を守るためのしくみは日々開発・改良されています。今後、さらに安全性を高めるために自動車につけるとよいしくみを、お子さんと一緒に考えてみてください。

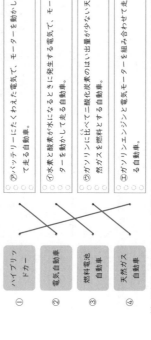

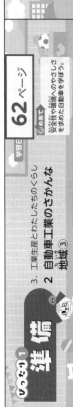

ぴったり3
確かめのテスト
3．工業生産とわたしたちのくらし
2 自動車工業のさかんな地域《ちいき》

64ページ

/100 合格80点

教科書 144～159ページ　答え 33ページ

1 中京《ちゅうきょう》工業地帯の工業について、答えましょう。 1つ4点（16点）

(1) 中京工業地帯の説明として正しいものを、㋐～㋓から2つ選びましょう。
(順不同)（ ㋑ ）（ ㋓ ）

㋐ 愛知《あいち》県と静岡《しずおか》県に広がっている。
㋑ 日本一の工業生産額《がく》をほこる。
㋒ 亀山《かめやま》市には製鉄所《せいてつしょ》があり、鉄板などがつくられている。
㋓ 四日市《よっかいち》市には電子部品をつくる工場が集まっている。

(2) よく出る 中京工業地帯で最も生産がさかんな工業の種類を、㋐～㋓から選びましょう。
（ ㋓ ）

㋐ 化学　㋑ 電気機械　㋒ 鉄鋼《てっこう》　㋓ 輸送《ゆそう》用機械

記述 (3) てきたらスゴイ! 豊田《とよた》市は、(2)の工業がさかんな都市として有名です。この都市で(2)の工業がさかんな理由を、「会社」という言葉を使って、かんたんに書きましょう。 思考・判断・表現
（(例) 世界でも有数の自動車会社と多くの関連工場があるため。）

2 次の絵は、自動車をつくる作業のようすをあらわしています。これを見て、答えましょう。 1つ6点（36点）

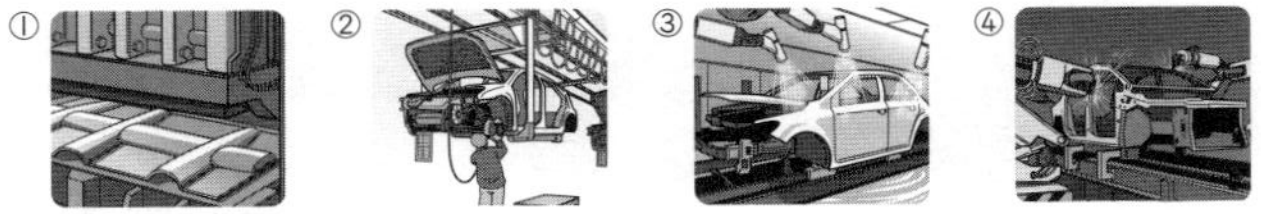

(1) よく出る ①～④の絵にあう作業を、㋐～㋔から選びましょう。
①（ ㋓ ）②（ ㋐ ）③（ ㋒ ）④（ ㋔ ）

㋐ 組み立て　㋑ 最終検査《けんさ》　㋒ とそう　㋓ プレス　㋔ ようせつ

(2) ①～④の作業を、作業がおこなわれる順にならびかえましょう。 思考・判断・表現
(完答)（ ① → ④ → ③ → ② ）

記述 (3) ②では、流れ作業が取り入れられています。流れ作業とはどのような作業の進め方ですか。「持ち場」という言葉を使って、かんたんに書きましょう。
（(例) 働く人が、自分の持ち場で決められた作業をおこなう進め方。）

学習日
65ページ

3 右の地図は、三重《みえ》県鈴鹿《すずか》市周辺をあらわしています。これを見て、答えましょう。 1つ4点（12点）

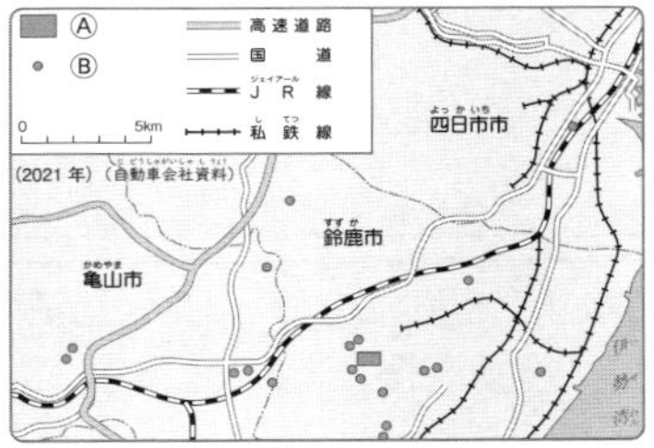

(1) 地図中のⒶ、Ⓑは、自動車工場または自動車部品をつくる工場のいずれかです。自動車工場はどちらですか。 技能（ Ⓐ ）

(2) 自動車部品をつくる工場をまとめて何といいますか。（ 関連工場 ）

(3) 自動車工場では、必要な部品を必要な数だけ、決められた時間にとどけるという考え方が取り入れられています。この考え方を何といいますか。
（ ジャスト・イン・タイム ）

4 日本の自動車生産について、答えましょう。 1つ4点（36点）

(1) 右のグラフは、日本の自動車会社の自動車の国内生産台数と輸出《ゆしゅつ》台数、現地《げんち》生産台数のうつり変わりをあらわしています。グラフから読み取れることとして正しいものには○を、まちがっているものには×をつけましょう。 技能

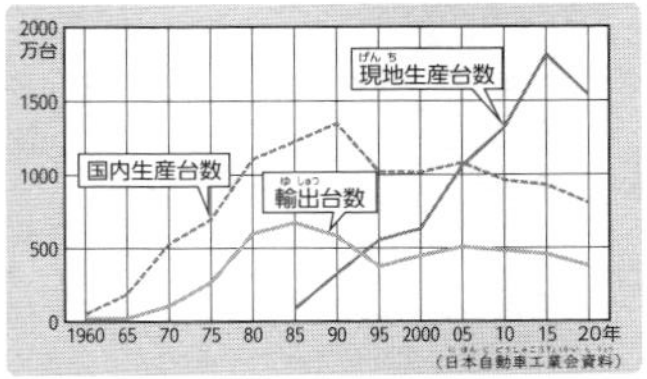

①（ × ）自動車の輸出台数が最も多いのは1990年だね。
②（ × ）自動車の現地生産台数は年々増え続けているね。
③（ ○ ）2020年現在《げんざい》、自動車の現地生産台数は国内生産台数より2倍近く多いね。

(2) てきたらスゴイ! 最近では、人や環境《かんきょう》にやさしい自動車づくりが進められています。㋐～㋕はどちらの目的にあてはまりますか。選びましょう。 思考・判断・表現
(順不同) 人にやさしい（ ㋐ ）（ ㋒ ）（ ㋕ ）
(順不同) 環境にやさしい（ ㋑ ）（ ㋓ ）（ ㋔ ）

㋐ 手だけで運転できる自動車　㋑ ハイブリッドカー　㋒ 自動ブレーキ
㋓ 自動車部品のリサイクル　㋔ 燃料《ねんりょう》電池自動車　㋕ エアバッグ

ふりかえり 2(3)がわからないときは、58ページの2にもどって確認してみよう。

確かめのテスト 64～65ページ

1 (1)㋐愛知県と三重県に広がっています。
㋒製鉄所があるのは伊勢湾《いせわん》ぞいの東《とう》海《かい》市です。

2 (1)①はプレス機械、④はようせつ用のロボットをあらわしています。
(2)「プレス→ようせつ→とそう→組み立て」の順で作業がおこなわれます。そのあと最終検査をおこない、出荷します。
(3)組み立て工場では流れ作業がおこなわれ、自分の担当《たんとう》する作業をします。

3 (1)(2)一つの自動車工場に対し、周辺に多くの関連工場があります。

4 (1)①自動車の輸出台数が最も多いのは1985年です。
(2)電気自動車や燃料電池自動車は、大気おせんや地球温暖化《おんだんか》の原因《げんいん》となるはい気ガスを出さないため、環境にやさしい車です。

記述問題のプラスワン

1 (3)愛知県豊田市は名古屋《なごや》市の東にあり、2019年の製造《せいぞう》品出荷額等が15兆円以上（データでみる県勢《けんせい》2023年版《ねんばん》）ある市です。おもに輸送用機械、特に自動車の生産がさかんで、日本を代表する自動車生産都市です。その理由は、豊田市には、トヨタ自動車株式会社の本社があるからです。豊田市には自動車工場や関連工場が多く集まっていることを書きましょう。

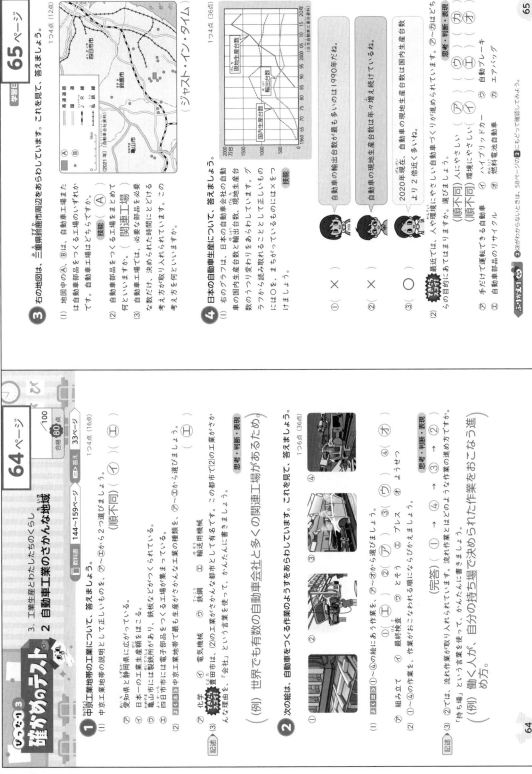

ぴったり1 準備

学習資料《しりょう》／ 3. 工業生産とわたしたちのくらし

わたしたちのくらしを支《ささ》える食料品工業

学習日 **66ページ**

◎めあて 日本の伝統的《でんとうてき》な発こう食品であるなっとうのことを知ろう。

教科書 160〜163ページ　答え 34ページ

次の（　　）に入る言葉を、下から選びましょう。

1 和食の伝統的な発こう食品、なっとう

教科書 160〜161ページ

伝統的な発こう食品であるなっとう

- 和食…日本の伝統的な食文化として、2013年に（① 無形文化遺産 ）に登録された。和食の特色には、**発こう食品**が多いことがあげられる。伝統的な発こう食品として、なっとう、（② しょうゆ ）、**みそ**、つけ物、甘酒《あまざけ》、かつおぶしなどがある。
- なっとう…（③ 大豆 ）を**なっとうきん**によって発こうさせた、ねばり気のある「糸引きなっとう」が一般的《いっぱんてき》である。生産量が最も多いのは（④ 茨城 ）県である。

ワンポイント なっとうの売り上げがのびた理由

- 500〜600年ほど前に関東《かんとう》より北の東日本を中心に食べられはじめたが、西日本ではあまり食べられず、「（⑤ 東高西低 ）」の消費《しょうひ》になっている。
- 大豆は（⑥ たんぱく質 ）が豊富《ほうふ》で、発こうにより体に栄養が吸収《きゅうしゅう》されやすく、体によいはたらきも生まれる。
- なっとうは**健康**によい食品として健康に関心がある人々の注目を集め、売り上げが大きくのびた。

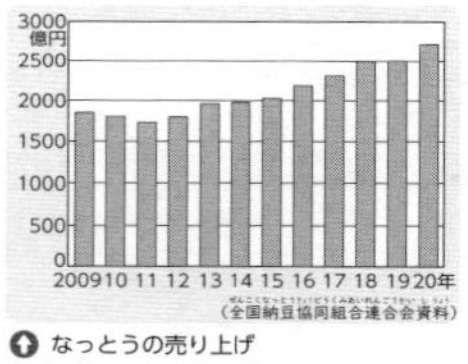

なっとうの売り上げ

2 工場でなっとうができるまで

教科書 162〜163ページ

なっとうができる工程《こうてい》

1. 大豆を選ぶ…大きさや色などを確認《かくにん》する。
2. 大豆をあらう…選んだ大豆をあらう。
3. 水にひたす…大豆を一定温度の水に約20時間ひたして水をすわせる。
4. むす・なっとうきんをふきかける…大豆を大きなかまでむし、なっとうきんをふきかける。
5. 容器《ようき》に入れる…豆を（⑦ 容器 ）につめて、タレなどを入れる。
6. 発こうさせる…発こう室でなっとうにする。そのあと、冷蔵庫《れいぞうこ》でじっくりとねかせる。
7. 包装《ほうそう》…ラベルをつけ、金属探知機《きんぞくたんちき》で最終確認をする。
8. 出荷《しゅっか》…（⑧ 冷蔵車 ）で全国に運ぶ。

工場での大量生産とくふう

- 人工的に育てたなっとうきんによる、衛生的《えいせいてき》で安定した製造《せいぞう》方法の開発、容器の改良、冷蔵設備《せつび》の整備《せいび》などにより、工場での**大量生産**ができるようになった。
- 取り決めを結んだ国内外の農場でつくられた大豆のみを使っている。
- 地域《ちいき》に合わせ、なっとうのにおいやねばり気を少なくしたり、タレの味を変えたりしている。

選んだ言葉に☑　□容器　□大豆　□しょうゆ　□東高西低　□冷蔵車　□茨城《いばらき》　□たんぱく質《しつ》　□無形文化遺産《いさん》

ぴったり2 練習

学習日 **67ページ**

ぴたトリビア　なっとうのよさを消費者に発信するため、なっとう工場では広告《こうこく》やイベントなど、積極的な情報《じょうほう》発信がされています。

教科書 160〜163ページ　答え 34ページ

1 発こう食品について、答えましょう。

(1) 日本の伝統的な発こう食品を、㋐〜㋓から2つ選びましょう。

（順不同）（ ㋐ ）（ ㋒ ）

㋐ 甘酒　㋑ ジャム　㋒ かつおぶし　㋓ バター

(2) なっとうの生産量が最も多い県を、右の地図中の㋐〜㋓から1つ選びましょう。また、その県の名前を書きましょう。

記号（ ㋒ ）
県の名前（ 茨城県 ）

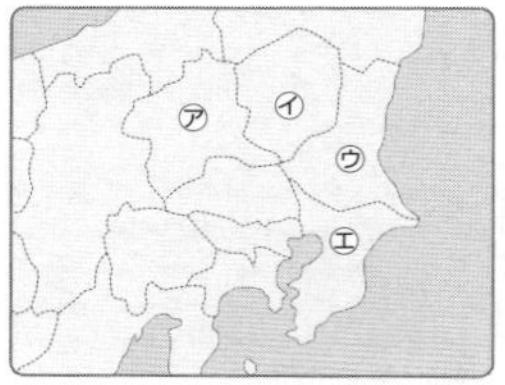

(3) なっとうについて、正しいものには○を、まちがっているものには×をつけましょう。

①（ × ）なっとうは50〜60年ほど前から食べられるようになった。
②（ ○ ）発こうにより体に栄養が吸収されやすくなっている。
③（ × ）東日本ではあまり食べられず、西日本でよく食べられてきた。
④（ ○ ）テレビやざっしなどで健康によい食品として紹介《しょうかい》され、健康に関心がある人々の注目を集めた。

2 なっとうができるまでの工程に関する次の文を読んで、答えましょう。

まず、大豆の大きさや色を一つぶ一つぶ確認して選び、きれいにあらう。次にあらった大豆を約20時間、①の水にひたし、水をすわせる。そのあと大きな②で大豆をむして、なっとうきんをふりかける。豆を③につめ、タレなどを入れて重さを確認したら、発こう室で大豆をなっとうになるまで置き、そのあとは④でじっくりねかす。ラベルをつけ、金属探知機で最終確認の検査《けんさ》をして問題がなければ、冷蔵車で全国に運ぶ。

(1) 文中の①〜④にあう言葉を［　］から選びましょう。

［かま　容器　冷蔵庫　一定温度］

①（ 一定温度 ）②（ かま ）
③（ 容器 ）④（ 冷蔵庫 ）

(2) なっとうの工場では大量生産ができるしくみになっています。その理由としてまちがっているものを、㋐〜㋓から選びましょう。（ ㋒ ）

㋐ 冷蔵設備がととのえられてきたから。
㋑ 衛生的で安定した製造方法が開発されたから。
㋒ 全国へ出荷するなっとうのにおいやねばり気、タレの味などを全て同じにしたから。
㋓ 容器の改良が進められたから。

ヒント
1 (1) しょうゆ、みそ、つけ物なども伝統的な発こう食品です。
1 (3)③ 「東高西低」の消費になっています。

できたかな？
□なっとうと同じ日本の伝統的な発こう食品を言ってみよう。

おうちのかたへ
スーパーなどで納豆が置かれているコーナーを見ると、たくさんの種類の納豆が売られていることがわかります。いろいろな会社の納豆を食べ比べてみて、どのような工夫がされているか、お子さんと一緒に考えてみてください。

練習　67ページ

1 (1)㋑㋓ジャムとバターは、外国で生まれた食品です。
(2)なっとうの生産量が最も多いのは、茨城県《いばらきけん》です。地図の中から、茨城県にふられている記号を選びましょう。
(3)①なっとうは、500〜600年ほど前から、関東から北の東日本でよく食べられるようになりました。
③なっとうは東日本でよく食べられています。西日本ではなっとうのかわりにたんぱく質をとることができる食品が多くあったため、東日本ほど消費量は多くありませんでした。

2 (2)㋒なっとう工場では、より多くの人になっとうを食べてもらうため、地域の好みに合わせて、なっとうのにおいやねばり気を少なくしたり、タレの味を変えたりするなど、いろいろなくふうをしています。

ぴったり1 **準備**

学習資料《しりょう》／
3．工業生産とわたしたちのくらし

わたしたちのくらしを支《ささ》える製鉄業《せいてつぎょう》
わたしたちのくらしを支える石油工業

◎めあて
製鉄所、製油所《せいゆしょ》では何がつくられているのか、そのちがいを学ぼう。

教科書 164〜171ページ　答え 35ページ

次の（　）に入る言葉を、下から選びましょう。

1 くらしと鉄／環境《かんきょう》にやさしい鉄　教科書 164〜167ページ

ワンポイント 鉄をつくる製鉄所

- 原料のうち、（① 石灰石 ）は国内産、鉄鉱石《てっこうせき》と（② 石炭 ）は外国から輸入《ゆにゅう》しているため、製鉄所は原料や鉄鋼製品《てっこうせいひん》の輸送《ゆそう》に便利な海ぞいの広い土地にある。
- 使用する水は再利用《さいりよう》し、鉄をつくるときに出た熱やガスを使って発電している。
- 日本の鉄鋼製品は品質がよく、環境にやさしいため、世界中で必要とされている。

（③ 高炉 ）に入れて高温でとかす。
（④ 圧延機 ）でさまざまな形に加工する。

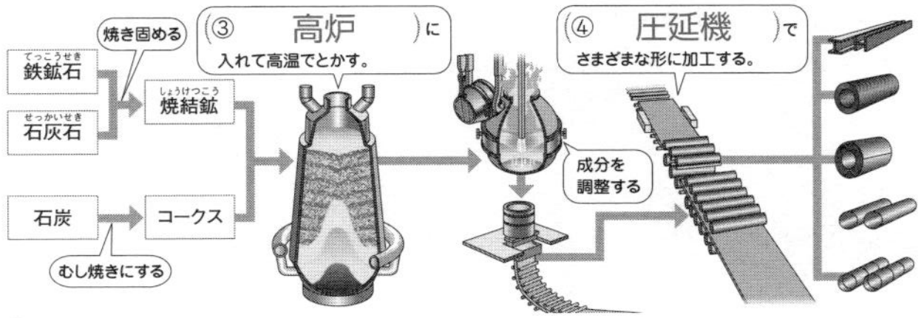
焼き固める
鉄鉱石《てっこうせき》
石灰石《せっかいせき》
焼結鉱《しょうけつこう》
石炭
コークス
むし焼きにする
成分を調整する

鉄ができるまで

2 くらしと石油製品／安全と環境を守るために　教科書 168〜171ページ

石油製品をつくる製油所

- 原料の原油の大部分は、（⑤ サウジアラビア ）やアラブ首長国連邦《しゅちょうこくれんぽう》などの外国からタンカーで輸入している。
- **石油化学コンビナート**…製油所は石油製品をつくる工場と**パイプライン**で結ばれている。

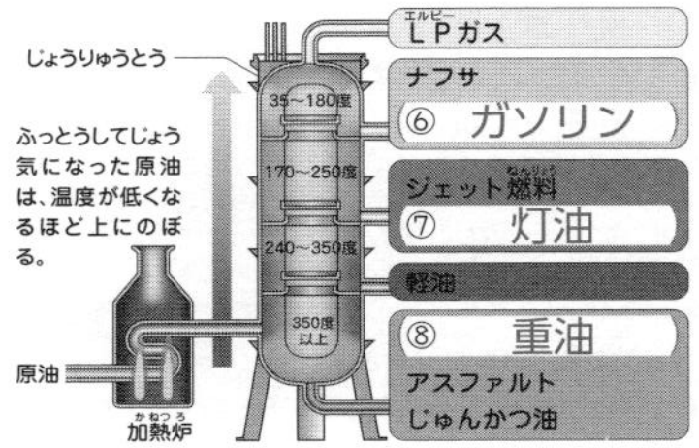
じょうりゅうとう
ふっとうしてじょう気になった原油は、温度が低くなるほど上にのぼる。
原油
加熱炉《かねつろ》
35〜180度
170〜250度
240〜350度
350度以上
LP《エルピー》ガス
ナフサ
⑥ ガソリン
ジェット燃料《ねんりょう》
⑦ 灯油
軽油
⑧ 重油
アスファルト
じゅんかつ油

石油製品ができるまで

工業製品の原料
タイヤ、せんざい、肥料《ひりょう》、衣類、プラスチックなど

ものを動かす燃料《ねんりょう》
自動車、ジェット機、トラック、船

熱を生み出す燃料
ストーブ、ガスコンロ工場、ビニールハウスなど

石油製品が使われている工業製品の例

選んだ言葉に✓
□サウジアラビア　□圧延機《あつえんき》　□石灰石《せっかいせき》　□灯油
□ガソリン　□高炉《こうろ》　□石炭　□重油

ぴったり2 **練習**

ぴたトリビア
ナフサは、原油を精製《せいせい》して得《え》られる石油製品の一つです。ナフサからはガソリンがつくられるほか、さまざまな工業製品の原料となります。

教科書 164〜171ページ　答え 35ページ

1 製鉄業について、答えましょう。

(1) 鉄をつくるのに必要な原料として、鉄鉱石、石炭、石灰石があります。このうち、輸入にたよらず国内産でまかなっているものを書きましょう。
（ 石灰石 ）

(2) 次の①〜④は、鉄ができるまでの作業をあらわしています。①〜④の作業を、作業がおこなわれる順に並《なら》べかえましょう。
(完答)（ ② → ④ → ③ → ① ）

① 圧延機で、さまざまな形にのばし、加工する。
② 原料の前処理《まえしょり》をおこなって、焼結鉱《しょうけつこう》とコークスをつくる。
③ とけた鉄のよぶんな成分を取りのぞき、製品に合わせて成分を調整する。
④ 焼結鉱とコークスを高炉に入れ、高温で熱し、とけた鉄を取り出す。

(3) 次の文中の①〜④にあう言葉を、㋐〜㋕から選びましょう。
①（ ㋓ ）②（ ㋒ ）③（ ㋔ ）④（ ㋐ ）

鉄をつくるには大量の水や電力を必要とする。資源《しげん》やエネルギーのむだを減《へ》らすため、使用する水の90％を（①）している。また、鉄をつくるときに出た（②）やガスを使って、（③）をしたり、コークス炉《ろ》の高温を利用して（④）を再生したりしている。

㋐ プラスチックごみ　㋑ 輸入　㋒ 熱　㋓ 再利用　㋔ 発電　㋕ 緑地帯

2 石油工業について、答えましょう。

(1) 石油製品の原料となる原油は、何を使って外国から輸入されていますか。
（ タンカー ）

(2) 製油所は、石油製品をつくる工場と何で結ばれていますか。
（ パイプライン ）

(3) 右の図は、くらしや産業に使われる石油製品の種類をあらわしています。図中のⒶ〜Ⓒにあうものを、㋐〜㋒から選びましょう。
Ⓐ（ ㋒ ）Ⓑ（ ㋑ ）
Ⓒ（ ㋐ ）

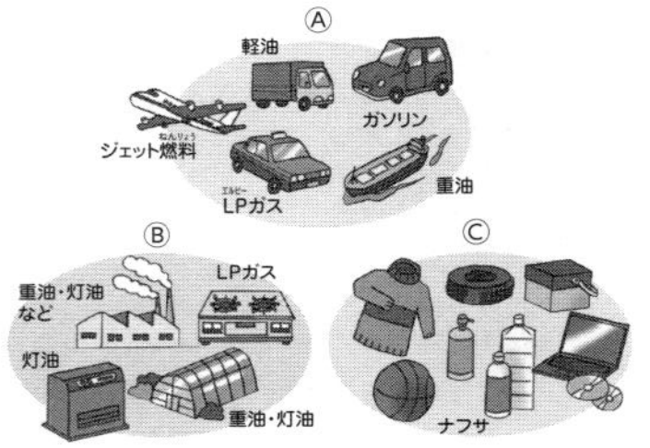
Ⓐ
軽油
ガソリン
ジェット燃料《ねんりょう》
LP《エルピー》ガス
重油
Ⓑ
重油・灯油など
LPガス
灯油
重油・灯油
Ⓒ
ナフサ

㋐ 工業製品の原料　㋑ 熱を生み出す燃料《ねんりょう》　㋒ ものを動かす燃料

ヒント 2 (2) 原料の原油や石油製品のLP《エルピー》ガスなどは、これを使って製油所や工場に送られます。

練習　69ページ

1 (1)鉄鉱石と石炭は外国から輸入しています。
(3)製鉄所では大量の水を使うため、水の再利用がおこなわれています。また、鉄をつくるときに出た熱やガスも、ほかの作業に利用し、資源やエネルギーのむだを減らす努力がおこなわれています。

2 (1)原油などの液体《えきたい》を運ぶ専用《せんよう》の船をタンカーといいます。
(2)パイプラインは、原油などの液体やLP《エルピー》ガスなどの気体を長きょり輸送することができます。製油所と石油製品をつくる工場などが、パイプラインで結ばれて集まっているところを石油化学コンビナートといいます。
(3)日本では、石油は約50％がものを動かす燃料に使われています。

できたかな？
□製鉄所が海ぞいの広い土地にある理由を言ってみよう。
□温室効果《こうか》ガスが増《ふ》えすぎると、地球の環境にどのようなえいきょうがあるか、説明してみよう。

おうちのかたへ
この単元では、外国から輸入された原料がどのように鉄鋼製品・石油製品になるかを学習します。お子さんと一緒に、身のまわりにあるもので、鉄や石油を原料としているものを探してみてください。

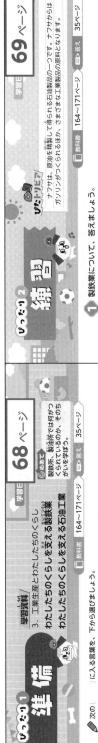

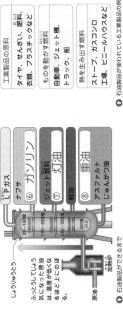

びったり3

確かめのテスト

学習資料《しりょう》

3．工業生産とわたしたちのくらし
わたしたちのくらしを支《ささ》える食料品工業／
わたしたちのくらしを支える製鉄業《せいてつぎょう》／
わたしたちのくらしを支える石油工業

／100　合格80点

教科書　160〜171ページ　答え　36ページ

1 日本の食文化と食料品工業について、答えましょう。　1つ5点（15点）

(1) 和食は、日本の伝統《でんとう》的な食文化としてユネスコの何に登録されましたか。
（ 無形文化遺産 ）

(2) なっとうは、和食の伝統的な発こう食品の一つです。なっとうの特ちょうを、㋐〜㋓から選びましょう。
（ ㋒ ）

㋐ なっとうは50〜60年ほど前に、ふだんから食べるものになった。
㋑ なっとうは東海《とうかい》地方から全国に広がった。
㋒ たんぱく質《しつ》が豊富《ほうふ》で、栄養が体に吸収《きゅうしゅう》されやすく、健康によい食品である。
㋓ 現在《げんざい》のなっとうの容器《ようき》は、はっぽうスチロールでつくられたもののみが使われている。

記述 (3) なっとう工場では、地域《ちいき》の好みに合わせるため、どのようなくふうをしていますか。「におい」、「タレ」という言葉を使って、かんたんに書きましょう。　思考・判断・表現
（（例）においの少ない製品をつくったり、タレの味を変えたりしている。）

2 なっとうができるまでの作業に関する次のⒶ〜Ⓔの文を読んで、答えましょう。　1つ5点（20点）

Ⓐ 大豆を水に約20時間ひたし、水をすわせる。
Ⓑ 大きな①でむして、なっとうきんをふきかける。
Ⓒ 大豆の大きさや②などを確認《かくにん》して一つぶ一つぶ選び、きれいにあらう。
Ⓓ 発こう室でなっとうにしたあと、③でじっくりねかせる。
Ⓔ 豆を容器につめ、タレなどを入れる。

(1) 文中の①〜③にあう言葉を［　］から選びましょう。
冷蔵庫《れいぞうこ》　かま　色
①（ かま ）②（ 色 ）
③（ 冷蔵庫 ）

(2) Ⓐ〜Ⓔの作業を、作業がおこなわれる順にならびかえましょう。　思考・判断・表現
（完答）（ Ⓒ → Ⓐ → Ⓑ → Ⓔ → Ⓓ ）

3 鉄の原料について、答えましょう。　1つ5点（15点）

(1) よく出る 鉄をつくるのに必要な原料を、石炭以外で2つ書きましょう。
（順不同）（ 鉄鉱石 ）（ 石灰石 ）

(2) 鉄をつくる工程《こうてい》で、原料の前処理《まえしょり》でつくられる、石炭をむし焼きにしたものを何といいますか。
（ コークス ）

4 次のグラフは、鉄鋼《てっこう》の生産量の多い国と、日本の鉄鋼製品《せいひん》の輸出先《ゆしゅつさき》の内わけをあらわしています。これを見て、答えましょう。　1つ5点（20点）

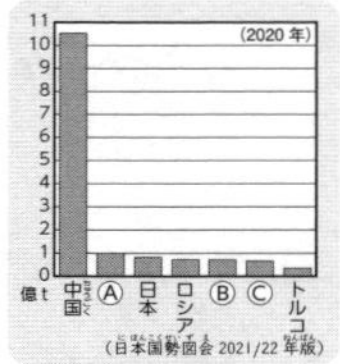

鉄鋼の生産量の多い国

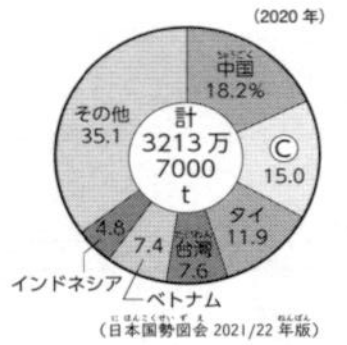

日本の鉄鋼製品の輸出先の内わけ

(1) グラフ中のⒶ〜Ⓒにあう国を［　］から選びましょう。　技能
アメリカ　インド　韓国《かんこく》
Ⓐ（ インド ）
Ⓑ（ アメリカ ）
Ⓒ（ 韓国 ）

記述 (2) よく出る グラフを見ると、中国《ちゅうごく》は鉄鋼の生産量が世界で最も多いにもかかわらず、日本は多くの鉄鋼製品を中国に輸出しています。その理由を考えて、かんたんに書きましょう。　思考・判断・表現
（（例）日本の鉄鋼製品は、品質がよく、環境にやさしいため。）

5 石油工業に関する次の文を読んで、答えましょう。　1つ5点（30点）

原油から_a石油製品をつくる工場を_b製油所《せいゆしょ》といい、石油製品を燃料《ねんりょう》や原料として使う工場と①で結ばれている。これらの工場が集まるところを②という。日本は、原料となる原油のほとんどを輸入《ゆにゅう》しているが、2020年現在、③が最大の輸入相手国となっている。

(1) よく出る 文中の①〜③にあう言葉を書きましょう。
①（ パイプライン ）
②（ 石油化学コンビナート ）
③（ サウジアラビア ）

(2) 下線部ⓐについて、石油製品のうち、さまざまな工業製品の原料となるものを、㋐〜㋓から選びましょう。
（ ㋓ ）
㋐ LP《エルピー》ガス　㋑ 軽油　㋒ 重油　㋓ ナフサ

(3) 下線部ⓑについて、製油所で環境《かんきょう》を守るためにおこなわれている取り組みについて、正しいものには○を、まちがっているものには×をつけましょう。
①（ × ）事故《じこ》に備《そな》えて、危険物《きけんぶつ》を取りあつかう設備《せつび》は住宅地《じゅうたくち》の近くに配置している。
②（ ○ ）そう音を防《ふせ》ぐため、工場と住宅地のあいだに緑地帯をつくっている。

ふりかえり　1(3)がわからないときは、66ページの2にもどって確認してみよう。

確かめのテスト　70〜71ページ

1 (2)㋐なっとうがふだんから食べられるようになったのは今から500〜600年ほど前からです。
㋑なっとうは関東《かんとう》地方から北の東日本を中心に広がりました。
㋓なっとうの容器は、はっぽうスチロール以外に、わらつと、きょう木《ぎ》、紙カップなどがあります。
(3)なっとうは、生産者のくふうによって、時代や消費者が求めるものに合わせながら、進化しています。

2 (2)「大豆を選ぶ→大豆をあらう→大豆を水にひたす→大豆をむす・なっとうきんをふきかける→容器に入れる→発こうさせる→包装《ほうそう》・出荷する」の順番になります。

3 (1)原料のうち、鉄鉱石《てっこうせき》と石炭は外国からの輸入にたよっているため、製《せい》鉄所《てつしょ》は原料の輸送《ゆそう》に便利な海ぞいにつくられます。

5 (1)③日本は、原油のほとんどを西アジアの国々から輸入しています。
(3)①住宅地から遠いところに配置するようにしています。

記述問題のプラスワン

4 (2)日本の鉄鋼製品は、輸出量全体のうち18.2%が中国に輸出されています（日本国勢図会《にほんこくせいずえ》2021/22年版《ねんばん》）。鉄鋼の生産量は、日本よりも中国の方がはるかに多いですが、日本は品質《ひんしつ》のよい鉄鋼製品を生産することができるため、品質のよい鉄鋼を必要としている外国に輸出されています。また、日本の製鉄所で使用されるエネルギーは、ほかの国と比《くら》べて低く、環境にやさしいことも外国から日本の鉄鋼製品が必要とされている理由の一つです。

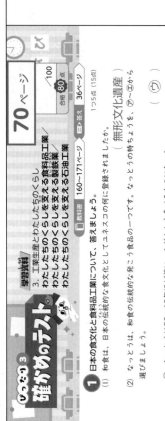

ぴったり1 準備

3. 工業生産とわたしたちのくらし
3 運輸《うんゆ》と日本の貿易《ぼうえき》

3分でまとめ

学習日 **72ページ**

めあて
日本の貿易の特色や問題点を知ろう。

教科書 172〜181ページ　答え 37ページ

次の（　　）に入る言葉を、下から選びましょう。

1 原料や製品《せいひん》を運ぶ／貿易のはたらき　教科書 172〜175ページ

原料や製品の輸送《ゆそう》

- （① 運輸 ）…人やものを運ぶこと。外国とは船や飛行機でおこない、国内ではさまざまな交通手段《しゅだん》でおこなう。**高速道路**の整備《せいび》が進み、トラックの輸送が増《ふ》えている。

外国との貿易

- （② 貿易 ）…外国と品物の売り買いをすること。外国に品物を運び、売ることを**輸出《ゆしゅつ》**、外国から品物を買い、運び入れることを（③ 輸入 ）という。
- 輸出品や輸入《ゆにゅう》品の多くは船で運ばれるが、少量で高価《こうか》な工業製品などは飛行機で輸送することもある。
- 日本との貿易額《がく》が最も多いのは中国《ちゅうごく》、つづいてアメリカである。

2 日本の輸入の特色／日本の輸出の特色／これからの貿易　教科書 176〜181ページ

ワンポイント 日本の輸入の特色

- 資源《しげん》の少ない日本は、原料や（④ エネルギー資源 ）をタンカーなどで輸入している。
- 近年はアジアの国々の工業の発展《はってん》、日本の会社の海外生産の増加《ぞうか》などにより（⑤ 工業製品 ）の輸入が増加している。

(2020年)

石　油	サウジアラビア、アラブ首長国連邦《しゅちょうこくれんぽう》、クウェート
石　炭	オーストラリア、インドネシア、ロシア
天然ガス	オーストラリア、マレーシア、カタール
鉄鉱石《てっこうせき》	オーストラリア、ブラジル、カナダ
木　材	アメリカ、カナダ、ロシア

↑ おもな原料・エネルギー資源の輸入先　(日本国勢図会《にほんこくせいずえ》2021/22年版《ねんばん》)

日本の輸出の特色

- 日本は、原料を輸入し、国内の工場で工業製品に加工して輸出する（⑥ 加工貿易 ）をおこなってきた。
- 日本は、自動車やパソコンなどに多く使われている（⑦ 半導体チップ ）など、性能《せいのう》のよい工業製品を多くつくり、輸出することで加工貿易を発展させてきた。

貿易をめぐる問題

- （⑧ 貿易まさつ ）…輸出国と輸入国との貿易に関する争い。日本からの輸出が増加すると、相手国は自国の産業を守ろうとして輸入を制限《せいげん》する。

例 ● アメリカとの**貿易まさつ**…1980年代に問題となり、日本の会社は外国に工場を移転《いてん》し、相手国で生産するようになった。

- （⑨ 貿易の自由化 ）…貿易に関わる制限を減《へ》らし、自由に貿易をおこなうこと。
- **フェアトレード**…どの国も公正・公平に取り引きができるようにする貿易のしくみ。

選んだ言葉に✓
□半導体《はんどうたい》チップ　□工業製品　□貿易　□エネルギー資源　□加工貿易
□貿易まさつ　□貿易の自由化《じゆうか》　□運輸　□輸入

ぴったり2 練習

学習日 **73ページ**

ぴたトリビア
タンカーとは、液体《えきたい》を運ぶ専用《せんよう》の貨物船です。一般《いっぱん》に、石油関連の製品を運ぶ船はタンカー、化学製品を運ぶ船はケミカルタンカーとよばれます。

教科書 172〜181ページ　答え 37ページ

1 日本の運輸の特色について、答えましょう。

(1) 自動車、船、飛行機のうち、国外の輸送の内わけで最も利用が多いものを書きましょう。
（ 船 ）

(2) 国内の輸送はさまざまな交通手段《しゅだん》でおこなわれていますが、近年トラックでの輸送が増えています。それは何が整備されたことが背景《はいけい》にありますか。書きましょう。
（ 高速道路 ）

2 日本の輸入・輸出の特色について、答えましょう。

(1) 次の①〜③にあう国の名前を、㋐〜㋕から選びましょう。

①（ ㋔ ）日本が石油を最も多く輸入しているアジアの国。
②（ ㋑ ）日本が石炭、天然ガス、鉄鉱石を最も多く輸入している国。
③（ ㋕ ）日本が石炭や木材を多く輸入しているヨーロッパの国。

㋐ インドネシア　㋑ オーストラリア　㋒ カナダ
㋓ カタール　㋔ サウジアラビア　㋕ ロシア

(2) 右のⒶ、Ⓑのグラフは、日本の輸入品と輸出品のいずれかの内わけをあらわしています。輸出品のグラフはどちらですか。
（ Ⓐ ）

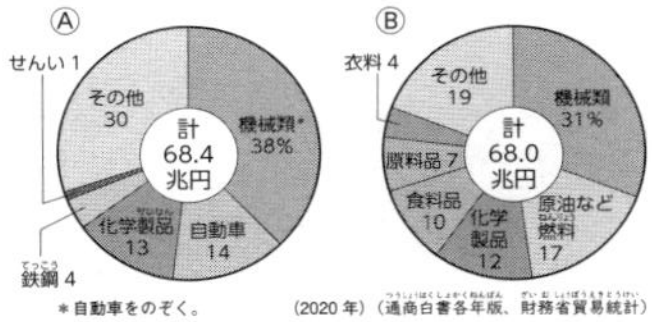

＊自動車をのぞく。　(2020年)（通商白書各年版《つうしょうはくしょかくねんばん》、財務省貿易統計《ざいむしょうぼうえきとうけい》）

(3) 近年、日本で工業製品の輸入が増えている理由を、㋐、㋑から選びましょう。
（ ㋑ ）

㋐ アフリカの国々で工業が発展してきたため。
㋑ 日本の会社が外国で生産した工業製品を輸入するようになったため。

(4) 日本は、原料を輸入し、工業製品に加工して輸出する貿易によって発展してきました。このような貿易を何といいますか。
（ 加工貿易 ）

(5) 2020年現在《げんざい》、日本との貿易額が最も多い国の名前を書きましょう。
（ 中国 ）

(6) 貿易をめぐる問題に関する次の文の、｛　｝の中の正しい言葉を◯で囲《かこ》みましょう。

1980年代、日本の①｛ (輸出) ・ 輸入 ｝が増えたことで、アメリカなどは自国の産業を守ろうとして②｛ 輸出 ・ (輸入) ｝制限をする貿易まさつがおこった。日本の会社は、外国に工場を移転し、現地に住む人をやとって生産するようになった。

(7) どの国も、公正・公平に取り引きができるようにするための貿易のしくみを何といいますか。
（ フェアトレード ）

ヒント　1 (1) 日本は海に囲まれているため、重量では国外の輸送の99%以上をこちらがしめます。

練習 73ページ

1 (1)少量で高価な工業製品などは飛行機で輸送することもあります。
(2)国内の輸送は、高速道路が整備されたことにより、トラックなどの自動車での輸送が最も多くなっています。

2 (1)①石油は、サウジアラビアやアラブ首長国連邦など、アジアの西側にある国から多く輸入しています。
(2)自動車、化学製品などの工業製品が上位をしめるⒶが輸出品、原油などの燃料《ねんりょう》や、原料品が上位をしめるⒷが輸入品です。
(3)㋐工業が発展してきたのはアフリカではなくアジアの国々です。
(4)近年は機械類の輸入が増え、貿易の内容が変化しています。
(5)日本との貿易額が最も多いのは中国です（2020年現在）。２番目が、アメリカになります。

できたかな？
□日本の輸入品と輸出品で最も多くのわりあいをしめているものを、それぞれ言ってみよう。

おうちのかたへ
身のまわりでは外国の製品が増えてきています。服のラベルなどに書かれている「MADE IN ○○」を見て、どこの国でつくられた製品なのか、そしてその国はどこにあるか、お子さんと地図で探してみてください。

3．工業生産とわたしたちのくらし

4 これからの工業生産

3分でまとめ

◎めあて
東大阪市の中小工場でおこなわれているくふうを知ろう。

教科書 182〜193ページ　答え 38ページ

次の(　　)に入る言葉を、下から選びましょう。

1 日本の工業の課題／高い技術《ぎじゅつ》をもった中小工場／働く人のことを考えて

教科書 182〜187ページ

ワンポイント 日本の工業の課題

- 日本の工場の数は、年々減っている。工場で働く人の数も(① 減っている)。
- 日本の工場や働く人の大部分は、中小工場や中小工場で働く人である。
- 工場で働く女性《じょせい》のわりあいが少ない。

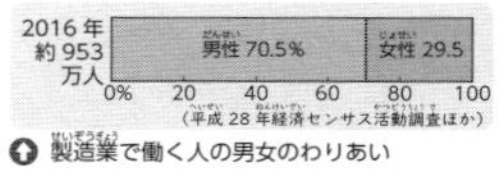

製造業《せいぞうぎょう》で働く人の男女のわりあい

高い技術をもった東大阪市の中小工場

- 大阪府東大阪市には約6000の工場があり、そのほとんどが(② 中小工場)である。
- 東大阪市では、高い技術力でつくられた製品《せいひん》や、新しくチャレンジしてつくられた製品を「東大阪ブランド」と認定《にんてい》し、中小工場の(③ みりょく)を市全体で発信している。
- 中小工場どうしのネットワークをつくり、さまざまな(④ ニーズ)に合わせて、すばやく、効率的《こうりつてき》に製品をつくるしくみがととのえられている。
- 近くの中小工場とのつながりを生かし、各工程《こうてい》を(⑤ 分担)して作業することで、短期間で(⑥ 高い品質)のものをつくることができる。

働く人のことを考えた工場のくふう

例 更衣室《こういしつ》や食堂《しょくどう》を新しく、快適《かいてき》にした。
→休けい時間にしっかりと休むことができるようになり、仕事の効率が上がった。

例 社内行事を積極的におこない、社員がふだんからコミュニケーションをとれるようにする。
→新しいアイディアが生まれ、日本人も外国人も楽しく協力して仕事ができている。

2 社会の変化に合わせた工業製品／これからの社会でかつやくする工業製品／これからの工業生産のあり方を考えよう

教科書 188〜191ページ

あらたな社会での工業

- Society《ソサエティー》5.0…インターネットや(⑦ 人工知能)(AI《エーアイ》)などの先進技術を使い、経済《けいざい》発展《はってん》と社会的(⑧ 課題)の解決《かいけつ》の両方を実現《じつげん》する社会。
- Society5.0のもとでの工業は、生産効率を上げたり、職人《しょくにん》の技術を受けつぎやすくしたり、運輸《うんゆ》を効率的におこなったりすることが期待されている。

日本のこれからの工業

- Woven City（ウーブン・シティ）…静岡《しずおか》県裾野《すその》市の自動車工場のあと地につくられる。自動車による移動《いどう》や運搬《うんぱん》をスムーズにするサービスや、人工知能《ちのう》（AI）技術の導入《どうにゅう》・検証《けんしょう》などをおこなう実証《じっしょう》実験のまち。
- (⑨ 国際博覧会)…地球上のさまざまな問題や課題を解決するための知恵《ちえ》や技術の交流をおこなう場。2025年には大阪府大阪市で開かれる予定である。

選んだ言葉に✓
□高い品質《ひんしつ》　□人工知能　□中小工場　□国際博覧会《こくさいはくらんかい》　□減っている
□ニーズ　□課題　□分担《ぶんたん》　□みりょく

ぴたトリビア
日本の中小工場のなかには、ほかの会社にはない独自の技術を生かして新製品を開発し、世界的に有名になっている工場もあります。

教科書 182〜193ページ　答え 38ページ

1 日本の工業について、答えましょう。

(1) 東大阪市に多いのは、大工場と中小工場のどちらですか。書きましょう。
(中小工場)

(2) 東大阪市の工場の説明について、正しいものには○を、まちがっているものには×をつけましょう。
①(○)東大阪市には約6000の工場がある。
②(×)東大阪市は、$1km^2$あたりの製造業の事業所数のわりあいが全国で最も低い。
③(○)工場どうしをつなぐネットワークがつくられ、すばやく効率的に製品をつくることができる。

(3) 東大阪市の中小工場が、高品質のものを短期間で生産することができる理由を、㋐、㋑から選びましょう。
(㋑)
㋐ 一つの中小工場で全ての工程を集中しておこなうため。
㋑ 複数《ふくすう》の中小工場で各工程を分担して作業するため。

(4) 右のグラフは、製造業で働く人の男女のわりあいをあらわしています。女性にあてはまるものを、㋐、㋑から選びましょう。
(㋑)

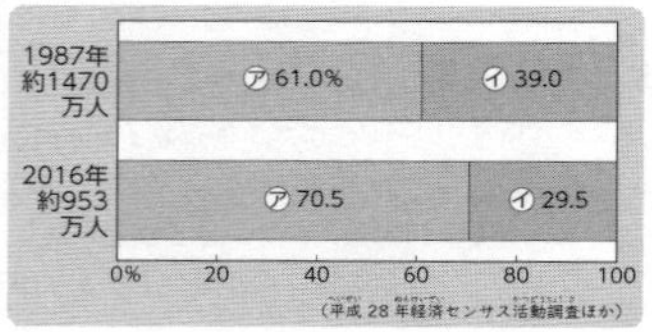

(5) 日本の工場で働く人は、年々増《ふ》えていますか、減っていますか。
(減っている)

2 社会の変化に合わせた工業生産について、答えましょう。

(1) Society5.0で、大量の情報《じょうほう》を分せきすることなどに使われるAIとは何のことですか。
(人工知能)

(2) 静岡県裾野市の自動車工場のあと地につくられる、新しいサービスや技術などを導入・検証するための新しいまちを何といいますか。カタカナで書きましょう。
(ウーブン・シティ)

(3) 世界中から多くのものや人が集まり、地球上の問題や課題を解決するための知恵や技術が集まり、交流する場を何といいますか。書きましょう。
(国際博覧会)

(4) 2025年に(3)の開催《かいさい》が予定されている都市がある都道府県を、[　]から選びましょう。
(大阪府)

愛知《あいち》県　奈良《なら》県　大阪府　東京《とうきょう》都

ヒント
1 (1) 日本全体の工場数の99.0%は中小工場です。
2 (3) 1970年には大阪府、2005年には愛知県で開催されました。

できたかな？
□工場で働く人が気持ちよく働ける取り組みにはどのようなものがあるか、説明してみよう。

おうちのかたへ
これからの社会はSociety5.0をもとに、人工知能（AI）やロボットを活用した社会になっていくと考えられています。ドローンや自動運転をする自動車など、これからさらに進化していく製品にはどのようなものがあるか、お子さんと話し合ってみてください。

練習　75ページ

1
(1)東大阪市には、約6000もの工場があり、そのほとんどが20人未満の従業者《じゅうぎょうしゃ》で構成《こうせい》される中小工場です。
(2)②東大阪市は、$1km^2$あたりの製造業の事業所数のわりあいが全国で最も高くなっています。
(3)東大阪市の中小工場では、高い技術力をもっている近くの中小工場とのつながりを生かし、各工程を分担して作業することで、短い期間で品質の高いものをつくることができます。
(4)(5)製造業で働く人を増やすために、会社や工場では働きやすい環境《かんきょう》づくりを進めています。

2
(1)人工知能（AI）が大量の情報を分せきすることで、あらたな価値《かち》や産業が生み出されることが期待されています。
(4)「いのち輝《かがや》く未来社会のデザイン」をテーマに、持続可能《じぞくかのう》な社会の実現に向けた取り組みなどが紹介《しょうかい》される予定です。

ぴったり3
確かめのテスト
3．工業生産とわたしたちのくらし
3 運輸《うんゆ》と日本の貿易《ぼうえき》
4 これからの工業生産

76ページ

/100 合格80点

教科書 172〜193ページ　答え 39ページ

1 日本の運輸と輸入《ゆにゅう》の特色について、答えましょう。 1つ5点（30点）

(1) 日本の運輸に関する次の文中の①〜③にあう言葉を［　］から選びましょう。

日本は海に囲《かこ》まれているため、輸入品や輸出品《ゆしゅつひん》の輸送《ゆそう》の多くを(①)でおこなっており、少量で高価《こうか》な工業製品《せいひん》などには(②)を利用している。国内の輸送では、高速道路の整備《せいび》を背景《はいけい》に(③)などの自動車の利用が多い。

飛行機　船　トラック

①（ 船 ）②（ 飛行機 ）③（ トラック ）

(2) 次の①〜③の国々から日本が多く輸入しているもの（2020年現在《げんざい》）を、㋐〜㋔から選びましょう。

①（ ㋒ ）オーストラリア、マレーシア、カタール
②（ ㋓ ）オーストラリア、ブラジル、カナダ
③（ ㋐ ）サウジアラビア、アラブ首長国連邦《しゅちょうこくれんぽう》、クウェート

㋐ 石油　㋑ 石炭　㋒ 天然ガス　㋓ 鉄鉱石《てっこうせき》　㋔ 木材

2 次の地図は、日本との貿易額《がく》の多い国・地域《ちいき》をあらわしています。これを見て、答えましょう。 1つ5点（20点）

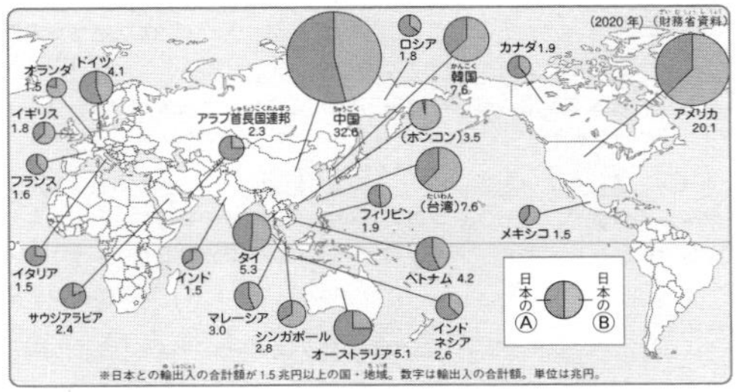

(1) 図中のⒶ、Ⓑは、輸出または輸入のいずれかです。輸出はどちらですか。 技能（ Ⓑ ）

(2) よく出る 日本と貿易がさかんな国を、貿易額が多い順に2つ書きましょう。 技能（ 中国 ）（ アメリカ ）

(3) 日本と貿易のつながりが深い国が多い地域を、㋐〜㋒から選びましょう。（ ㋐ ）

㋐ アジア　㋑ アフリカ　㋒ 南アメリカ

学習日

77ページ

3 日本の貿易に関する次の文を読んで、答えましょう。 1つ5点（20点）

日本の工業は、ⓐ原料を輸入し、工業製品を輸出する形で発展《はってん》してきた。現在も輸出品のほとんどは工業製品である。しかし、輸出額が輸入額を上回った時期は、相手国との間で(①)がおきた。最近はⓑ貿易に関わる制限を減らし、自由な貿易をおこなう(②)の動きが活発化している。

(1) よく出る 文中の①、②にあう言葉を書きましょう。

①（ 貿易まさつ ）②（ 貿易の自由化 ）

(2) 下線部ⓐについて、このような貿易のあり方を何といいますか。

（ 加工貿易 ）

(3) 下線部ⓑについて、世界では貿易が活発におこなわれていますが、必ずしも公正におこなわれているとはいえません。このようなことをなくしていくためにつくられた、どの国も公正・公平に取り引きができるようにするための貿易のしくみを何といいますか。

（ フェアトレード ）

4 これからの日本の工業について、答えましょう。 1つ6点（30点）

(1) 右のグラフは、日本の工場の数と生産額のうつり変わりをあらわしています。グラフから読み取れることとして正しいものには○を、まちがっているものには×をつけましょう。 技能

①（ × ）日本の工場数が最も多いのは1975年である。
②（ ○ ）2019年の日本の工場数は、1970年の日本の工場数のおよそ半分にまで減少《げんしょう》している。
③（ × ）日本の工場の生産額は年々増加《ぞうか》している。

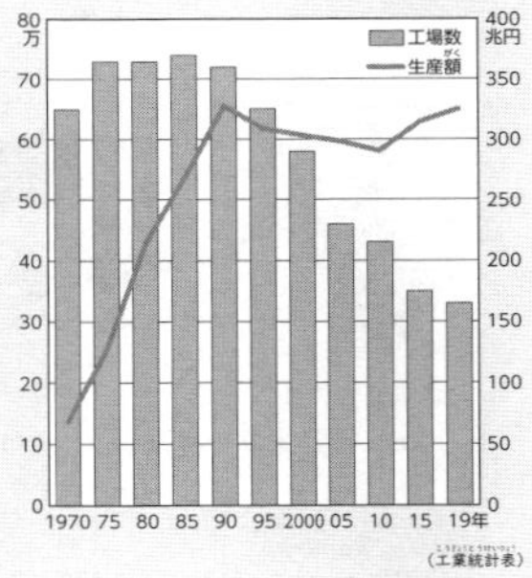

(2) 1 km^2あたりの製造業《せいぞうぎょう》の事業所数のわりあいが全国で最も高い、大阪府《おおさかふ》にある都市はどこですか。

（ 東大阪 ）市

記述 (3) 次の文は、Society《ソサエティー》5.0とよばれる社会では、どのような社会をめざしているかをまとめたものです。文中の（　）にあう言葉を、「実現《じつげん》」という言葉を使って、かんたんに書きましょう。 思考・判断・表現

先進技術《ぎじゅつ》を使い、（　　　）、一人一人が快適《かいてき》でかつやくできる社会。

（（例）経済発展と社会的課題の解決の両方を実現し）

ふりかえり 4(3)がわからないときは、74ページの2にもどって確認してみよう。

確かめのテスト　76〜77ページ

1 (1)①日本は海に囲まれているため、外国との輸入品や輸出品の輸送のほとんどを船でおこなっています。船の輸送では、運ばれるものにより、コンテナ船が使われたり、タンカーが使われたりします。コンテナ船とは、一定の規格《きかく》でつくられた箱状《はこじょう》の容器《ようき》（コンテナ）に貨物《かもつ》を入れて運ぶ船のことです。貨物の積みこみや積みおろしの時間を短縮《たんしゅく》でき、効率《こうりつ》的《てき》に輸送できます。タンカーは、原油などの液体《えきたい》を運ぶための船です。

2 (1)日本の輸出額の方が大きい国はアメリカや韓国《かんこく》など、日本の輸入額の方が大きい国は中国《ちゅうごく》やサウジアラビアなどです。
(2)地図の中で円グラフが大きい国ほど日本との貿易額が多いです。

3 (1)①貿易まさつをなくすため、日本の会社は海外に工場をつくり、現地《げんち》の人をやとって生産をするようになりました。

4 (1)①日本の工場数が最も多いのは1985年です。
③日本の工場の生産額は、1990年から2010年にかけて減少しています。

記述問題のプラスワン

4 (3)わたしたちは狩猟《しゅりょう》社会（1.0）、農耕《のうこう》社会（2.0）、工業社会（3.0）、情報《じょうほう》社会（4.0）と続く社会のなかで発展をしてきました。これらに続く、あらたな社会がSociety5.0です。Society5.0の社会では、人々が情報を共有し、その情報を人工知能《じんこうちのう》（AI《エーアイ》）が分せきすることで、あらたな価値《かち》が生み出されます。それを生かすことで、社会的課題などを解決《かいけつ》することが期待されています。「実現」という言葉を使って書きましょう。

ぴったり1 **準備**　3分でまとめ

4．情報《じょうほう》社会に生きるわたしたち

1 情報をつくり、伝える①

学習日　**78ページ**

めあて　新聞がどのようにしてつくられるのかを理解《りかい》しよう。

教科書 194〜203ページ　答え 40ページ

次の（　　）に入る言葉を、下から選びましょう。

1 わたしたちのくらしとさまざまな情報／メディアの特ちょうとは　教科書 194〜197ページ

ワンポイント　おもなメディアの特ちょう

●（① メディア ）…**情報**を伝える方法や手段《しゅだん》のこと。そのなかで、新聞、テレビなど、多くの人に大量の情報を送る方法を**マスメディア**という。

新聞	② ざっし	③ ラジオ
●おもに文字で伝える。 ●持ち運び、読み返せる。 ●切りぬいて保存《ほぞん》できる。	●文字・写真・絵で伝える。 ●持ち運び、読み返せる。	●音声だけで伝える。 ●災害《さいがい》がおこったときも、無線で受信して情報を収集《しゅうしゅう》できる。
テレビ	④インターネット（パソコン・スマートフォン）	
●映像《えいぞう》・音声・文字で伝えるので、わかりやすい。	●世界中の大量の情報を、いつでも、どこでも、すぐに見たり、発信したりすることができる。	

2 新聞の情報／情報を集める／新聞がわたしたちのもとにとどくまで　教科書 198〜203ページ

記事ができるまでの流れ

- 紙面ごとに、事件《じけん》や事故《じこ》、スポーツ、政治《せいじ》、経済《けいざい》など、さまざまな情報が分類されてのる。
- （⑤ 1面 ）には、新聞社がその日にいちばん伝えたい重要な情報がのる。
- 配達地域《ちいき》にある支局《しきょく》などの（⑥ 取材記者 ）が、地域のできごとを取材し、情報を集める。
- 複数《ふくすう》の取材先の人に話を聞いたり、国や研究機関の資料《しりょう》や本などで調べたりして、取材内容《ないよう》の（⑦ 公平性 ）を保《たも》ち、あやまりがないようにしている。

新聞が配達されるまでの流れ

編集局の仕事

- ❶（⑧ デスク ）のチェック…デスクとよばれる責任者《せきにんしゃ》が、取材で集められた情報を取りまとめ、原こうを確認《かくにん》する。
- ↓ ❷編集会議…各部のデスクが集まり、どのような紙面にするのかを決める。ほかの本社とテレビ会議システムでつないで話し合う。
- ↓ ❸紙面をつくる…編成センターで、見出しの言葉や紙面の構成《こうせい》を考え、図を配置して、わかりやすい紙面をつくる。
- ↓ ❹校閲担当者《こうえつたんとう》の最終チェック…記事の内容にあやまりがないか、文字や図などにまちがいがないかなどを最終確認する。
- ↓ ❺印刷 → ❻配達
- ↓ 配信…スマートフォンなどでデジタル新聞が読める。ウェブサイトにニュースを配信。

選んだ言葉に✔　□インターネット　□ラジオ　□デスク　□公平性《こうへいせい》　□メディア　□ざっし　□取材記者　□1面

ぴったり2 **練習**

学習日　**79ページ**

ぴたトリビア　コンピューターなどの情報通信機器どうしをつないでネットワークを組み、情報をやり取りするしくみのことを情報ネットワークといいます。

教科書 194〜203ページ　答え 40ページ

1 次の表を見て、答えましょう。

	①	②	③	インターネット
情報の伝え方	文字を中心に伝える。	音声だけで伝える。	映像や音声、文字で伝える。	映像・音声・文字・写真などで伝える。
特ちょう	（④）	（⑤）	わかりやすい。	（⑥）

(1) 情報を伝える方法や手段のことを何といいますか。　（ メディア ）

(2) 表中の①〜③にあう言葉を［　　］から選びましょう。

［ラジオ　テレビ　新聞］

①（ 新聞 ）②（ ラジオ ）③（ テレビ ）

(3) 表中の④〜⑥にあう特ちょうを、㋐〜㋒から選びましょう。

④（ ㋒ ）⑤（ ㋑ ）⑥（ ㋐ ）

㋐ 世界中の大量の情報を、いつでもどこでも、すぐに見たり、発信したりすることができる。
㋑ 災害がおこったときも、無線で受信して情報を収集できる。
㋒ 持ち運ぶことができて、くり返し読み返すことができる。

2 次の絵は、新聞ができるまでの仕事をあらわしています。Ⓐ〜Ⓖの仕事を、仕事がおこなわれる順に並《なら》べかえましょう。

（完答）（ Ⓒ → Ⓑ → Ⓖ → Ⓕ → Ⓐ → Ⓓ → Ⓔ ）

Ⓐ編成センターで紙面をつくる。　Ⓑ取材記者が記事を書く。　Ⓒ取材記者が情報を集める。　Ⓓ校閲担当者が最終チェックをする。

Ⓔ印刷する。　Ⓕ編集会議。　Ⓖデスクのチェック。

ヒント　**2** Ⓐ・Ⓓ・Ⓕ・Ⓖは、編集局の仕事です。

できたかな？

□新聞ができるまでに関わっている多くの人の仕事について説明してみよう。

おうちのかたへ

現在はパソコンやタブレット、スマートフォンで新聞の紙面が読めるサービスが各新聞社から提供されています。新聞は小学生にとって習っていない漢字が多く使われています。お子さんが興味をもった記事があれば、一緒に読んであげてください。

練習　79ページ

1 (1)メディアのなかでも、新聞やテレビ、ラジオなどの多くの人に大量の情報を送る方法を、マスメディアといいます。

(2)情報は、映像、音声、文字、写真、絵などの形でわたしたちに伝えられます。どの情報が使われるかは、メディアによってことなります。

2 Ⓒ Ⓑ取材記者が記事を書くときは、内容にあやまりがないように書く必要があります。

Ⓖデスクが、取材記者が書いた記事をチェックします。

Ⓕ朝刊《ちょうかん》と夕刊《ゆうかん》、それぞれの編集会議がおこなわれます。ここではどのような紙面にするのかを決めます。

Ⓐ編成センターでわかりやすい紙面をつくります。

Ⓓ校閲担当者により、記事の最終的な確認がおこなわれます。

Ⓔ印刷された新聞は印刷工場から新聞販売《はんばい》店までトラックで運ばれ、各配達員が家まで配達します。

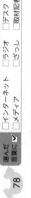

ぴったり1 準備

4. 情報《じょうほう》社会に生きるわたしたち
1 情報をつくり、伝える②

学習日 80ページ

めあて
メディアが発達したことにより、どのような問題が発生しているか学ぼう。

教科書 204〜209ページ　答え 41ページ

次の(　　)に入る言葉を、下から選びましょう。

1 情報の伝え方とそのえいきょう／マスメディアとわたしたちの関わりを考える　教科書 204〜206ページ

情報の伝え方とそのえいきょう

- 新聞社ごとに、いちばん伝えたい情報がちがうことがある。
- 同じできごとの記事でも、あつかう大きさ、(① 見出し)の表現《ひょうげん》、記事の内容《ないよう》にちがいがある。
- 不確《ふたし》かな情報やあやまった情報の発信によって、社会に大きなえいきょうをおよぼしたり、(② 報道被害)を人にあたえたりする。

報道被害《ほうどうひがい》
マスメディアの取材や情報発信により、人間としてのほこりがきずつけられ、家族や友人との関係、くらしなどに深《しん》刻《こく》な損害《そんがい》を受けること。

マスメディアとわたしたちの関わり

- 情報を得《え》るためのマスメディアはもちろん、(③ SNS)などのサービスを使った個人《こじん》どうしの交流は、わたしたちの生活にかかせないものになっている。

2 メディアの発達と生活の変化／情報社会の問題　教科書 207〜209ページ

メディアの発達と交流の手段《しゅだん》の変化

- (④ インターネット)は、人々の生活の一部となっている。
- (⑤ 人工知能)(AI《エーアイ》)が、人の手でおこなっていたことをかわりにしてくれるようになっている。
- **インターネット**による犯罪《はんざい》の増加《ぞうか》などの問題も多い。

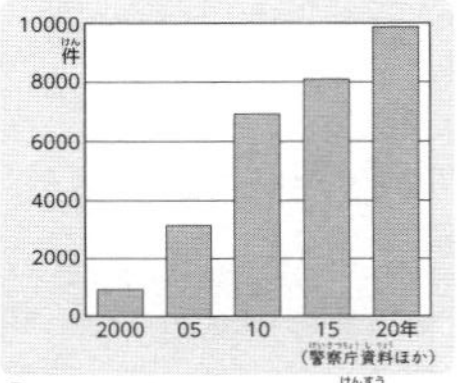

インターネットを使った犯罪件数《けんすう》のうつり変わり

情報社会における問題

- インターネットを利用しすぎること。
- でたらめなうわさを流す人がいること。
- ネットでの(⑥ いじめ)。
- (⑦ 個人情報)の流出。
- 違法《いほう》ダウンロードなど、法律《ほうりつ》を守らない。
- ネットショッピングでのトラブル。

ワンポイント 情報のあつかい方

情報を送る側
- 自分や他人の個人情報を流さない。
- (⑧ 正確)な情報を送る。
- 人がつくったものを勝手に使わない。

情報を受け取る側
- 必要な情報を選んで使う。
- 必要のない情報は絶対《ぜったい》に受け取らない。
- 何か問題がおきたら、家の人や学校の先生などに相談する。

ルールやマナーを理解《りかい》しよう。

選んだ言葉に✔
□個人《こじん》情報　□正確《せいかく》　□報道被害　□SNS《エスエヌエス》
□インターネット　□いじめ　□人工知能《ちのう》　□見出し

80

ぴったり2 練習

学習日 81ページ

ぴたトリビア
個人情報には、住所、氏名、年齢《ねんれい》、性別《せいべつ》、生年月日、電話番号のほか、国籍《こくせき》、家族構成《こうせい》、勤務先《きんむさき》、身長、体重などもふくまれます。

教科書 204〜209ページ　答え 41ページ

1 情報の伝え方とそのえいきょうについて、答えましょう。

(1) マスメディアの情報の伝え方とそのえいきょうの説明について、正しいものには○を、まちがっているものには×をつけましょう。
① (○)同じできごとであっても、伝える新聞社によって、見出しの表現や記事の内容がことなっている。
② (×)マスメディアが発信する情報は全て正確である。
③ (○)テレビ番組の内容やコマーシャルについて、視聴者《しちょうしゃ》の苦情《くじょう》を受けたり、問題点を放送局に知らせたりする団体《だんたい》がある。

(2) マスメディアの取材や情報発信によって、人間としてのほこりがきずつけられ、くらしや仕事などに深刻な損害を受けることがあります。これを何といいますか。
(報道被害)

2 メディアの発達と情報社会の問題について、答えましょう。

(1) メディアの発達の説明について、正しいものには○を、まちがっているものには×をつけましょう。
① (○)世界中の多くの人がスマートフォンやパソコンを持っている。
② (○)スマートフォンやパソコンで使われるソフトやアプリは進化が進んでいる。
③ (○)人工知能(AI)は人の手でおこなっていたことのかわりをするようになった。
④ (×)インターネットを使った犯罪の件数は年々減《へ》っている。

(2) 次の絵は、インターネットの利用をめぐるさまざまな問題をあらわしています。①〜⑥の絵にあう問題を、㋐〜㋕から選びましょう。

① (㋔)

② (㋒)

③ (㋐)

④ (㋓)

⑤ (㋕)

⑥ (㋑)

㋐ ネットの利用しすぎで健康をそこなう。
㋑ でたらめなうわさを流す。
㋒ ネットいじめをする。
㋓ 個人情報が流出する。
㋔ 違法ダウンロードなど、法律を守らない。
㋕ ネットショッピングでのトラブル。

ヒント 2 (2)② とてもひきょうなおこないです。

81

練習 81ページ

1 (1)②マスメディアが発信する情報のなかには、不確かなものやあやまったものもあります。

2 (1)④インターネットを使った犯罪は、2005年は約3000件でしたが、2020年は約10000件になっており、年々増《ふ》えています。
(2)①インターネット上に違法にアップロードされた画像《がぞう》や動画などは、元の画像や動画をつくった人や会社の権利《けんり》を侵害《しんがい》しているので、違法にアップロードされたものをダウンロードすることも法律に違反《いはん》しています。
⑤ネットショッピングは、お店に行かなくても商品を買うことができて便利ですが、商品がとどかなかったり、注文していたものとはちがう商品がとどいたりすることがあるため、利用するときには注意が必要です。
⑥インターネットで、でたらめなうわさを流すことは、場合によっては犯罪になることがあります。

できたかな?
□インターネットを利用するときの情報のあつかい方の注意点を説明してみよう。

おうちのかたへ
インターネットは便利ですが、誤った利用の仕方をすると犯罪になることがあります。インターネットを利用するうえでのルールやマナーをお子さんが理解されているか、いまいちど確かめてあげることが重要です。

ぴったり1 準備

学習《しりょう》資料/

4. 情報《じょうほう》社会に生きるわたしたち

放送局のはたらき

学習日 82ページ

めあて 報道《ほうどう》番組ができるまでの流れを理解しよう。

教科書 210〜213ページ 答え 42ページ

次の(　　)に入る言葉を、下から選びましょう。

1 テレビ番組とわたしたちのくらし

教科書 210〜211ページ

ワンポイント テレビ番組とわたしたちのくらし

- わたしたちは、ふだんの生活のなかで、さまざまなテレビ番組から情報を得《え》ている。
  例天気予報《よほう》、選挙のときに流れる政見《せいけん》放送など
- ニュース番組は多くの人に支《ささ》えられ、放送されている。
- (① アナウンサー)…番組がはじまるまでのあいだに、ニュースの内容《ないよう》を理解し、よりよい情報を伝えられるようにしている。
- フロアディレクター…ニュース本番のスタジオで、副調整室からの指示《しじ》をアナウンサーに伝えている。
- (② 副調整室)…映像《えいぞう》を切りかえたり、字幕《じまく》を出したり、時間を秒単位でチェックしたりしている。

(2019年度)

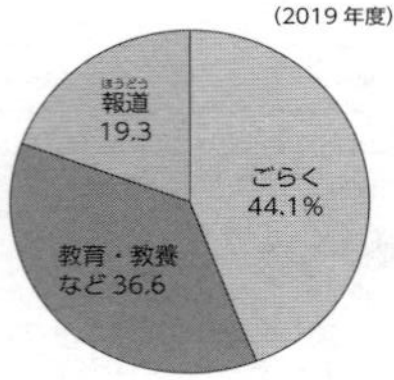

(日本民間放送年鑑《にほんみんかんほうそうねんかん》 2020)

テレビ番組の内わけ

2 ニュース番組ができるまで

教科書 212〜213ページ

ニュース番組ができるまでの流れ

❶情報収集《しゅうしゅう》…日本や世界中から1日1000件《けん》以上の情報が入ってくる。

❷取　材…(③ 記者)は取材をし、カメラマン、音声・照明スタッフが現場《げんば》のようすをさつえいする。

❸編集《へんしゅう》会議…(④ デスク)が集まって情報を選び、(⑤ 編集責任者)がどの順番で放送するかを決める。

❹原こう作成…記者が取材をしてまとめた原こうをもとに、番組で読まれる原こうをつくる。

❺編　集…番組で流す映像を、わかりやすく編集する。

ニュースを伝えるときに気をつけていること

- 見る人に、早く、(⑥ 正確)にわかりやすく伝えるため、情報を選びぬき、字幕《じまく》やグラフなどを入れる。
- 意見が分かれる内容については、いろいろな見方や考え方を示《しめ》す。
- 人々の命を守るため、(⑦ 災害)がおきたときは1秒でも早く情報を伝える。そのために、(⑧ きん急放送)に備《そな》えて、常《つね》に訓練をしている。

選んだ言葉に✓ □編集責任者《せきにんしゃ》 □正確《せいかく》 □デスク □災害《さいがい》 □きん急放送 □アナウンサー □副調整室 □記者

ぴったり2 練習

学習日 83ページ

ぴたトリビア 現在《げんざい》の放送方式では、字幕を表示したり、音声をゆっくりした速度に変《へん》換《かん》したりといった、高齢者《こうれいしゃ》や障《しょう》がいのある人にやさしいサービスがあります。

教科書 210〜213ページ 答え 42ページ

1 テレビ番組とわたしたちのくらしについて、答えましょう。

(1) 右のグラフは、テレビ番組の内わけをあらわしています。グラフ中の①〜③にあうものを［　　］から選びましょう。

報道　ごらく　教育・教養など

①(ごらく)
②(教育・教養など)
③(報道)

(2019年度)

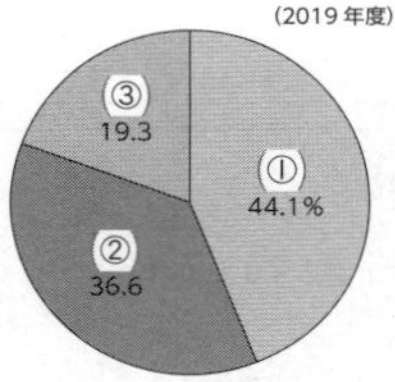

(日本民間放送年鑑《にほんみんかんほうそうねんかん》 2020)

テレビ番組の内わけ

(2) ニュース番組の本番で、スタジオでアナウンサーに副調整室からの指示を伝える人を何といいますか。

(フロアディレクター)

2 次の絵は、ニュース番組ができるまでの仕事をあらわしています。これを見て、答えましょう。

Ⓐ編集会議　Ⓑ編集　Ⓒ放送
Ⓓ取材　Ⓔ原こう作成　Ⓕ情報収集

(1) Ⓐ〜Ⓕの仕事を、仕事がおこなわれる順に並《なら》べかえましょう。

(完答)(Ⓕ → Ⓓ → Ⓐ → Ⓔ → Ⓑ → Ⓒ)

(2) ニュースを伝えるときに気をつけることについて、正しいものには○を、まちがっているものには×をつけましょう。

①(×)自然災害に関するニュースは、人の命に関わるので、放送をあとまわしにする。
②(○)人によって意見が分かれる内容を放送するときは、いろいろな見方・考え方を示すようにする。

ヒント 2 (1)Ⓑ 番組で流す映像を、見ている人がわかりやすいように編集する作業です。
2 (1)Ⓔ 記者が取材してまとめた原こうをもとに、番組で読まれる原こうをつくる作業です。

できたかな?

□ニュース番組で放送される情報はどのようにして決まるか、説明してみよう。

おうちのかたへ

ニュース番組はアナウンサーや気象予報士など、画面に映る人だけに注目が行きがちです。番組内で流される情報のために、多くの人が番組制作に携わっていることをお子さんに伝えてあげてください。

練習 83ページ

1 (1)①テレビ番組の44.1%がごらく番組です。
(2)アナウンサーは、ニュース番組でニュースを読んで伝える人です。副調整室では、映像を切りかえたり、字幕を出したり、時間をチェックしたりしています。

2 (1)Ⓕニュース番組であつかう情報は、日本だけでなく世界中から収集されています。
Ⓓ記者は取材をし、カメラマンや音声・照明スタッフなどが現場のようすをさつえいします。
Ⓐデスクが集まり、記者たちが集めた情報のなかから放送する情報を選び、編集責任者がどのような順番で放送するかを決めます。
Ⓔ番組で読まれる原こうをつくります。
Ⓑ番組で流す映像を、見ている人にわかりやすく放送するために編集します。
(2)①大きな自然災害が発生したときなどは、人の命に関わるので、少しでも早く、正確な情報を伝える必要があります。

ぴったり3 確かめのテスト

学習資料《しりょう》

4．情報《じょうほう》社会に生きるわたしたち

1 情報をつくり、伝える

放送局のはたらき

84ページ

／100 合格80点

教科書 194～213ページ　答え 43ページ

1 さまざまな情報伝達手段《しゅだん》について、答えましょう。　1つ5点（25点）

(1) 多くの人に大量の情報を送る方法のことを何といいますか。

（ マスメディア ）

(2) よく出る 次の①～③にあう(1)を、㋐～㋓から選びましょう。

①（ ㋓ ）音声だけで情報を発信している。災害《さいがい》がおこったときも、無線でどこでも受信し、情報を収集《しゅうしゅう》できる。

②（ ㋒ ）映像《えいぞう》・音声・文字で情報を発信し、わかりやすく伝えることができる。ニュース番組などが放送されている。

③（ ㋑ ）文字を中心に情報を伝える。持ち運びができて、読み返すことができる。

㋐ ざっし　㋑ 新聞　㋒ テレビ　㋓ ラジオ

(3) (1)によるあやまった情報の発信によって、個人《こじん》などが深刻《しんこく》な損害《そんがい》を受けることがあります。このようなことを何といいますか。

（ 報道被害 ）

2 次の文は、新聞社で働く4人の人たちの話の一部です。これを読んで、答えましょう。　1つ5点（25点）

Aさん：「わたしは支局《しきょく》の（①）です。事件《じけん》や事故《じこ》がおこると、すぐに現場《げんば》に行き、関係する人から話を聞き、情報を集めて記事にまとめます。」

Bさん：「わたしは文化部の（②）です。責任者《せきにんしゃ》として記事の内容《ないよう》をチェックします。また、ほかの部の（②）と話し合い、どのような紙面にするのか決めます。」

Cさん：「わたしは（③）で働いています。見出しの言葉や紙面の構成《こうせい》を考えたり、写真や地図などの図を配置したりして、わかりやすい紙面をつくります。」

Dさん：「わたしは（④）です。記事の内容にあやまりがないか、文字や図などにまちがいがないか、最終的な確認《かくにん》をします。」

(1) 文中の①～④にあう言葉を、㋐～㋓から選びましょう。

①（ ㋒ ）②（ ㋐ ）③（ ㋑ ）④（ ㋓ ）

㋐ デスク　㋑ 編成《へんせい》センター　㋒ 取材記者　㋓ 校閲担当者《こうえつたんとうしゃ》

記述 (2) 下線部について、報道《ほうどう》機関の発信する情報は正確《せいかく》でなければなりません。取材内容の公平性《こうへいせい》を保《たも》ち、またあやまりがないようにするため、新聞社では、記事をつくるときにどのようなことをおこなっていますか。「複数《ふくすう》」「資料《しりょう》」という言葉を使って、かんたんに書きましょう。　思考・判断・表現

（（例）複数の取材先の人に話を聞いたり、国や研究機関の資料や本などでしっかりと調べたりしている。）

85ページ

学習日

3 情報社会の問題について、答えましょう。　1つ5点（30点）

(1) 右のグラフは、情報通信機器の世帯保有率《せたいほゆうりつ》のうつり変わりをあらわしています。グラフ中のⒶ～Ⓒにあうものを［　］から選びましょう。　技能

固定電話　スマートフォン　パソコン

Ⓐ（ パソコン ）

Ⓑ（ 固定電話 ）

Ⓒ（ スマートフォン ）

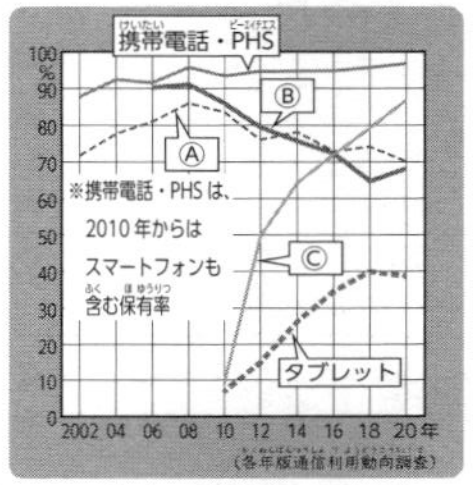

(2) できたらスゴイ! ルールやマナーを守ったインターネットの利用方法として正しいものを、㋐～㋔から2つ選びましょう。　思考・判断・表現

（順不同）（ ㋒ ）（ ㋔ ）

㋐ 友だちとけんかをしたので、悪口をSNS《エスエヌエス》に投こうした。

㋑ 使い古したぬいぐるみを、新品とうそをついてフリーマーケットアプリで売った。

㋒ 気に入った曲があったので、音楽配信サイトで購入《こうにゅう》してダウンロードした。

㋓ 他人が書いたおもしろい文章を、自分が書いたことにしてブログに投こうした。

㋔ 使った覚えのないウェブサイトの利用料金を請求《せいきゅう》するメールがとどいたので、親に相談した。

記述 (3) 右の資料は、ある小学生がインターネット上の掲示板《けいじばん》におこなった書きこみです。この書きこみにはどのような問題点がありますか。かんたんに書きましょう。　思考・判断・表現

> ○○さんへ
> ◇◇さんへ手紙を出したいとのことですが、◇◇さんの住所は、たしか●●市××町△△丁目▲▲番地だったと思います。……

（（例）他人の個人情報を書きこんでいること。）

4 放送局のはたらきに関する次の文を読んで、答えましょう。　1つ5点（20点）

テレビで放送されているニュース番組は、原こうを読んで伝える（①）、スタジオで副調整室からの指示《しじ》を（①）に伝える（②）、番組全体の方針《ほうしん》を決めることやスケジュール管理などをおこなう編集責任者など、多くの人が関わり、つくられている。

(1) 文中の①、②にあう言葉を書きましょう。

①（ アナウンサー ）

②（ フロアディレクター ）

(2) 下線部の編集責任者が気をつけていることの説明として、正しいものには○を、まちがっているものには×をつけましょう。

①（ ○ ）情報を伝えるときに最もたいせつなことは、正確なことである。

②（ × ）意見が分かれる内容については、見ている人がわかりやすいよう、一方の見方や考え方のみを示《しめ》すようにしている。

ふりかえり 2(2)がわからないときは、78ページの2にもどって確認してみよう。

この本の終わりにある「冬のチャレンジテスト」をやってみよう！

確かめのテスト　84～85ページ

1 (1)マスメディアの「マス」は「大量」という意味です。

(2)①災害がおこったとき、停電《ていでん》になってしまうとテレビは見ることができませんが、電池や充電《じゅうでん》で動くラジオであれば、情報を収集することができます。

③最近では、タブレットやスマートフォンを使って、新聞の記事を読むことができるサービスが発達しています。

2 (2)取材記者は、複数の取材先の人に話を聞いたり、資料や本などでしっかりと調べたりして、公平性を保つことやあやまりがないようにすることに気をつけて記事をつくっています。

3 (2)㋐他人をきずつける書きこみをしてはいけません。㋑正確な情報を伝える必要があります。㋓他人がつくった著作物《ちょさくぶつ》を勝手に使ってはいけません。

4 (2)②意見が分かれる内容については、いろいろな見方や意見を示すようにし、番組の内容にかたよりがないようにしています。

記述問題のプラスワン

3 (3)個人情報とは、一人の人間に関するさまざまな情報のことで、名前、住所、電話番号、メールアドレス、写真などがふくまれます。ある小学生が、◇◇さんの住所を知りたがっている○○さんに、◇◇さんの住所を教えています。インターネットではだれでも掲示板の記事を読むことができます。もし関係ない人が◇◇さんの住所を知り、いたずらなどをしたらどうなるでしょうか。◇◇さんにとって迷《めい》わくなことです。他人の個人情報をインターネットに書きこまないようにしましょう。

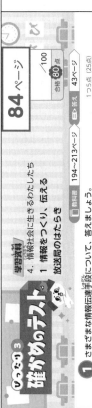

ぴったり1 準備

せんたく 4. 情報社会に生きるわたしたち

2 情報を生かして 発展《はってん》する産業

3分でまとめ

学習日 **86ページ**

めあて 気象《きしょう》情報を会社がどのように生かしているかを知ろう。

教科書 214〜223ページ　答え 44ページ

次の(　　)に入る言葉を、下から選びましょう。

1 情報を利用する産業／気象情報を生かしたサービス　教科書 214〜217ページ

情報を利用する産業

- 漁業、農業、工業などのさまざまな産業で情報が利用されている。
  →情報を利用することで、産業が(① 効率的)におこなわれるようになっている。

ワンポイント 気象情報を提供《ていきょう》するしくみ

- アイスクリームをつくる会社は、気象情報を提供《ていきょう》する会社から(② 予測情報)を購入《こうにゅう》し、おいしいアイスクリームを消費者《しょうひしゃ》にとどける努力をしている。
- 気象情報を提供する会社は、わたしたちが利用する天気予報《よほう》やせんたく(③ 指数)など以外にも、会社向けに、その会社に合った気象情報を提供したり、情報をもとにアドバイスをしたりしている。

収集《しゅうしゅう》する情報
- 気象《きしょう》情報
- SNS《エスエヌエス》の短文投こうサイトに投こうされた気象に関するつぶやき
- 商品の売り上げなどに関する情報

→ **気象情報を提供する会社**
- 収集した情報を(④ 分せき)して、商品の生産量や出荷量《しゅっか》の予測《よそく》情報を提供する

→ **会　社**
- アイスクリームをつくる会社

2 おいしい商品をつくるために／情報をよりよく生かすために／気象情報を活用する産業　教科書 218〜223ページ

もなかアイスクリームをつくる会社のくふう

- 商品を５日間で工場から(⑤ 卸売業者)の冷とう倉庫へ運び、６日目に店にとどくことを目標に生産している。
- つくりおきをせずに生産しているため、地域《ちいき》ごとの(⑥ 売れゆき)に合わせた生産量にすることがたいせつである。
- これまで …前年や前週の売れゆき、今までの「(⑦ 経験)とかん」で生産量を決めていた。
- 予測情報を利用する …気象情報を提供する会社から細かい気象情報や売れゆきを予測《よそく》した情報を購入し、ちょうどよい生産量を決めることに役だてる。

さまざまな産業で利用される気象情報

- 放送局…視聴者《しちょうしゃ》に気象情報を提供。わかりやすい天気予報の画面をつくり放送している。
- (⑧ ガス会社)…ガスの使用量を予測している。
- (⑨ 海上運送)…安全で環境《かんきょう》にやさしい輸送《ゆそう》ルートが計画できる。

選んだ言葉に✓　□海上運送《うんそう》　□売れゆき　□分せき　□指数　□予測情報　□効率的《こうりつてき》　□卸売業者《おろしうり》　□経験《けいけん》　□ガス会社

86

ぴったり2 練習

学習日 **87ページ**

ぴたトリビア　指数とは、ある基準《きじゅん》を100として、ほかの数値《すうち》をそれに対する比率《ひりつ》としてあらわしたものをいいます。

教科書 214〜223ページ　答え 44ページ

1 気象情報を生かしたサービスに関する次の文を読んで、答えましょう。

現在《げんざい》、多くの産業でさまざまな情報を利用し、産業が効率的におこなわれるようになっている。その情報のうちの一つが、天気や気温などの気象情報である。気象は、産業に(①)やえいきょうをおよぼすことがある。そのため、気象情報を提供する会社は、日本や世界中で観測《かんそく》された気象情報、(②)の短文投こうサイトに投こうされたつぶやき、商品の売り上げなどに関する情報などを収集・(③)し、商品の生産量や出荷量の(④)情報をさまざまな会社に提供することで、産業への悪いえいきょうを減らせると考え、サービスをはじめた。

(1) 文中の①〜④にあう言葉を書きましょう。

①(損害)　②(SNS)
③(分せき)　④(予測)

(2) 気象情報を提供する会社について、正しいものには○を、まちがっているものには×をつけましょう。

①(×)気象情報を提供する会社は、情報を全て無料で提供している。
②(○)気象情報を提供する会社は、さまざまな会社に向けて、その会社に合った気象情報を提供している。

2 気象情報を利用するもなかアイスクリームをつくる会社について、答えましょう。

(1) もなかアイスクリームをつくる会社の情報の利用に関する次の会話を読んで、正しいものには○を、まちがっているものには×をつけましょう。

①(○)　工場から出荷して店にとどくまでの目標日数を決めて、アイスクリームを生産しているね。

②(×)　アイスクリームの在庫《ざいこ》切れをおこさないようにするため、多めに生産してつくりおきをしているよ。

③(×)　今までの経験だけにたよることで、ちょうどよい生産量を決めることができるんだね。

(2) アイスクリームと同じように、気温が高くなると売れやすい商品を、㋐〜㋕から２つ選びましょう。
(順不同)(㋒)(㋔)

㋐ ココア　㋑ シチュー　㋒ スポーツドリンク　㋓ あげもの
㋔ デザート類　㋕ カップインスタントめん

ヒント 1 (2) わたしたちがよく利用している天気予報やせんたく指数などの情報も提供しています。

87

練習 87ページ

1 (1)気象情報を分せきすることで、その産業に関する予測情報（商品の生産量や出荷量など）を提供することができます。これを利用することで、産業への悪いえいきょうを減らすことができます。

(2)①その会社に合った気象情報を有料で提供する会社もあります。

2 (1)②新鮮《しんせん》なもなかアイスクリームを提供するために、つくりおきをしていません。

③最近は、気候の変化がはげしく、経験だけでは予測がむずかしくなっているため、予測情報を利用しています。

(2)㋒と㋔以外は気温が低くなると売れやすい商品です。

できたかな？

□もなかアイスクリームの会社のほかに、気象情報を利用している会社や産業について説明してみよう。

おうちのかたへ

もなかアイスクリームと気象情報がつながりをもっているなど、普通は思いもつきません。しかしこの単元のように、気象情報を利用している会社や産業は多くあります。どのような場面で気象情報が役に立っているか、お子さんと話し合ってみてください。

ぴったり1 準備

せんたく 4. 情報社会に生きるわたしたち

情報を生かして発展《はってん》する観光業

学習日 88ページ

めあて 京都市が観光業にどのように情報を生かしているかを知ろう。

教科書 224〜229ページ 答え 45ページ

次の（　）に入る言葉を、下から選びましょう。

1 観光のさかんな京都市

教科書 224〜225ページ

ワンポイント 京都府京都市の観光業

- 世界有数の観光地である京都市には、（① 世界文化遺産 ）が15か所あり（2023年)、2000をこえる神社や寺がある。
- 京都では、祇園《ぎおん》祭、葵《あおい》祭、時代祭の京都三大祭や「五山《ござんの》送り火」、「鞍馬《くらま》の火祭」など、（② 伝統 ）のあるさまざまな祭りや**年中行事**がおこなわれる。
- 2016年から、海外の旅行ざっしで高い評価《ひょうか》を受けるなど、世界各地で京都の（③ 認知度 ）が高まり、外国人観光客が増加《ぞうか》している。
- 京都市では、外国人を受け入れる環境《かんきょう》をととのえるため、（④ 情報発信 ）やWi-Fi《ワイファイ》の整備《せいび》などをおこなってきたが、いっぽうで、多くの観光客に対《たい》応《おう》するための取り組みが求められている。

家族・友人	51.8%
旅行ガイドブック	30.7%
SNS・ブログなど	28.9%
テレビ・映画	19.8%
公式ウェブサイト	10.3%
その他のウェブサイト	11.6%

(複数《ふくすう》回答) (京都観光総合調査《きょうとかんこうそうごうちょうさ》)

↑ 外国人が京都市の情報を得《え》た方法

2 混雑《こんざつ》を防《ふせ》ぐ取り組み／観光協会などの取り組み

教科書 226〜229ページ

混雑を防ぐ取り組み

混雑のえいきょう

- 京都がもつ本来の美しい風景をそこなわせ、観光客のもう一度京都をおとずれたいという気持ちを失わせる。
- 観光地のまわりの住民がバスに乗れない、観光客の（⑤ マナー ）などの問題がある。

↑ 京都駅バスターミナル付近の混雑

京都市の対応

- ウェブサイトで、人気観光スポット周辺の時間帯別の混雑ぐあいの（⑥ 予測 ）や、朝や夜におすすめの観光スポットを紹介《しょうかい》し、観光客が特定の観光地に集中しないようにしている。

観光協会などの取り組み

- 京都市と京都市（⑦ 観光協会 ）では、市内周辺地域《ちいき》のまだ知られていないみりょくを発信し、有名観光地への観光客の集中を防ぐ取り組みをしている。
- 京都観光推進《すいしん》協議会は、京都に（⑧ 修学旅行 ）で来る人のために、京都のみりょくを味わうことができるおすすめのモデルコースを紹介している。

選んだ言葉に☑ □マナー □世界文化遺産《いさん》 □認知度《にんちど》 □予測《よそく》 □情報発信《はっしん》 □修学旅行《しゅうがくりょこう》 □伝統《でんとう》 □観光協会

ぴったり2 練習

学習日 89ページ

ぴたトリビア 京都市では、歴史的《れきしてき》なまち並《な》みや景観を守るため、建物の高さやデザイン、お店の看板《かんばん》などについての決まりがつくられています。

教科書 224〜229ページ 答え 45ページ

1 京都市について、答えましょう。

(1) 京都市について、正しいものには○を、まちがっているものには×をつけましょう。

①（ ○ ）2000をこえる神社や寺があり、世界文化遺産が15か所ある。
②（ ○ ）伝統のある祭りや年中行事がおこなわれている。
③（ × ）外国人の認知度は高まっているが、外国人観光客は減っている。
④（ ○ ）京都市では、外国人観光客を受け入れるため、情報発信やWi-Fiの整備などをおこなってきた。

(2) 外国人観光客が京都市の情報を得るために利用した方法として最も多いものを、㋐〜㋕から選びましょう。（ ㋔ ）

㋐ 旅行ガイドブック　㋑ テレビ・映画　㋒ 公式ウェブサイト
㋓ その他のウェブサイト　㋔ 家族・友人　㋕ SNS・ブログなど

2 京都市の観光地の混雑を防ぐための取り組みについて、答えましょう。

(1) 京都市の観光地の混雑に関する次の会話を読んで、正しいものには○を、まちがっているものには×をつけましょう。

①（ × ） 観光地が混雑していても、京都の美しい風景や観光客の満足度に悪いえいきょうはないみたいだね。
②（ ○ ） 観光地が混雑すると、まわりの住民がバスに乗れないなどの問題がおこっているね。
③（ ○ ） 「京都観光快適度《かいてきど》マップ」を使って、観光地の混雑の予測や今の混雑ぐあいを知ることができるね。
④（ × ） 京都市では月別観光客数の差が大きく、以前よりも観光客のおとずれる時期が集中してきているね。

(2) 「とっておきの京都」プロジェクトではどのような情報を発信していますか。㋐〜㋓から2つ選びましょう。(順不同)（ ㋑ ）（ ㋓ ）

㋐ 歴史・文化、モデルコース、体験学習、見学スポット、交通情報
㋑ 京都市内周辺地域の歴史や自然、食べ物、花、神社・寺、お土産、特産物
㋒ 地図などのダウンロード
㋓ 京都市内周辺地域の見どころを紹介する記事

ヒント
1 (1)② 祇園祭は1000年以上の歴史があるとされています。
2 (1)④ 観光客のおとずれる時期をずらす取り組みがおこなわれています。

できたかな？
□京都市では、観光客のためにどのような情報をウェブサイトで発信しているか、説明してみよう。

おうちのかたへ
京都市だけでなく、各自治体や観光協会では各地域の良さをアピールするために、ウェブサイトで情報発信をしています。お住まいの地域の観光協会のウェブサイトなどをご覧になり、モデルコースがあればお子さんと歩いてみてください。

練習 89ページ

1 (1)③京都の認知度が世界で高まり、京都をおとずれる外国人観光客は増《ふ》えています。
(2)調査《ちょうさ》によれば、家族・友人、旅行ガイドブック、SNS・ブログなど、テレビ・映画、公式ウェブサイト、その他のウェブサイトの順で多くなっています。

2 (1)①④観光地が混雑すると、観光客の満足感や、もう一度京都をおとずれたいという気持ちがなくなってしまうことがあります。そのため、京都市は、観光客が特定の観光地に集中しないように、ウェブサイトで情報を発信しています。
(2)㋐と㋒は「きょうと修学旅行ナビ」が発信している内容《ないよう》です。

ぴったり1 準備

せんたく 4. 情報社会に生きるわたしたち

医療《いりょう》に生かされる情報ネットワーク

学習日 90ページ

◎めあて 情報ネットワークを利用した医療のしくみを理解しよう。

教科書 230〜237ページ　答え 46ページ

次の（　）に入る言葉を、下から選びましょう。

1 共有される医療情報／「アザレアネット」ができるまで　教科書 230〜233ページ

「くるめ診療《しんりょう》情報ネットワーク（アザレアネット）」

- かん者の同意のうえで提供《ていきょう》された、大きな病院で治療《ちりょう》を受けたかん者の情報を、かかりつけの病院の医師《いし》がコンピューターでみることができる。
- 大きな病院の医師が、かん者の（①　病名　）や手術《しゅじゅつ》のようす、治療の内容《ないよう》、検査《けんさ》結果の内容や画像《がぞう》、現在《げんざい》飲んでいる（②　薬　）の種類などの医療情報を提供する。

ワンポイント「アザレアネット」ができたことによる変化

- 日本では、かかりつけの（③　診療所　）と、検査や手術、入院のできる病院、集中的にかん者の（④　リハビリ　）をおこなう病院が（⑤　分担　）して、かん者を治療する。
- 今までは複数《ふくすう》の病院に通院している場合、各病院の情報を手に入れるのに時間がかかり、かん者に聞いてもくわしいことがわからない場合があった。
  →検査や薬が重複《じゅうふく》するなど、かん者に時間と（⑥　お金　）の負担《ふたん》がかかっていた。
- **アザレアネット**により、各病院が情報をいつでもすぐ見ることができるようになり、治療や検査、薬を出すときの判断《はんだん》材料が増《ふ》え、治療に生かされている。

2 地域をこえてつながる医療情報ネットワーク／医療情報ネットワークと福祉情報ネットワークの共用　教科書 234〜235ページ

地域をこえて広がる連携《れんけい》

- 久留米《くるめ》市には規模《きぼ》の大きな病院が集まっているため、久留米市外・福岡《ふくおか》県外から通院してくる人が多い。

アザレアネット ― ・「八女《やめ》・筑後《ちくご》医療情報ネットワーク」（福岡県内）
・「佐賀《さが》県診療情報地域連携システム」（佐賀県内）

地域をこえて連携し、おたがいの医療情報を共有することができる。

医療と福祉の情報ネットワークの共用

- 今後、（⑦　高齢者　）の増加《ぞうか》が予想され、医療と（⑧　介護　）の連携が必要になってくる。
  →病院と**リハビリ**や介護《かいご》に関わる職種《しょくしゅ》の人たちと情報共有することで、充実《じゅうじつ》した福祉サービスが提供できる。
- みんなが安心して生活をおくれるよう、ネットワークを広げていく。

選んだ言葉に✓　□高齢者《こうれいしゃ》　□診療所《しんりょうしょ》　□分担《ぶんたん》　□お金　□リハビリ　□介護　□病名　□薬

ぴったり2 練習

学習日 91ページ

ぴたトリビア　リハビリとはリハビリテーションの略《りゃく》で、けがや病気などで体が不自由になった人が回復《かいふく》できるように訓練することをいいます。

教科書 230〜237ページ　答え 46ページ

1 次の図は、役わりがちがう病院などが協力して、かん者を治療するしくみをあらわしています。これを見て、答えましょう。

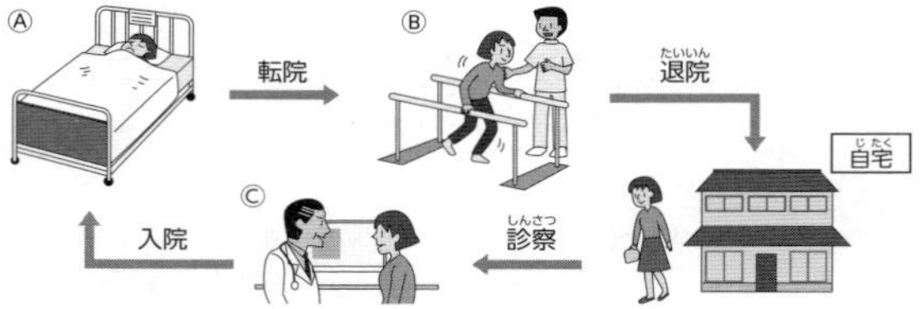

(1) 図中のⒶ〜Ⓒにあうしせつを、㋐〜㋒から選びましょう。
Ⓐ（ ㋐ ）Ⓑ（ ㋑ ）Ⓒ（ ㋒ ）

㋐ くわしい検査や手術などができる病院
㋑ 集中的にリハビリをおこなう病院
㋒ かかりつけの診療所

(2) 「アザレアネット」ができる前の状況《じょうきょう》として正しいものを、㋐、㋑から選びましょう。
（ ㋑ ）

㋐ 医師は各病院の情報をいつでもすぐに見ることができた。
㋑ 医師は各病院の情報を手に入れるのに時間がかかった。

2 「アザレアネット」の利用に関する次の会話を読んで、正しいものには○を、まちがっているものには×をつけましょう。

①（ × ）久留米市に住むかん者だけが登録されるから、それ以外の市に住むかん者の医療情報はわからないね。

②（ ○ ）「アザレアネット」には、2021 年で、100 をこえる病院や診療所が参加しているね。

③（ ○ ）「アザレアネット」に登録するかん者の数は、年々増えているよ。

④（ × ）かん者の個人《こじん》情報を守るため、病院以外との情報の共用は考えられていないわ。

ヒント　1 (2) これまでは、ほかの病院の検査結果などは、その病院に問い合わせをしたり、かん者に聞いたりしていました。

できたかな？

□医療情報ネットワークと福祉情報ネットワークがつながると、どのようなことができるか、説明してみよう。

おうちのかたへ

少子高齢社会の日本において、各地域間での医療情報の共有は重要な課題となっています。「アザレアネット」はその解決策の一つです。これからも「アザレアネット」を活用するためには何が大切か、お子さんと考えてみてください。

練習 91ページ

1 (1)日本では、かかりつけの診療所、くわしい検査や手術などができる病院、集中的にリハビリをおこなう病院が分担してかん者の治療をするしくみになっています。

(2)複数の病気をもつかん者は、いくつかの病院に通院していることがあります。アザレアネットができる前は、それぞれの病院で同じ検査をしたり、同じ薬を出したりしていたことがあり、かん者に時間とお金の負担がかかっていました。

2 ①久留米市だけでなく、周辺の市町村にある104の病院や診療所が参加しています（2021年）。

④今後、高齢者が増えていくことや、病院を退院《たいいん》したあとのリハビリのことを考え、規模の大きな病院とリハビリや介護に関わる人たちとの情報共有をめざしています。

ぴったり3 確かめのテスト

せんたく

4．情報《じょうほう》社会に生きるわたしたち
2 情報を生かして発展《はってん》する産業／
情報を生かして発展する観光業／
医療《いりょう》に生かされる情報ネットワーク

/100 合格80点

教科書 214〜237ページ　答え 47ページ

1 気象《きしょう》情報とわたしたちのくらしについて、答えましょう。 1つ4点（28点）

(1) 右の絵のように、天気図などから天気の変化を分せきし、ある時間の大気の状態《じょうたい》を予報《よほう》することを何といいますか。

（ 天気予報 ）

(2) できたらスゴイ！ 気温が高いとき、もしくは気温が低いときに売れやすくなる商品があります。㋐〜㋕はどちらの商品にあてはまりますか、選びましょう。

思考・判断・表現

(順不同) 気温が高い（ ㋑ ）（ ㋒ ）（ ㋕ ）
(順不同) 気温が低い（ ㋐ ）（ ㋓ ）（ ㋔ ）

㋐ チョコレート　㋑ 牛乳《ぎゅうにゅう》　㋒ 炭酸飲料《たんさんいんりょう》
㋓ スープ類　㋔ せんべい・あられ　㋕ お茶（液体《えきたい》）

2 アイスクリームをつくる会社について、答えましょう。 1つ5点（30点）

(1) もなかアイスクリームをつくる会社と予測《よそく》情報に関する次の会話を読んで、正しいものには○を、まちがっているものには×をつけましょう。

①（ ○ ） 新鮮《しんせん》なもなかアイスクリームを食べてもらうため、売れゆきに合わせた生産量にしていて、つくりおきはしていないね。

②（ ○ ） 予測情報を利用する前は、前年や前週の売れゆき、「経験《けいけん》とかん」などをもとに、生産量を決めていたよ。

③（ × ） 気象情報を提供《ていきょう》する会社から送られてくる予測情報は、細かい気象情報だけだね。

④（ × ） テレビCM《シーエム》やキャンペーンなどをおこなっても、予測情報の量と同じ量を生産するようにしているね。

(2) 気象情報を活用している例について、正しいものには○を、まちがっているものには×をつけましょう。

①（ ○ ）ガス会社では、気象のくわしい情報を提供してもらい、ガスがどれくらい使われるのかを予測している。

②（ × ）船の運輸《うんゆ》会社では、波や風、海流を利用して、安全よりも早くとどけることを優先《ゆうせん》し、環境《かんきょう》にやさしい輸送《ゆそう》ルートを計画している。

3 情報を生かして発展する観光業について、答えましょう。 1つ5点（30点）

(1) よく出る 次の文中の①、②にあう言葉を書きましょう。

①（ 世界文化遺産 ）
②（ 年中行事 ）

京都《きょうと》市は、多くの観光客がおとずれる都市である。市内には、清水《きよみず》寺や上賀茂《かみがも》神社など、15か所の（①）がある。また、2000をこえる神社や寺、伝統《でんとう》のある祭りや（②）が残されている。近年は、海外の旅行ざっしで高い評価《ひょうか》を受けるなどして、外国人観光客が増《ふ》えている。

(2) 右の表は、外国人が京都市の情報を得《え》た方法をあらわしたものです。表中のⒶ〜Ⓒにあう言葉を、㋐〜㋒から選びましょう。

Ⓐ（ ㋒ ）Ⓑ（ ㋐ ）Ⓒ（ ㋑ ）

㋐ 旅行ガイドブック
㋑ SNS《エスエヌエス》・ブログなど
㋒ 家族・友人

Ⓐ	51.8%
Ⓑ	30.7%
Ⓒ	28.9%
テレビ・映画《えいが》	19.8%
公式ウェブサイト	10.3%
その他のウェブサイト	11.6%

（複数《ふくすう》回答）（京都観光総合調査《きょうとかんこうそうごうちょうさ》）

記述 (3) 右のグラフは、2001年と2019年の京都市をおとずれた月別の観光客数をあらわしています。京都市の取り組みにより、京都市をおとずれた月別の観光客数はどのように変化しましたか。グラフから読み取れることをもとにかんたんに書きましょう。

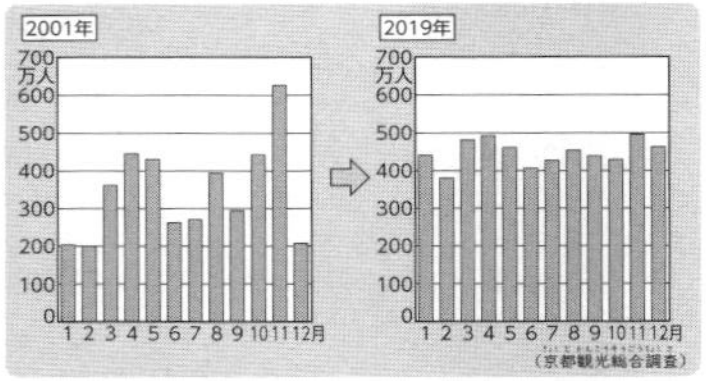

思考・判断・表現

（(例) 観光客の多い月と少ない月の差が小さくなり、観光客が分散されるようになった。）

4 医療に生かされる情報ネットワークについて、答えましょう。 1つ4点（12点）

(1) 病院よりも規模《きぼ》が小さい医療しせつのことを何といいますか。

（ 診療所 ）

(2) けがや病気などで体が不自由になった人が回復《かいふく》できるように訓練することを何といいますか。

（リハビリ（リハビリテーション））

(3) 「アザレアネット」ができたことによる変化として正しいものを、㋐〜㋒から選びましょう。

（ ㋑ ）

㋐ 世界じゅうの病院とネットワークがつながり、医療情報を共有できるようになった。
㋑ かん者が病院でもらった薬の情報を、ほかの病院の医師《いし》がいつでも見ることができるようになった。
㋒ かん者は「アザレアネット」への参加をやめることができなくなった。

ふりかえり 3(3)がわからないときは、88ページの2にもどって確認してみよう。

確かめのテスト 92〜93ページ

1 (2)気温が高いときには冷たい商品が、気温が低いときには温かい商品が売れやすくなります。

2 (1)③予測情報は、細かい気象情報のほかに、商品の売上予測情報などが送られてきます。
④テレビCMやキャンペーンなど、天気以外の要素《ようそ》でも売れゆきは変わるため、売上予測情報の量とちがう量を生産することがあります。
(2)②船の運輸会社では、波や風、海流などを利用したり、さけたりして、安全で環境にやさしい輸送ルートを計画できるようにしています。

3 (2)外国人観光客は、さまざまな方法で京都市の情報を集めています。

4 (3)㋐「アザレアネット」は福岡《ふくおか》県久《く》留米《るめ》市のまわりの地域《ちいき》とのみ医療情報が共有されています。
㋒かん者の「アザレアネット」への参加は強制《きょうせい》ではありません。

記述問題のプラスワン

3 (3)2001年と2019年のグラフを比《ひ》かくしてみましょう。2001年のグラフでは、観光客が3月〜5月、10月〜11月に多くなっています。2019年のグラフでは、集中している時期がなく、1年を通じて観光客の多い月と少ない月の差が小さくなっています。グラフから読み取ったことをまとめてみましょう。

ぴったり1 準備

5．国土の環境《かんきょう》を守る
1 自然災害《しぜんさいがい》から人々を守る①

学習日 **94ページ**

めあて 日本でどのような自然災害がおこっているのかを学ぼう。

教科書 238〜245ページ　答え 48ページ

次の（　）に入る言葉を、下から選びましょう。

1 さまざまな自然災害　教科書 238〜243ページ

自然災害

- **自然災害**…自然環境の急変により、人間の命や財産《ざいさん》などに対して悪いえいきょうをおよぼす災害のこと。
（① 地形 ）に関係のあるものと、気候に関係のあるものがある。

年	近年のおもな自然災害
1995	阪神《はんしん》・淡路大震災《あわじだいしんさい》
2000	有珠山《うすざん》噴火《ふんか》、三宅島《みやけじま》噴火
2011	東日本《ひがしにほん》大震災
2014	御嶽山《おんたけさん》噴火
2019	東日本台風

2 自然災害がおきやすい国土　教科書 244〜245ページ

ワンポイント 地形に関係のある自然災害

- （② 地震 ）…ゆれでがけくずれや地すべり、火災《かさい》などがおこることがある。
- （③ 津波 ）…海底でおこった地震《じしん》に合わせて海面が上下し、大波となって陸地におしよせる。

地震や津波がおこるしくみ

- 静岡《しずおか》県の沖から宮崎《みやざき》県の沖にのびる、海底の深いくぼみである（④ 南海トラフ ）では、記録が残っているだけでも、津波《つなみ》をともなう大きな地震が9回もおこっている。
→地震がおこると、広い地域《ちいき》で大きな被害《ひがい》が生じると想定されている。
- 火山の噴火《ふんか》…火山灰《かざんばい》がふるなどの被害がある。

気候に関係のある自然災害

（⑤ つゆ ）や台風による大雨	・（⑥ 洪水 ）…川がはんらんし、陸地が水びたしになる。 ・（⑦ 土砂くずれ ）…しゃ面の土砂《どしゃ》がくずれ落ちる。
台風による暴風《ぼうふう》	・（⑧ 高潮 ）…海面が高くもり上がる。
大雪	・建物がこわれたり、交通機関が使えなくなったりすることがある。 →おもに日本海側や山地など。
その他	・豪雨《ごうう》による土石流。 ・最近では、雷雨《らいう》や（⑨ 竜巻 ）によって、ごくせまいはんいで短時間に集中してはげしい雨がふったり、風がふいたりすることが増《ふ》え、大きな被害も増えてきている。

選んだ言葉に✓
□高潮《たかしお》　□竜巻《たつまき》　□洪水《こうずい》　□土砂くずれ　□地震
□地形　□つゆ　□津波　□南海《なんかい》トラフ

ぴったり2 練習

学習日 **95ページ**

ぴたトリビア
近年は、ごくせまいはんいで短時間に集中してはげしい雨がふることが増えました。これを局地的大雨、ゲリラ豪雨《ごうう》などとよびます。

教科書 238〜245ページ　答え 48ページ

1 右の年表は、日本でおきたおもな自然災害をあらわしています。年表中の①〜③にあうものを、㋐〜㋔から選びましょう。

①（ ㋑ ）②（ ㋔ ）③（ ㋐ ）

㋐ 東日本大震災
㋑ 阪神・淡路大震災
㋒ 雲仙岳《うんぜんだけ》噴火
㋓ 熊本《くまもと》地震
㋔ 三宅島噴火

年	おもな自然災害
1995	（①）
2000	有珠山噴火、（②）
2011	（③）
2014	御嶽山噴火
2019	東日本台風

2 おもな自然災害について、答えましょう。

(1) 次の文中の①〜③にあう言葉を書きましょう。
①（ 火災 ）②（ 降水量 ）③（ 台風 ）

日本は自然災害が多い国である。とくに地震が多く、地震のゆれで、がけくずれや地すべり、（①）などがおこることがある。また、日本は世界のなかでも（②）が多く、つゆや（③）は、広いはんいに大雨をふらせることがある。

(2) 海底で地震が発生すると、それに合わせて海面が上下し、大波となって陸地におしよせ、人や建物などが流されて大きな被害が出ることがあります。これを何といいますか。
（ 津波 ）

(3) 静岡県の沖から宮崎県の沖にのびる、海底の深いくぼみを何といいますか。
（ 南海トラフ ）

(4) 自然災害の種類とその説明について、あうものを線で結びましょう。

① 洪水　② 土砂くずれ　③ 高潮　④ 大雪

㋐大雨によってしゃ面の土砂がくずれ落ちる。
㋑大雨によって川がはんらんし、陸地が水びたしになる。
㋒日本海側や山地で多く発生し、建物がこわれたり、交通機関が使えなくなったりする。
㋓台風にともなう風が海岸にむかってふくと、海水が海岸にふきよせられて海面が高くもり上がる。

（①—㋑、②—㋐、③—㋓、④—㋒ を線で結んである）

ヒント **2** (3) 今後、この地域を震源《しんげん》とする巨大《きょだい》地震が発生すると想定されています。

できたかな？
□日本でおこる地形と気候に関係のある自然災害をそれぞれ言ってみよう。

おうちのかたへ
日本は、台風や地震など、自然災害が起こりやすい国です。お住まいの地域で過去にどのような自然災害が起こったかを調べていただき、今後発生しやすい自然災害について、お子さんと話し合ってみてください。

練習 95ページ

1 ①震災とは、地震による災害のことです。阪神・淡路大震災は1995年に発生し、近畿《きんき》地方に大きな被害が出ました。

2 (1)③台風は夏から秋にかけて日本にやってきて、大雨や暴風をもたらします。
(2)東日本大震災では、地震によっておきた津波により大きな被害が出ました。
(3)南海トラフでは、記録が残っているものだけでも、過去《かこ》に9回の大地震がおこっており、今後、近いうちに巨大地震が発生すると考えられています。
(4)④日本海側では、冬の北西季節風により雪が多くふります。

ぴったり1
準備
5. 国土の環境《かんきょう》を守る
1 自然災害《しぜんさいがい》から人々を守る②

学習日 96ページ

めあて
東日本大震災《ひがしにほんだいしんさい》が日本にあたえたえいきょうを学ぼう。

教科書 246〜253ページ　答え 49ページ

次の(　　)に入る言葉を、下から選びましょう。

1 産業へのえいきょう
教科書 246〜247ページ

ワンポイント 東日本大震災のえいきょう

- 水産業…沿岸《えんがん》部が(① 津波)におそわれ、漁船やさまざまなしせつが大きな被害《ひがい》を受け、魚をとることや魚の保管《ほかん》、加工をすることなどができなくなった。
- 農　業…広い農地が津波《つなみ》で流されたり、海水につかったりして、農作物を作ることがむずかしくなった。
- 工　業…被害を受けた自動車の部品工場が部品を生産できず、日本国内や世界各国の自動車の生産が一時的にできなくなるところもあった。
- **福島《ふくしま》第一原子力発電所**では、地震《じしん》のゆれや津波の被害によって**原子炉《げんしろ》**がこわれ、(② 放射性物質)が広いはんいに放出された。
→安全な農作物や水産物が生産できるようになっても、(③ 風評被害)により、農作物や水産物を生産しても出荷できない苦しい時期が続いた。

2 自然災害に備《そな》えるために／自然災害から命を守る情報《じょうほう》／自分たちの命やくらしを守るために
教科書 248〜253ページ

自然災害に備えるためのしせつ・工事

土地のかさ上げ工事	●沿岸部の低い土地に土をもり、高くする。
堤防《ていぼう》	●川の増水《ぞうすい》によるはんらんを防《ふせ》ぐ。
④ 耐震工事	●地震で建物などがくずれないようにする。
津波ひなんタワー	●津波からひなんするための高い建物。
⑤ 砂防ダム	●土石流を防ぐ。

被害をできるだけ少なくする減災《げんさい》。

自然災害から命を守る
- 国は国民に、気象《きしょう》に関する情報として警報《けいほう》、注意報《ちゅういほう》、**緊急地震速報《きんきゅうじしんそくほう》**などを直接《ちょくせつ》伝える。
- 市（区）町村は(⑥ ひなん指示)を出す。
- (⑦ ハザードマップ)…被害のおよぶはんいや危険《きけん》な場所、ひなん場所などを示《しめ》した地図。
- (⑧ 公助)…国、都道府県、市（区）町村、消防《しょうぼう》、警察《けいさつ》、自衛隊《じえいたい》などの救助《きゅうじょ》や援助《えんじょ》。
- (⑨ 自助)…自分の命は自分で守ること。
- (⑩ 共助)…近所の人たちが協力して助け合い、地域《ちいき》を守ること。

選んだ言葉に✓
□砂防《さぼう》ダム　□耐震《たいしん》工事　□自助　□ハザードマップ　□共助
□風評《ふうひょう》被害　□ひなん指示《しじ》　□公助　□放射性物質《ほうしゃせいぶっしつ》　□津波

ぴったり2
練習

学習日 97ページ

ぴたトリビア
震度《しんど》とは、ある場所での地震によるゆれの強さをあらわす数値《すうち》です。それに対して、マグニチュードとは、地震そのものの大きさをあらわす数値です。

教科書 246〜253ページ　答え 49ページ

1 2011年3月11日に発生した大震災に関する次の文を読んで、答えましょう。

2011年3月11日に発生した(①)大震災では、地震にともなう津波により、多くの人がなくなったり、ゆくえ不明になったりした。また、水産業や農業、工業などの産業にも大きな被害が出た。人々の努力により、少しずつ以前のくらしがもどるなか、(②)原子力発電所の事故《じこ》のえいきょうで、安全な農作物や水産物が生産できるようになっても、根拠《こんきょ》のないうわさによる(③)で出荷できない時期が続いた。

(1) 文中の①〜③にあう言葉を書きましょう。
①(東日本)　②(福島第一)　③(風評被害)

(2) 大震災の産業へのえいきょうについて、正しいものには○を、まちがっているものには×をつけましょう。
①(○)太平洋《たいへいよう》沿岸部では養しょく業のしせつが被害を受け、カキやわかめなどを出荷できなくなった。
②(×)自動車の部品工場が被災《ひさい》して操業停止《そうぎょうていし》となったが、そのほかの地域の全ての自動車工場では自動車の生産が続けられた。

2 自然災害の被害を防ぐ取り組みについて、答えましょう。

(1) 自然災害に備えるためのしせつとその説明について、あうものを線で結びましょう。
① 堤　防　—　㋑川の増水によるはんらんを防ぐ。
② 津波ひなんタワー　—　㋐大きな津波が来たときに高いところへひなんする。
③ 砂防ダム　—　㋒土石流などを防ぐ。

(2) (1)のしせつについて述《の》べた文として正しいものを、㋐、㋑から選びましょう。(㋑)
㋐ 自然災害を完全に防ぐことができるというよい点がある。
㋑ しせつをつくるのに時間や費用《ひよう》がかかるという問題点がある。

(3) 自然災害による被害をできるだけ少なくする取り組みのことを何といいますか。
(減災)

(4) 発生の予測《よそく》される自然災害について、被害のおよぶはんいや危険な場所などを示した地図のことを何といいますか。
(ハザードマップ)

ヒント　**2** (4) このほか、ひなん場所やひなん経路《けいろ》なども示されています。

できたかな？
□自然災害に備えておこなわれている、国や都道府県などの取り組みについて説明してみよう。

おうちのかたへ
台風や大雨などはある程度の被害の予測ができます。また地震はいつ発生するか正確な予測はできませんが、普段から対策をしておくことはできます。普段からの防災対策として、お子さんとハザードマップをご覧いただき、避難場所などの確認をなさってください。

練習 97ページ

1 (1)①東北《とうほく》地方の三陸《さんりく》沖を震源《しんげん》とする大地震が発生しました。
②福島第一原子力発電所は、東日本大震災で原子炉がこわれ、放射性物質が広いはんいに放出される事故がおこりました。現在《げんざい》も、これ以上放射性物質が放出されないようにしたり、建物や原子炉をはいきしたりするための作業が進められています。
(2)②自動車の部品工場が被災したことで、自動車の部品が生産できなくなったため、日本国内だけでなく世界各国の自動車工場で、自動車の生産が一時的にできなくなるところが出ました。

2 (2)㋐予想以上の自然災害がおこることがあり、被害を完全に防ぐことはできません。
(3)自然災害を完全に防ぐことはできないため、被害をできるだけ少なくするために減災の取り組みがおこなわれています。
(4)ハザードマップには、予測される被害のおよぶはんいやひなん場所、ひなん経路などが示されています。

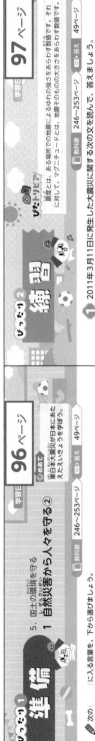

ぴったり1 準備

5. 国土の環境《かんきょう》を守る

2 森林とわたしたちのくらし①

めあて 森林にめぐまれた日本について考えてみよう。

教科書 254〜257ページ　答え 50ページ

次の（　）に入る言葉を、下から選びましょう。

1 豊《ゆた》かな森林にめぐまれた日本　教科書 254〜255ページ

ワンポイント 森林の種類

- 日本は山地が多く、国土面積の約（① 3分の2 ）を森林がしめている。
- （② 天然林 ）…自然に落ちた種や切りかぶから出た芽が生長してできた森林。木の種類はさまざまである。
- （③ 人工林 ）…木材をつくるため、人が植えてできた森林。生長が早く、育てやすい（④ 杉 ）やひのきが多い。人による手入れがかかせない。

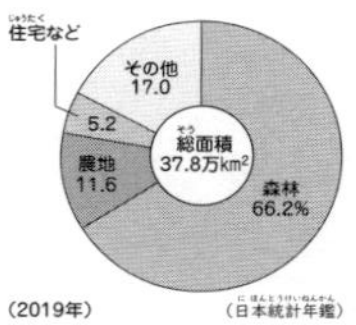

日本の土地利用

森林面積のうつり変わり

- 第二次世界大戦後の経済《けいざい》の発展《はってん》にともない、住宅《じゅうたく》用の木材が大量に必要となったため、各地で多くの天然林が切りたおされ、かわりに杉《すぎ》やひのきなどが植えられた。その結果、天然林の面積が減《へ》り、人工林の面積が増《ふ》えた。

2 森林を育て、守る人々　教科書 256〜257ページ

木材ができる過程《かてい》

❶苗木《なえぎ》を育てる
↓
❷苗木を植える
↓
❸（⑤ 下草 ）をかる…木の生長をさまたげる雑草《ざっそう》をかり取る。
↓
❹（⑥ 間ばつ ）をする…弱った木や集まりすぎた木を切りたおす。
↓
❺（⑦ 枝打ち ）をする…利用しやすい木材にするために、よぶんな枝《えだ》を切り落とす。
↓
❻木を切り出して運ぶ

林業で働く人は、たいへんな作業をして、長い年月をかけて木を育てているよ。

日本の林業の変化

- 木材の国内生産量が減少《げんしょう》し、（⑧ 輸入量 ）が増加《ぞうか》。

理由
- 木材の利用が減っている。
- 外国の木材の方が安い。

- 林業で働く人の数が減り、高齢化《こうれいか》も進んでいる。

選んだ言葉に✓
□天然林　□間ばつ　□杉　□3分の2
□人工林　□枝打ち　□下草　□輸入量《ゆにゅうりょう》

ぴったり2 練習

ぴたトリビア
杉の花粉《かふん》はとても軽く、風に乗って遠くまで運ばれます。第二次世界大戦後に日本で杉の植林が進むと、花粉しょうになる人が増加しました。

教科書 254〜257ページ　答え 50ページ

1 日本の土地利用に関する次の文を読んで、答えましょう。

山地が多い日本は、約37.8万km^2ある国土面積のうち、約（①）分の（②）が森林である。森林には天然林と人工林がある。日本では、第二次世界大戦後の経済の発展にともない、（③）用の木材が大量に必要となったため、各地で多くの森林が切りたおされ、かわりに杉や（④）などが植えられた。

(1) 文中の①、②にあう数字を整数で書きましょう。
①（ 3 ）②（ 2 ）

(2) 文中の③、④にあう言葉を、㋐〜㋓から選びましょう。
③（ ㋒ ）④（ ㋑ ）

㋐ ぶな　㋑ ひのき　㋒ 住宅　㋓ 燃料《ねんりょう》

(3) 下線部について、人工林の説明として正しいものを、㋐、㋑から選びましょう。（ ㋐ ）

㋐ 同じ種類の木だけが植えられていることが多い。
㋑ 生長が早く、手入れをしなくてもよく育つ。

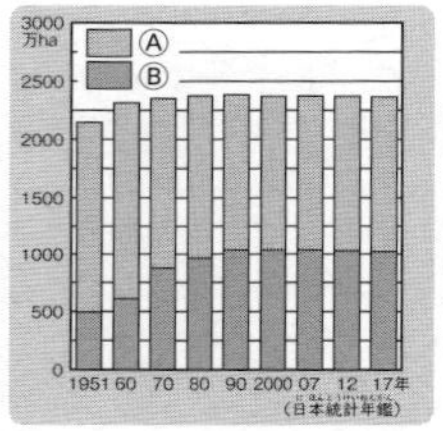

(4) 右のグラフは、日本の森林面積のうつり変わりをあらわしており、グラフ中のⒶ、Ⓑは、天然林と人工林のいずれかです。天然林はどちらですか。（ Ⓐ ）

2 次の絵は、木材ができるまでの作業をあらわしています。これを見て、答えましょう。

(1) ①〜③の作業の説明として正しいものを、㋐〜㋒から選びましょう。
①（ ㋒ ）②（ ㋑ ）③（ ㋐ ）

㋐ 利用しやすい木材にするため、よぶんな枝を切り落とす。
㋑ 大きく健康な木にするため、弱った木や集まりすぎた木を切りたおす。
㋒ 木の生長をさまたげる雑草をかり取る。

(2) 日本の林業のうつり変わりについて、正しいものには○を、まちがっているものには×をつけましょう。
①（ × ）昔と比《くら》べると、木材の国内生産量は増えた。
②（ ○ ）昔と比べると、林業で働く人の数は減り、高齢化も進んだ。

ヒント 1 (1)①、② 2019年現在《げんざい》、国土面積の約66.2%が森林です。

できたかな？
□木材ができるまでの過程を言ってみよう。
□木材の国内生産量が減った理由を説明してみよう。

おうちのかたへ
森林が国土面積の約3分の2を占める日本は、天然林、人工林を問わず、緑豊かな国です。一方で、林業で働く人が減り、日本の木材生産量は以前と比べると減っています。林業で働く人を増やすためにできることを、お子さんと一緒に話し合ってみてください。

練習　99ページ

1 (3)㋑人工林は手入れをしないとすぐにあれてしまいます。

(4)1951年から1970年にかけて面積が大きく増えたⒷが人工林なので、天然林はⒶとなります。森林面積は、人工林よりも天然林の方が広いことからも、判断《はんだん》できます。

2 (1)「下草をかる→間ばつをする→枝打ちをする」という順番で木を育てます。

(2)①②木材のかわりになる材料が増えたことで、木材を利用することが減りました。また、海外から安い木材が多く輸入されたことにより、国内の木材のねだんが安くなりすぎて木が切られなくなりました。その結果、林業で働く人が減り、高齢化も進みました。

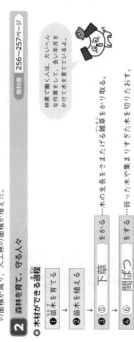

ぴったり1 準備

5. 国土の環境《かんきょう》を守る

2 森林とわたしたちのくらし②

学習日 **100ページ**

めあて 人工林と、森林のはたらきから、現在《げんざい》の日本の林業を考えよう。

教科書 258〜265ページ　答え 51ページ

次の（　　）に入る言葉を、下から選びましょう。

1 手入れされなくなった人工林／森林がはたす役わり　教科書 258〜261ページ

手入れされなくなった人工林の増加《ぞうか》による問題

- 人工林は、間ばつなどの手入れをしないと、地面まで十分に（① 日光 ）が当たらず、下草が生えなくなる。
  →土がむき出しになり、土の表面が雨水といっしょに流れてしまうため、（② 山くずれ ）がおこりやすくなったり、（③ 水 ）をたくわえるはたらきが弱まったりする。
- **林業**で働く人が減《へ》ってしまったため、手入れがゆきとどかない人工林が増《ふ》えている。

ワンポイント 森林のはたらき

- **二酸化炭素《にさんかたんそ》**を吸収《きゅうしゅう》し、（④ 酸素 ）を放出する。
- 動物や植物などの生き物をやしなう。
- 土をとどめ、**水**をたくわえる。
- **木材**を生産する。
- 人にやすらぎをあたえる。
- 風や雪、津波《つなみ》の被害《ひがい》、土砂《どしゃ》災害などの（⑤ 自然災害 ）を防《ふせ》ぐ。

2 国産木材を使うために／カードにまとめる　教科書 262〜265ページ

国産木材を利用する取り組み

- 国は2005年から、国産木材の利用を進めるため「木づかい運動」を展開《てんかい》している。
- 「木質《もくしつ》バイオマス」…間ばつした木材や製材《せいざい》工場から出るはい材などを、ボイラーや発電機などの（⑥ 燃料 ）として利用する。

奈良《なら》県の取り組み

- 奈良県では、林業で働く人が減ったり、林業で働く人の（⑦ 高齢化 ）が進んだり、手入れされていない森林が増えたりした。
  →（⑧ 環境 ）を守り自然災害を防ぐ森林のはたす役わりが大きく低下した。
- 奈良県では、自然災害を教訓に、森林のはたす役わりを取りもどすため、林業を発展《はってん》させながら森林環境を守る「奈良県フォレスターアカデミー」という学校をつくった。
  →フォレスター…森の番人、森を育てる人という意味の言葉。

選んだ言葉に✓　□高齢化《こうれいか》　□山くずれ　□日光　□燃料《ねんりょう》　□自然災害　□環境　□水　□酸素《さんそ》

100

ぴったり2 練習

学習日 **101ページ**

ぴたトリビア　バイオマスとは、再生可能《さいせいかのう》な生物由来の資源《しげん》のことをいいます。間ばつ材やはい材、家畜《かちく》のふん尿《にょう》、家庭の台所のごみなどがふくまれます。

教科書 258〜265ページ　答え 51ページ

1 次のカードは、森林のはたらきをまとめたものです。これを見て、答えましょう。

- 二酸化炭素を吸収し、（①）を放出する。
- 住宅《じゅうたく》用などの（②）を生産する。
- 木が根をはることで、（③）などを防ぐ。
- 土をとどめ、（④）をたくわえる。

(1) カード中の①〜④にあう言葉を［　　］から選びましょう。

［水　酸素　木材　土砂災害］

①（ 酸素 ）
②（ 木材 ）
③（ 土砂災害 ）
④（ 水 ）

(2) 間ばつをしていない人工林はどうなりますか。㋐、㋑から選びましょう。（ ㋑ ）

㋐ 日光が根元まで当たり、木がまっすぐにのびる。
㋑ 下草が生えなくなり、土がむき出しになる。

(3) 森林を守ることについて、正しいものには○を、まちがっているものには×をつけましょう。

①（ ○ ）天然林は、自然にできた森林なので、今の環境を守っていくことがだいじである。
②（ × ）森林を守るため、国産木材を使う量を減らさなければならない。

2 国産木材を使う取り組みに関する次の文を読んで、答えましょう。

国では、木材を利用することのたいせつさを広め、国産木材の利用を進めるため「（①）運動」を展開している。奈良県では、林業で働く人が減ったり、林業で働く人の（②）が進んだり、手入れされない森林が増加したりして、森林のはたす役わりが大きく低下してきた。奈良県では、2011年におこった自然災害を教訓に、林業を発展させながら環境を守るため、「奈良県（③）アカデミー」という学校をつくった。

(1) 文中の①〜③にあう言葉を書きましょう。
①（ 木づかい ）②（ 高齢化 ）③（ フォレスター ）

(2) 間ばつした木材や製材工場から出るはい材を、ボイラーや発電機などの燃料として使う取り組みが広がっています。木材がもとになっているエネルギー資源のことを何といいますか。（ 木質バイオマス ）

ヒント　1 (1)① このはたらきを光合成といいます。

101

できたかな？

□国産木材の利用が進むと、林業にどのようなえいきょうがあるか、説明してみよう。

おうちのかたへ

ご自宅で、国産木材を使った製品をお子さんと探してみてください。また、国産木材を使って、どのような製品が作れるか、お子さんと話し合うことで、わたしたちのくらしに木材がどれだけかかわっているか確認してみましょう。

練習　101ページ

1 (1)森林のはたらきは、ほかに、動物や植物などの生き物をやしなう、人にやすらぎをあたえるなどがあります。

(2)㋐地面まで十分に日光が当たらず、木や下草が育ちにくくなります。

(3)②国産木材を使うことで、林業で働く人が増え、森林を守ることができます。

2 (1)③フォレスターとは、森の番人、森を育てる人という意味の言葉です。奈良県では、2011年におこった紀《き》伊《い》半島大水害を教訓として、森林がはたす役わりを取りもどすための取り組みがおこなわれるようになりました。その一つが、2021年につくられた「奈良県フォレスターアカデミー」です。

(2)バイオマスとは、再生可能な生物由来の資源のことです。そのうち木材に由来するものを「木質バイオマス」といい、間ばつした木材、はい材、おがくずなどがふくまれます。

ぴったり3

確かめのテスト

5. 国土の環境《かんきょう》を守る
1 自然災害《しぜんさいがい》から人々を守る
2 森林とわたしたちのくらし

102ページ

／100　合格80点

教科書 238～265ページ　答え 52ページ

1 日本の自然災害に関する次の文を読んで、答えましょう。 1つ5点（20点）

日本は世界でも地震《じしん》の多い国であり、2011年のⓐ東日本大震災《ひがしにほんだいしんさい》は各地に大きな被害《ひがい》をもたらした。また、今後ⓑ南海《なんかい》トラフ巨大《きょだい》地震が発生すると想定されており、国や都道府県はⓒ減災《げんさい》の取り組みを進めている。

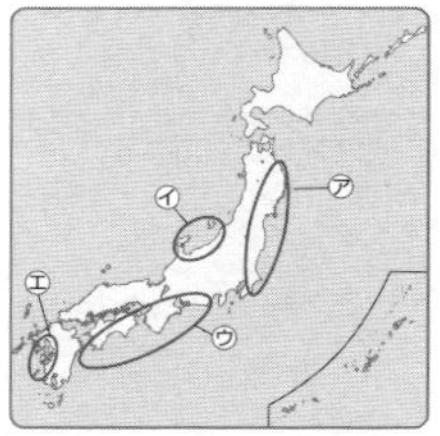

(1) 下線部ⓐについて、東日本大震災で大きな被害が出た地《ち》域《いき》を、地図中の㋐～㋓から選びましょう。（ ㋐ ）

(2) 地震のゆれや津波《つなみ》で、放射性物質《ほうしゃせいぶっしつ》が広いはんいに放出された福島《ふくしま》第一原子力発電所がある福島県では、安全な農作物や水産物が生産できるようになったにもかかわらず、根拠《こんきょ》のないうわさが流れ、農水産物を生産しても出荷できない苦しい時期がありました。このような根拠のないうわさにより、経済的《けいざいてき》な損害《そんがい》を受けることを何といいますか。（ 風評被害 ）

(3) 下線部ⓑについて、南海トラフ巨大地震で大きな被害が出ると想定されている地域を、地図中の㋐～㋓から選びましょう。（ ㋒ ）

記述 (4) 下線部ⓒについて、減災とはどのような取り組みですか。かんたんに書きましょう。 思考・判断・表現

（（例）自然災害による被害をできるだけ少なくする取り組み。）

2 自然災害の被害を防《ふせ》ぐための取り組みについて、答えましょう。 1つ6点（24点）

(1) よく出る 右の①、②のしせつの説明にあうものを、㋐～㋓から選びましょう。

①（ ㋓ ）②（ ㋑ ）

㋐ 川のはんらんを防ぐための堤防《ていぼう》。
㋑ 土石流などを防ぐための砂防《さぼう》ダム。
㋒ 高潮《たかしお》や津波を防ぐための防潮堤《ぼうちょうてい》。
㋓ 津波から一時的にひなんするための津波ひなんタワー。

(2) できたらスゴイ! 自然災害から自分たちの命を守るために備《そな》えることや気をつけることとして正しいものを、㋐～㋓から2つ選びましょう。 思考・判断・表現

（順不同）（ ㋐ ）（ ㋒ ）

㋐ 災害の発生に備えて水や食料を備《び》ちくし、非常《ひじょう》持ち出しぶくろを用意しておく。
㋑ ハザードマップでコンビニエンスストアや公衆《こうしゅう》トイレの場所を確認《かくにん》しておく。
㋒ 自宅《じたく》にいて危険《きけん》を感じる場合は、ひなん指示《しじ》が出る前にひなん場所にひなんする。
㋓ 災害が発生したときは警察《けいさつ》や消防《しょうぼう》の指示にしたがい、決して自分で判断《はんだん》してはならない。

103ページ

学習日

3 次の文を読んで、答えましょう。 1つ5点、(2)6点（21点）

自然災害からくらしを守るためには、国や都道府県などによる（①）だけでなく、自分の命は自分で守る（②）、近所の人たちが協力して助け合う（③）も重要である。

(1) 文中の①～③にあう言葉を書きましょう。

①（ 公助 ）②（ 自助 ）③（ 共助 ）

(2) 東北《とうほく》の一部の地方の方言で、「津波が来るときは、命を守るためにそれぞれにげなさい。」という意味の言葉を何といいますか。

（ 津波てんでんこ ）

4 日本の森林や林業について、答えましょう。 1つ5点（35点）

(1) 右のⒶ、Ⓑの写真のうち、人工林はどちらですか。 技能

（ Ⓐ ）

記述 (2) できたらスゴイ! (1)のように判断した理由を、かんたんに書きましょう。 思考・判断・表現

（（例）同じ種類の木が整然と植えられているため。）

(3) よく出る 次の絵は、木材ができるまでの作業をあらわしています。①～③の絵にあう作業を、㋐～㋓から選びましょう。

苗木《なえぎ》を植える　①（ ㋐ ）　②（ ㋒ ）　③（ ㋓ ）

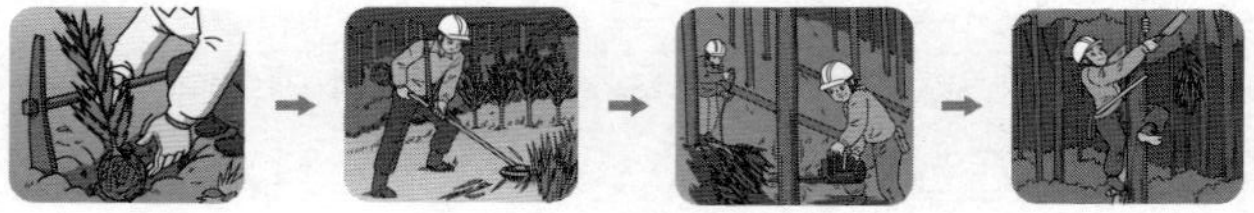

㋐ 下草がり　㋑ 運搬《うんぱん》　㋒ 間ばつ　㋓ 枝《えだ》打ち

記述 (4) 右のグラフは、日本の林業で働く人のうつり変わりをあらわしています。日本の林業の問題点を、グラフから読み取れることをもとに、かんたんに書きましょう。 思考・判断・表現

（（例）林業で働く人の数が減り、高齢化が進んでいる。）

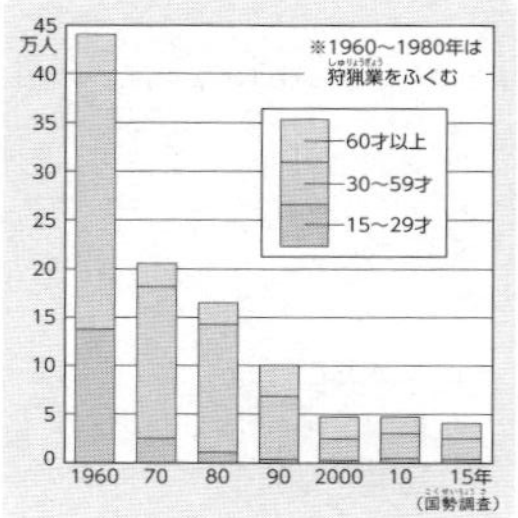

(5) 間ばつした木材やはい材を、発電機などの燃料《ねんりょう》として利用する取り組みが広がっています。木材がもとになっているこのようなエネルギー資源《しげん》のことを何といいますか。（ 木質バイオマス ）

ふりかえり　1(4)がわからないときは、96ページの2にもどって確認してみよう。

確かめのテスト 102～103ページ

1 (1)東日本大震災では、とくに東北《とうほく》地方の太平洋《たいへいよう》側に大きな被害が出ました。
(3)西日本の太平洋側に大きな被害が出ると想定されています。
(4)自然災害を完全に防ぐことはできないため、災害による被害をできるだけ少なくするための減災の取り組みが重要です。

2 (2)㋑ハザードマップには、コンビニエンスストアや公衆トイレの場所ではなく、ひなん場所などが示《しめ》されています。
㋓情報《じょうほう》を生かして、自分で考え、行動することが大切です。

4 (4)グラフから、1960年から2015年までの間で、林業で働く人は減りつづけていることがわかります。また、働く人の中で15～59才の人が減り、60才以上の人の割合が高くなっています。
(5)木質《もくしつ》バイオマスは、チップやペレットのように使いやすい状態《じょうたい》に加工して、燃料として利用されます。

記述問題のプラスワン

4 (2)自然に生長した天然林にはいろいろな種類の木が生えています。それに対し、人工林は一度に同じ種類の木を植えることが多く、手入れをしているため、同じ種類の木が同じような間かくできれいにならんでいるように見えます。Ⓐの写真を見て、人工林の特ちょうをかんたんに書きましょう。

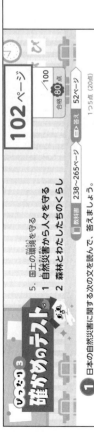

ぴったり1 準備

5. 国土の環境《かんきょう》を守る

3 環境とわたしたちのくらし①

◎めあて 日本でおきた四大公害について、おきた地域や原因を学ぼう。

3分でまとめ

教科書 266〜269ページ 答え 53ページ

次の(　　)に入る言葉を、下から選びましょう。

1 四日市《よっかいち》市でおきた公害

教科書 266〜267ページ

ワンポイント 四日市市でおきた公害

- 公害…(① そう音)、悪しゅう、(② 空気)や水、土のよごれ、しん動、地盤沈下《じばんちんか》などにより、人々のくらしや(③ 生命)がおびやかされること。
- 1959年から、三重《みえ》県四日市市の石油化学コンビナートでの生産が本格的《ほんかくてき》にはじまった。
  ↓
- 油くさい魚がとれるようになり、魚が売れなくなった。
- 工場からのそう音や悪しゅう、空気のよごれにもなやまされるようになった。
- 工場の近くで(④ ぜんそく)のかん者が多くなり、発作で苦しむ人やなくなる人が出てきた。

そう音	うるさい音
悪しゅう	いやなにおい
空気のよごれ	工場からのけむりなど
水のよごれ	工場からのはい水など
土のよごれ	土に有害物質《ぶっしつ》がしみこむ
しん動	土地や建物のゆれのこと
地盤沈下《じばんちんか》	土地がしずむこと

↑ 公害の種類

2 公害の原因／日本各地でおきた公害

教科書 268〜269ページ

✪ 四大公害病

四大公害病	地域	原因	病気のようす
四日市ぜんそく	四日市市(三重県)	(⑤ いおう酸化物)(二《に》酸化《さんか》いおうなど)でおせんされた空気をすった。	息をするのが苦しく、のどがいたみ、はげしいぜんそくの発作がおこる。
新潟《にいがた》水俣《みなまた》病	阿賀野《あがの》川下流域《かりゅういき》(新潟県)	工場はい水にふくまれる(⑥ メチル水銀)でおせんされた魚や貝を食べた。	手足がしびれ、目や耳が不自由になり、死ぬ場合もある。
イタイイタイ病	神通《じんづう》川下流域(富山《とやま》県)	鉱山《こうざん》のはい水にふくまれる(⑦ カドミウム)でおせんされた水や食物をとった。	骨《ほね》がもろくなって折れやすくなり、はげしいいたみで、たいへん苦しむ。
水俣病	八代《やつしろ》海沿岸域《えんがんいき》(熊本《くまもと》県・鹿児島《かごしま》県)	工場はい水にふくまれるメチル水銀でおせんされた魚や貝を食べた。	手足がしびれ、目や耳が不自由になり、死ぬ場合もある。

✪ 公害が発生した背景《はいけい》

- 第二次世界大戦後、(⑧ 工業)の発展《はってん》のために、各地に工場がつくられた。
- 環境や人々の健康を守る考えが軽視《けいし》され、公害を防《ふせ》ぐ技術《ぎじゅつ》も発達していなかった。

選んだ言葉に✔ □いおう酸化物《さんかぶつ》 □そう音 □カドミウム □空気 □工業 □メチル水銀 □ぜんそく □生命

ぴったり2 練習

ぴたトリビア いおうがふくまれる石油・石炭などを燃焼《ねんしょう》させると、二酸化いおうなどのいおう酸化物が発生します。これらは大気おせんの原因物質《ぶっしつ》となります。

教科書 266〜269ページ 答え 53ページ

1 四日市市でおきた公害に関する次の文を読んで、答えましょう。

第二次世界大戦後、全国各地に多くの工場が建設された。三重県四日市市では、1959年から(①)が本格的に生産をはじめた。その結果、海でとれる魚が油くさくなって売れなくなり、漁師《りょうし》は遠くの海まで魚をとりに行くようになった。また、工場の近くでは、(②)や悪しゅう、(③)のよごれにもなやまされるようになった。

(1) 文中の①〜③にあう言葉を□から選びましょう。

そう音　空気　石油化学コンビナート

①(石油化学コンビナート)
②(そう音)
③(空気)

(2) 下線部について、この目的として正しいものを、㋐、㋑から選びましょう。(㋐)

㋐ 人々のくらしを豊《ゆた》かにするため。
㋑ 貿易《ぼうえき》まさつを解消《かいしょう》するため。

2 次の表を見て、答えましょう。

四大公害病	地域	原因	病気のようす
(①)	四日市市(三重県)	いおう酸化物((②)など)でおせんされた空気をすった。	息をするのが苦しく、のどがいたみ、はげしいぜんそくの発作がおこる。
新潟水俣病	(Ⓐ)(新潟県)	工場はい水にふくまれる(③)でおせんされた魚や貝を食べた。	手足がしびれ、目や耳が不自由になり、死ぬ場合もある。
イタイイタイ病	(Ⓑ)(富山県)	鉱山のはい水にふくまれる(④)でおせんされた水や食物をとった。	骨がもろくなって折れやすくなり、はげしいいたみで、苦しむ。
水俣病	(Ⓒ)(熊本県・鹿児島県)	工場はい水にふくまれる(③)でおせんされた魚や貝を食べた。	手足がしびれ、目や耳が不自由になり、死ぬ場合もある。

(1) 表中のⒶ〜Ⓒにあう地域を、㋐〜㋒から選びましょう。

Ⓐ(㋒) Ⓑ(㋐) Ⓒ(㋑)

㋐ 神通川下流域　㋑ 八代海沿岸域　㋒ 阿賀野川下流域

(2) 表中の①〜④にあう言葉を書きましょう。

①(四日市ぜんそく) ②(二酸化いおう)
③(メチル水銀) ④(カドミウム)

ヒント **1** (2) 当時は現在《げんざい》に比《くら》べて、環境や人々の健康はあまり重く考えられていませんでした。

練習 105ページ

1 (1)③工場から出るけむりなどで空気がよごれることを大気おせんといいます。

(2)㋐第二次世界大戦後の日本では、工業の発展のために、日本各地に工場がつくられました。このころは、人々の健康についてはあまり重視されておらず、経済《けいざい》の発展が優先《ゆうせん》された結果、日本各地で公害が発生しました。

㋑貿易まさつのときは、日本の会社が海外に工場をつくりました。

2 (1)(2)四日市市ぜんそく、新潟水俣病、イタイイタイ病、水俣病を合わせて四大公害病とよびます。四大公害病が発生した地域とおもな原因物質を、整理して覚えておきましょう。

できたかな?

□四大公害病の名前と発生した地域を言ってみよう。
□それぞれの地域で公害が発生した原因を説明してみよう。

おうちのかたへ

四大公害病は、高度経済成長とともに日本で発生しました。多くの人が犠牲になり、現在も苦しんでいる方がいます。四大公害病がどこで発生したか、その原因物質は何か、お子さんと白地図に書きこみながら確認してみてください。

ぴったり1 準備

5. 国土の環境《かんきょう》を守る

3 環境とわたしたちのくらし②

学習日 106ページ

めあて
四日市市が公害をおこさないために取り組んでいることを学ぼう。

教科書 270～275ページ　答え 54ページ

次の（　）に入る言葉を、下から選びましょう。

1 立ち上がる人々と公害裁判《さいばん》／きれいな空気を取りもどすために　教科書 270～271ページ

ワンポイント 公害裁判

- 1967年、（① ぜんそく ）のかん者は**石油化学コンビナート**に工場がある六つの会社をうったえた。
- 公害に反対する人たちが全国で増《ふ》えた。
- 証人《しょうにん》になった大学の先生は、空気のよごれやぜんそくの多くのデータを集めた。

年	おもなできごと
1967	公害の法律《ほうりつ》ができる。 公害裁判がはじまる。
1972	裁判でかん者のうったえがみとめられる。

きれいな空気を取りもどすために

- 裁判で、工場のけむりにふくまれる有害な物質《ぶっしつ》がぜんそくの原因《げんいん》とみとめられたが、そのとき空気は、まだきれいになっていなかった。

国・県・市の取り組み	工場の取り組み
・空気のよごれや（② 健康被害 ）を調べた。 ・法律などのきまりをつくったり、ぜんそくで苦しむ人たちを支援《しえん》するしくみをつくったりした。	・けむりをきれいにする装置を開発した。 ・（③ えんとつ ）を高くする、（④ 石油 ）をたくさん使わないようにするなどのくふうをした。

- 空気がきれいになってからも、公害が原因の病気で（⑤ 差別 ）されたり、今も病気で苦しんでいたりする人がいる。

2 環境先進都市をつくるために／自分の考えを深めよう　教科書 272～275ページ

環境先進都市をつくるために

- 「四日市公害と環境未来館」…公害の教訓を伝える活動、参加型《がた》の環境学習などをおこなう。
- 四日市市では、二度と公害をおこさないように、空気や水の（⑥ よごれ ）を測定《そくてい》したり、環境を守る取り組みをしたりしている。
- 図 （⑦ 地球温暖化 ）の原因の一つである**二酸化炭素**（CO_2《シーオーツー》）を減らすために、一人一人に何ができるかを考え、行動してもらうための取り組みを市内の小学校でおこなう。
→「こどもよっかいちCO_2ダイエット作戦」…子どもたちが地球温暖化《ちきゅうおんだんか》について学ぶ。
- 環境対策《たいさく》が進んでいない海外の国に、公害を改善《かいぜん》した四日市市の（⑧ 知識 ）や技術を生かしてもらうため、三重《みえ》県や四日市市、会社が協力して国際《こくさい》環境技術移転《いてん》センター（アイセット）をつくった。

選んだ言葉に✓ □よごれ □えんとつ □地球温暖化 □ぜんそく □知識 □石油 □健康被害 □差別

ぴったり2 練習

学習日 107ページ

ぴたトリビア
温室効果ガスが大気中で増えると、熱がこもって地球の平均《へいきん》気温が上がります。これを地球温暖化といいます。

教科書 270～275ページ　答え 54ページ

1 公害に苦しむ人たちの取り組みについて、答えましょう。

(1) 右の写真は、工場につくられた、けむりから空気をよごす原因となるある物質を取るための装置です。この物質を何といいますか。

（ いおう酸化物 ）

(2) 公害反対運動を受けて、国・県・市はどのような取り組みをおこないましたか。㋐～㋒から選びましょう。（ ㋑ ）

㋐ すぐに公害を防止《ぼうし》するための法律をつくった。
㋑ 公害かん者の医療費《いりょうひ》の無料化を進めた。
㋒ 工場のえんとつを低くした。

(3) 公害裁判に関する説明として、正しいものには○を、まちがっているものには×をつけましょう。

①（ ○ ）ぜんそくのかん者の人たちが、石油化学コンビナートに工場がある六つの会社をうったえた。
②（ × ）公害裁判がはじまると、公害に反対する人が全国で減っていった。
③（ ○ ）裁判では、工場のけむりにふくまれる有害な物質がぜんそくの原因だとみとめられたが、そのとき空気は、まだきれいになっていなかった。
④（ × ）空気がきれいになってからは、公害が原因の病気で差別されたり、公害が原因の病気で苦しんでいたりした人たちがいなくなった。

2 環境先進都市をめざす四日市市の取り組みについて、答えましょう。

(1) 次の①～③と関係の深いものを、㋐～㋒から選びましょう。

①（ ㋒ ）環境の対策が進んでいない海外の国々に、公害を改善した四日市市の知識や技術を生かしてもらうための取り組み。
②（ ㋐ ）四日市市の公害の教訓などを次の世代に伝える取り組み。
③（ ㋑ ）子どもたちに地球温暖化について考え、行動してもらうための取り組み。

㋐ 四日市公害と環境未来館
㋑ こどもよっかいちCO_2ダイエット作戦
㋒ 国際環境技術移転センター

(2) 「CO_2」とは何のことですか。漢字5文字で書きましょう。

（ 二酸化炭素 ）

ヒント ❶(1) 石油を燃《も》やしたときに出る二酸化いおうなどをまとめたよび名です。

練習 107ページ

❶ (1)石油にはいおうがふくまれており、石油を燃《も》やしたときに出る二酸化いおうなどをまとめたよび名が、いおう酸化物《さんかぶつ》です。体に悪いえいきょうをあたえます。

(2)㋐1963年に公害反対運動がおこり、1967年に公害の法律ができ、公害裁判がはじまりました。㋒工場に近い地域《ちいき》の空気のよごれを少なくするため、えんとつを高くしました。

(3)②公害裁判がはじまると、データを集めるために大学の先生が協力するなど、公害に反対する人が増えていきました。

④今も公害が原因の病気で苦しんでいる人がいます。

❷ (2)二酸化炭素（CO_2）は地球温暖化の原因の一つであるため、はい出量を減らす取り組みがおこなわれています。

できたかな？
□四日市市がおこなっている、公害をおこさないための取り組みを説明してみよう。

おうちのかたへ
三重県四日市市では、四日市市ぜんそくの教訓を伝える活動や、海外の技術者に、環境を守るための技術を学んでもらうための研修を行っています。公害を二度とおこさないためにわたしたちができる取り組みを、お子さんと一緒に話し合ってみてください。

ぴったり1
準備

学習資料《しりょう》

5．国土の環境《かんきょう》を守る

大和《やまと》川とわたしたちのくらし

学習日

108ページ

◎めあて
大和川の水質《すいしつ》がよくなった理由を学ぼう。

教科書 276〜281ページ　答え 55ページ

次の（　　）に入る言葉を、下から選びましょう。

1 よごれた川のすがた　教科書 276〜277ページ

大和川の特ちょう

- 大和川…奈良盆地《ならぼんち》から流れ出て、大阪《おおさか》平野から大阪湾《わん》にそそぐ川。竜田《たつた》川、石《いし》川など、多くの（① 支流 ）が大和川へ流れこんでいる。

ワンポイント　大和川がよごれていた原因《げんいん》

- 大和川流域《りゅういき》では、60年ほど前から（② 人口 ）が増加《ぞうか》した。
- 工場や住宅《じゅうたく》からよごれた（③ はい水 ）が大量に川へ流れこんだ。
- （④ 下水道 ）の整備《せいび》が追いつかなかったため、大和川の（⑤ 水質 ）が悪くなった。
- 流域の**降水量**《こうすいりょう》が全国平均《へいきん》と比《くら》べて少ない。

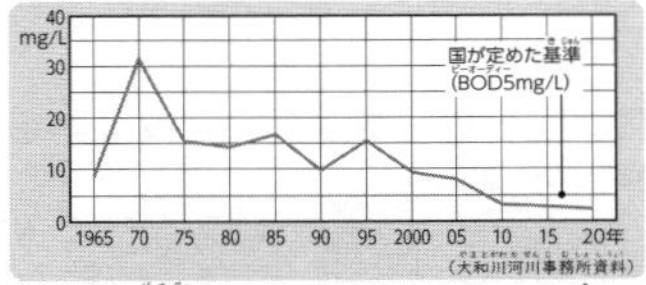

大和川のBOD《ビーオーディー》のあたいのうつり変わり

BODとは川などの水質のよごれをあらわすあたいのことだよ。

2 流域に住む人たちの力で　教科書 278〜279ページ

府県や市町村、流域に住む人たちの取り組み

- **下水道**を整備する。
- （⑥ じょう化そう ）の整備や点検《てんけん》などをよびかける。
- 国や府県、流域の市町村が集まり、水質の改善《かいぜん》方法や大和川に関する情報《じょうほう》の発信について話し合う会議を開いている。
- 生活はい水のよごれを減《へ》らすため、（⑦ 食用油 ）の回収《かいしゅう》や出前授業《じゅぎょう》、清掃《せいそう》活動などをおこなう。

川の水をよごさないためにわたしたちができること

- 天ぷらなどで使った油は、新聞紙や布《ぬの》にしみこませて、（⑧ 燃えるごみ ）として出す。
- 食器やフライパンなどのよごれは、紙や布などでふきとってからあらう。
- 入浴《にゅうよく》のときは、シャンプーを使いすぎないようにする。
- 食事は、食べられる量だけつくり、残さないようにする。

この取り組みは、大和川に関心をもってもらうきっかけにもなるよ。

「やまとがわ水生生物調査《ちょうさ》」の取り組み

- 川のよごれぐあいで、川にすむ生き物がことなる。
- 川の生き物を調べることで、川の水質の現状《げんじょう》を知ってもらい、水質を改善することの必要性《ひつようせい》を感じてもらう。

選んだ言葉に✓　□はい水　□人口　□燃《も》えるごみ　□じょう化そう　□下水道　□支流《しりゅう》　□水質　□食用油

ぴったり2
練習

学習日

109ページ

ぴたトリビア
流域とは、ふった雨が一つの川に集まってくるはんいのことをいいます。日本で最大の流域面積をもつ川は利根《とね》川です。

教科書 276〜281ページ　答え 55ページ

1 大和川について、答えましょう。

(1) 大和川はどのような地形を流れていますか。㋐〜㋓から２つ選びましょう。
（順不同）（ ㋐ ）（ ㋓ ）

㋐ 大阪平野　㋑ 関東《かんとう》平野　㋒ 甲府《こうふ》盆地　㋓ 奈良盆地

(2) 次の文中の①〜④にあう言葉を［　　］から選びましょう。

大和川流域では、60年ほど前から人口が増《ふ》え、（①）や住宅からよごれた（②）が大量に流れこんだ。これに対して、（③）の整備が追いつかなかったため、大和川の水質は悪化していった。また、大和川流域の（④）が少ないことも、水質が悪化した原因の一つである。

［下水道　はい水　降水量　工場］

①（ 工場 ）
②（ はい水 ）
③（ 下水道 ）
④（ 降水量 ）

(3) 川などの水質のよごれをあらわすあたいを何といいますか。アルファベット3文字で書きましょう。（ BOD ）

2 大和川をきれいにするための取り組みについて、答えましょう。

(1) 大和川の水質をよくする取り組みの説明について、正しいものには○を、まちがっているものには×をつけましょう。

①（ × ）水質をよくする取り組みをおこなったあとの大和川流域にある市町村の下水道ふきゅう率《りつ》は、全国平均よりも低い。
②（ ○ ）国や府県、流域の市町村が会議を開き、水質の改善方法や大和川に関する情報の発信について話し合っている。
③（ ○ ）流域に住む人たちが大和川の清掃活動をおこなっている。

(2) 右の図は、川の水をよごさないために、わたしたちにできることをあらわしています。図中のⒶ〜Ⓒと関係の深いものを、㋐〜㋒から選びましょう。

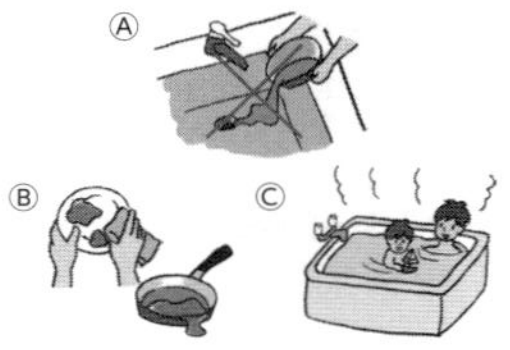

Ⓐ（ ㋑ ）
Ⓑ（ ㋐ ）
Ⓒ（ ㋒ ）

㋐ よごれた食器やフライパンは、紙や布などでふきとってからあらう。
㋑ 使い終わった油は、水道のはい水口に流さないようにする。
㋒ 入浴のときは、シャンプーを使いすぎないようにする。

ヒント　1 (1) 大和川は奈良県と大阪府を流れている川です。

できたかな？
□川の水をよごさないためにわたしたちにできることを言ってみよう。

おうちのかたへ
お子さんと散歩に出かけられた際に、お住まいの地域に流れる川の水質や川の周辺のごみの量を確認してみてください。わたしたちができる川の環境を良く保つための取り組みについて、お子さんと一緒に話し合ってみてください。

練習　109ページ

1 (1)大和川は、近畿《きんき》地方を流れている川です。

(2)川に流れこむよごれやはい水の量が同じであれば、川の水量が少ないほど濃度《のうど》が高くなるため、水質の悪化が進みます。

(3)BODのあたいが大きいほど水質が悪化していることをあらわします。

2 (1)①2001年以降《いこう》、下水道ふきゅう率は全国平均よりも高くなっています。

(2)よごれた水を、魚が生息できる水質にするために必要な水の量は、天ぷら油20mLでおよそ6000L、シャンプー4.5mLでおよそ200Lです。わたしたちが川の環境を守るためには、できるだけよごれた水を出さないことが重要です。

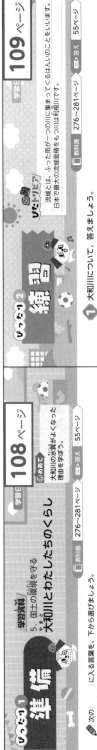

ぴったり3
確かめのテスト
学習資料《しりょう》
5．国土の環境《かんきょう》を守る
3 環境とわたしたちのくらし
大和川《やまと》とわたしたちのくらし

110ページ

／100　合格80点

教科書 266～281ページ　答え 56ページ

1 公害の種類とその説明について、あうものを線で結びましょう。　1つ5点（15点）

① 大気おせん ―― ㋐工場から有害な物質《ぶっしつ》をふくむけむりなどがはい出され、空気がよごれること。
② 悪しゅう ╳ ㋑地下水を過剰《かじょう》にくみあげることで、土地が徐々《じょじょ》にしずむこと。
③ 地盤沈下《じばんちんか》 ╳ ㋒工場で使用される材料やはいき物などからいやなにおいが発生すること。

2 四大公害病に関する次のⒶ～Ⓓの文を読んで、答えましょう。　1つ5点（45点）

Ⓐ　神通川《じんづう》下流域《かりゅういき》で発生した。鉱山《こうざん》のはい水にふくまれるカドミウムでおせんされた水や食物をとったことが原因《げんいん》で、骨《ほね》がもろくなって折れやすくなるなどの症状《しょうじょう》が出た。
Ⓑ　八代海《やつしろ》沿岸域《えんがんいき》で発生した。工場はい水にふくまれるメチル水銀でおせんされた魚や貝を食べたことが原因で、手足がしびれ、目や耳が不自由になるなどの症状が出た。
Ⓒ　四日市市《よっかいち》で発生した。二酸化《にさんか》いおうなどのいおう酸化物《さんかぶつ》でおせんされた空気をすったことが原因で、息をするのが苦しく、のどがいたむなどの症状が出た。
Ⓓ　阿賀野川《あがの》下流域で発生した。おもな原因や症状はⒷと同じである。

(1) よく出る Ⓐ～Ⓓにあう公害病の名前を書きましょう。
Ⓐ（イタイイタイ病）Ⓑ（水俣病）
Ⓒ（四日市ぜんそく）Ⓓ（新潟水俣病）

(2) Ⓐ～Ⓓの公害病が発生した地域《ちいき》を、右の地図中の㋐～㋓から選びましょう。
Ⓐ（㋑）Ⓑ（㋓）
Ⓒ（㋒）Ⓓ（㋐）

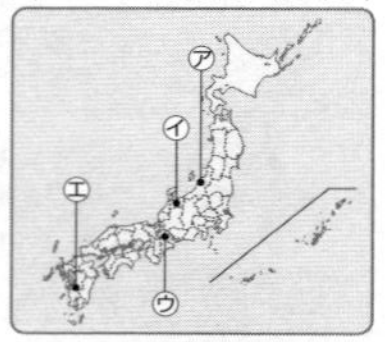

記述 (3) 第二次世界大戦後、日本各地で公害が発生しましたが、その背景《はいけい》には当時の日本のある状況《じょうきょう》がありました。当時の日本の状況について、「環境」「健康」という言葉を使って、かんたんに書きましょう。　思考・判断・表現
（（例）環境や人々の健康を守る考えがあまり重くみられていなかった。）

110

学習日　**111ページ**

3 四日市市の公害に関わる年表を見て、答えましょう。　1つ4点（20点）

(1) 年表中の①～③にあう言葉を、㋐～㋒から選びましょう。
①（㋑）②（㋐）③（㋒）
㋐ 法律《ほうりつ》
㋑ コンビナート
㋒ 公害裁判《さいばん》

(2) 年表中のⒶにあう言葉を書きましょう。
（医療費）

(3) 裁判で公害かん者のうったえがみとめられたのは、裁判を始めてから約何年後のことですか。㋐～㋓から選びましょう。　技能
（㋑）
㋐ 約3年後　㋑ 約5年後
㋒ 約7年後　㋓ 約10年後

年	おもなできごと
1959	（①）が動き出す
1960	くさいにおいの苦情《くじょう》が出る 大気おせんの測定《そくてい》開始
1961	ぜんそくかん者が増《ふ》える
1962	無料検診《けんしん》
1963	第二コンビナート生産開始 公害反対運動
1965	四日市市が公害かん者の（Ⓐ）無料化
1967	公害の（②）ができる （③）が開始される
1972	裁判でかん者のうったえがみとめられる

この本の終わりにある「春のチャレンジテスト」をやってみよう！

4 次のグラフは、大和川のBOD《ビーオーディー》*のあたいのうつり変わりをあらわしています。これを見て、答えましょう。　1つ5点（20点）

(1) グラフから読み取れることとして、正しいものには○を、まちがっているものには×をつけましょう。

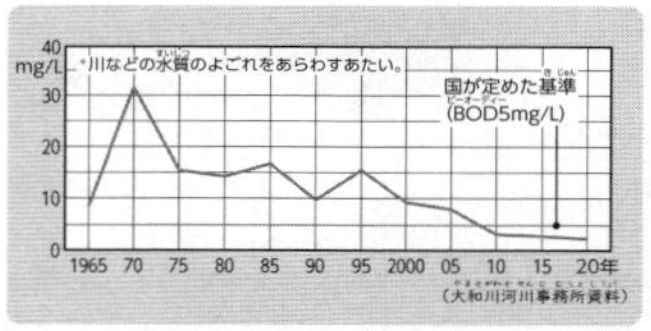

①（×）大和川の水質《すいしつ》は、1965年ごろから急速に改善《かいぜん》したね。
②（○）大和川の水質は、1970年ごろに最も悪化していたよ。
③（×）大和川のBODのあたいは、2020年も国が定めた基準《きじゅん》を上まわっているね。

(2) できたらスゴイ！ 川に流れこむよごれたはい水の量が同じ場合、水量の多い川と水量の少ない川では、よごれの濃度《のうど》はどちらが高くなりますか。　思考・判断・表現
水量の（少ない）川

この本の終わりにある「学力診断《しんだん》テスト」をやってみよう！

ふりかえり　2(3)がわからないときは、104ページの2にもどって確認してみよう。

111

確かめのテスト　110～111ページ

1 ①大気おせんとは空気のよごれのことです。公害には、ほかに、そう音、水のよごれ、しん動などがあります。

2 (1)(2)イタイイタイ病は富山《とやま》県、水俣《みなまた》病は熊本《くまもと》県・鹿児島《かごしま》県、四日市ぜんそくは三重《みえ》県、新潟《にいがた》水俣病は新潟県で発生しました。四大公害病が発生した地域とおもな原因物質を、整理して覚えておきましょう。

3 (1)②公害対策《たいさく》基本法が国会でつくられました。
(3)裁判が始まったのは1967年、裁判でかん者のうったえがみとめられたのが1972年なので、約5年後になります。

4 (1)①1965年から1970年にかけて、水質は急速に悪化しています。
③2010年ごろからは国が定めた基準を下まわっています。
(2)川の水量が少ないほどよごれの濃度は高くなります。

記述問題のプラスワン

2 (3)第二次世界大戦後の1950年代半ばから、日本では高度経済《けいざい》成長がはじまり、急速に日本経済が発展《はってん》しました。いっぽうで、工場での生産活動によって環境がおせんされ、人々のくらしや生命がおびやかされる公害が、各地で発生しました。当時の日本では、環境や人々の健康より経済の発展が優先《ゆうせん》されていたことを、「環境」、「健康」という言葉を使って書きましょう。

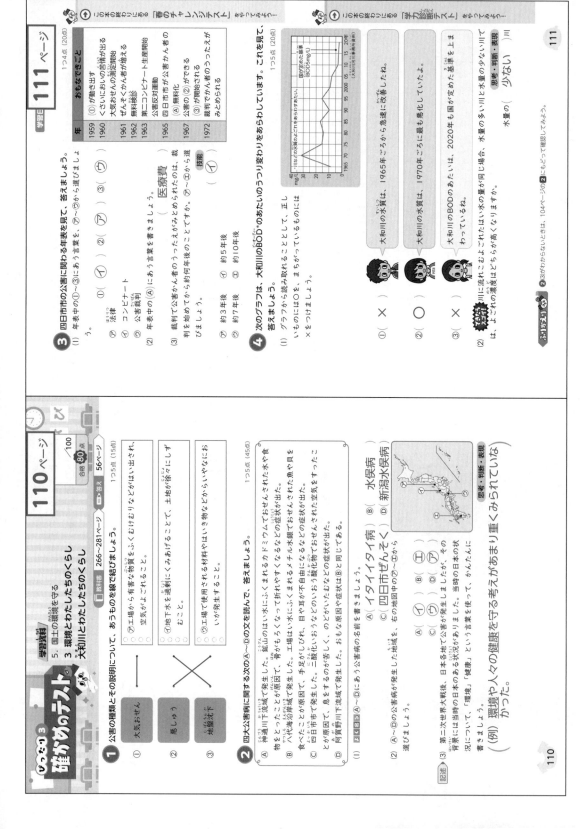

夏のチャレンジテスト

教科書　8〜119ページ

名前　　月　日

時間 40分

知識・技能	思考・判断・表現	合格80点
/70	/30	/100

答え57ページ

3、4については、学習の状況《じょうきょう》に応《おう》じてA・Bどちらかを、7についてはA〜Dから選んでやりましょう。

知識・技能　70点

1 次の地図を見て答えましょう。　1つ2点(16点)

(1) ①〜④の国の名前を、㋐〜㋓から選びましょう。

㋐ 大韓民国《だいかんみんこく》
㋑ ロシア連邦《れんぽう》
㋒ 中華《ちゅうか》人民共和国
㋓ フィリピン共和国

① ㋑　② ㋐　③ ㋒　④ ㋓

(2) 日本の東、西、南、北のはしの島を、㋐〜㋓から選びましょう。

㋐ 択捉《えとろふ》島　㋑ 与那国《よなぐに》島　㋒ 沖ノ鳥《おきのとり》島　㋓ 南鳥《みなみとり》島

東 ㋓　西 ㋑　南 ㋒　北 ㋐

2 次の地図を見て答えましょう。　1つ3点、(2)4点(16点)

(1) ①〜④の山脈《さんみゃく》、山《さん》地《ち》、川の名前を書きましょう。

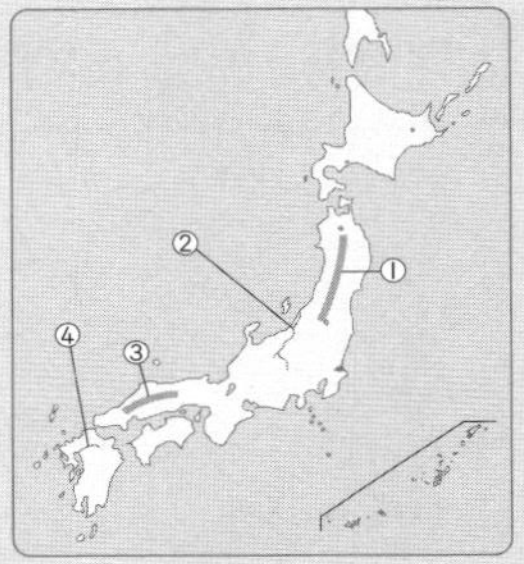

① 奥羽山脈
② 信濃川
③ 中国山地
④ 筑後川

(2) 日本の国土のうち、山地はどのくらいをしめていますか。㋐〜㋒から選びましょう。

㋐ 約2分の1　㋑ 約4分の3
㋒ 約10分の3

㋑

3のA 沖縄《おきなわ》県のくらしについて、㋐、㋑にあう言葉を書きましょう。　1つ4点(8点)

・沖縄県は、(㋐)の近づく回数が多い県である。あたたかい気候を利用して、さとうの原料となるさとうきびをさいばいしている。また、今でも(㋑)の基地《きち》が沖縄県の中で広い面積をしめている。

㋐ 台風　㋑ アメリカ(軍)

3のB 北海道《ほっかいどう》のくらしについて、㋐、㋑にあう言葉を書きましょう。　1つ4点(8点)

・北海道は雪(降雪量《こうせつりょう》)が多いため、スキーがさかんである。旭川《あさひかわ》市では寒さや病気に強い品種《ひんしゅ》のいねをつくり、(㋐)作りをしている。また、寒さや雪を生かした(㋑)業に力を入れており、「旭川冬まつり」などのイベントには多くの人がおとずれる。

㋐ 米　㋑ 観光

4のA 岐阜《ぎふ》県海津《かいづ》市のくらしについて、㋐、㋑にあう言葉を書きましょう。　1つ4点(8点)

・岐阜県海津市の輪中《わじゅう》では、昔から農業がさかんにおこなわれてきた。以前は、ほり田で田舟《たぶね》を使って米作りをしていたが、土地を整備する工事をして大型《おおがた》の(㋐)を使って大規模《だいきぼ》な米作りができるようになり、小麦や大豆も作られるようになった。また、広い土地と豊《ゆた》かな水を生かして、トマトやきゅうりなどの(㋑)のさいばいもおこなわれている。

㋐ 農業機械　㋑ 野菜

4のB 群馬《ぐんま》県嬬恋《つまごい》村の農業について、㋐には季節を、㋑にはあう言葉を書きましょう。　1つ4点(8点)

・(㋐)は、暑い地域《ちいき》で作るキャベツの出荷《しゅっか》量が減るが、嬬恋村では(㋑)気候を生かして、(㋐)にキャベツを作っている。嬬恋村のキャベツはおもに、大都市の多い関東《かんとう》地方や近畿《きんき》地方へ出荷されている。

㋐ 夏　㋑ すずしい

うらにも問題があります。

夏のチャレンジテスト　表

1 (2)沖ノ鳥島は、島のまわりをコンクリートブロックで囲《かこ》み、島がしずまないようにしています。

2 (1)①奥羽《おうう》山脈は、陸奥《むつ》(青森《あおもり》県・岩手《いわて》県・宮城《みやぎ》県・福島《ふくしま》県)と出羽《でわ》(山形《やまがた》県・秋田《あきた》県)という昔の国名から名前がつけられました。②日本で一番長い川が信濃《しなの》川、二番目に長い川が利根《とね》川です。日本の川は、長さが短く、流れが急であるという特ちょうがあります。

(2)日本の国土は約4分の3が山地で、残りの約4分の1の平地に多くの人が住んでいます。

3のA ㋐沖縄県は台風の進路にあたることは多いですが、山が少なく川が短いため、昔から水不足になやまされてきました。現在《げんざい》は、屋根の上に給水タンクを置いたり、北部にダムや、海水を飲み水にするしせつをつくったりして、水不足は減っています。㋑沖縄県には、日本にあるアメリカ軍基地の約70%があります。また、沖縄本島の面積の約15%をアメリカ軍基地がしめています。

3のB ㋐米以外に、そばのさいばいがさかんです。旭川市のそばの作付面積は、全国3位です。

4のA ㋐輪中では、豊富《ほうふ》な水と栄養が豊かな土、広くて平らな土地を生かして、米作りがさかんにおこなわれてきました。65年ほど前から、農地を整備する工事がおこなわれ、大型の農業機械も使えるようになりました。

4のB キャベツは暑さに弱いため、夏は暑い地域の産地からの出荷量が減ります。嬬恋村ではすずしい気候を生かして、夏に多くのキャベツを生産、出荷しています。

おうちのかたへ 日本の地形や気候について確認します。日本の各地の地形や気候の違いとともに、それぞれの地域で暮らす人々の暮らしの工夫なども合わせて確認しましょう。

5 次の地図は、□の食料の産地をあらわしています。A～Dにあうものをそれぞれ選びましょう。 1つ2点(8点)

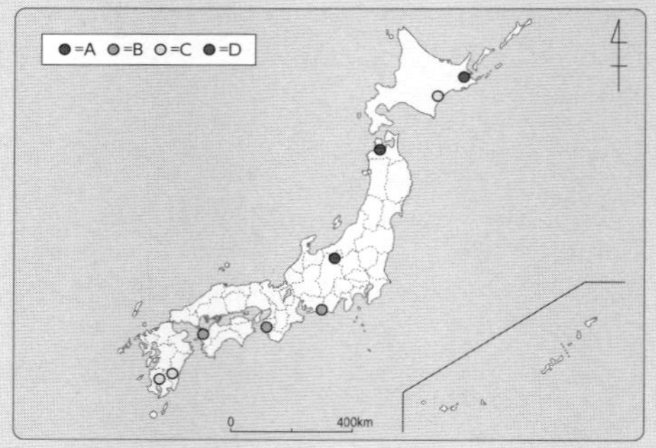

肉牛 乳牛《にゅうぎゅう》 りんご みかん

A（りんご） B（みかん）
C（肉牛） D（乳牛）

6 米作りについて答えましょう。 1つ2点(14点)

(1) 米作りに向いている自然条件《じょうけん》を、次の㋐、㋑からそれぞれ選びましょう。

①夏の日照時間	㋐ 長い	㋑ 短い
②昼と夜の気温差	㋐ 大きい	㋑ 小さい
③土地	㋐ かたむきがある	㋑ 平ら

①（㋐） ②（㋐） ③（㋑）

(2) いろいろな品種《ひんしゅ》のよいところを集めて、新しく品種をつくり出すことを何といいますか。（品種改良）

(3) ①～③にあう言葉を□から選びましょう。

・昔は、小さく入り組んだ水田が多かったが、（ ① ）をおこなって田を広くととのえることで、大型《おおがた》の（ ② ）が使えるようになり、農作業の時間を（ ③ ）ことができるようになった。

減《へ》らす 増《ふ》やす 機械 しろかき ほ場整備《じょうせいび》

①（ほ場整備） ②（機械） ③（減らす）

思考・判断・表現 30点

7のA 次の問いに答えましょう。 1つ10点、(2)20点(30点)

(1) 日本近海で、数日がかりで漁をすることもある漁業を何といいますか。（沖合漁業）

(2) 大陸《たいりく》だなについて、かんたんに説明しましょう。

（(例)海岸線から水深200mくらいまでの、ゆるやかなけいしゃの海底のこと。）

7のB 宮崎県《みやざき》の畜産業《ちくさんぎょう》について答えましょう。 1つ5点、(2)20点(30点)

(1) ｛ ｝から正しい言葉を選び、○で囲《かこ》みましょう。

・宮崎県は①｛（あたたかい）・ すずしい ｝気候のため、牛のえさがよく育つことや、作物さいばいなどに比《くら》べて②｛ 冷害 ・（台風）｝のえいきょうが少ないことなどから、畜産業がさかんになった。

(2) 宮崎空港に絵のような消毒《しょうどく》マットがあるわけを、畜産業の点から考えてかんたんに書きましょう。

（(例)家畜の伝せん病の発生を防ぐため。）

7のC 和歌山県有田市《わかやまけんありだし》では、どのような自然環境《かんきょう》を生かしてみかん作りをおこなっていますか。□の言葉を全て使って書きましょう。 30点

気候 水はけ 雨

（(例) あたたかい気候で雨があまりふらない、水はけのよい環境。）

7のD 高知県安芸市《こうちけんあきし》について答えましょう。 1つ10点、(2)20点(30点)

(1) 安芸市では、冬に何を使ってなす作りをしていますか。㋐～㋒から選びましょう。

㋐ カントリーエレベーター
㋑ ビニールハウス ㋒ 製氷《せいひょう》工場

（㋑）

(2) 右のグラフからわかる、安芸市で夏が旬《しゅん》の野菜を冬に生産できるわけを、かんたんに書きましょう。

（(例) 冬の日照時間が長いから。）

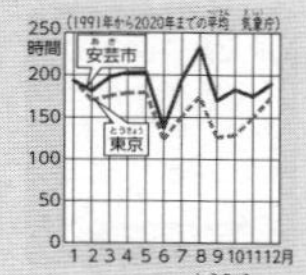

安芸市と東京《とうきょう》の月別日照時間

夏のチャレンジテスト　うら

5 A・Bりんごは雨が少なく、すずしい気候の地域《ちいき》でさいばいされ、みかんはあたたかい気候の地域でさいばいされます。C・D牛の飼《し》育《いく》には、えさになる牧草《ぼくそう》をつくる広い土地が必要になるため、北海《ほっかい》道《どう》や九州《きゅうしゅう》地方がおもな産地となります。

6 (1)②いねが実る夏の時期に昼と夜の気温差が大きいと、おいしい米ができます。

(3)①ほ場整備をおこなって、用水路やはい水路をととのえることで、川からはなれた場所でも十分に水が使えるようになり、はい水もしやすくなります。

7のA (1)現在《げんざい》の日本の漁業では沖合漁業《おきあいぎょぎょう》が最も漁獲量《ぎょかくりょう》が多くなっています。

(2)大陸だなはプランクトンが多く、魚かい類や海そうがよく育つため、漁業に適《てき》しています。

7のB (2)2010年に口蹄疫《こうていえき》という牛やぶたの伝染病《でんせん》が発生したこともあり、大きな被害《ひがい》の発生を防《ふせ》ぐ取り組みをおこなっています。宮崎県では、ほかにも伝染病の発生に備《そな》えた訓練などもおこなっています。

7のC みかんは和歌山県や愛媛《えひめ》県などの西日本で多く作られています。

7のD (1)㋐カントリーエレベーターは、生産した米を保管《ほかん》しておくしせつです。

(2)高知県は、県の南側に日光をさえぎる山地がないことや、冬に雨が少ないことから、冬の日照時間が長くなります。

おうちのかたへ 日本の食料生産について確認します。米や野菜などの農作物の生産がさかんな地域とともに、農家の人々の工夫なども合わせて確認しましょう。

冬のチャレンジテスト

教科書 120~213ページ

名前　　月　日

時間 40分

知識・技能	思考・判断・表現	合格80点
/70	/30	/100

答え59ページ

3については学習の状況《じょうきょう》に応《おう》じてA~Dのどれかを、6についてはA・Bのどちらかを選んでやりましょう。

知識・技能　70点

1 日本の食料生産について答えましょう。

1つ2点、(2)1つ3点(17点)

(1) ㋐~㋒のうち、最も自給率《じきゅうりつ》が低い食料を選びましょう。

㋐ 魚かい類　㋑ 米　㋒ 大豆

㋒

(2) 日本が外国から輸入《ゆにゅう》しているおもな食料のうち、大豆、くだもの、魚かい類の輸入額《がく》が最も多い国を、㋐~㋒から選びましょう。

㋐ 中国《ちゅうごく》　㋑ アメリカ　㋒ フィリピン

大豆 ㋑　くだもの ㋒　魚かい類 ㋐

(3) 日本の食料生産に関する説明について、正しいものには○を、まちがっているものには×をつけましょう。

① 魚をつる時間やつり針《ばり》の本数を制限《せいげん》したり、一定の大きさ以下の魚を海にもどしたりすることで、水産資源《しげん》の管理をおこなっている。　○

② 農業をする人が集まり、農作物の生産・販《はん》売《ばい》を一つにまとめ、あらたな価値《かち》を生み出す取り組みを6次産業化《じさんぎょうか》という。　×

③ 日本の農産物は高品質《こうひんしつ》であり、ねだんが高いため、輸出量《ゆしゅつりょう》は減《へ》っている。　×

2 日本の工業生産について答えましょう。

1つ4点(24点)

(1) ①~⑤の工業地帯《こうぎょうちたい》・工業地域《こうぎょうちいき》の名前を書きましょう。

① 京葉工業地域

② 京浜工業地帯

③ 東海工業地域

④ 中京工業地帯

⑤ 阪神工業地帯

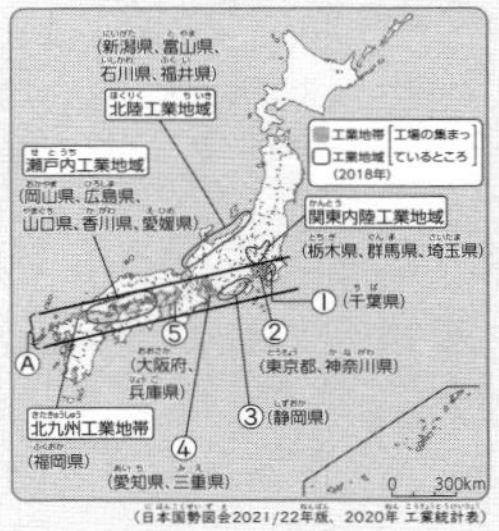

(日本国勢図会2021/22年版、2020年 工業統計表)

(2) 帯のように工業地帯・地域が広がるⒶを何といいますか。

(太平洋ベルト)

3のA 自動車の生産について答えましょう。

1つ3点(15点)

(1) ①~④にあう言葉を、㋐~㋕から選びましょう。

・組み立て工場では、(①)でつくられた部品を(②)に流し、(③)で自動車をつくっている。

・工場で生産された自動車は、大量に運べる(④)を使い出荷《しゅっか》する。近い地域へはキャリアカーが使われる。

㋐ 船　㋑ 現地《げんち》生産　㋒ 組み立てライン

㋓ 関連工場　㋔ 販売店　㋕ 流れ作業

① ㋓　② ㋒　③ ㋕　④ ㋐

(2) 右の自動車は、どんなことをめざして開発されましたか。㋐~㋒から選びましょう。

↑ガソリンのかわりに、バッテリーにたくわえた電気で動く自動車

㋐ 事故《じこ》のときに、乗っている人を守りたい。

㋑ はい出する二酸化炭素《にさんかたんそ》の量を減らしたい。

㋒ 再利用《さいりよう》できる部品を多く使いたい。

㋑

3のB なっとうづくりについて答えましょう。

1つ4点、(1)3点(15点)

(1) なっとうやしょうゆのように、び生物(きん)のはたらきで、食料品を分解《ぶんかい》する現象《げんしょう》によってできた食べ物を何といいますか。

(発こう食品)

(2) なっとうづくりについて、正しいものには○を、まちがっているものには×をつけましょう。

① なっとうの生産量が最も多いのは茨城《いばらき》県である。　○

② なっとうの容器《ようき》には、わらつととよばれるさっきんしたわらでつくられた容器だけが使われている。　×

③ 地域の好みに合わせるため、ねばり気やタレの味を変えた製品《せいひん》がつくられている。　○

うらにも問題があります。

冬のチャレンジテスト　表

1 (1)しょうゆやみそなど、和食にかかせない大豆は多くを輸入にたよっています。大豆のほかには、パンなどに使用される小麦も多くを輸入にたよっています。

(3)②6次産業化では、農作物の生産、加工、販売までおこないます。

③世界の和食ブームにより、高品質な日本の農産物は、アジアの国々やアメリカを中心に輸出量が増えています。

2 (1)①京葉《けいよう》工業地域は、千葉《ちば》県に広がる工業地域で、化学工業のわりあいが高いことが特ちょうです。④中京《ちゅうきょう》工業地帯は機械工業がさかんで、国内で最も工業生産額の多い工業地帯です。

3のA (1)④国内への出荷は、送る地域までのきょりによって、キャリアカーと船を使い分けていますが、外国へは、全て船で運んでいます。

(2)電気自動車はバッテリーにたくわえた電気で動くため、災害《さいがい》などで停電《ていでん》になったときは、バッテリーの電気を非常《ひじょう》用の電源《でんげん》として役立てることができます。

3のB (1)なっとうは、今から500~600年ほど前には、東日本を中心にふだんから食べられるようになっていました。

(2)②なっとうの容器は、わらつとのほかに、紙カップやはっぽうスチロール、きょう木《ぎ》などさまざまな材料でつくられています。

おうちのかたへ 日本の工業について確認します。日本の主な工業地帯・工業地域の工業生産額や、工業生産額の内訳なども合わせて確認しましょう。

3のC　製鉄業《せいてつぎょう》について答えましょう。

1つ5点(15点)

(1) 右のグラフを見て、中国の鉄《てつ》鋼《こう》生産量は日本のおよそ何倍ですか。小数第Ⅰ位を四捨五入《ししゃごにゅう》して整数で書きましょう。

（　13　）倍

鉄鋼の生産量の多い国

(2) 次の文のうち、正しいものには○を、まちがっているものには×をつけましょう。

① 製鉄所は、高速道路の利用に便利な山の近くに多い。

② 製品《せいひん》として使われた鉄を、再《ふたた》び鉄鋼製品にする技術《ぎじゅつ》が開発されている。

①［×］②［○］

3のD　石油工業について答えましょう。

1つ5点(15点)

(1) 右の原油のおもな輸入先の内わけのグラフを見て、日本が最も多く原油を輸入している国を書きましょう。

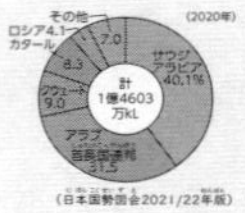

（サウジアラビア）

(2) 次の文のうち、正しいものには○を、まちがっているものには×をつけましょう。

① 製油所《せいゆしょ》には、火災《かさい》などに備《そな》え、独自《どくじ》の消防隊《しょうぼうたい》がある。

② 製油所の危険物《きけんぶつ》を取りあつかう設備は、住宅地《じゅうたくち》から近いところに配置している。

①［○］②［×］

4　日本の貿易《ぼうえき》について答えましょう。

1つ4点、(2)6点(14点)

(1) 次のグラフを見て答えましょう。

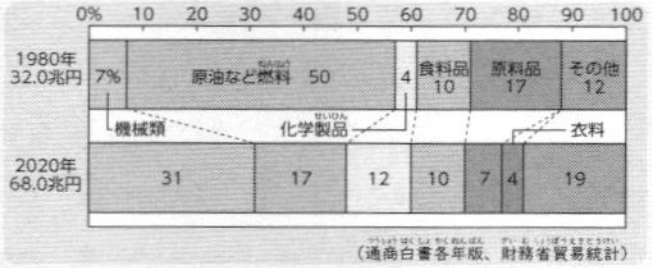

日本の輸入品の内わけとうつり変わり

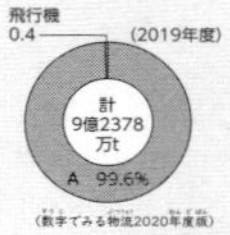

国外への輸送《ゆそう》の内わけ

① 1980年から2020年までで、最もわりあいの増《ふ》えた輸入品を書きましょう。

（機械類）

② Aに入る輸送手段《しゅだん》を、㋐～㋒から選びましょう。

㋐ 自動車　㋑ 鉄道　㋒ 船

［㋒］

(2) 輸出国と輸入国とのあいだで、貿易をめぐって問題がおこることを何といいますか。

（貿易まさつ）

思考・判断・表現　30点

5　次の表の①～③のメディアの名前を［　］から選びましょう。

1つ4点(12点)

	特ちょう	伝達《でんたつ》手段
①	災害《さいがい》がおこったときも、無線でどこでも受信して情報《じょうほう》を収集《しゅうしゅう》できる。	音声
②	切りぬいて保存《ほぞん》できる。	文字・写真・絵
③	世界中の情報をすぐに見たり、発信したりすることができる。	映像《えいぞう》・音声・文字・写真・絵

インターネット　ラジオ　テレビ　新聞

①（ラジオ）②（新聞）

③（インターネット）

6のA　情報社会について答えましょう。

1つ8点、(2)10点(18点)

(1) 右の新聞記事は、マスメディアのあやまった情報発信により、くらしや仕事などに深刻《しんこく》な損害《そんがい》を受けたことを取り上げています。このような被害《ひがい》を何といいますか。

（報道被害）

(2) わたしたちがメディアから情報を受け取る際《さい》に気をつけることを、情報の正確《せいかく》さを確《たし》かめる以外で、［　］の言葉を使ってかんたんに書きましょう。

［不必要］

（(例) 不必要な情報を受け取らないようにする。）

6のB　ニュース番組の中では、毎日多くのニュースが取り上げられています。ニュース番組をつくる人たちが、意見が分かれる内容《ないよう》を取り上げるときに気をつけていることを、かんたんに書きましょう。

18点

（(例) いろいろな見方や考え方を示すようにすること。）

冬のチャレンジテスト　うら

3のC (2)①製鉄所の多くは、原料や製品を船で輸送するのに便利な海ぞいに建てられています。

3のD (1)日本は、西アジアとよばれる地域の国々から原油を多く輸入しています。日本が輸入する原油にしめる西アジアの国々のわりあいは、80%をこえています。

4 (1)①1980年ごろは、おもに原油などの燃料を輸入し、国内で製品《せいひん》を生産していました。②国外への輸送には、重いものを大量に運べる船の利用が多くなっています。

(2)貿易まさつがおこると、日本の会社は外国に工場を移《うつ》し、現地《げんち》に住む人をやとって製品を生産するようになりました。

5 ①ラジオは電池で動き、持ち運べるものもあるので、災害のときにも役に立ちます。③インターネットは世界中の大量の情報をすぐに調べることができます。

6のA (2)現在《げんざい》、さまざまなメディアを利用することで、世界中の情報をかんたんに手に入れることができます。しかし、それらの情報は全てが正しいわけではありません。手に入れた情報が正しいのかどうか、その情報が本当に必要なのかどうかを考え、情報を利用していくことが重要です。

6のB 放送局の人は、見る人のことを考え、正確《せいかく》で、わかりやすい番組になるようにさまざまなくふうをしています。

おうちのかたへ 情報社会について確認します。私たちが普段から利用しているメディアの特徴や、メディアから情報を得るときの注意点なども合わせて確認しましょう。

春のチャレンジテスト

教科書　214～279ページ

月　日

名前

時間 40分

知識・技能	思考・判断・表現	合格80点
/70	/30	/100

答え61ページ

1については学習の状況《じょうきょう》に応《おう》じてA～Cのどれかを、6についてはA・Bのどちらかを選んでやりましょう。

知識・技能　70点

1のA　アイスクリームをつくる会社について答えましょう。　1つ3点(12点)

(1) アイスクリームと同じように、気温が高くなると売れやすい商品を、㋐～㋓から選びましょう。

㋐ あげもの　㋑ スポーツドリンク
㋒ ココア　㋓ シチュー

［㋑］

(2) アイスクリームをつくる会社について、正しいものには○を、まちがっているものには×をつけましょう。

① 新鮮《しんせん》な商品をとどけるため、つくられたもなかアイスクリームは、工場から出荷《しゅっか》されてから3日以内に店にとどくことを目標にしている。［×］

② 新鮮なもなかアイスクリームをとどけるため、多めにはつくらず、売れゆきに合わせた生産量にしている。［○］

③ もなかアイスクリームの生産量は、気象情報《きしょうじょうほう》を提供《ていきょう》する会社からの売上予測《よそく》情報だけでなく、テレビCM《シーエム》や店のキャンペーンなど、さまざまな情報を組み合わせて、最終的に判断《はんだん》されている。［○］

1のB　京都《きょうと》府京都市がおこなった、観光客がおとずれる時期をずらす取り組みの効果《こうか》に関する資料《しりょう》を見て、正しいものには○を、まちがっているものには×をつけましょう。　1つ3点(12点)

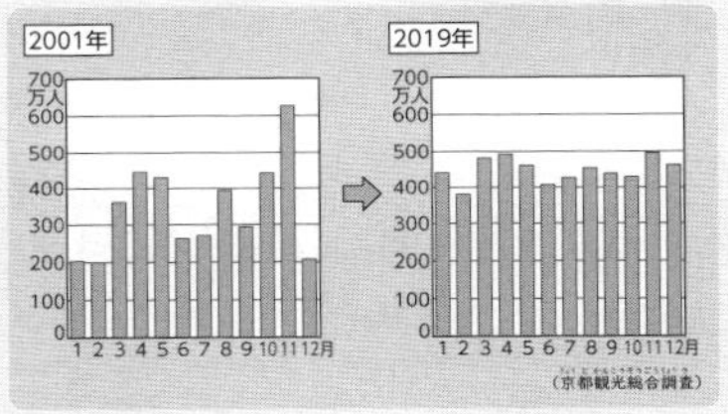

① 2001年の観光客数が最も多い月と観光客数が最も少ない月の観光客数の差は、およそ400万人である。［○］

② 2019年の月ごとの観光客数は、全ての月で400万人から500万人のあいだである。［×］

③ 2001年の観光客数が最も多い月の観光客数は、2019年の観光客数が最も多い月の観光客数より100万人以上多い。［○］

④ 2001年から2019年にかけて、京都市の1年間の観光客数は、大きく減少《げんしょう》した。［×］

1のC　福岡《ふくおか》県久留米《くるめ》市の診療情報《しんりょうじょうほう》ネットワークの資料《しりょう》を見て、正しいものには○を、まちがっているものには×をつけましょう。　1つ3点(12点)

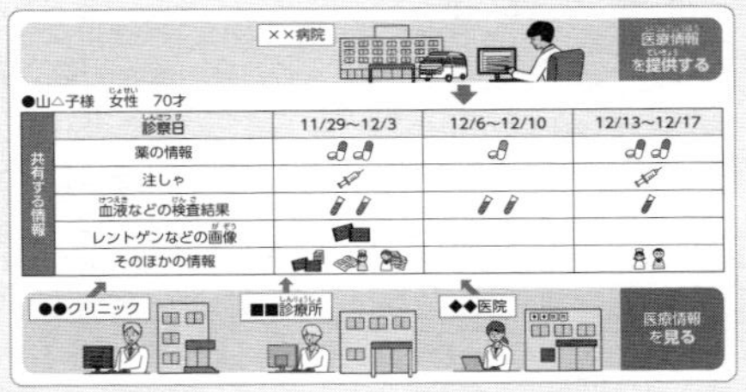

① かん者が、いつも行く病院の医療《いりょう》情報を別の病院にもって行けるようになったので、いち早く受診《じゅしん》できるようになった。［×］

② 複数《ふくすう》の病気をもつかん者が、各病院で同じ薬を出されたり、同じ検査《けんさ》を受けたりすることが防《ふせ》げるようになった。［○］

③ かん者は、同じレントゲンを何回もとれるようになった。［×］

④ かん者にかかる時間とお金の負担《ふたん》が減った。［○］

2　自然災害《しぜんさいがい》について答えましょう。　1つ4点(20点)

(1) 1995年に日本でおこった自然災害を、㋐～㋓から選びましょう。

㋐ 雲仙岳噴火《うんぜんだけふんか》　㋑ 阪神《はんしん》・淡路大震災《あわじだいしんさい》
㋒ 新潟《にいがた》県中越地震《ちゅうえつじしん》　㋓ 御嶽《おんたけ》山噴火

［㋑］

(2) 次の自然災害のうち、地形に関わる自然災害には㋐を、気候に関わる自然災害には㋑を書きましょう。

① 豪雨《ごうう》による土石流　② 地震
③ 火山の噴火　④ 竜巻《たつまき》

①［㋑］　②［㋐］　③［㋐］　④［㋑］

うらにも問題があります。

春のチャレンジテスト　表

1のA　(1)あげもの、ココア、シチューなどのあたたかい商品は、気温が低くなると売れやすい商品です。

(2)①生産されたもなかアイスクリームは、5日間で工場から卸《おろし》売《うり》業者の冷とう倉庫へ運び、6日目にスーパーマーケットなどの店にとどくことを目標にしています。

1のB　②2019年では、2月の観光客数が400万人にとどいていません。④京都市のさまざまな取り組みにより、2019年の観光客数は、2001年の観光客数に比《くら》べて増加《ぞうか》しています。京都市では、観光客が特定の観光地に集中しないように、時間や時期、場所を分散させる取り組みをおこなっています。2019年のグラフを見ると、月別の観光客数の差が小さく、分散されていることがわかります。

1のC　①医療情報は、かん者が別の病院にもって行くのではなく、医療しせつどうしが診療情報ネットワークを利用してやり取りしています。

2　(1)雲仙岳噴火は1990年、新潟県中越地震は2004年、御嶽山噴火は2014年におこった自然災害です。

おうちのかたへ　さまざまな情報を生かして発展する産業について確認します。どのような情報がどのような産業で生かされているかを確認しましょう。

3 自然災害の産業へのえいきょうや自然災害への備《そな》えについて答えましょう。

1つ4点(12点)

(1) ㋐、㋑にあう言葉を書きましょう。

・2011年におこった東日本《ひがしにほん》大震災では、沿岸《えんがん》部が(㋐)におそわれ、農業や漁業ができなくなるなどの大きな被害《ひがい》を受けた。被災《ひさい》した地域《ちいき》にある自動車の部品工場では生産を続けられず、日本国内や世界各国の自動車の生産が一時的にできなくなるところもあった。

・地震のゆれや(㋐)により、福島《ふくしま》第一原子力発電所も原《げん》子炉《しろ》がこわれるなどの被害を受け、(㋑)が広いはんいに放出された。

㋐(津波) ㋑(放射性物質)

(2) 自然災害による被害をできるだけ少なくする取り組みを何といいますか。 (減災)

4 森林について答えましょう。

1つ2点(14点)

(1) 日本の森林の面積は、国土のどのくらいをしめていますか。㋐〜㋒から選びましょう。

㋐ 約3分の2　㋑ 約2分の1

㋒ 約10分の3

[㋐]

(2) 人が(①)を植え、下草をかったり、(②)をして集まりすぎた木を切りたおしたり、(③)をしてよぶんな枝《えだ》を切り落としたりして、手入れをして育てている森林を人工林といいます。①〜③にあう言葉を□から選びましょう。

間ばつ　製材《せいざい》　枝打ち　保安林《ほあんりん》　苗木《なえぎ》

①(苗木) ②(間ばつ) ③(枝打ち)

(3) 右のグラフを見て、①、②にあう言葉を書きましょう。

・2020年の国内で生産された木材の量は、1960年に比《くら》べ(①)。また、1970年以降《いこう》は、(②)される木材の方が多いことがわかる。

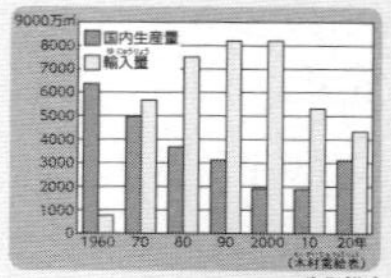

木材の国内生産量と輸入量《ゆにゅうりょう》

①(減っている(少ない)) ②(輸入)

(4) 人工林に対し、自然に落ちた種や切りかぶから出た芽が生長してできた森林を何といいますか。 (天然林)

5 表の①〜③にあう公害病名をあとのⒶ〜Ⓒから、④〜⑥にあう地域を㋐〜㋒から、それぞれ選びましょう。

1つ2点(12点)

公害病名	地域	原《げん》 因《いん》
①	④	工場から八代《やつしろ》海に流されたメチル水銀
②	⑤	工場から阿賀野《あがの》川に流されたメチル水銀
③	⑥	鉱山《こうざん》から神通《じんづう》川に流されたカドミウム

Ⓐ イタイイタイ病　Ⓑ 水俣《みなまた》病　Ⓒ 新潟水俣病

㋐ 富山《とやま》県　㋑ 新潟県　㋒ 熊本《くまもと》県・鹿児島《かごしま》県

① [Ⓑ] ② [Ⓒ] ③ [Ⓐ]

④ [㋒] ⑤ [㋑] ⑥ [㋐]

思考・判断・表現　30点

6のA 三重《みえ》県四日市《よっかいち》市でおこった公害について答えましょう。

1つ15点(30点)

(1) 工場から出るけむりにふくまれ、四日市ぜんそくの原因となった物質を何といいますか。 (いおう酸化物)

(2) 1990(平成《へいせい》2)年に、三重県や四日市市、会社が協力して、国際環境技術移転《こくさいかんきょうぎじゅついてん》センター「アイセット」がつくられ、世界中からたくさんの人が研修《けんしゅう》におとずれています。「アイセット」ではどのようなことがおこなわれていますか。□の2つの言葉を使って書きましょう。

環境　技術

((例)環境を守るための技術を学ぶこと。)

6のB 大和《やまと》川の水質《すいしつ》について答えましょう。

1つ15点(30点)

(1) 右の大和川のBOD《ビーオーディー》(水質のよごれをあらわすあたい)のグラフを見て、BODが最も増《ふ》えたのは何年から何年のあいだですか。

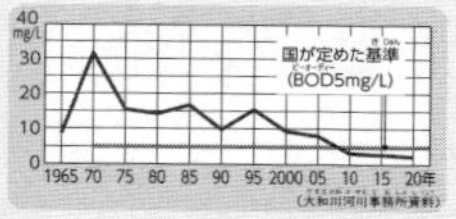

(完答)(1965年)から(1970年)のあいだ

(2) 大和川の水質が悪くなった原因を、□の2つの言葉を使って書きましょう。

人口　下水道

((例)人口や工場が増えたが、下水道の整備が十分でなかったから。)

春のチャレンジテスト　うら

3 (1)㋐東日本大震災でおこった津波《つなみ》により、沿岸部にあった漁港や魚市場、冷とう倉庫、水産加工しせつなどが大きな被害を受け、魚をとることや保管《ほかん》、加工することができなくなりました。また、津波におそわれた地域では、農地が津波で流されたり、海水につかったりするなどの被害を受け、農作物を作ることがむずかしくなりました。㋑福島第一原子力発電所の事故《じこ》で放射性物質《ほうしゃせいぶっしつ》が広いはんいに放出されたことにより、多くの人がひなんしました。

4 (1)日本の森林の面積は、日本の国土のおよそ66.2%（2019年）をしめています。

(2)人工林では、植えた木が木材になるまで何年ものあいだ、手入れをして育てています。

(3)1970年の木材の国内生産量はおよそ5000万m^3でしたが、2020年はおよそ3000万m^3に減《へ》っています。

5 メチル水銀が原因でおこったのは水俣病と新潟水俣病です。流された場所が川か海かで判断《はんだん》できます。イタイイタイ病は、工場ではなく鉱山から流された物質《ぶっしつ》が原因で発生しました。

6のA (1)四日市ぜんそくは四大公害病の一つです。四大公害病の病名とおこった場所や原因を整理しておきましょう。

(2)「アイセット」は、環境の対策《たいさく》がまだ進んでいない海外の国に、公害を改善《かいぜん》した四日市市の知識《ちしき》や技術を伝えるためにつくられました。

6のB (2)指定の言葉を使って書けていればよいです。大和川流域《りゅういき》で住《じゅう》宅《たく》地の開発が進んだため人口や工場が増え、住宅や工場からよごれたはい水が川へ大量に流れこみました。しかし、下水道の整備《せいび》が追いつかず、川がよごれていきました。

おうちのかたへ　森林の役割や公害について確認します。主な公害病の名前と起こった地域、原因となった物質を確認しましょう。

5年 社会のまとめ

学力診断《しんだん》テスト

名前　　　月　　日

時間 40分

合格70点　　／100

答え63ページ

1 地図を見て、答えましょう。

1つ2点(14点)

(1) A～Cの海洋名を書きましょう。

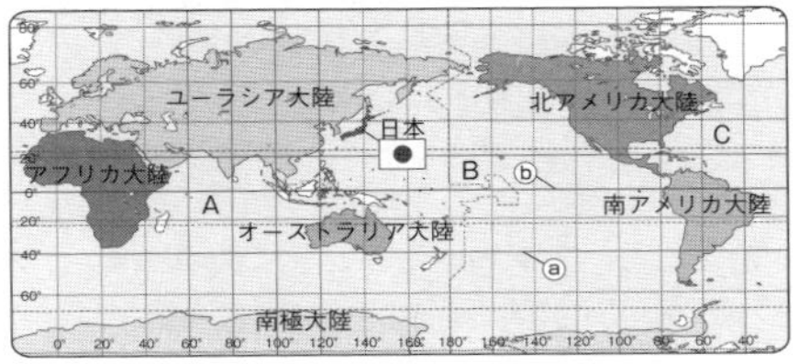

A(インド洋) B(太平洋) C(大西洋)

(2) ①サウジアラビアがある大陸と、②ブラジルがある大陸の名前を書きましょう。

①(ユーラシア大陸) ②(南アメリカ大陸)

(3) ⓐのように、地図や地球儀《ちきゅうぎ》上に、横に引かれている線の名前を書きましょう。 (緯線)

(4) ⓑは、0度の(3)です。ⓑを特に何といいますか。 (赤道)

2 地図を見て、答えましょう。

(1)1つ1点、(2)(3)2点(8点)

(1) A～Dの島の名前を、㋐～㋓から選びましょう。

㋐ 与那国島《よなぐにじま》
㋑ 南鳥島《みなみとりしま》
㋒ 択捉島《えとろふとう》
㋓ 沖ノ鳥島《おきのとりしま》

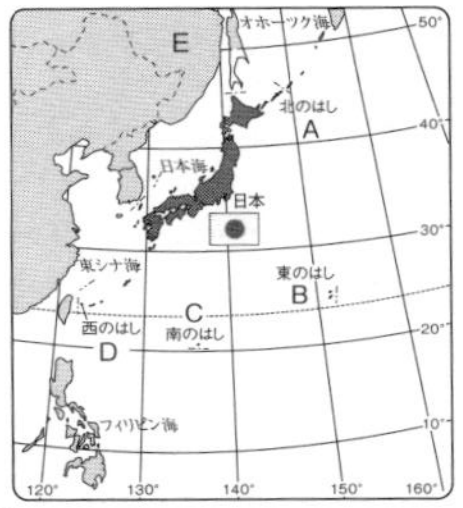

A ㋒　B ㋑
C ㋓　D ㋐

(2) 現在《げんざい》、Aの島を不法に占領《せんりょう》している、Eの国の名前を書きましょう。 (ロシア(連邦))

(3) その国の海岸線から12海里《かいり》までの海を何といいますか。 (領海)

3 地図を見て、答えましょう。

1つ2点(12点)

(1) Aの平野、Bの川、C、Dの山脈《さんみゃく》の名前を書きましょう。

A(石狩平野)
B(利根川)
C(奥羽山脈)
D(飛騨山脈)

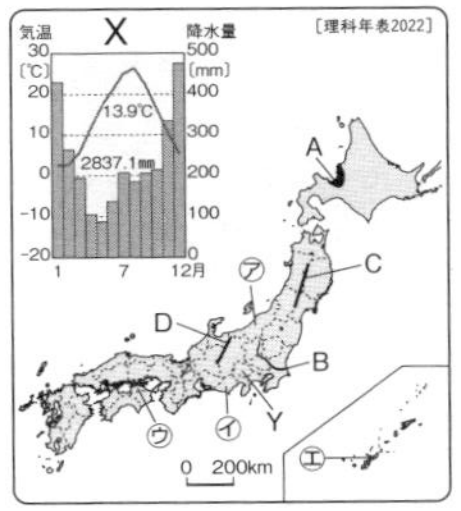

(2) Xのグラフは、どの県の都市の気温と降水量《こうすいりょう》を表していますか。地図中の㋐～㋓から選びましょう。 ㋐

(3) 右の図中の㋔は、地図中のYの地域《ちいき》などで見られる、山に囲《かこ》まれた平地を表しています。この地形を何といいますか。

(盆地)

4 食料の生産について、答えましょう。

1つ2点、(1)③、(2)④4点(18点)

(1) 右の表は、主な食料の生産量の上位3都道府県です。

次の問いに答えましょう。

	米(2021年)	B(2022年)	みかん(2021年)
1位	新潟県《にいがたけん》	北海道《ほっかいどう》	和歌山県《わかやまけん》
2位	A	鹿児島県《かごしまけん》	愛媛県《えひめけん》
3位	秋田県《あきたけん》	宮崎県《みやざきけん》	静岡県《しずおかけん》

「データでみる県勢2023」

① Aにあう都道府県名を書きましょう。 (北海道)

② Bの食料を、㋐～㋒から選びましょう。 ㋐
㋐ 肉牛　㋑ もも　㋒ キャベツ

③ みかんは、どのような地域でさかんに生産されていますか。かんたんに書きましょう。

((例)あたたかい気候の地域。)

➡うらにも問題があります。

学力診断《しんだん》テスト　表

1 (1)三つの海洋の面積は、B太平洋《たいへいよう》、C大西洋《たいせいよう》、Aインド洋の順に大きいです。

(2)①サウジアラビアは、ユーラシア大陸にあり、西アジアに属《ぞく》しています。

(3)横に引かれているのが緯線《いせん》で、縦《たて》に引かれているのが経線《けいせん》です。

(4)0度の緯線は赤道です。なお0度の経線は、イギリスのロンドンを通ります。

2 (1)日本の北のはしが択捉島、東のはしが南鳥島、南のはしが沖ノ鳥島、西のはしが与那国島です。

(2)択捉島をふくむ北方領土は、現在《げんざい》ロシアに占領されています。

(3)海岸線から12海里(約22km)までの海を領海《りょうかい》といい、自国以外の船は許可《きょか》なく入ってはいけないことになっています。

3 (1)A石狩《いしかり》平野は、北海道の西側に位置しています。
B利根《とね》川は、千葉《ちば》県と茨城《いばらき》県の県境《けんきょう》を流れています。
C奥羽《おうう》山脈は、東北《とうほく》地の中央部に位置しています。
D飛騨《ひだ》山脈は、中部《ちゅうぶ》地方の北部に位置しています。

(2)Xは㋐の新潟県にある上越《じょうえつ》のグラフです。冬の降水量が多いことから、日本海《にほんかい》側の気候だとわかります。

4 (1)①北海道は、石狩平野で稲作《いなさく》がさかんです。

(2)北海道と九州《きゅうしゅう》の県が上位にあることから、畜産物《ちくさんぶつ》だとわかります。㋑のももは山梨《やまなし》県や福島《ふくしま》県、㋒のキャベツは群馬《ぐんま》県や愛知《あいち》県で生産がさかんです。

③みかんは、あたたかい気候の地域でさいばいがさかんです。

おうちのかたへ 隣国と国境を接する地域では、領土問題が発生することがあります。北方領土や竹島など、領土問題が未解決の地域について、どうすれば解決すると思うか、お子さんに問いかけてみてください。

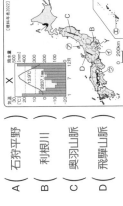

A

(2) 米づくりの資料《しりょう》を見て、答えましょう。

Ⓐ

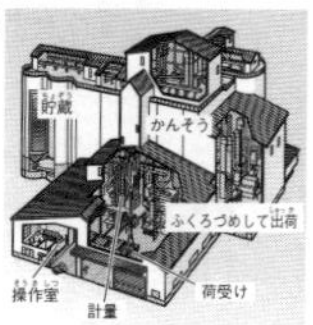

Ⓑ

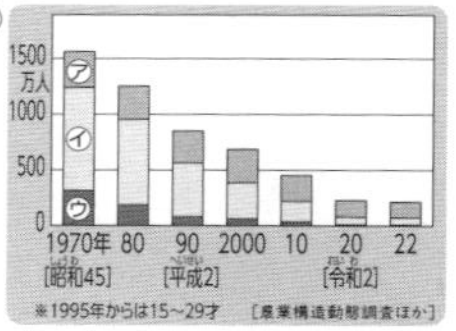

農業で働く人数の変化

① Ⓐのような、収穫《しゅうかく》した米を保管《ほかん》する施設《しせつ》を何といいますか。

（カントリーエレベーター）

② 新潟《にいがた》県や山形《やまがた》県で生産《せいさん》された米の多くは、Ⓐの施設からどの地方へ最も多く出荷されますか。㋐〜㋒から選びましょう。

㋐ 北海道《ほっかいどう》地方　㋑ 関東《かんとう》地方
㋒ 九州《きゅうしゅう》地方

㋑

③ Ⓑのグラフについて、㋐〜㋒はそれぞれ「16〜29才※」「30〜59才」「60才以上」を表しています。「60才以上」を選びましょう。

㋐

④ Ⓑのグラフから考えられる、日本の米づくり農家がかかえる課題を書きましょう。

（(例) 農業で働く人の数が減少していること。）

5 工業と貿易について、答えましょう。

1つ2点、(4)4点(18点)

(1) 右の地図について説明した、次の①〜⑤にあう言葉を書きましょう。

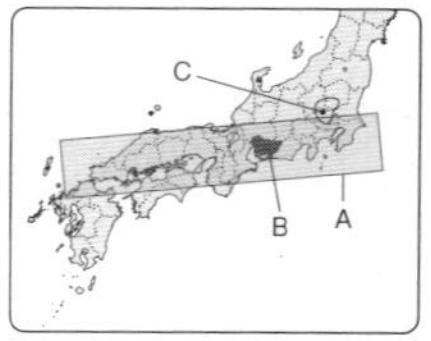

・Aは、多くの工業地帯や工業地域《ちいき》が集中している(①)である。
・Bは自動車の生産がさかんな(②)県で、(③)工業地帯に位置している。自動車の原料の鉄などは主に(④)で海外から運ばれてくる。
・最近では、Cの(⑤)工業地域のように海岸ぞいではない地域にも、工業地域が広がっている。

①（太平洋ベルト）②（愛知）
③（中京）④（船）⑤（関東内陸（北関東））

(2) 右の資料の①にあう輸入《ゆにゅう》品を書きましょう。

（石油）

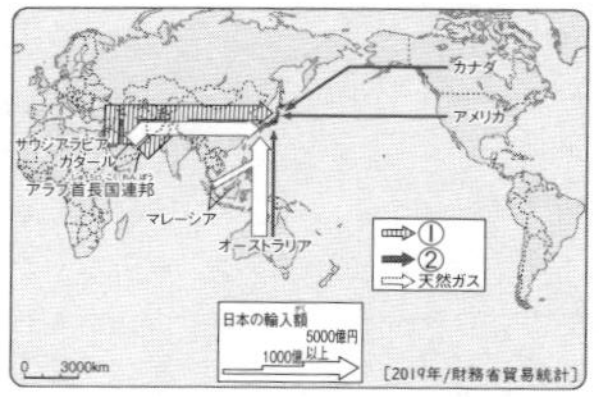

主な輸入品の輸入相手国

(3) 資料の②にあう輸入品を、㋐〜㋒から選びましょう。

㋐ 米　㋑ 小麦　㋒ 石炭

㋑

(4) 輸入が増えることの問題点を、「国内の産業」という言葉を使って書きましょう。

（(例) 国内の産業がおとろえる。）

活用力をみる

6 次の資料や地図を見て、答えましょう。

1つ3点、(3)(5)6点(30点)

日本は、国土面積の約3分の2が森林です。
青森《あおもり》県から秋田《あきた》県にかけて広がる白神《しらかみ》山地は、ⓐ天然林《てんねんりん》として知られています。
ⓑ森林は、さまざまな働きをしています。

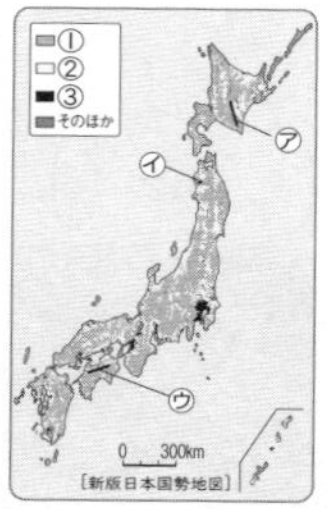

日本の土地利用

(1) 右の地図の①〜③のうち、森林にあうものを選びましょう。

①

(2) 右の地図の㋐〜㋒のうち、白神山地を選びましょう。

㋑

(3) 下線部ⓐについて、天然林とはどのような森林ですか。かんたんに書きましょう。

（(例) 人が手を加えていない、自然のままの森林。）

(4) 下線部ⓑについて、右の①〜④にあう森林の働きを書きましょう。

①（木材）
②（水）③（空気）④（生き物）

(5) 森林は自然災害《さいがい》を減らす働きもしています。森林があることで、どのような災害を防《ふせ》ぐことができますか。

（(例) 土砂くずれを防ぐ。）

学力診断テスト（裏）

学力診断《しんだん》テスト　うら

4 (2)①カントリーエレベーターは、収穫した米を品質《ひんしつ》を保《たも》ちながら保管する施設です。

②人口が多く、米の消費量《しょうひりょう》の多い関東地方への出荷が多くなっています。

③㋑が30〜59才、㋒が16〜29才で、現在《げんざい》は60才以上が最も多くなっています。

④このほか、「農業で働くわかい人（16〜29才）のわりあいが減っている」ことが書けていてもよいです。

5 (1)③中京《ちゅうきょう》工業地帯は、工業地帯・地域の中で最も工業生産額がくが多くなっています。

(2)サウジアラビアやカタールなど、西アジアの国から多く輸入される原料は石油です。

(3)㋐の米は、日本の自給率《じきゅうりつ》の高い食品です。㋒の石炭は、オーストラリアから多く輸入されています。

(4)安い輸入品が多くなることで、国内産の商品が売れなくなり、産業がおとろえるという問題点があります。

6 (1)日本は、国土の約3分の2が森林です。

(2)白神山地は東北《とうほく》地方の北に位置します。資料文中の「青森県から秋田県にかけて広がる」という言葉からも考えることができます。

(3)天然林に対して、人が手入れしている森林を人工林といいます。

(5)はりめぐらされた木の根が、森の土がくずれるのを防ぎます。また、強風をやわらげたり、飛んでくる砂《すな》を防いだり、津波《つなみ》の被害《ひがい》を軽減《けいげん》したりするなどの働きもあります。大雪のときには線路や道路を雪から守ります。

おうちのかたへ　5年生の社会科で学習したことをふり返り、現在起こっているできごとと、これまで学習してきたこととのつながりについて、気づいたことなどを話し合ってみてください。

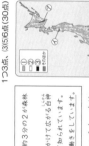

付録 取りはずしてお使いください。

社会 白地図ドリル

5年

このドリルを使って
日本と世界の地図を
マスターしよう。

年　　組

1 日本の国土

やってみよう!

- 日本のまわりの島々、海の名しょう、東西南北のはしを調べて確認《かくにん》しましょう。
- 領土《りょうど》、領海《りょうかい》、排他《はいた》的経済水域《てきけいざいすいいき》を調べて色をつけましょう。

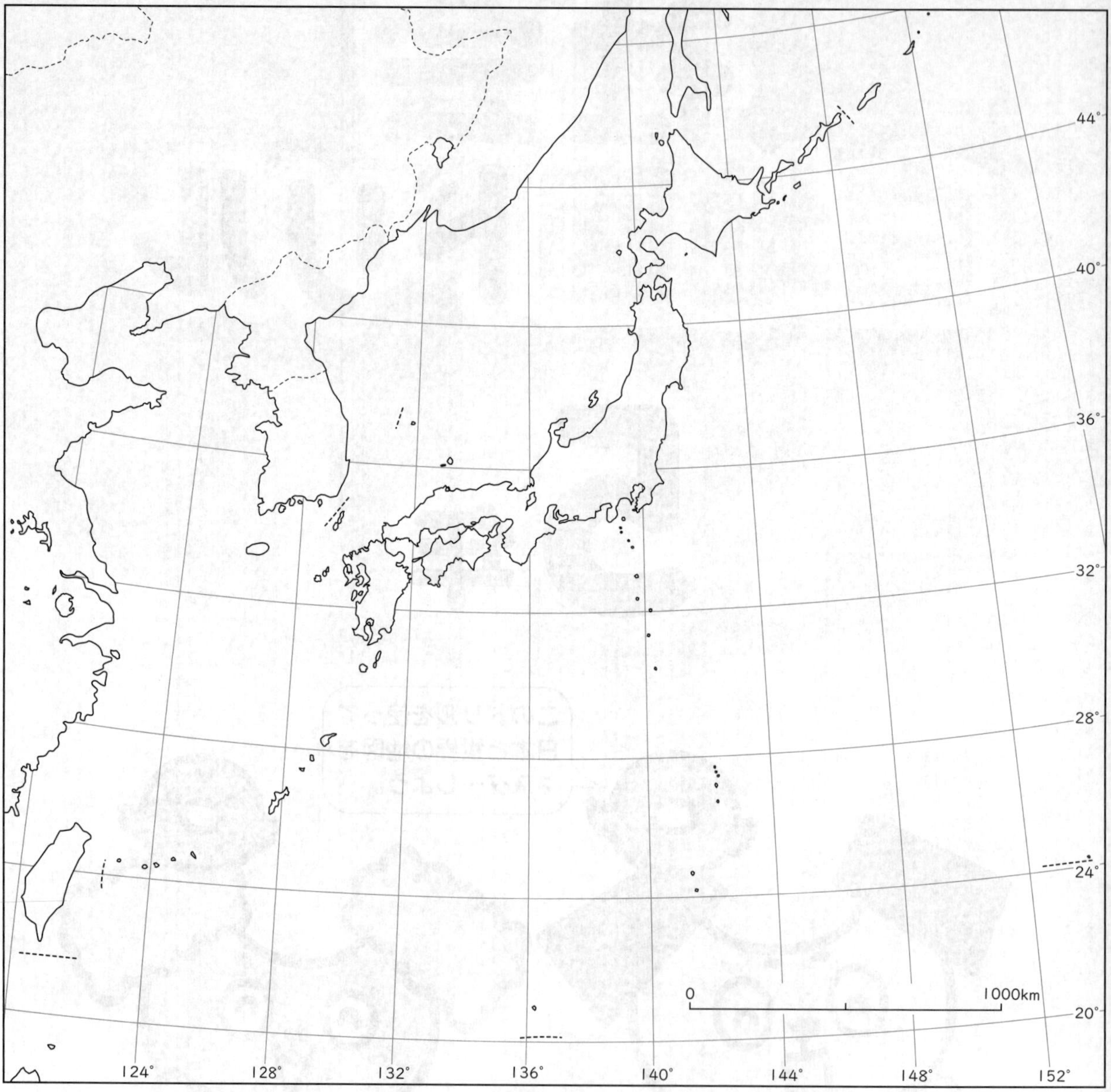

色分けのルール

日本の領土

日本の排他的経済水域

日本の領海

② 日本の周辺の国々

やってみよう！

- 地図にある国の名前を表に書きましょう。
- 色分けのルールを決めて、地図に色をつけましょう。

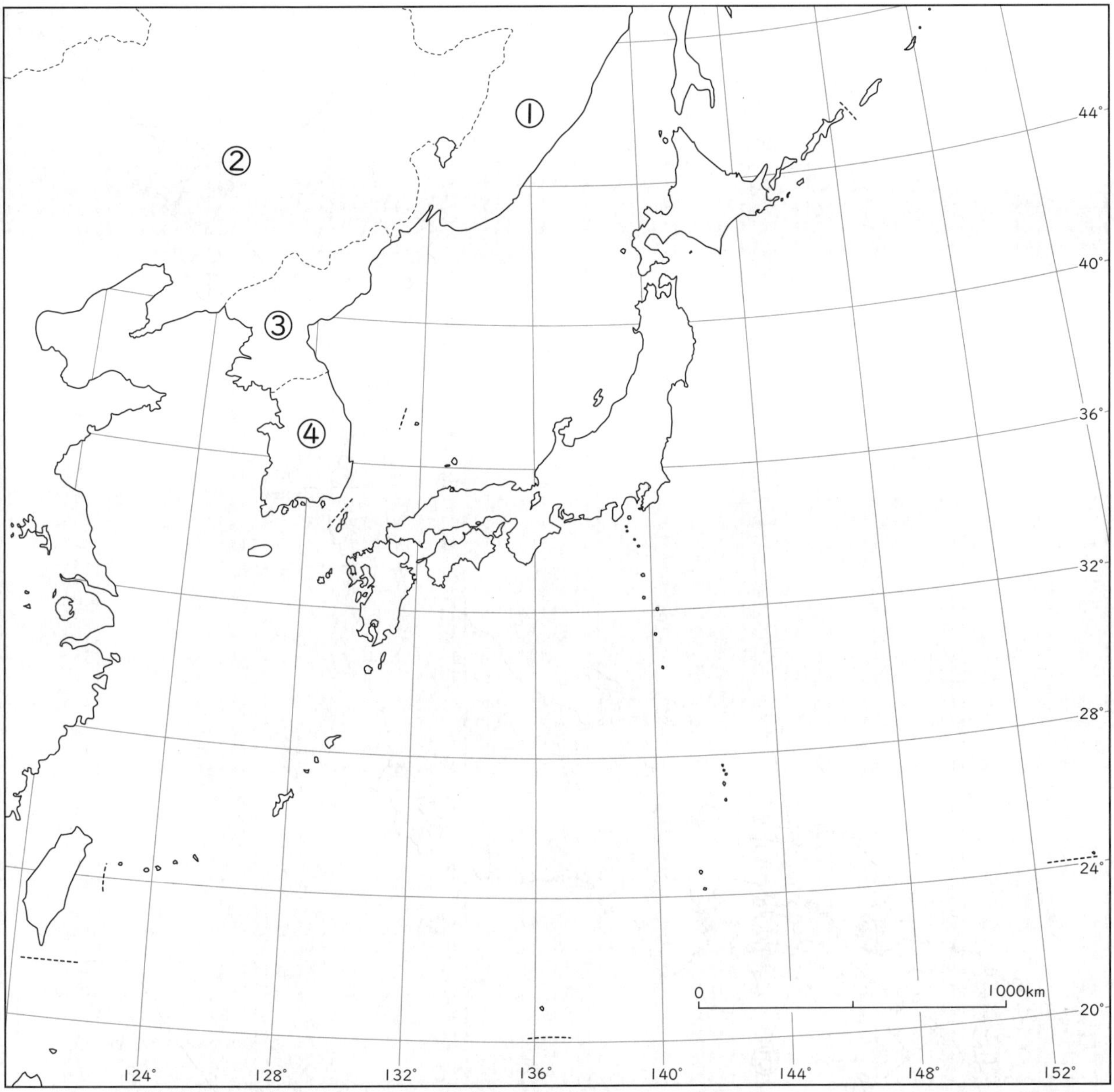

番号	国の名前	番号	国の名前
①		②	
③		④	

色分けのルール「　　　　　　　　　　　　」

③ 日本の地形 山脈《さんみゃく》・山地《さんち》

やってみよう！

- 地図にある山脈や山地の名前を表に書きましょう。
- そのほかの山脈や山地も調べて書きこんでみましょう。

●山脈や山地の名前を答えて、色をつけましょう。

番号	山脈や山地の名前	番号	山脈や山地の名前	番号	山脈や山地の名前
①		②		③	
④		⑤		⑥	

4 日本の地形 平野《へいや》・台地《だいち》・盆地《ぼんち》

やってみよう！

- 地図にある平野や台地、盆地の名前を表に書きましょう。
- そのほかの平野や盆地なども調べて書きこんでみましょう。

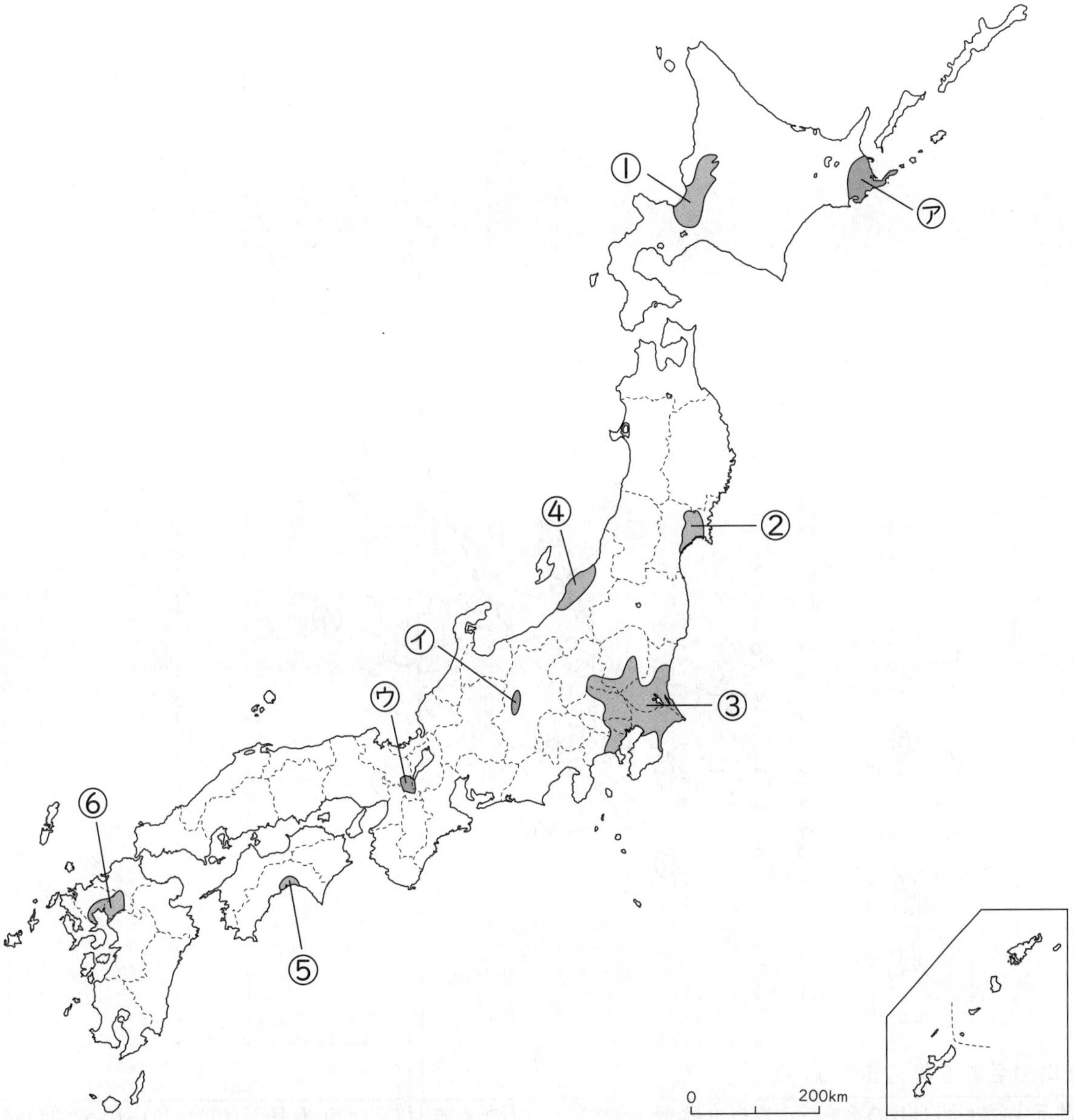

●平野の名前を答えて、色をつけましょう。

番号	平野の名前	番号	平野の名前	番号	平野の名前
①		②		③	
④		⑤		⑥	

●台地や盆地の名前を答えて、色をつけましょう。

番号	台地や盆地の名前	番号	台地や盆地の名前	番号	台地や盆地の名前
ア		イ		ウ	

⑤ 日本の地形 川・半島

やってみよう！

- 地図にある川や半島の名前を表に書きましょう。
- そのほかの川や半島も調べて書きこんでみましょう。

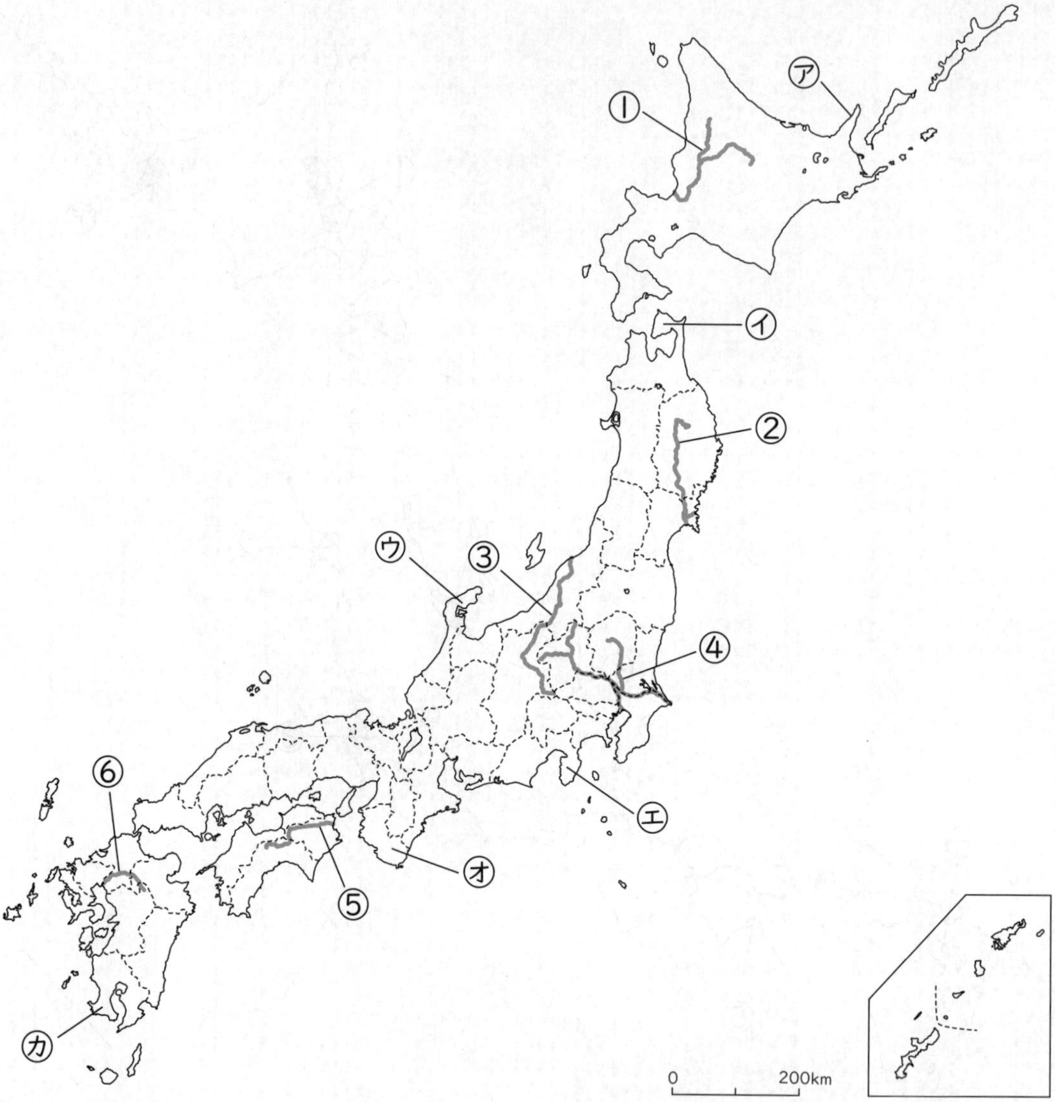

●川の名前を答えましょう。

番号	川の名前	番号	川の名前	番号	川の名前
①		②		③	
④		⑤		⑥	

●半島の名前を答えて、色をつけましょう。

番号	半島の名前	番号	半島の名前	番号	半島の名前
㋐		㋑		㋒	
㋓		㋔		㋕	

⑥ 日本の気候

やってみよう！

- 地図にある気候や海流の名前を書きましょう。
- それぞれの気候と海流に色をつけましょう。

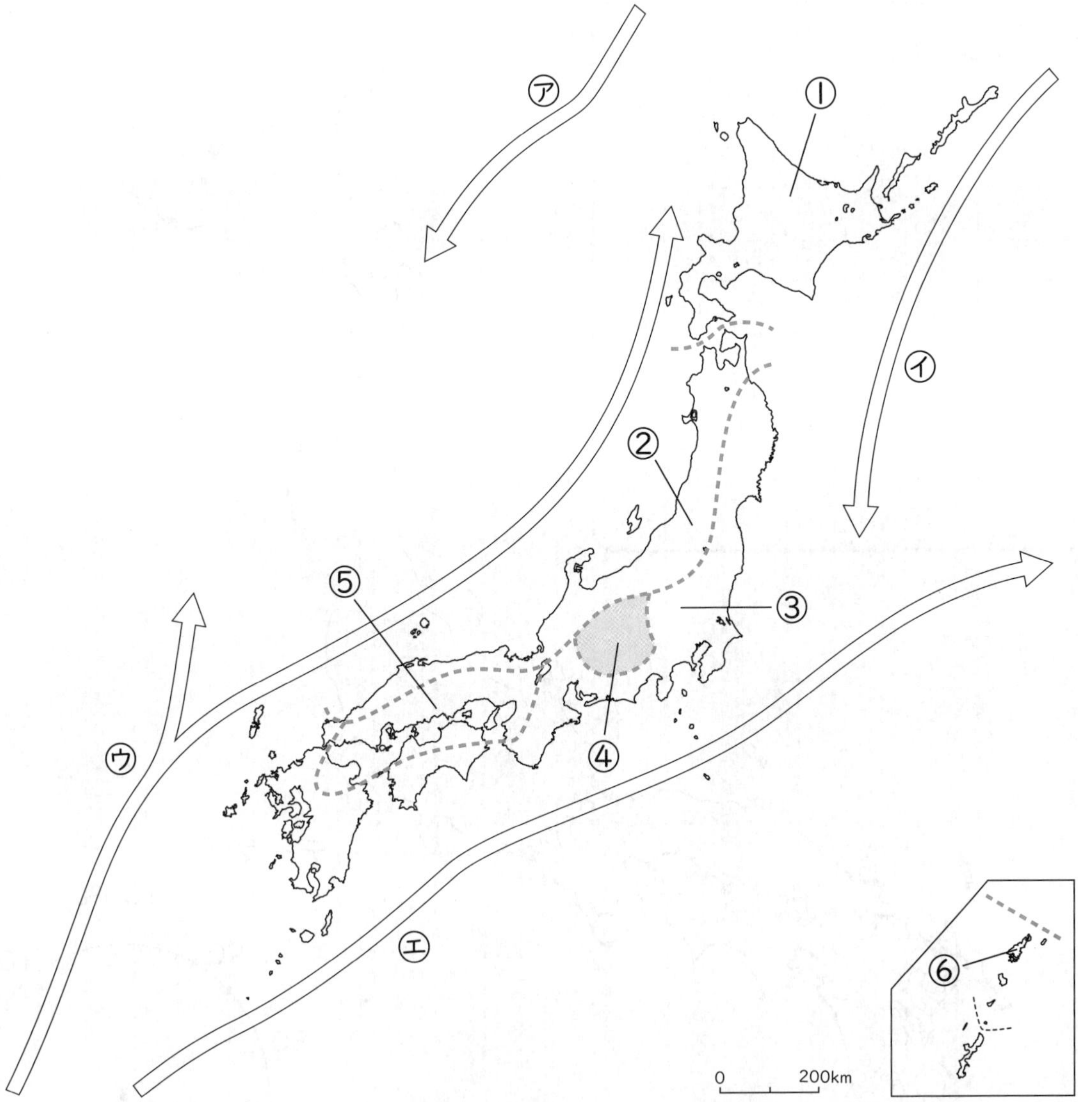

●気候ごとに色を決めて、それぞれに色をつけましょう。

番号	気候の名前	番号	気候の名前	番号	気候の名前
①		②		③	
④		⑤		⑥	

●寒流と暖流で色を決めて、それぞれの矢印に色をつけましょう。

番号	海流の名前	番号	海流の名前
㋐		㋑	
㋒		㋓	

⑦日本地図

やってみよう！

- 色分けのルールを決めて、地図に色をつけましょう。
- テーマを決めて、円グラフと棒グラフを作りましょう。

色分けのルール「　　　　　　　　」

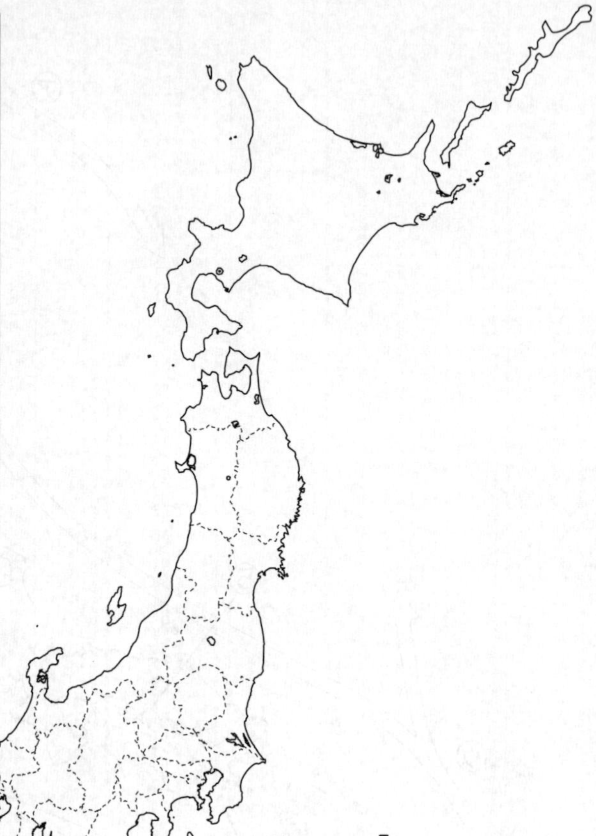

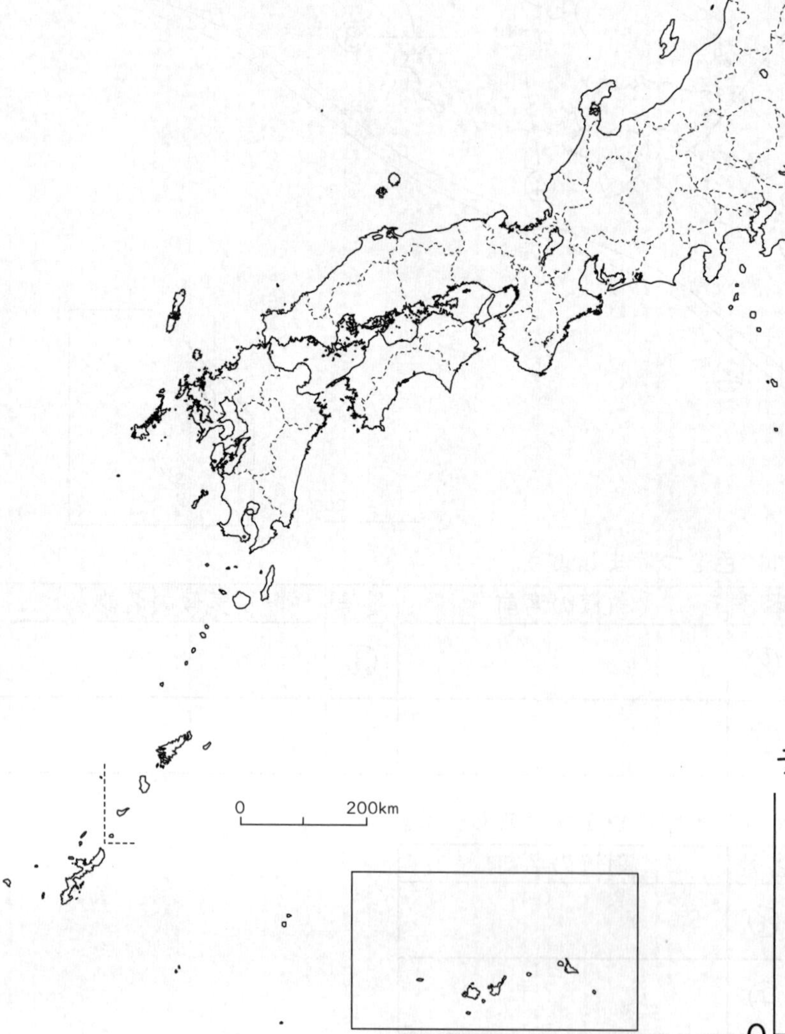

0
200km

テーマ「　　　　　　　　」

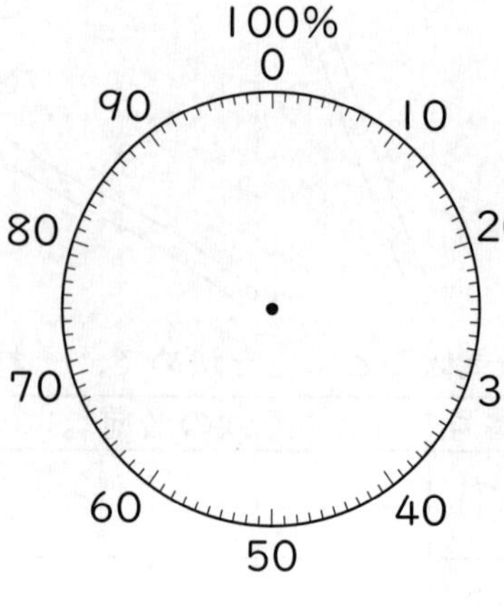

100%
0
10
20
30
40
50
60
70
80
90

テーマ「　　　　　　　　」

0

8 世界の大陸

やってみよう！

- 世界の６つの大陸名を書きましょう。
- 大陸ごとに色を決めてぬりましょう。

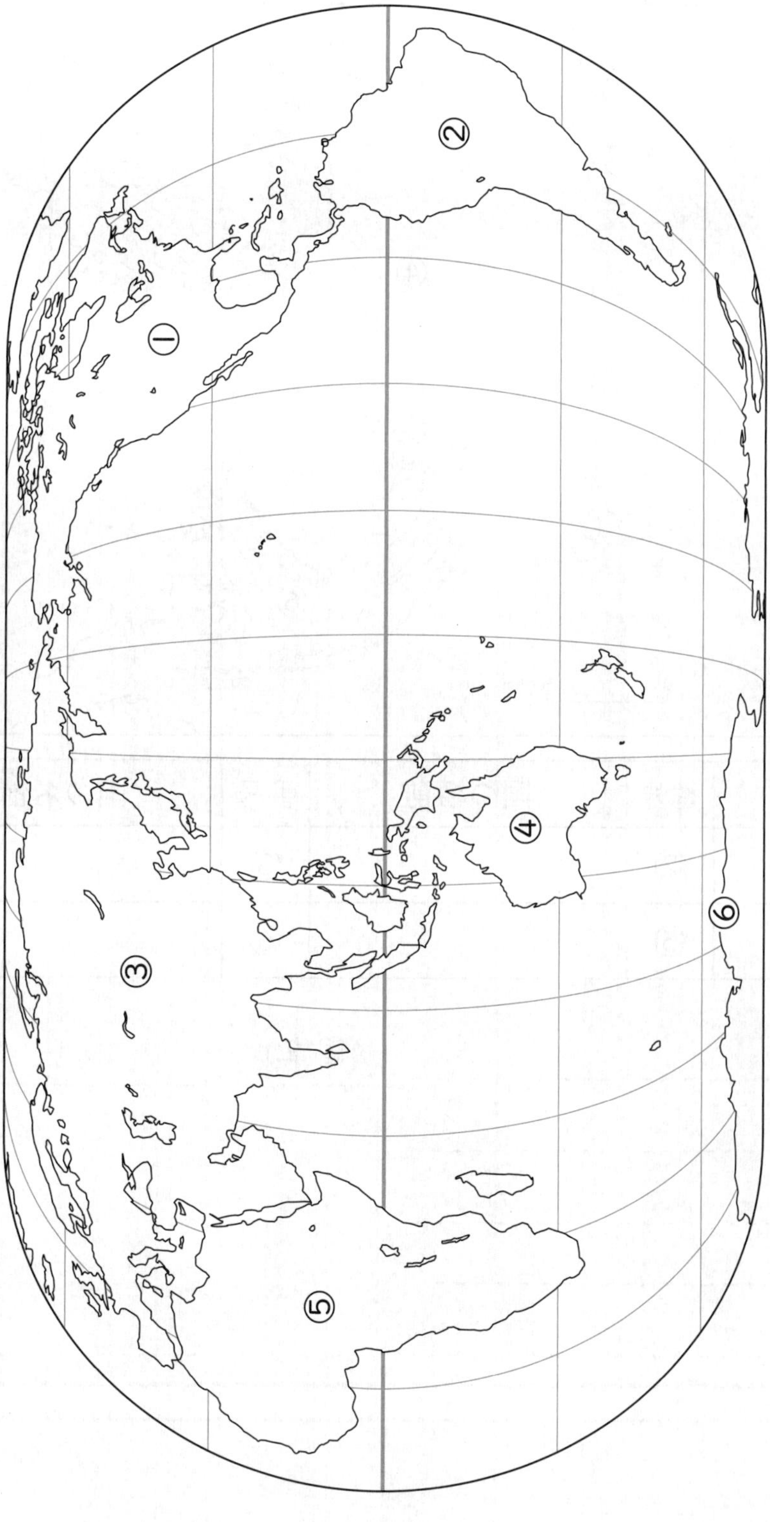

番号	大陸の名前	番号	大陸の名前	番号	大陸の名前
①		②		③	
④		⑤		⑥	

9 世界の国々 ユーラシア大陸(アジア)

やってみよう!

- 地図に番号のある国の名前を表に書きましょう。
- 一つ国を決めて、その国について調べましょう。
- 色分けのルールを決めて、地図に色をつけましょう。

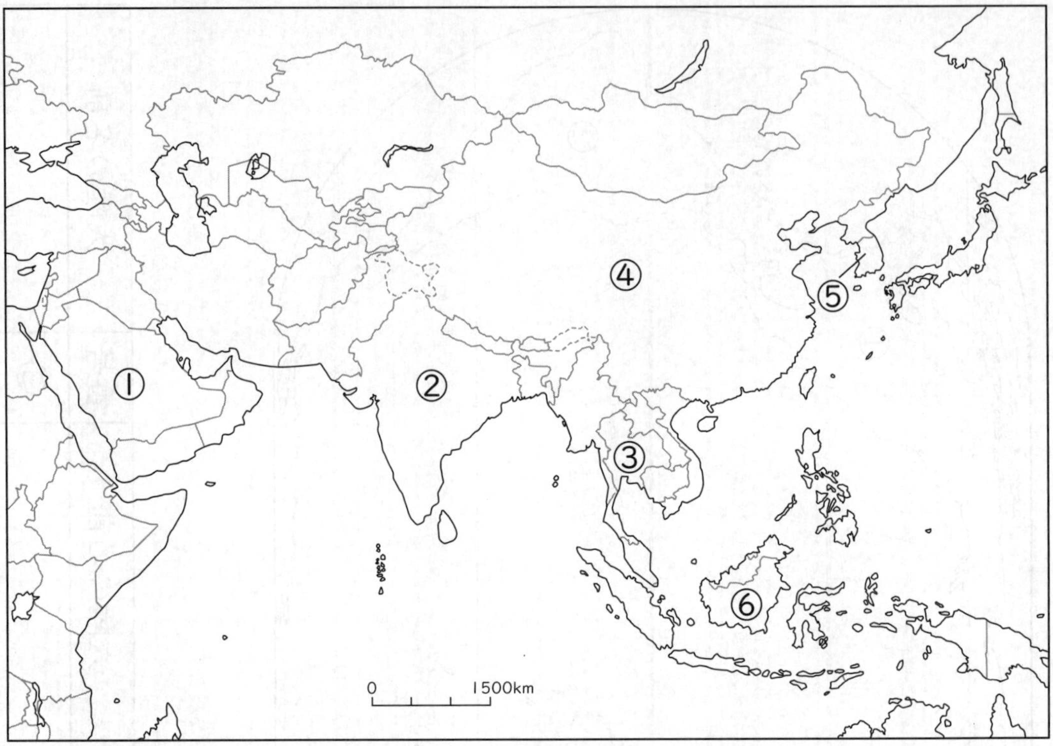

番号	国の名前	番号	国の名前	番号	国の名前
①		②		③	
④		⑤		⑥	

●国名：____________________

●人口：____________________

●面積：____________________

●国のしょうかい：________________

____

●国旗

色分けのルール「　　　　　　　　　　　　」

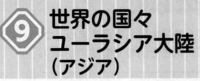

⑩ 世界の国々 ユーラシア大陸 (ヨーロッパ)

やってみよう！

- 地図に番号のある国の名前を表に書きましょう。
- 一つ国を決めて、その国について調べましょう。
- 色分けのルールを決めて、地図に色をつけましょう。

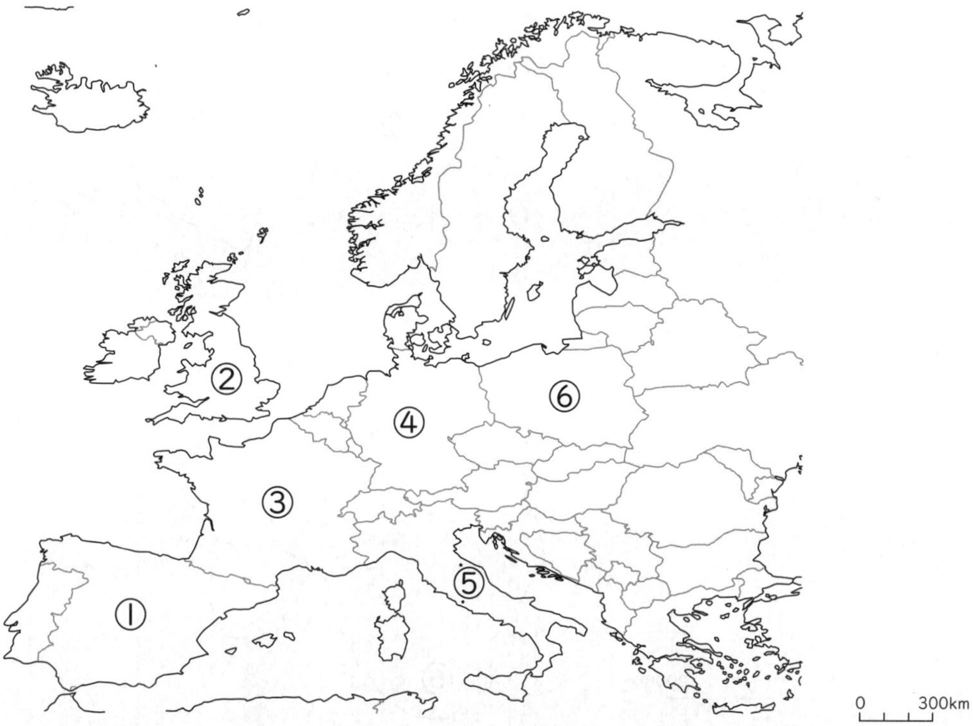

番号	国の名前	番号	国の名前	番号	国の名前
①		②		③	
④		⑤		⑥	

●国名：

●人口：

●面積：

●国のしょうかい：

●国旗

色分けのルール「　　　　　　　　　　　」

⑪ 世界の国々 アフリカ大陸

やってみよう！

- 地図に番号のある国の名前を表に書きましょう。
- 一つ国を決めて、その国について調べましょう。
- 色分けのルールを決めて、地図に色をつけましょう。

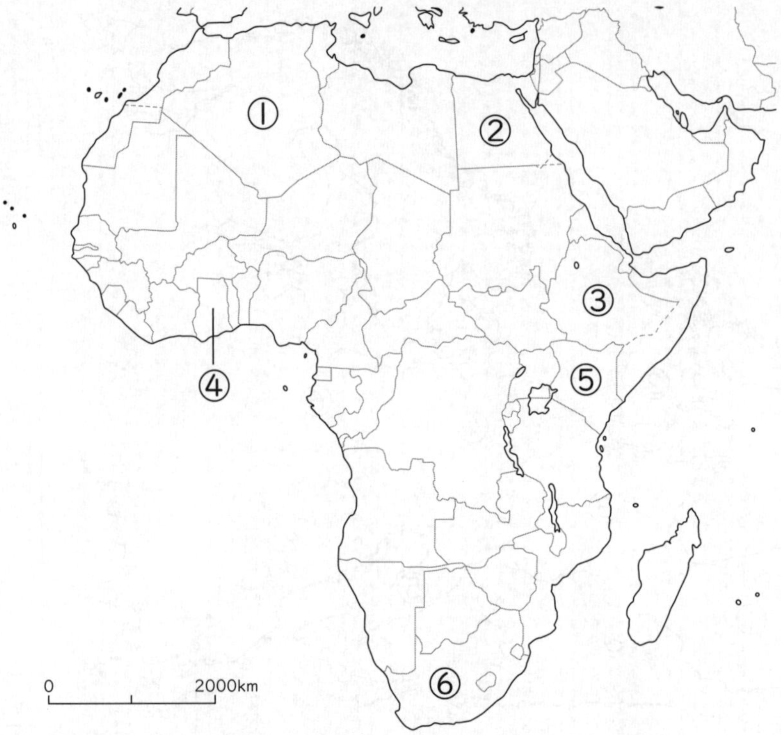

番号	国の名前	番号	国の名前	番号	国の名前
①		②		③	
④		⑤		⑥	

- 国名：
- 人口：
- 面積：
- 国のしょうかい：

- 国旗

色分けのルール「　　　　　　　　　　」

⑫ 世界の国々 北アメリカ大陸

やってみよう！
- 地図に番号のある国の名前を表に書きましょう。
- 一つ国を決めて、その国について調べましょう。
- 色分けのルールを決めて、地図に色をつけましょう。

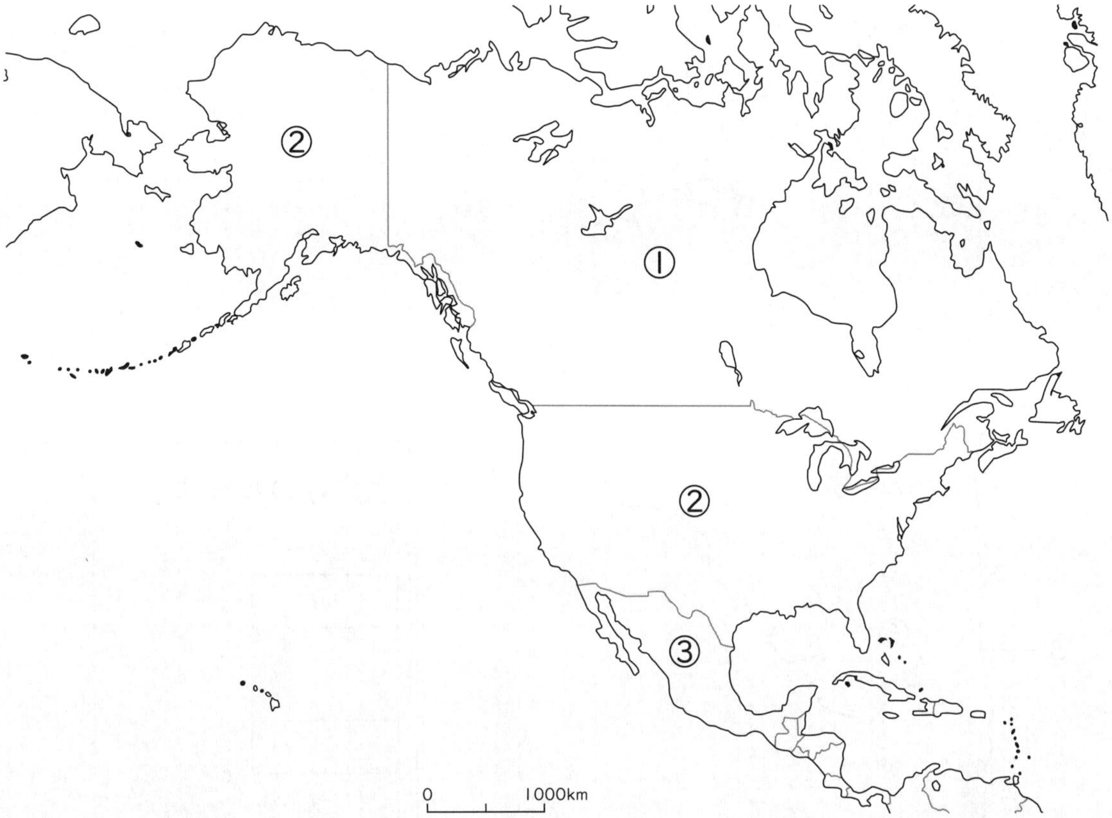

番号	国の名前	番号	国の名前	番号	国の名前
①		②		③	

- 国名：
- 人口：
- 面積：
- 国のしょうかい：
- 国旗

色分けのルール「　　　　　　　　　　」

⑬ 世界の国々 南アメリカ大陸

やってみよう！

- 地図に番号のある国の名前を表に書きましょう。
- 一つ国を決めて、その国について調べましょう。
- 色分けのルールを決めて、地図に色をつけましょう。

色分けのルール

「　　　　　　　　　　　　　　　　」

番号	国の名前	番号	国の名前	番号	国の名前
①		②		③	
④		⑤		⑥	

- 国名：------------------------------
- 人口：------------------------------
- 面積：------------------------------
- 国のしょうかい：--------------------

- 国旗

14 世界の国々 オーストラリア大陸

やってみよう！

- 地図に番号のある国の名前を表に書きましょう。
- 一つ国を決めて、その国について調べましょう。
- 色分けのルールを決めて、地図に色をつけましょう。

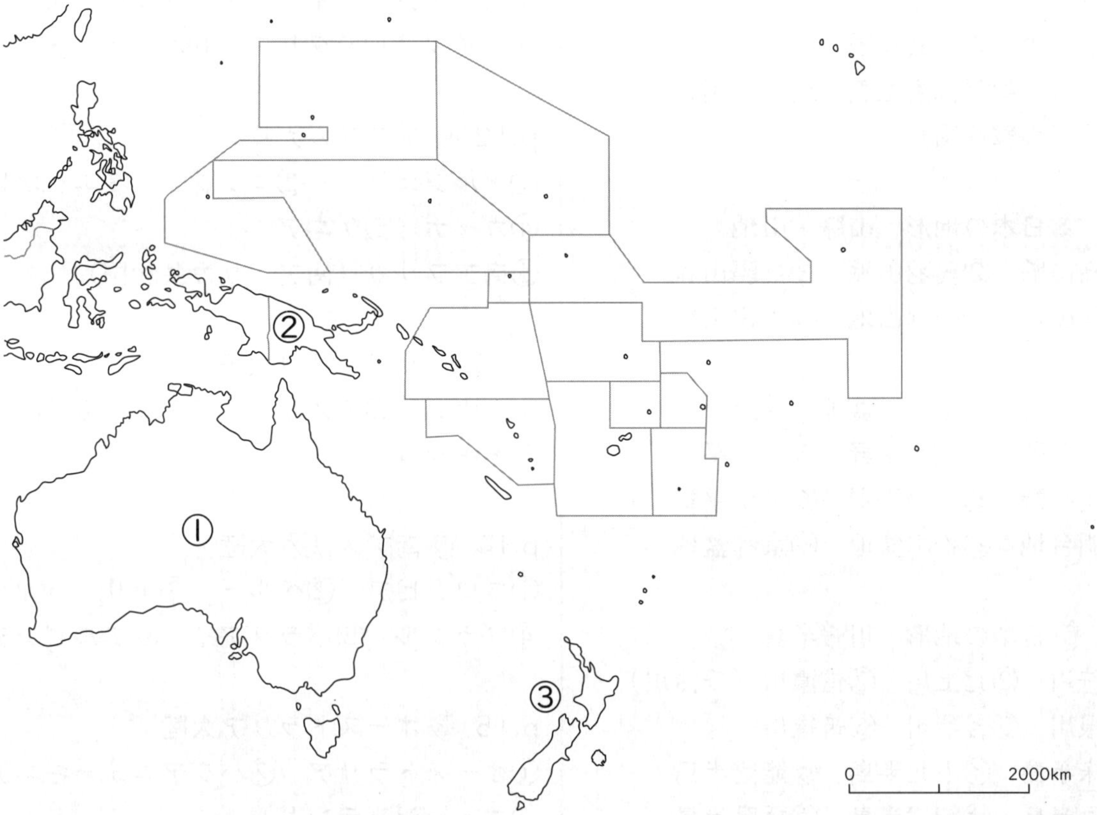

番号	国の名前	番号	国の名前	番号	国の名前
①		②		③	

●国名：

●人口：

●面積：

●国のしょうかい：

●国旗

色分けのルール「　　　　　　　　　　」

答　え

p.3　② 日本の周辺の国々

①ロシア（ロシア連邦《れんぽう》）
②中国《ちゅうごく》（中華人民共和国《ちゅうかじんみんきょうわこく》）
③北朝鮮《きたちょうせん》（朝鮮民主主義人民共和国《ちょうせんみんしゅしゅぎじんみんきょうわこく》）
④韓国《かんこく》（大韓民国《だいかんみんこく》）

p.4　③ 日本の地形　山脈・山地

①日高《ひだか》山脈　②奥羽《おうう》山脈　③飛騨《ひだ》山脈
④中国山地　⑤四国《しこく》山地　⑥九州《きゅうしゅう》山地

p.5　④ 日本の地形　盆地・平野

①石狩《いしかり》平野　②仙台《せんだい》平野　③関東《かんとう》平野
④越後《えちご》平野　⑤高知《こうち》平野　⑥筑紫《つくし》平野
㋐根釧《こんせん》台地　㋑松本《まつもと》盆地　㋒京都《きょうと》盆地

p.6　⑤ 日本の地形　川・半島

①石狩川　②北上《きたかみ》川　③信濃《しなの》川（千曲《ちくま》川）
④利根《とね》川　⑤吉野《よしの》川　⑥筑後《ちくご》川
㋐知床《しれとこ》半島　㋑下北《しもきた》半島　㋒能登《のと》半島
㋓伊豆《いず》半島　㋔紀伊《きい》半島　㋕薩摩《さつま》半島

p.7　⑥ 日本の気候

①北海道《ほっかいどう》の気候　②日本海《にほんかい》側の気候
③太平洋《たいへいよう》側の気候　④中央高地《ちゅうおうこうち》の気候
⑤瀬戸内《せとうち》の気候　⑥南西諸島《なんせいしょとう》の気候
㋐リマン海流　㋑千島《ちしま》海流（親潮《おやしお》）
㋒対馬《つしま》海流　㋓日本海流（黒潮《くろしお》）

p.9　⑧ 世界の大陸

①北アメリカ大陸　②南アメリカ大陸
③ユーラシア大陸　④オーストラリア大陸
⑤アフリカ大陸　⑥南極《なんきょく》大陸

p.10　⑨ ユーラシア大陸（アジア）

①サウジアラビア　②インド　③タイ
④中国（中華人民共和国）　⑤韓国（大韓民国）
⑥インドネシア

p.11　⑩ ユーラシア大陸（ヨーロッパ）

①スペイン　②イギリス　③フランス
④ドイツ　⑤イタリア　⑥ポーランド

p.12　⑪ アフリカ大陸

①アルジェリア　②エジプト　③エチオピア
④ガーナ　⑤ケニア
⑥南アフリカ（南アフリカ共和国《きょうわこく》）

p.13　⑫ 北アメリカ大陸

①カナダ　②アメリカ（アメリカ合衆国《がっしゅうこく》）
③メキシコ

p.14　⑬ 南アメリカ大陸

①コロンビア　②ペルー　③チリ
④ブラジル　⑤パラグアイ　⑥アルゼンチン

p.15　⑭ オーストラリア大陸

①オーストラリア　②パプアニューギニア
③ニュージーランド

興味《きょうみ》を広げる・深める！

世界の国

5年

どこの国かな？

首都 ソウル

どこの国かな？

首都 ピョンヤン

どこの国かな？

首都 ペキン

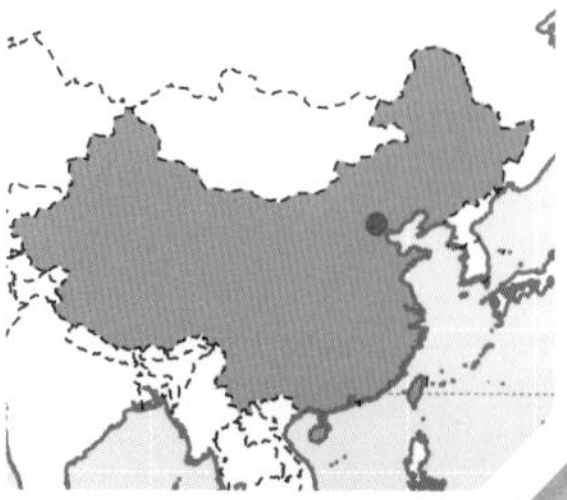

どこの国かな？

首都 ウランバートル

どこの国かな？

首都 マニラ

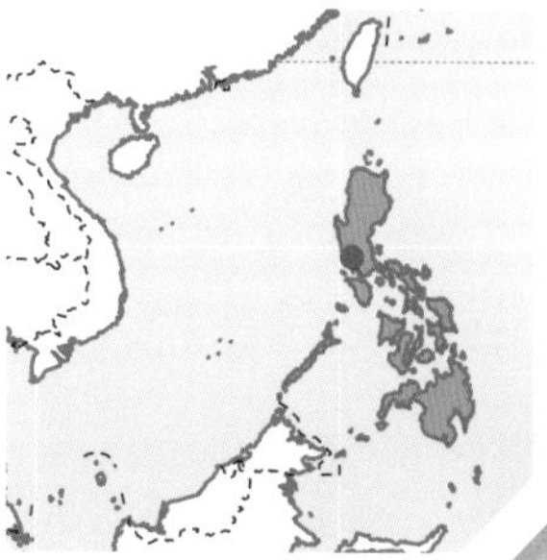

どこの国かな？

首都 デリー

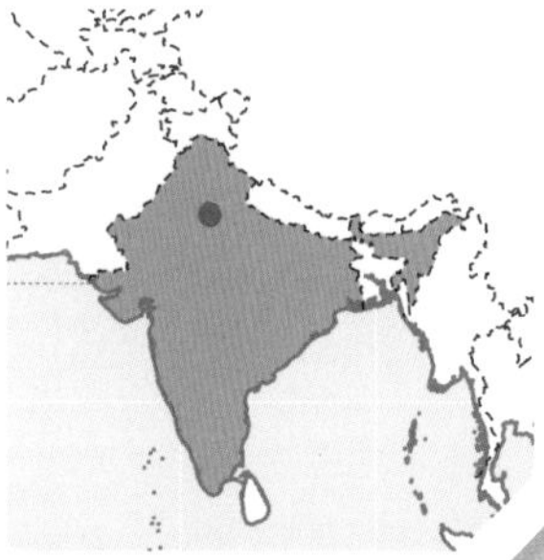

どこの国かな？

首都 リヤド

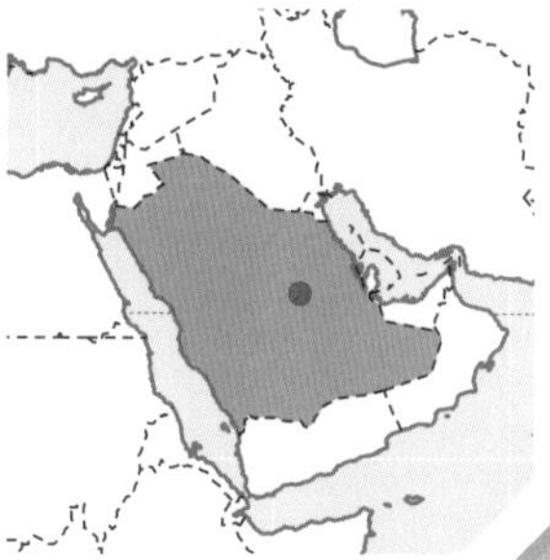

どこの国かな？

首都 カイロ

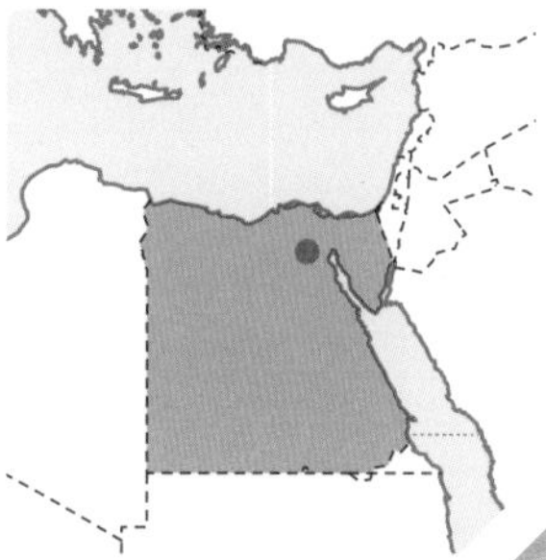

どこの国かな？

首都 プレトリア

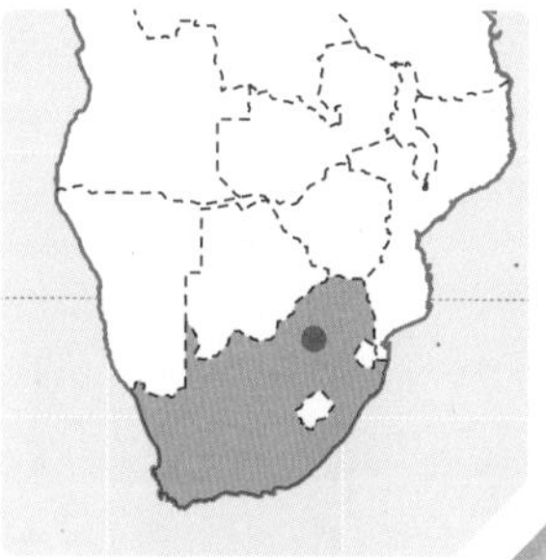

どこの国かな？

首都 ワシントンD.C.

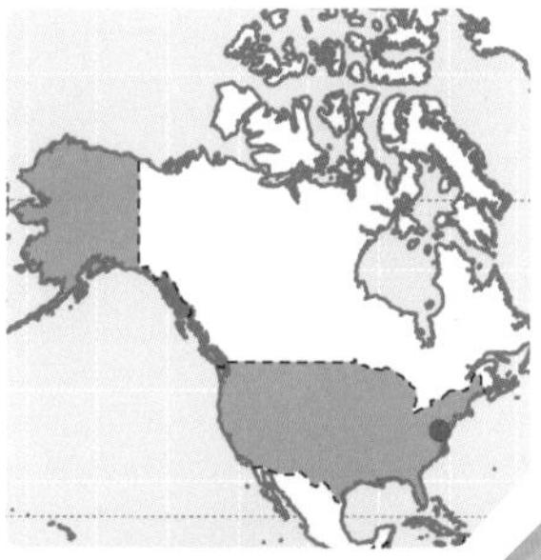

どこの国かな？

首都 オタワ

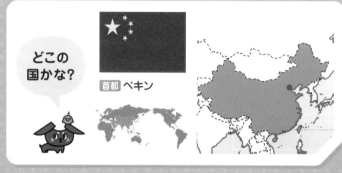

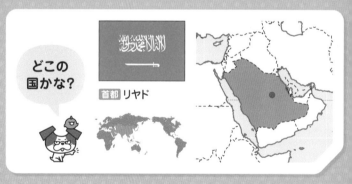

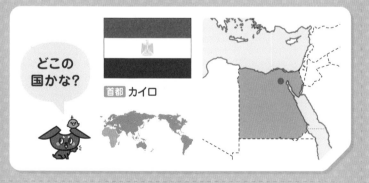

韓国《かんこく》（大韓民国《だいかんみんこく》）

- 地 アジア
- 人 5,174万人
- 面 10万km²
- 言 韓国《かんこく》語
- 貨 ウォン
- 特 キムチ、K《ケイ》－POP《ポップ》

世 昌徳宮《チャンドックン》

使い方 切り取り線にそって切りはなしましょう。
白紙のカードには、あなたの行ってみたい国について
まとめてみましょう。

説　明

地 は世界の中での地域《ちいき》、人 はおよその人口、
面 はおよその国土面積、言 は主な使用言語、貨 は使用通貨、
特 は特産品や有名なもの、世 は世界遺産《いさん》を示《しめ》しています。

★人口・面積は、Demographic Yearbook 2021（Webデータ）ほかをもとにしています。
★地域区分は、国連の区分によっています。

中国《ちゅうごく》（中華人民共和国《ちゅうかじんみんきょうわこく》）

- 地 アジア
- 人 14億4,407万人※
- 面 960万km²※
- 言 中国語
- 貨 人民元《じんみんげん》
- 特 パンダ、中華《ちゅうか》料理

世 万里《ばんり》の長城《ちょうじょう》

※ホンコン、マカオ、台湾をふくむ

北朝鮮《きたちょうせん》（朝鮮民主主義人民共和国《ちょうせんみんしゅしゅぎじんみんきょうわこく》）

- 地 アジア
- 人 2,518万人※
- 面 12万km²
- 言 朝鮮《ちょうせん》語
- 貨 ウォン

ピョンヤンの街並《まちな》み

※2015年の統計による

フィリピン（フィリピン共和国）

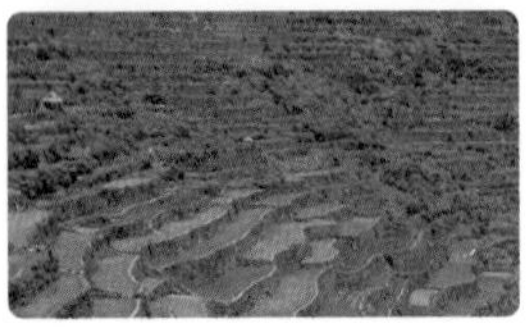

- 地 アジア
- 人 1億1,019万人
- 面 30万km²
- 言 フィリピノ語、英語
- 貨 ペソ
- 特 バナナ、ココナッツ

世 フィリピン・コルディリェーラの棚田群《たなだぐん》

モンゴル（モンゴル国）

- 地 アジア
- 人 338万人
- 面 156万km²
- 言 モンゴル語、カザフ語
- 貨 トグログ
- 特 遊牧民

世 オルホン渓谷《けいこく》の文化的景観

サウジアラビア（サウジアラビア王国）

- 地 アジア
- 人 3,411万人
- 面 221万km²
- 言 アラビア語
- 貨 サウジアラビア・リヤル
- 特 原油、聖地《せいち》メッカ

世 アル＝ヒジュルの考古遺跡《いせき》

イ　ン　ド

- 地 アジア
- 人 13億6,717万人
- 面 329万km²
- 言 ヒンディー語ほか
- 貨 ルピー
- 特 カレー、ガンジス川

世 タージ・マハル

南アフリカ（南アフリカ共和国）

- 地 アフリカ
- 人 6,014万人
- 面 122万km²
- 言 英語ほか
- 貨 ランド
- 特 ダイヤモンド、プラチナ

世 ケープ植物区保護地域群《ほごちいきぐん》

エジプト（エジプト・アラブ共和国）

- 地 アフリカ
- 人 1億206万人
- 面 100万km²
- 言 アラビア語
- 貨 エジプト・ポンド
- 特 ピラミッド

世 メンフィスとその墓地遺跡《ぼちいせき》

カ　ナ　ダ

- 地 北アメリカ
- 人 3,824万人
- 面 998万km²
- 言 英語、フランス語
- 貨 カナダ・ドル
- 特 メープルシロップ

世 ケベック歴史《れきし》地区

アメリカ（アメリカ合衆国《がっしゅうこく》）

- 地 北アメリカ
- 人 3億3,189万人
- 面 983万km²
- 言 英語
- 貨 米ドル
- 特 大豆、大リーグ

世 自由の女神像

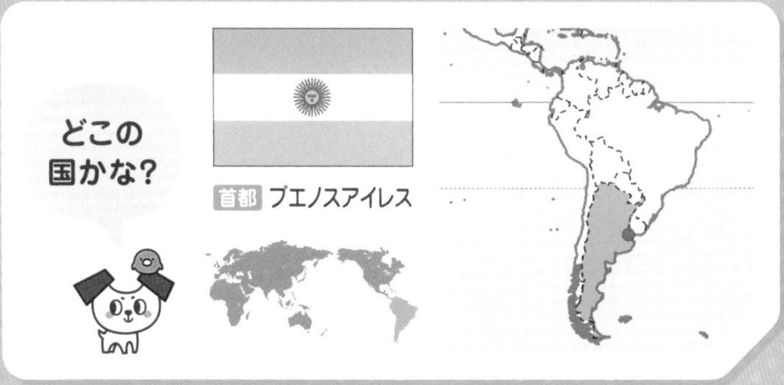

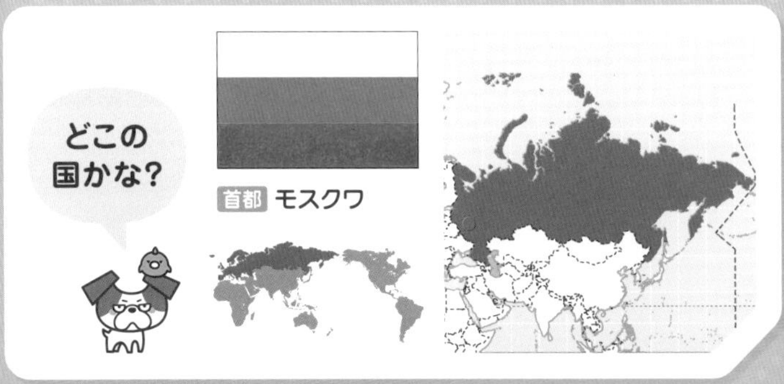

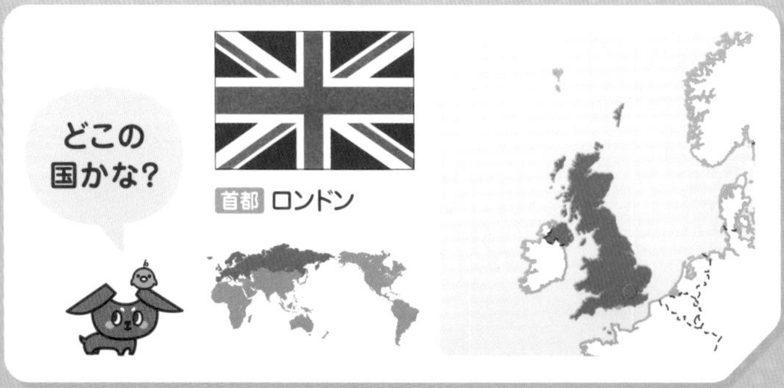

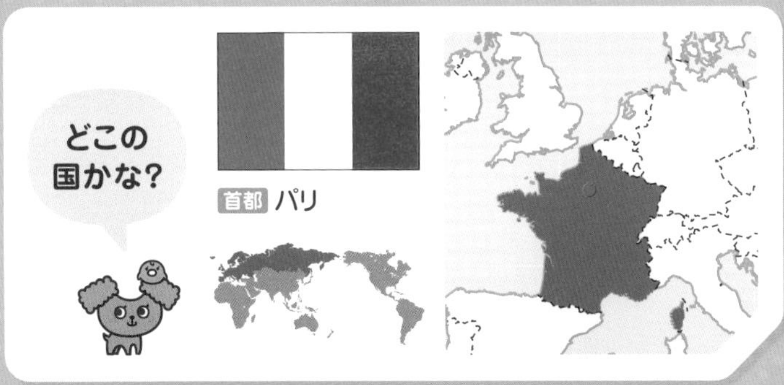

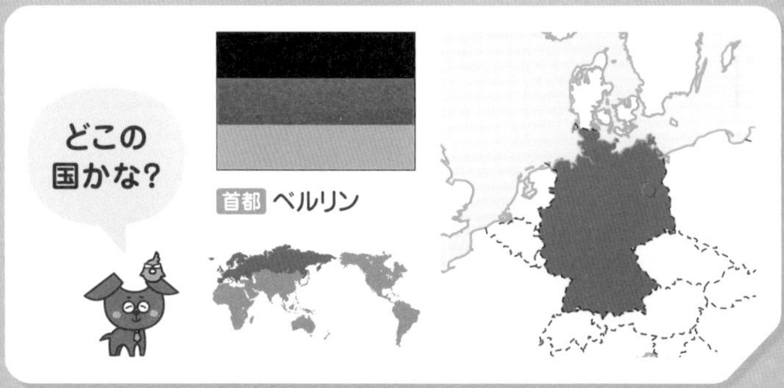

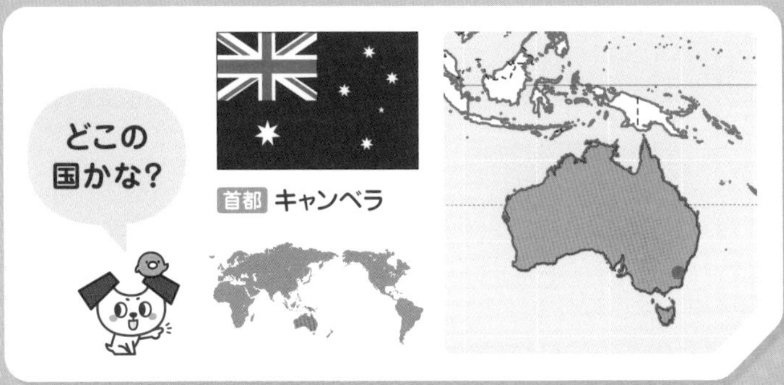

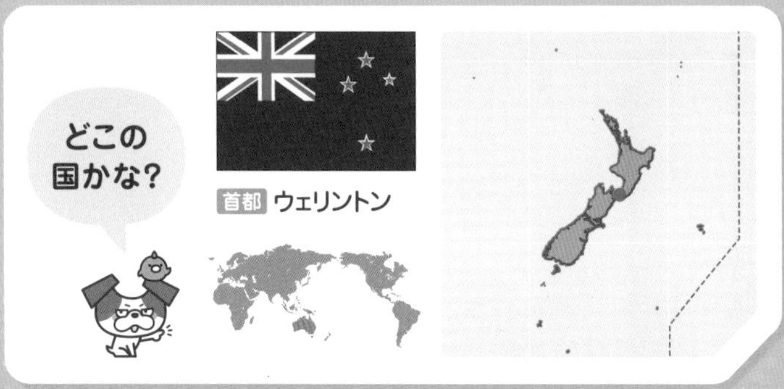

行ってみたい国についてまとめてみよう

国の名前

使用言語

使用通貨

特産品や
有名なもの

行ってみたい理由

行ってみたい国についてまとめてみよう

国の名前

使用言語

使用通貨

特産品や
有名なもの

行ってみたい理由

行ってみたい国についてまとめてみよう

国の名前

使用言語

使用通貨

特産品や
有名なもの

行ってみたい理由

行ってみたい国についてまとめてみよう

国の名前

使用言語

使用通貨

特産品や
有名なもの

行ってみたい理由

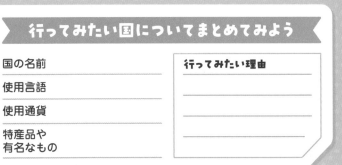

アルゼンチン（アルゼンチン共和国）

世 イグアス国立公園

地 南アメリカ
人 4,580万人※
面 278万km²※
言 スペイン語
貨 ペソ
特 はちみつ、タンゴ

※2016年の統計による

ブラジル（ブラジル連邦《れんぽう》共和国）

世 ブラジリア

地 南アメリカ
人 2億1,331万人
面 851万km²
言 ポルトガル語
貨 レアル
特 コーヒー豆、サッカー

イギリス（グレートブリテンおよび北アイルランド連合王国）

世 ウェストミンスター宮殿《きゅうでん》

地 ヨーロッパ
人 6,708万人※
面 24万km²
言 英語
貨 スターリング・ポンド
特 医薬品、ラグビー

※2020年の統計による

ロシア（ロシア連邦《れんぽう》）

世 サンクトペテルブルク歴史《れきし》地区

地 ヨーロッパ
人 1億4,409万人※
面 1,710万km²
言 ロシア語
貨 ルーブル
特 ボルシチ、シベリア鉄道

※2015年の統計による

ドイツ（ドイツ連邦《れんぽう》共和国）

世 ケルン大聖堂《だいせいどう》

地 ヨーロッパ
人 8,315万人
面 36万km²
言 ドイツ語
貨 ユーロ
特 タイヤ、ソーセージ

フランス（フランス共和国）

世 モンサンミシェルとその湾《わん》

地 ヨーロッパ
人 6,766万人※
面 64万km²※
言 フランス語
貨 ユーロ
特 自動車、ワイン

※仏領ギアナなどをふくむ

ニュージーランド

世 トンガリロ国立公園

地 オセアニア
人 512万人
面 27万km²
言 英語、マオリ語
貨 ニュージーランド・ドル
特 キウイフルーツ

オーストラリア（オーストラリア連邦《れんぽう》）

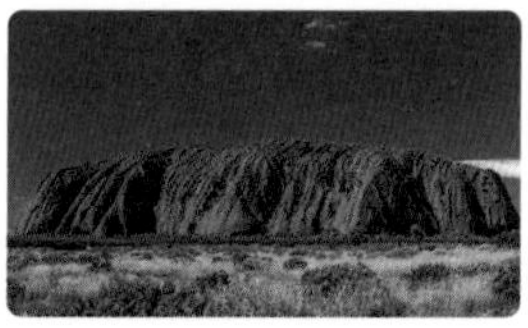

世 ウルル＝カタ・ジュタ国立公園

地 オセアニア
人 2,573万人
面 769万km²
言 英語
貨 オーストラリア・ドル
特 牛肉、コアラ

行ってみたい国の国旗をかいてみよう

国旗の由来や意味をまとめてみよう

行ってみたい国の国旗をかいてみよう

国旗の由来や意味をまとめてみよう

行ってみたい国の国旗をかいてみよう

国旗の由来や意味をまとめてみよう

行ってみたい国の国旗をかいてみよう

国旗の由来や意味をまとめてみよう

教科書ぴったりトレーニング 社会 5年 がんばり表

いつも見えるところに、この「がんばり表」をはっておこう。
この「ぴたトレ」を学習したら、シールをはろう！
どこまでがんばったかわかるよ。

せんたく がついているところでは、教科書の選択教材を扱っています。学校での学習状況に応じて、ご利用ください。

好きななまえをつけてね！

なまえ

ぴた犬（おとも犬）シールをはろう

シールの中から好きなぴた犬を選ぼう。

おうちのかたへ

がんばり表のデジタル版「デジタルがんばり表」では、デジタル端末でも学習の進捗記録をつけることができます。1冊やり終えると、抽選でプレゼントが当たります。「ぴたサポシステム」にご登録いただき、「デジタルがんばり表」をお使いください。LINE または PC・ブラウザを利用する方法があります。

LINE用

PC・ブラウザ用

★ ぴたサポシステムご利用ガイドはこちら ★
https://www.shinko-keirin.co.jp/shinko/news/pittari-support-system

スタート

1. 日本の国土と人々のくらし せんたく

2～3ページ	ぴったり 1 2	できたらシールをはろう
4～5ページ	ぴったり 1 2	できたらシールをはろう
6～7ページ	ぴったり 1 2	できたらシールをはろう
8～9ページ	ぴったり 1 2	できたらシールをはろう
10～11ページ	ぴったり 3	できたらシールをはろう
12～13ページ	ぴったり 1 2	できたらシールをはろう
14～15ページ	ぴったり 1 2	できたらシールをはろう
16～17ページ	ぴったり 3	できたらシールをはろう
18～19ページ	ぴったり 1 2	できたらシールをはろう
20～21ページ	ぴったり 1 2	できたらシールをはろう
22～23ページ	ぴったり 3	できたらシールをはろう

2. わたしたちの食生活を支える食料生産 せんたく

24～25ページ	ぴったり 1 2	できたらシールをはろう
26～27ページ	ぴったり 1 2	できたらシールをはろう
28～29ページ	ぴったり 1 2	できたらシールをはろう
30～31ページ	ぴったり 1 2	できたらシールをはろう
32～33ページ	ぴったり 3	できたらシールをはろう
34～35ページ	ぴったり 1 2	できたらシールをはろう
36～37ページ	ぴったり 1 2	できたらシールをはろう
38～39ページ	ぴったり 1 2	できたらシールをはろう
40～41ページ	ぴったり 3	できたらシールをはろう
42～43ページ	ぴったり 1 2	できたらシールをはろう
44～45ページ	ぴったり 1 2	できたらシールをはろう
46～47ページ	ぴったり 3	できたらシールをはろう
48～49ページ	ぴったり 1 2	できたらシールをはろう
50～51ページ	ぴったり 1 2	できたらシールをはろう
52～53ページ	ぴったり 3	できたらシールをはろう

3. 工業生産とわたしたちのくらし

54～55ページ	ぴったり 1 2	できたらシールをはろう
56～57ページ	ぴったり 3	できたらシールをはろう
58～59ページ	ぴったり 1 2	できたらシールをはろう
60～61ページ	ぴったり 1 2	できたらシールをはろう
62～63ページ	ぴったり 1 2	できたらシールをはろう
64～65ページ	ぴったり 3	できたらシールをはろう
66～67ページ	ぴったり 1 2	できたらシールをはろう
68～69ページ	ぴったり 1 2	できたらシールをはろう
70～71ページ	ぴったり 3	できたらシールをはろう
72～73ページ	ぴったり 1 2	できたらシールをはろう
74～75ページ	ぴったり 1 2	できたらシールをはろう
76～77ページ	ぴったり 3	できたらシールをはろう

4. 情報社会に生きるわたしたち せんたく

78～79ページ	ぴったり 1 2	できたらシールをはろう
80～81ページ	ぴったり 1 2	できたらシールをはろう
82～83ページ	ぴったり 1 2	できたらシールをはろう
84～85ページ	ぴったり 3	できたらシールをはろう
86～87ページ	ぴったり 1 2	できたらシールをはろう
88～89ページ	ぴったり 1 2	できたらシールをはろう
90～91ページ	ぴったり 1 2	できたらシールをはろう
92～93ページ	ぴったり 3	できたらシールをはろう

5. 国土の環境を守る

94～95ページ	ぴったり 1 2	できたらシールをはろう
96～97ページ	ぴったり 1 2	できたらシールをはろう
98～99ページ	ぴったり 1 2	できたらシールをはろう
100～101ページ	ぴったり 1 2	できたらシールをはろう
102～103ページ	ぴったり 3	できたらシールをはろう
104～105ページ	ぴったり 1 2	できたらシールをはろう
106～107ページ	ぴったり 1 2	できたらシールをはろう
108～109ページ	ぴったり 1 2	できたらシールをはろう
110～111ページ	ぴったり 3	できたらシールをはろう

ゴール

最後までがんばったキミは「ごほうびシール」をはろう！

ごほうびシールをはろう

（キリトリ線）

教科書ぴったりトレーニング 社会 5年 日本文教版 折込①（オモテ）

教科書ぴったりトレーニングの使い方

『ぴたトレ』は教科書にぴったり合わせて使うことができるよ。教科書も見ながら、勉強していこうね。
ぴた犬たちが勉強をサポートするよ。

ふだんの学習

ぴったり1 準備

教科書のだいじなところをまとめていくよ。
めあて でどんなことを勉強するかわかるよ。
問題に答えながら、わかっているかかくにんしよう。
QRコードから「3分でまとめ動画」が見られるよ。

※QRコードは株式会社デンソーウェーブの登録商標です。

↓

ぴったり2 練習

「ぴったり1」で勉強したこと、おぼえているかな？
かくにんしながら、問題に答える練習をしよう。

↓

ぴったり3 確かめのテスト

「ぴったり1」「ぴったり2」が終わったら取り組んでみよう。
学校のテストの前にやってもいいね。
わからない問題は、ふりかえり を見て前にもどってかくにんしよう。

↓

実力チェック

- 夏のチャレンジテスト
- 冬のチャレンジテスト
- 春のチャレンジテスト
- 5年 社会のまとめ 学力診断《しんだん》テスト

夏休み、冬休み、春休み前に使いましょう。
学期の終わりや学年の終わりのテストの前にやってもいいね。

別冊《べっさつ》

丸つけラクラク解答

問題と同じ紙面に赤字で「答え」が書いてあるよ。
取り組んだ問題の答え合わせをしてみよう。まちがえた問題やわからなかった問題は、右の「てびき」を読んだり、教科書を読み返したりして、もう一度見直そう。

おうちのかたへ

本書『教科書ぴったりトレーニング』は、教科書の要点や重要事項をつかむ「ぴったり1 準備」、おさらいをしながら問題に慣れる「ぴったり2 練習」、テスト形式で学習事項が定着したか確認する「ぴったり3 確かめのテスト」の3段階構成になっています。教科書の学習順序やねらいに完全対応していますので、日々の学習（トレーニング）にぴったりです。

「観点別学習状況の評価」について

学校の通知表は、「知識・技能」「思考・判断・表現」「主体的に学習に取り組む態度」の3つの観点による評価がもとになっています。

問題集やドリルでは、一般に知識を問う問題が中心になりますが、本書『教科書ぴったりトレーニング』では、次のように、観点別学習状況の評価に基づく問題を取り入れて、成績アップに結びつくことをねらいました。

ぴったり3 確かめのテスト

- ●「知識・技能」のうち、特に技能（資料の読み取りや表・グラフの作図など）を取り上げた問題には「技能」と表示しています。
- ●社会的事象について考え、選択・判断し、文章で説明することなどを取り上げた問題には「思考・判断・表現」と表示しています。

チャレンジテスト

- ●主に「知識・技能」を問う問題か、「思考・判断・表現」を問う問題かで、それぞれに分類して出題しています。

別冊『丸つけラクラク解答』について

おうちのかたへ では、次のようなものを示しています。

- 学習のねらいやポイント
- 他の学年や他の単元の学習内容とのつながり
- まちがいやすいことやつまずきやすいところ

お子様への説明や、学習内容の把握などにご活用ください。

内容の例

> **おうちのかたへ**
> 地図記号は教科書に掲載されているもの以外にも、多くの種類があります。国土地理院のキッズページでは地図記号の一覧や由来などを見ることができますので、お子様と一緒に確認してみるとよいでしょう。

（キリトリ線）

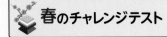

世界の国々

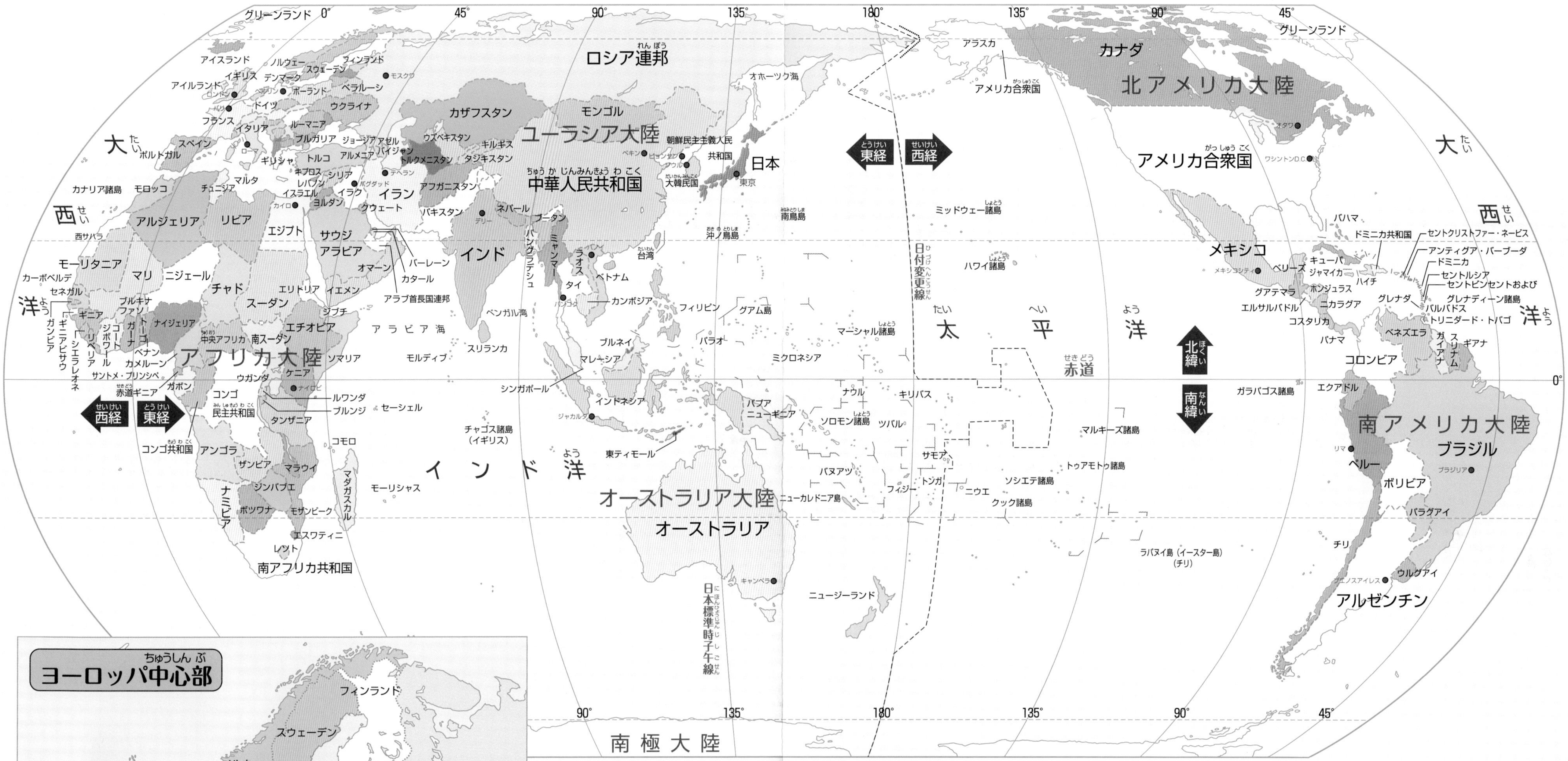

いろいろな国の国旗

世界の国々

● 主《おも》な国の首都《しゅと》

（2023年11月現在）

（線り取り切）

教科書ぴったりトレーニング 社会5年 折込②